陈安金 主编

永嘉学派与温州历史文化研究

第一辑

上海社会科学院出版社
SHANGHAI ACADEMY OF SOCIAL SCIENCES PRESS

瑞安市社会科学界联合会
温州市叶适与永嘉学派研究会　合编
温州市永嘉学派研究中心

编委会

顾　问　孙寒星

主　任　陈安金　陈锦海

副主任　李建林　胡　叶

主　编　陈安金

副主编　李俊芳

编　委　王兴雨　叶伟东　陈志坚　南　航　林　勇
　　　　　吴小淮　田明伟　冀晋才

前　言

南宋时期温州人才辈出，"温州多士为东南最"，不仅迎来科举的辉煌时代，更诞生了薛季宣开创在先、陈傅良踵其后、叶适集大成的"以经制言事功"的永嘉学派。

为深入推进瑞安文化研究工程，打响永嘉学派文化品牌，推动优秀传统文化创造性转化、创新性发展，助力瑞安文化高地建设，在瑞安市社科联的支持下，我们基于挖掘永嘉学派思想深厚底蕴、推动永嘉学派思想宣传普及的原则，编纂本论文集。

本论文集收录文章分为两部分，一是"学海寻珠"，收录的均为理论素养深厚、学术功底扎实、勇于开拓创新的学者的论文。这些论文不仅很好地挖掘了永嘉学派思想的深厚底蕴，而且展现了学界对永嘉学派的关注。二是"征文选刊"，收录的多为温州本土作者的论文，均未公开发表过，这些论文充分体现了永嘉学派研究的最新成果。

永嘉学派思想作为中华优秀传统文化的重要组成部分，对其进行研究与传承，是时代之需，是使命所在。

目 录

学海寻珠

融会中西,通经致用
　　——论永嘉学派的近代命运 ······ 陈安金　3
论南宋时期温州的"文化自觉"
　　——以永嘉学派为中心 ······ 陈安金　13
永嘉学派事功思想的建构与当代价值 ······ 陈安金　24
叶适论道学与道统 ······ 何　俊　39
"乾,物之主也"
　　——叶适的易学形上学 ······ 蒋伟胜　75
"违志开道":洛学与永嘉元丰九先生 ······ 陆敏珍　85
笔开象外精神:郑伯熊与永嘉学派 ······ 陆敏珍　98
试论永嘉学派的活动方式
　　——以陈傅良门人集团为中心 ······ 王　宇　109
论永嘉学派与程朱理学在"道""法"关系问题上的认识错位
　　——以陈傅良《唐制度纪纲》为个案 ······ 王　宇　122

征文选刊

薛季宣生平、思想渊源与思想价值 ······ 陈安金　135
戴栩及其思想研究
　　——兼论南宋晚期永嘉学派的衰微 ······ 陈安金　张　彪　149
蔡幼学生平补正考 ······ 蔡建设　160
周梦江先生《叶适与永嘉学派》述评 ······ 邓伟峰　182

瑞安孙氏批校本永嘉学派著述版本浅释	杜远东	190
孝悌之情：晚清瑞安孙氏家族的家礼与家风	侯俊丹	207
陈傅良政治思想研究	胡宪武 申爱君	217
"灭人欲"与"御人欲"：程颐和叶适欲观念比较研究	冀晋才	224
永嘉学派之集大成者		
——叶适的学术思想探析	梁珂维	237
叶适事功思想与墨家功利思想之比较	雷思鹏	247
杨晨对南宋叶适事功之学的传承	彭武胜	268
永嘉学派对诗经学研究的贡献		
——以叶适为中心	宋雪玲	278
刘绍宽的科举人生及转向		
——从情感史的视角分析	王 配	290
陈傅良民生思想及其现代价值	王兴文 张志超	298
"东浙风声早，音书顷刻通"		
——晚清温州地方的信息与知识传播	徐佳贵	310
论叶适的学习观及其启示	张鹤翔	336
儒佛之争与文化权威		
——元丰九先生入洛背景再考察	郑 鹏	341
永嘉学派法治思想的当代价值	潘广俊	353

学 海 寻 珠

融会中西,通经致用
——论永嘉学派的近代命运

陈安金[*]

清道光之后,学界涌动着一股反思汉学、回归宋学的潮流。其时,方东树《汉学商兑》的出版掀起了对汉学的"最激烈的反动"(胡适语),它实际上代表了道光年间一大批希望改弦易辙的士大夫的共同想法:将文明发展之注意力由汉转向宋的方向。如此完成了清代后期思想史上一个关键性的变化。[①]尽管永嘉学派主要活跃于南宋,因而很容易被近代归为所谓的"宋学",但对温州知识分子而言,复兴永嘉学主要的并不是向宋学传统回归,而是振兴区域文化的一种努力。这一努力以永嘉学派思想为文化资源,并在晚清学术语境和政治背景之下进行实践和理论创新。其最终的成果是:在汉宋两大营垒之间,独树一帜;于中西文化碰撞之际,兼容并蓄,从而存续了永嘉学派的近代命运。

一、强国敬乡:复兴永嘉学的动力

近代知识分子对永嘉学派的认知首先来自清初的《宋元学案》。《宋元学案》所描述的永嘉学派,是曾经与朱、陆学鼎足而立的重要学派。不幸的是,这一学派的传承最终在宋元之际断裂了,300年后的《宋元学案》尽管给予永嘉学很多的肯定和赞誉,甚至对其失传流露出些许同情和遗憾,但是在

---

[*] 陈安金,哲学博士,温州大学二级教授,博士研究生导师,温州大学图书馆馆长,温州市叶适与永嘉学派研究会会长。

编者(同时是解释者)看来,永嘉学对当代的适用性是不值一提的,充其量仅能纠正朱学的某些流弊,这从黄宗羲、黄百家、全祖望的许多论述中均可窥见。如明前期的黄溍认为叶适之学"其传之久且不废者,直文而已,学固勿与焉"。黄宗羲对此进行了辨正:"其意欲废后儒之浮论,所言不无过高,以言乎疵则有之,若云其概无所闻,则亦堕于浮论。"②黄宗羲的这段话实乃对黄溍的一种反驳,其主旨是认为,叶适非但不是一般的文士,而且对纠正"后儒"的流弊是有积极意义的,但黄宗羲也认为,叶适犯了矫枉过正的毛病。因此,黄宗羲尽管没有明言,其实却默认了永嘉学派仍然是程学一脉,这一点在拿陈亮与永嘉学派进行比较时更加明显。黄百家说:"永嘉之学,薛、郑俱出自程子,是时陈同父亮又崛起于永康,无所承接。然其为学,俱以读书经济为事,嗤黜空疏,随人牙后谈性命者,以为灰埃,亦遂为世所忌,以为此近于功利,俱目之为浙学。"③全祖望也认为:"永嘉以经制言事功,皆推原以为得统于程氏,永康则专言事功而无所承。"④全祖望评价薛季宣之学:"其学主礼乐制度,以求见之事功。然观艮斋以参前倚衡言持敬,则大本未尝不整然。"⑤所谓"大本未尝不整然",仍然是讲薛季宣之学中事功的成分与程学的内核是相应的,未致决裂,故谓之"整然"。而到了明代中叶,产生了更为"新尖"的王学,因此对清初士人而言,也许通过朱、王之学,就可让儒学的内圣获得形式上的圆融,至于外王一路,只不过是内圣的扩充而已。因此,从《宋元学案》编者的立场出发,清初士人对永嘉学的兴趣基本上是历史主义和实证主义意义上的。

清代中叶,温州文化日益陷入颓势:"自元明都燕,取士法陋,温复荒僻,至皇朝荒益甚。阮公元督浙学,悯温之荒,殷殷诱焉而不能破。"⑥

从道光年间开始,以孙希旦、孙锵鸣、孙依言、宋恕、陈虬、陈黻宸等人为代表,温州知识分子开始从学术资源的枯竭来思考区域文化衰落不振的原因,这对温州地区而言可能意味着区域文化的重光。孙希旦认为:"盖吾乡儒术之兴,虽肇于东山、浮沚,而能卓然自成为永嘉之学,以鼎立于新安、东阳间,虽百世后不能强为轩轾者,必推之乾、熙诸儒。至叶文修、陈潜室师事朱子以传新安之学,元儒史伯睿实其绪余,以迄于明之黄文简淮、张吉士文选,而项参政乔、王副使叔果,当姚江方火之时,不能无杂于陆学,而永嘉先生之风微矣!"⑦所谓"永嘉先生之风微矣",并不是说永嘉地区从此无学,而是说失去了有地域特色的学术资源,至乾嘉时代,永嘉地区的文化传统已经被主流学统所嫁接,其学只是主流学统的支脉。当然,南宋永嘉学派从一开始也是程学南传的一支,但是发展到陈傅良、叶适时代时,永嘉学派已经与温州当地文化小传统相结合。从提高区域文化地位的目的出发,复兴永嘉地区特有的永嘉学派是本地知识分子义不容辞的责任。清末黄群将他编刊的一部永嘉地方文献丛书命名为"敬乡楼丛书",正式表明,整理地方文献、复兴区域文化传统,是"敬乡"的具体行动。

孙希旦之后,站出来复兴永嘉学的是孙依言、孙铿鸣兄弟。孙氏兄弟推行永嘉学之所以有一些成果,其缘由就如宋恕所言"以科第仕宦之重动父兄子弟之听":由于孙氏兄弟拥有雄厚的社会资本,由他们挑起复兴永嘉学的重担也是顺理成章的。但是在当时,永嘉学派的复兴面临着严峻的局面。宋恕指出:"至国朝嘉、道间,而我外舅止庵先生与外伯舅琴西先生起瑞安孙氏学,经史百家师陈、叶,为文胸秀朴茂,语不后宋。识者谓逼陈、叶,然世方惑邪阮李,崇浮徐李,束《左》《马》,外《孟》《庄》,或圣方、姚,哲管、梅,谓陈、叶不入茅《选》,桐城不道永嘉,势应利求,党同伐异,交抑二先生,使名勿赫。"⑧这段话描述了清中叶知识界为帖括之学、骈体四六、桐城古文、梅曾亮以及茅坤的唐宋八大家知识谱系所垄断,因而对永嘉学派采取了漠视和无知的态度,这也反映了复兴永嘉学派所面临的巨大困难。但是鸦片战争一声炮响,这座精心构建的八宝楼台轰然倒塌;当对旧传统的信仰渐渐消退时,一些历史上曾经消失的传统便浮出水面,永嘉学由此获得了再生的机会。在孙氏兄弟之后,继起的孙诒让、陈黻宸、陈虬、宋恕经过不懈努力,终于存续了永嘉学的近代命运。

二、汉宋之间,独树一帜

众所周知,永嘉学派在南宋学术界的地位被形容为"左袒非朱,右袒非陆",其近代命运也与此十分相近。当道光之后汉、宋两个营垒展开激烈辩论之时,亦暴露了双方的弱点。杨念群指出,江浙学人非常注意清算为宋明理学所道德化了的穷理通传学脉,在此之外梳理出了一条能用较客观标尺独立地把握的"格物"路径和学统。他们认为,稽古之道并不是一类能直接付诸事功致用的行为模式,按政治与道德功用的标尺来检视,"通经"未必与"致用"直接沟通。⑨而宋学,则有强烈的经世倾向,以内圣开出外王,但是往往陷入主观臆说,流于空疏,有致用之志,却无致用之术。

不过笔者认为,杨先生在使用"江浙学人"一词时,并未区别浙东与浙西学术取向的差异。实际上自南宋以来一直存在着一个独立于浙西——在文化地理上浙西与苏南是一体的——的浙东传统,只不过这一传统在清代的大多数时候活跃于宁绍,其代表人物自然是全祖望、章学诚,而在温州的一支则长期沉寂而已。但是到了晚清,孙氏兄弟、父子的崛起打破了这一沉寂。

孙诒让在谈到刊印"永嘉丛书"的必要性时认识到,当时学界汉宋之学这种对立的分裂局面,最终将会损害国学的传承,永嘉学传统资源却可以"综汉宋之长而通其区畛"。永嘉学在近代的新使命即在于此,永嘉学复兴的契机更在于此!

那么,近代永嘉学是如何调和汉宋的呢?笔者认为,最主要是通过"以史学补汉学之短"这一重要途径展开的。

罗志田在分析陈寅恪与乾嘉学的关系时,曾指出史学并非乾嘉学术所长。⑩而史学本来是浙东学术的长项,但是到了明代,受八股科举和王阳明心学的夹击,出现了衰落的势头:"浙学故重史,而永嘉为最。自十八房出而二十一史废,而姚江王氏之学又颇轻史,史学危矣。"入清后,虽然有万斯同、邵晋涵、章学诚、全祖望诸大师维持史学,但继兴的乾嘉之学,又压制了史学的发展:"而江、惠后学之弊又早如钱嘉定所讥,但治古经,略涉三史,三史以下茫然不知,其弊之极则且不治古经,不涉三史,专讲六书,孜孜于一字一音,而问以三代制度,犹茫然如江甘泉所讥矣。"此外,公羊学也轻视史学:"至庄、刘一派异军突起,渐入湘、蜀、岭表,其后学虽大率能陈非常之义,而末流废史虚矫之弊或几等于洛闽,而所谓史学家者则大率抄胥耳。""于是海内史学几绝,而浙亦尤危于前代。"⑪

晚清有志于复兴永嘉学派的温籍知识分子,从经世致用的角度给予史学高度的重视。具体而言,孙氏兄弟做了以下工作:在学术史的梳理方面,孙依言编录的《瓯海轶闻》58卷,其中甲集《永嘉学术》21卷中,有17卷是与宋代永嘉学派有关的。本书对载籍所见关于永嘉文化的记载全部做了摘录,疑缺矛盾之处,则略施按语,断以己意,其搜讨之勤、考订之精、持论之平,至今在地方史研究领域也是极为罕见的。孙锵鸣则撰写了《陈文节公年谱》《周行己年谱考略》,尤其是后者,对史料奇缺的周行己的生平作了初步的梳理,筚路蓝缕,实为可贵。

同时,孙依言在孙诒让的协助下点校整理了"永嘉丛书",本丛书收录了温州历代文献13种。刘安上、刘安节、许景衡、薛季宣、林季仲、陈傅良、叶适等人的别集,从时间上,自北宋末期程学南传开始,一直贯穿到南宋中期陈傅良、叶适为代表的永嘉学派全盛期。入选书目本身就是一部永嘉学派发展的学术史,这一工作对永嘉学的复兴所具有的历史意义不言而喻。

孙诒让则编撰了《温州经籍志》36卷,著录温属六县作者1 300多家,搜罗宏富,体例谨严,考证精详,历时八年纂成,1921年刊行后,即蜚声士林。在历史地理学方面则有《温州建置沿革表》《瑞安建置沿革表》《唐静海军考》,并校辑了《永嘉郡记》,而他对甲骨文的开创性研究,则突破了旧金石学的窠臼,堪称近代中国考古学的先声。[12]

如果说孙氏父子的主要贡献集中在地方史领域的话,后起的陈黻宸、宋恕则对通史有相当的研究。陈黻宸1913年在北京大学哲学系主讲中国通史,其讲稿撰成《中国通史》一书,论次自春秋以来至于清代,提纲挈领,间发议论。此书的长处不在于考证,而在于史论以及史学理论。陈黻宸高度重视具体学科对历史研究的重要性,提出"史学者,合一切科学而自为一科者。无史学则一切科学不能成,无一切科学则史学亦不能立",认为史学除了包含政治、法律、舆地、兵政、术数、农工商学,还包含了教育学、心理学、伦理学、物理学、社会学,而尤其以政治学、社会学为肯綮,此两者中,又以社会学(或社会史)最重要而为中国学术界所忽视。[13]

陈黻宸结合清末学界的风气,有针对性地呼吁重视社会史研究。他认为社会史研究是研究政治的基础,并对清末宋学派纵横捭阖的政论表示了鄙弃:"今日有志之士,惨目世局,气愤懑不能平,往往抽思于高远之域,广阔之观,驰骋议论,欲以处置天下事。然或富于治才而未周于治理,遂至抵牾竞出,适成凿枘,舌敝耳聋,但以供无识者之一噱。"这是因为他们不重视社会史研究,缺乏扎实的国情调查,很多议论根本是隔靴搔痒、无的放矢。因此陈氏大声疾呼:"社会学之不明,则我中国学者之深诟大耻也。"[14]这一呼吁,既是对埋头故纸堆的乾嘉朴学的批判,也是对好发空论的宋学的批判。

宋恕的史学著作并不是很多,有《浙学史》《永嘉先辈学案》《朝鲜大事记》等。他在史学理论方面的主张,是重视世界史研究。宋恕认为清代中期以来出现的《海国图志》《瀛寰志略》《四裔年表》等书,"题名皆陋,将以尊内,适使外人笑我学者为井蛙,是反辱国矣"。他自己有过打算,想以心性、经济、文学、武功、辟邪、死义、开化、觅地、制器九门类,作《欧洲名人传》,但是最终没有如愿。原因是他认为自己不懂西洋文字,不能阅读第一手史料,因此"仅据亚洲所译汉字西史论次其人,将来流传欧洲,必贻疏陋之讥"⑮。在转译日文成风的近代学术界,宋恕这样严谨的治学态度确实是值得赞扬的。

总之,以经世致用的目的研究史学,是近代温州知识分子复兴永嘉学的一个重要特色,这一特色使永嘉学派在近代思想史的版图上占据了不容忽视的地位。

三、作新国学,躬行西学

在清末学术裂变中,如何处理国学和西学的关系是晚清知识界长期争论不休的焦点,温籍知识分子对此作出了独特的回答。

(一)作新国学

温籍知识分子大多数接受的是传统国学教育,对传统文化的感情很深,因此当欧风美雨来袭、烧经之说甚嚣尘上时,他们都感到了忧虑和痛心。孙诒让忧心忡忡地描述了当时民间和知识界发生的危险情况:"窃谓景教流行,燎原莫遏,以耶稣基督之诬诞,《新约》《旧约》之鄙浅,而乡曲儇子,崇信哗然,非有悦服之诚,是藉富强之助。输泉帛而润以脂膏,集兵力以广其保护,而牛马维娄之计,为蛇豕荐食之图。而中华儒者,犹复绅佩而谈诗书,雍容而讲礼让,非徒淹中缉简,无裨鲁削,窃恐议瓜骊山,重睹于秦坑。"⑯温州开埠以后,基督教挟西欧对华政治军事胜利之威,在温州传播非常迅速,其势骇人。而当此累卵危局,旧国学学者却闭眼谈心性,或埋头故纸堆,实无补国家于万一。清理旧学的矛头所指,就是僵化的程朱理学。在西学冲击下,早在同治年间,孙锵鸣主讲上海龙门书院时,就对原有的官方理学从内涵到外延都提出了怀疑,同时指出在批判、改造理学时,又要吸收西方的科学知识,这才是"真理学"。

晚些时候的宋恕则更为激进,他首先否定理学有独立存在的必要。他说:"世称洛闽之学为理学,此名大不正也。百氏之学皆有条理,何独儒家?儒家之学皆有条理,何独闽洛?古今无无理之学,别立理学之名,于理学之解且茫然矣。"[17]他进而根本否定了二程道统:"及至伊川,以纯法之学,阳托儒家,因轲死之谬谈,建直接之标榜,舞儒合法,力攻高隐,党盛势强,邪说持世,世主初疑其怪,既而察其说之便己,遂私喜而独尊之。民贼忍人,盘踞道统,丑诋孤识,威抑公理,而山林教种无地自容,一线微言,此次遂绝。"[18]

同时,温籍知识分子否认传统文化对西方文明的挑战无能为力。陈黻宸认为:"夫以中国四千年圣人之治,不为之鲜扁弥缝,修吾声名文物,而徒震惊乎异域杂霸功利之见,儒术之衰,非吾辈责欤?"[19]在传统文化资源中,完全有"融会中西,贯穿古今,通经致用"的优良传统,只不过长期以来为官方的理学、乾嘉朴学、宋学所遮蔽而已。为了存续国学一脉,赋予传统文化以近代新生,他们提出了清理旧存、吸收新血的主张。其中,永嘉学派的事功精神引起了他们的高度关注。

在清理旧学时,除了批判空洞无物的理学糟粕(从广义的角度看,康梁之学其实也属于理学),温籍知识分子还有致力于发掘传统文化中开物成务、富国强兵的有益成分。宋恕认为:"宋室南渡,瓯学始盛。陈叶诸子,心期王佐,纯于永康,实于新安。新安师徒,外强中鄙,阳述孔孟,阴祖商、李,媚上专权,抑制殊己。闽党横行,百家畔降,而瓯学亦几绝矣。"[20]永嘉学比朱子学"实",即重视制度、重视外王的开拓;比永康"纯",即全祖望所说的将功利之说"一洗之"。宋恕之永嘉学派的"纯"与"实",界定了永嘉学派的主题——"事功"。

陈黻宸也对"事功"作了精辟的分析。他认识到,如果单纯地强调永嘉学派功利的一面,则与西方"域杂霸功利之见"富强之说无异。他在宋恕的基础上更加精细地分析了功利和事功的区别:"无事功之心性,无用之学也。无心性之事功,无体之事也。且舍心性而言事功,溺富贵利功名之士,窃其术以贼天下。"与永嘉学派非常亲近的吕祖谦曾说薛季宣"向来喜事功之意颇锐",陈黻宸认为吕祖谦对永嘉学派的事功有误解:"夫事功者,为天下,非己也,出于不得已之心,而非好事之心也。天下太平,国家人安,民宁其居,乐其业,亦何事功之云。"而以叶适为代表的永嘉学派的事功,是出于对天下国家的承当和责任,根本不是好事喜功;他们的事功完全是在儒家的理想和信念指导之下的:"叶正则与及门言天下事,每激切哀痛,其声动人,闻者至泣下不自禁。呜呼!是亦发于心性之自然而不能自已者矣。盖心性之学,非空言静坐之谈也,以求夫仁义礼智之扩充而施于天下,一夫不获,时予之辜,愁然终日,不敢有佚乐之心,若舍我必无人任焉者。即有任者,我则不敢让。"㉑

由此,陈黻宸大声疾呼,儒家的真精神虽然在传承中发生了偏差,但是以此认为"吾中国伦常太重,此所以弱也"而发出"烧经哉!烧经哉!祸我中国者,经也"的言论是非常谬误的。他呼吁对六经给予正确的认识;他将六经与西方哲学相比,认为如果六经可烧,则欧洲就可烧孟德斯鸠、卢梭之书,因为与这些思想家一样,六经承载了中国人的精神和理想:"夫读孔孟之书,而仍归于无用者,吾未见其读孟德斯鸠、伯伦知理、卢梭之书,而遽可以用也。抑果知孟德斯鸠、伯伦知理、卢梭之书之有用,而即可知孔孟之书之有用矣。"㉒

(二) 躬行西学

在呼吁作新国学的同时,温籍知识分子对西学的吸收也是彻底的。他们不但从书本上吸收西学,还身体力行,率先在教育、实业等领域引入西方文明。如陈虬的利济医院开创了中国初等医科教育的先河,陈黻宸则被认为精通新式教育,而多省争聘,先是出任浙学堂监督,震动了浙江学界,继而又被两广总督岑春煊奏调两广方言学堂(实即外语学校)监督,充两广优级师范学堂教务长。陈黻宸聘用了日本教师6人,法国教师2人,教授德日英法四国语言,成果斐然:"清季两粤学堂如林,而造就人才一方言为独多,益见先生教道之宏"㉓;返乡后,接手陈虬的利济医院,创办温州中学医学堂。

至于朴学大师孙诒让,他对浙南初等师范事业的贡献,至今仍为人津津乐道。㉔他还在温州积极发展农工商业,以实业救国,曾多次被提名、担任一些近代企业的管理者。如1904年组织富强矿务公司,开采永嘉铅矿,同年创设东瓯通利公司、大新轮船股份公司,租用轮船开辟温州至上海沿海航线,嗣后又发起创办了人力车公司,发展温州市内交通,1905年被提名为江浙渔业公司副总经理。由于他积极领导实业发展,在瑞安工商界拥有极高的声

誉,1905年8月被推举瑞安商会总理,领导温属六县发起抵制美货运动。㉕

在近代知识分子中,不乏呼吁振兴实业、以商战立国者,但是真正能像孙诒让那样亲自参加实业开发、深深介入经济活动的,已经是寥寥可数,而在如此驰骋商场的同时,在学术上又能达到"三百年绝等无双"(章太炎语)水平的,更是唯此一人。从这个意义上说,孙诒让的出现本身就是中国知识分子史上的奇迹,而造就这一奇迹的文化资源之一,正是永嘉学派经世致用思想。

从晚清温籍知识分子对中西文化的辩证态度,可以看出很多永嘉学派的内在精神。永嘉学派对程朱理学的反思和怀疑,对事功的推崇和实践,更重要的是永嘉学派对"合内外之道"的不懈追求和可贵探索,使得温籍知识分子在文化路线上采取了既有别于国粹派又有别于西化派的态度,他们对西学的躬亲实践史是超越了当时知识界的大多数流派。从这个意义上说,永嘉学派在近代实现了生命的延续。

四、结　　论

研究思想的传承、流变以及在传承中发生的变异,一直是思想史研究的重要课题。对近代思想史研究而言,这一课题又尤其重要,因为近代知识分子复活了多个在历史上一度断绝的传统。这种复活到底是何种意义上的,是否为了适应新语境而根本改变了原传统的核心特征?这些问题直接影响着我们对近代思想史上思想家的评价和认识。

具体到永嘉学派的近代命运,近代温籍知识分子从永嘉学派的文献中汲取了思想精华,在近代情境中进行了创造性的转化,正如陈黻宸说:"通商以来,风气稍移,浮浅之徒,侈谈西学,剽窃失据,转或訾狗诗、书,求其融会中西,贯穿古今,通经致用,蔚为一代儒宗者盖鲜。夫以中国四千年圣人之治,不为之鲜扁弥缝,修吾声名文物,而徒震惊乎异域杂霸功利之见,儒术之衰,非吾辈责欤?"㉖可以说,"贯穿古今,通经致用"是南宋永嘉学派的思想灵魂,叶适认为这是向儒家"道之本统"的回归㉗;"融会中西"则是"永嘉之学"近代存续的具体形式,而这三者又统一于温籍知识分子对"儒术"的近代理解,从某种意义上说,也就是近代儒家知识分子对儒家"道之本统"的新见解、新境界。因此可以说,永嘉学派近代命运这一个案,展示了儒学在各种情境下存续的某种规律。

参考文献

① 王汎森:《中国近代思想与学术的系谱》,河北教育出版社,2001年,第5—6页。
②③④⑤ 黄宗羲著、全祖望补修:《宋元学案》,中华书局,1986年,第1794、1832、1830、1690页。
⑥⑧⑪⑮⑰⑱⑳《宋恕集》,中华书局,1993年,第325、215、326、64、89、521、238页。
⑦ 孙希旦:《礼记集解》,中华书局,1989年,第7页。
⑨ 杨念群:《儒学地域化的近代形态》,生活·读书·新知三联书店,1997年,第149—150页。
⑩ 罗志田:《从历史记忆看陈寅恪与乾嘉考据的关系》,《二十一世纪》2000年第6期。
⑫ 参见雪克:《孙诒让学术要著述略》,《温州师范学院学报》1988年增刊。
⑬⑭⑲㉑㉒㉓㉖ 陈德溥编:《陈黻宸集》,中华书局,1990年,第675—676、680、511、642—644、552、1207、511页。
⑯《答温处道宗湘文》,张宪文辑,温州市政协文史资料委员会编《温州文史资料第5辑·孙诒让遗文辑存》,浙江人民出版社,1990年,第84页。
㉔ 参见童富勇《再论孙诒让教育思想》、朱鹏《孙诒让与浙南师范教育》,《温州师范学院学报》1988年增刊。
㉕ 参见周立人:《孙诒让与浙南地方实业》,《温州师范学院学报》1988年增刊。
㉗ 参见何俊:《叶适与道统》,张义德、李明友、洪振宁主编《叶适与永嘉学派论集》,光明日报出版社,2000年。

(原载《哲学研究》2003年第7期)

论南宋时期温州的"文化自觉"

——以永嘉学派为中心

陈安金

"文化自觉"是著名社会学家费孝通先生提出的概念,指的是"生活在一定文化中的人对其文化有'自知之明'……自知之明是为了加强对文化转型的自主能力,取得决定适应新环境、新时代时文化选择的自主地位"[①],即族群在旧的文化无法应对新的现实危机时被迫进行的转型,目的在于为族群的生存和发展创建新的文化支撑。

定位于温州,聚焦在儒学,南宋初期的本土学术可认定为"洛学"。北宋时期的"元丰九先生"[②]等温州籍学者将中原"洛学"传入温州,经过几十年发展,"洛学"已然成为当时温州儒学的主流。但"洛学"的"穷理去欲""修身为本"等基本理念难以应对南宋时期严峻的内外形势,导致部分温州士大夫对其价值产生了怀疑,在对"洛学"的批评和对现实危机解决方案的思考中,温州逐渐形成具有"崇实""重商""变通"思想特色的永嘉学派。从某种意义上说,永嘉学派的形成过程便是南宋温州"文化自觉"的一个缩影。宋孝宗(赵昚,1162—1189 年在位)时期,为解决社会危机,实现国家复兴大业,薛季宣提出了一系列兴利除弊的改革思想和主张,可以说是温州儒学反思和转型的开端。宋光宗(赵惇,1189—1200 年在位)、宋宁宗(赵扩,1194—1224 年在位)时期,陈傅良为继续鼓舞君王及士大夫们的复兴之志,进一步发展了薛季宣的事功学说。开禧北伐(1206)失败后,宋宁宗和重臣们恐金情绪漫延、屈辱求和、消极避战之风甚嚣尘上。为扭转颓势,激发士民的守土抗敌之心,叶适进一步发展了薛、陈之说,最终建构了以"事功"为主旨的儒学体系。以薛季宣、陈傅良和叶适为代表的永嘉学派,以务实的学风、清廉的官风、渊博的学识及长期的开坛讲学扩大了其思想的影响力,推动了南宋温州儒学的转型,在某种意义上实现了南宋温州的"文化自觉"。

一、发　　端

就南宋严峻的内忧外患形势而言,温州的"文化自觉"是必然的,但就其兴起的时间来看,其发端有某种历史的偶然性。《大学》有言:"一家仁,一国兴仁。"在帝王专制时代,皇帝个人的意志对社会人心的走向影响甚巨。

《宋史》载:"(孝宗)即位之初,锐志恢复。"[3]言宋孝宗即位后,积极加强武备、整顿内政、下诏求复兴之策,宋高宗时期长期被压抑的爱国热情一时得以宣泄,士大夫们纷纷针对富国强兵等问题建言献策,其中涌现出一大批造诣很深的思想家,这些思想家基于不同的革除时弊见解形成了各具特色的思想流派。如南宋时代最具影响力的思想家如张栻、朱熹、陆九渊、叶适,及他们所代表的湖湘学派、理学、心学、永嘉学派,都崛起于孝宗时期。永嘉学派"事功"思想特色的形成、思想体系的逐步完善和影响力的不断扩大,带动了温州本土文化意识的逐渐蜕变,南宋温州的"文化自觉"就此展开,薛季宣是其主要的发起者。

《宋代永嘉学派的建构》一书,将薛季宣重构永嘉之学的历史动因归结为生活、求学、为官经历和南宋乾道(1165—1173)、淳熙(1174—1189)年间道学与政治交相缠绕的历史情境。[4]该书的叙述不能说明的问题是:为何这么多的思想家同时涌现于乾道年间。《永嘉学派与温州区域文化的崛起研究》一书,将永嘉学派的兴起归因于温州自北宋元丰年间以来文化资本与社会资本的良好互动、薛季宣和陈傅良等对温州区域文化发展的使命感[5],将促使薛季宣思想转型的原因总结为其早年阅历[6]和对当时程学向"空无"发展的趋势的忧虑[7]。诚然,这是薛季宣思想形成中十分重要的原因,但其早年的积累和思考只能算一种"自用之学",本文要说明的是究竟是何原因促使他将其琐碎思考于孝宗初年汇成体系并传向社会。

孝宗执政初期的贪功冒进和当时朝野上下急功近利的形势引起了薛季宣的担忧,于是他根据国家实际情况,提出了内稳国政、外图进取的经国方略。一者为端正君王士大夫们的功利思想,提醒他们关注现实。《贯通内圣外王的努力——评永嘉学派的思想历程》一文中对薛季宣"一定之谋"的分析,正是要说明这一点。二者为驱除消极保守者们用"空无之学"消磨君王的进取意志。

薛季宣在上孝宗第一札中说:"夫清心寡欲,恭俭节用,尧舜三代所以治天下,陛下既已身之矣,自宜固守而勿失……臣愿陛下深思远览,以静养恬,略其小者近者,而图其远者大者。"⑧薛季宣认为道德修养是"小者近者",富国强军、恢复中原等是"远者大者",为君者应当致力于后者,而不应当过度耗费精力于前者,显然,他将修身养性之学视为了"空无之学"。在具体的"谋略"上,薛季宣提出了一系列革除时弊的建议。在其上孝宗书中说:"惟今法度之弊,臣所知者未此为大……陛下必欲仍今日之文弊,以图天下治理,非臣所知。"⑨他指出了宋朝一直贫弱的重要原因是"冗官、冗兵",认为此时国家之急务是改革"法度之弊",解决"冗官、冗兵"等弊政。其后他又数次上书论当时之弊政,有害民之政如武昌屋租、德安牛租、温州淹浸田租等⑩;有江淮地区授田名实不符的问题,因战乱,此地人员变动很大,有田者不交租、无田者交租等问题很严重,既害百姓,亦不利于国家治理;有整饬边境守备、整编军队等问题。

与此同时,朱熹、陆九渊、陈亮等也积极为国家复兴大业建言献策,但各自的侧重点不同。朱熹上书孝宗说:"圣躬虽未有过失,而帝王之学不可以不熟讲;朝政虽未有阙遗,而修攘之计不可以不早定;利害休戚虽不可遍举,而本原之地不可以不加意。陛下毓德之初,亲御简策,不过风诵文辞,吟咏情性,又颇留意于老子、释氏之书。夫记诵词藻,非所以探渊源而出治道;虚无寂灭,非所以贯本末而立大中。帝王之学,必先格物致知,以极夫事物之变,使义理所存,纤悉毕照,则自然意诚心正,而可以应天下之务。"⑪朱熹认为:皇帝面前的头等大事是尽弃佛、道以及其他杂学,正心诚意以修帝王之学,即孔孟之学;君王应先穷天理、灭人欲,以正心、诚意为根本之务;主张君王"任贤使能,立纪纲,厉风俗",使国家走向稳定和富强。至于富国强兵的具体策略,朱熹并无太多建言,似乎也并未引起他的重视。朱熹指出:"今世有二弊:法弊,时弊。法弊但一切更改之,却甚易;时弊则皆在人,人皆以私心为之,如何变得!"⑫"天下事有大根本,有小根本。正君心是大本。"⑬他认为君心正,万事自然迎刃而解,并不太重视具体的方法策略。

陆九渊的主张与朱熹类似,《宋史》载:"九渊少闻靖康间事,慨然有感于复仇之义。至是,访知勇士,与议恢复大略。因轮对,遂陈五论:一论仇耻未复,愿博求天下之俊杰,相与举论道经邦之职;二论愿致尊德乐道之诚;三论知人之难;四论事当驯致而不可骤;五论人主不当亲细事。"⑭"五论"与朱熹之奏对出入不大,在具体的时政改革上缺乏细致的见解。朱、陆二人侧重于格正君心,而薛季宣则更能兼顾社会弊政改革。总之,薛季宣的思想和主张紧紧围绕国家复兴这一主题,紧抓社会现实问题,呼吁讲实事、究实理、求实效、谋实功,颇受时之有识之士的称赞,时人评论他"破千载利欲之谬妄,扫诸儒章句之披猖。……施之政事,见之文章,真所谓不见其短,又乌知其所长者也"!⑮

隆兴北伐(1163)失败后,宋孝宗逐渐意识到短期内以武力收复中原难以实现,转而恢复高宗时期的执政方略,薛季宣永久地失去了实现抱负的机会。诚然,薛季宣的思想本身也存在缺陷,陈安金等评道:"'一定之谋'的提出是永嘉学派贯通内圣外王的首次努力……它只是大概地勾勒一个轮廓,指出内圣是不能直接开出外王的,在内圣与外王之间必须有一创造性转化的媒介,由此可以推论出'制度新学'是有其独立意义的……但是在理论上薛季宣没有阐述'制度新学'相对于内圣之学的独立意义,更不论如何将制度新学与内圣之学加以结合的问题了。"⑯此外,"一定之谋"这一重要媒介显然也缺乏儒家经典的支持,不易引起士大夫们的思想共鸣。且因官微言轻、英年早逝等,薛季宣思想主张的影响力非常有限,陈傅良继承薛季宣的思想精神,并不断加以拓展,以待合适的时机将其发扬光大。

二、拓　　展

陈傅良对薛季宣思想的拓展分两个方面:一是对具体的国家复兴方略的细致研究,如《周礼说》《历代兵制》,在国家政治和军事制度的改革方面有了更加系统翔实的阐发;二是以一种新的、有儒家经典支持的媒介代替"一定之谋",即《尚书·商书·仲虺之诰》中"惟天生民有欲,无主乃乱"一言。薛季宣的"务实"是就事论事,陈傅良则深入人性论层面。

历来研究陈傅良思想的论著都聚焦于他的《周礼说》。《贯通内圣外王的努力——评永嘉学派的思想历程》一文认为:"陈傅良研究《周礼》的目的是解决南宋社会政治中的一系列棘手问题……陈傅良对制度的思考,是在排除了对科层制中的道德水准是最低程度的,因此他并未考虑到'互相检制'会推导出'君臣猜疑'的结论(因陈潜在的将君王定位为圣君)……永嘉学派在'圣君'的层面的研究是缺乏新意的(因袭了程学)。"[17]"永嘉之学"与程学都属于儒学领域,对"圣君"的认识自然一致,但在程学体系内"圣君"是一种道德典范,而陈傅良所言之"圣君"则更多强调其政治主导者的角色。

陈傅良为宋光宗讲《孟子·滕文公下》中"圣王不作,诸侯放恣,处士横议,杨朱、墨翟之言盈天下。天下之言不归杨,则归墨。杨氏为我,是无君也;墨氏兼爱,是无父也。无父无君,是禽兽也"这一段时说:"'圣王不作'者,言周之衰,上无明天子也。'诸侯放恣'者,言上无明天子,则下无贤方伯,凡有国之君皆得自便,纵欲而专利也。"[18]因此陈傅良引用《仲虺之诰》"且夫惟天生民,有欲无主乃乱"来统摄其思想。大致可归纳为两点:"一是使'欲'有'主';二是'负其责'。首先是使'欲'有'主',即将普天下人的情感欲望限定在制度纲常之内。"[19]这里的"主"便是"明天子"。陈傅良说:"人所以相群而不乱者,以其有君父也。有君在,则上下尊卑贵贱之分定;有父在,则长幼嫡庶亲疏之分定,定则不乱矣。苟无君父,则凡有血气者,皆有争心。苟有争心,不夺不厌,是人心与禽兽无择也。"[20]在陈傅良看来,只有纲纪严明,社会才能井然有序,"人欲"才能得到有效的约束,人与人之间才能和谐相处。否则必然乱法凌夺、天下大乱。其次是"负其责"。君之责是教化、保育百姓,父之责是教化、养育子女,其道一也。陈傅良说:"禹不抑洪水,周公不兼夷狄、驱猛兽,使斯人脱于不安其生之患,而君臣、父子、兄弟、夫妇相保也,则禹、周公之责不塞……今敌国之为患大矣!播迁我祖宗,丘墟我陵庙,膻腥我中原,左衽我生灵,自开辟以来,夷狄乱华未有甚于此者也。……二圣人(高宗、孝宗)之责,至今犹未塞也。"[21]他认为,禹、周公之伟大,正在于他们完成了庇护百姓免于灾祸的历史使命,有效地实现了天下人的基本生存和生活欲望,皇帝有这样的功利心才正是合于"王道"。在此,陈傅良已有意识地用"事功"取代性理,并以之作为圣人之道的核心内容。陆九渊也对"保民而王"作了解释:"民生不能无群,群不能无争,争则乱,乱则生不可以保。王者之作,盖天生聪明,使之统理人群,息其争,治其乱,而以保其生者也。"[22]

其"保民"之道侧重于内向的息情窒欲,而非陈傅良侧重于外向的制度、良政。

由此,陈傅良不仅为"制度新学"与内圣之学找到了新的、有儒家经典支持的媒介,而且从劝君"负责"的角度劝谏君王积极担负起领导实现国家复兴的历史使命,不可心志消沉、沦入"虚无之学"。陈傅良依据《尚书》对儒家"内外交相成之道"的探索,并不为标新立异,而是意识到若永嘉学的支持经典与程学一致,则其举措主张便会失去独立意义而有被同化的危机。但陈傅良并未建构出一个完整的哲学体系,留给叶适广阔的拓展空间。

三、成　　型

隆兴和议后,宋金保持了长达半个世纪的和平局面,生长于这一时期的士大夫们大多失去了乾道、淳熙年间先辈们的奋发进取的热情,不再关注国家复兴大计,转而埋头于故纸堆中阐发心性、吟风弄月。因此,叶适亟待解决两个主要问题:一是紧密关注时局,时刻思索对策;二是批驳举国流行的"虚无之学",开创经世致用的"实学"。尤其是开禧北伐失败后,朝廷恐金情绪蔓延,屈辱求和、消极避战之风甚嚣尘上,使得叶适的思想创新工作更显急迫。嘉定元年(1208),叶适被夺职还乡,从此有了更充足的讲学、著述时间,永嘉学派的思想体系渐趋完善。

叶适皓首穷经之目的与朱、陆两派不同,他致力于批驳举国流行的"虚无之学",即朱、陆之学,开创经世致用的"实学"。南宋中后期,读书人非朱(熹)即陆(九渊),两派学者们之间互相攻讦,观点虽有差异,但皆是对穷理尽性之方式和途径的争辩,他们的中心议题已不再是对国家复兴之道的探索。

朱熹的弟子陈淳(1159—1223)是南宋中后期较为著名的学者和教育家,是朱熹学说最坚定的信仰者和践行者。陈淳致力于推广朱熹的"穷理"学说,孜孜以求后学者读书(圣贤书)明"理",并在日常生活中体会此"理"。其言:"道之大纲,只是日用间人伦事物所当行之理。众人所共由底方谓之道。大概须是就日用人事上说,方见得人所通行底意亲切。若推原来历,不是人事上划然有个道理如此,其根原皆是从天来。"[23]其学术要旨,全为独善其身,于家国危机已毫不在意了。陈淳对陆学的批判也阐明了其时陆学的发展趋势:"今世有一种杜撰等人,爱高谈性命,大抵全用浮屠作用是性之意,而文以圣人之言,都不成模样。"[24]言陆学后人们疏离经典和生活日用高谈道德性命,修养方式上提倡佛家的静坐参禅之法。对叶适而言,无论朱学或是陆学,皆是自私的、罔顾现实危机的"虚无之学"。

为引导士大夫们积极地去关注国家危机,思索变革图强,叶适致力于转型儒学,开创经世致用的"实学"。叶适以《尚书》为其"实学"之主要经典依托,通过探究尧舜等先王之实政,阐明圣王之"德"在于"事功"、圣王之"道"是"内外交相成",并以人性论为基础批判了"洛学"一脉的修养论、治国论。

首先,叶适通过探究《尚书》中尧舜等先王之实政,阐明圣王之"德"在于"事功":

> 天有常道,地有常事,人有常心,于《书》见之,孔氏索焉,不可不考。《书》称"若稽古"四人,孔子言"大哉尧之为君也","舜有天下而不与焉","禹吾无间然矣",子夏曰"舜举皋陶,不仁者远矣"。故考德者必先四人,其次伊尹,又次文、武、周公。世有差降,德有出入,时有难易,道有屈伸,孔氏以是为为学之统绪,孟子所谓"闻而知之""见而知之"者也。近世之学虽曰一出于经,然而泛杂无统,洄洑失次,以今疑古,以后准前,尊舜、文王而不知尧、禹,以曾子、子思断制众理,而皋陶、伊尹所造忽而不思,意悟难守,力践非实;凡此类当于《书》求之。[25]

即《尚书》才是承载"天道""天德"的根本经典,而"天道""天德"主要体现在尧、舜、禹、皋陶、伊尹、周文王、周武王及周公这些先贤的道德和功绩中。叶适指出尧之"德"在于"允恭克让"和"命羲和,历象日月星辰,敬授人时"。一是不谋私利,能礼让贤者;二是任用羲和制作历法,保障百姓生产生活。舜的功德在于"濬哲文明,温恭允塞"和"在璇玑玉衡,以齐七政",即德行高卓,为万世楷模,修明政治以安天下。大禹治水、皋陶作刑、周公制礼作乐,皆是因时而作的利民实政,也正是他们的"德"之所在[26]。由此,他以"事功"取代"性理",作为圣王之"德"的核心内涵,主张君王、士大夫应当兴实政以修实德,而不是空谈心性。

其次,叶适以"皇极""大学"和"中庸"三个概念为中心,重新定义了圣王之"道",并指明其特点为"内外交相成"。

叶适认为:"《易》非'道'也,所以用是'道'也,圣人有以用天下之'道'曰《易》。"㉗思孟学、程朱学所宣称的尧、舜、禹圣圣相传之"道"——"人心惟危,道心惟微,惟精惟一,允执厥中",叶适认为"非本文也"。这就从根本上否定了程朱以"天理""五常之性(仁义礼智性)"为圣王之"道"的先验论。叶适指出:"道不可见,而在唐、虞、三代之世者,上之治谓之皇极,下之教谓之大学,行天下谓之中庸,此道之合而可明者也。"㉘即"皇极""大学""中庸"三者之合,方是完整的圣贤之"道"。

叶适阐述"皇极"为:"极之于天下,无不有也。耳目聪明,血气和平,饮食嗜好,能壮能老,一身之极也;孝慈友弟,不相疾怨,养老字孤,不饥不寒,一家之极也;刑罚衰止,盗贼不作,时和岁丰,财用不匮,一国之极也;越不瘠秦,夷不谋夏,兵戈寝伏,大教不爽,天下之极也;此其大凡也。至于士农工贾,族性殊异,亦各自以为极而不能相通,其间爱恶相攻,偏党相害,而失其所以为极。是故圣人作焉,执大道以冒之,使之有以为异而无以害异,是之谓皇极。"㉙此"极"可以理解为人之情感和欲望诉求。人与人之间、不同民族和国家之间因各怀私欲,相互侵夺攻伐,不能相互尊重、和平共处,以致天下大乱。有鉴于此,圣王们制礼乐政刑诸法,以治天下之欲、顺天下至情,他们的理想和方法之精义便是"皇极"。叶适所言之"皇极",事实上是对陈傅良所言之"欲之主"的进一步发挥。叶适阐述"大学"言:"知足于其身而不及修,不能治天下国家而能顺天下国家之所以治,此学之所谓小也。"㉚即只有既能够善其身又能够济天下的学问才是"大学",然叶适更注重平治天下的实用之学。叶适阐述"中庸"言:"道原于一而成于两,古之言道者必以两……然则中庸者,是以济物之两而明道之一者,为两之所能依而非两之能在者也。"㉛其认为"中庸"之道,正是内圣外王的浑然一体,或对两者之权衡。

虽叶适强调圣王之道"内外交相成",但事实上他的视线一直聚焦于平治天下的"实政",即"外王之学",对"内圣之学"的阐发极少。所谓的"内外交相成",其实就是通过"实政"修养"实德"。

最后,叶适以人性论为基础,批判了"洛学"的修养论、治国论。"洛学"一脉的修养论、治国论的核心观点为"一切以修身为本,修身以穷理、尽性为要",即以修身为治国之前提,以穷理、尽性为修身之根本,这是建立在"人性本自天命""性本全善"的人性论基础之上的。叶适强调人之"物性",即人与动物之共性(欲望):"人之所甚患者,以其自为物而远物。夫物之于我,几若是之相去也,是故古之君子……喜为物喜,怒为物怒,哀为物哀,乐为物乐。"[32]叶适将欲望视为人性之固有内容,继而从人欲有恶倒推出"天德有偏",主张修身治国应以"人德"去弥补"天德"之偏缺。叶适言:"天德虽偏,必以人德补之;天德非异能,补之以人,则皆异能也。合而听之,天下之才不可胜尽也。故教德而多才,禹、汤、文王皆用之。若后世治偏尽性,必至于圣而后用者,非皋陶之法也,枉其才,弃其德者也。"[33]即禹、皋陶、周公等创制刑典,施有为之政,便是以"人德"补"天德"之偏。这进一步论证了其兴"实政"以修"实德"的修养论、治国论主张。

《宋代永嘉学派的建构》一书认为叶适"学说经常自相矛盾……在人们的眼中,他不过是一个'文士'而非'学士'"[34],这一观点的提出是建立在对叶适思想形成的某些历史情境未能深入探究的基础之上。《贯通内圣外王的努力——评永嘉学派的思想历程》一文则认为:"传统儒家的'仁、义、礼'三个层次是有机结合在一起的……叶适承认了'礼'('似以礼为主'),就必然延伸至仁、义,就要'礼复而敬立',终究无法突破理学话语的编码。"[35]两种议论皆未注意到《尚书》在叶适思想建构中的重要作用,故而未能阐明叶适思想对理学话语体系的突破。总之,倘若哲学研究的视线不能下延至情感欲望层面,则永嘉学之独特思路和价值便不易被发现。近几十年来,越来越多的学者们趋向于从"反智重情"[36]的视角来研究中国哲学的独特价值,这种范式对永嘉学思想特殊性的进一步研究有很大启发意义。叶适通过建构以道论、德论、人性论、修养论和治国论为主要内容的"实学"体系,推动实现了儒学的转型。叶适的探索可以说是在儒学话语体系内部基于有限的经典资源突破程朱理学的尝试,其学术成果亦可目之为南宋温州"文化自觉"的最终成果。

四、结　语

南宋温州的"文化自觉"以革新内政、强国御辱等为主要目标,转型儒学是这些目标实现的前提,只有将南宋君臣的思想统一到坚定不移地实现强国御辱、恢复中原等目标上来,才能真正使国家转危为安。薛季宣、陈傅良和叶适早年皆致力于整顿内政的举措和富国强军的方略研究,然因官微言轻,他们的成果未能在朝廷的决策中发挥有力的影响。他们汲汲以求事功的精神又受到了"洛学"传承者们的批评和抵制,更有被士大夫群体视为儒学"异端"的趋势。因此他们晚年都十分注重将"事功"精神与传统儒家思想相结合,为"事功"思想赋予儒家学理上的合法性,以增强永嘉学派思想的影响力。永嘉学派虽然最终未能实现其政治目标,但却推动实现了南宋儒学的转型。陈傅良、叶适长期在温州地区讲学布道,其学术思想广泛地影响了温州士大夫群体,最终影响了温州人的思想精神。

嘉定和议(1208)后,叶适被视为韩侂胄党羽而遭罢官夺职,其在政治上的影响力也随之消散。此后,宋理宗(赵昀,1224—1264)崇奉朱熹,永嘉学派这样的务实之学也失去了发挥价值的机会,南宋温州的"文化自觉"运动渐归沉寂,但这股"自觉"的文化精神并未随之消散。纵观历史,社会一旦有新的危局出现、新的思想资源传入,永嘉学人都能自觉地运用新资源来解决现实问题,这展现出了永嘉学派"事功"思想精神的鲜活生命力。从近代温州文化的再次崛起和改革开放后温州经济的腾飞中,都能清晰地发现温州人精神特质中所蕴含的永嘉学派"崇实""重商""变通"等文化基因。从这个意义上说,永嘉学派事实上推动实现了南宋温州的文化转型和温州人的思想蜕变,或云实现了南宋温州的"文化自觉"。

参考文献

① 费孝通:《文化与文化自觉》,群言出版社,2016年,第195页。
② 宋元祐三年(1088),王开祖(约1035—1068)、丁昌期(生卒不详)、林石(生卒不详)在温州讲学授徒,由于他们的学术活动大约集中在仁宗皇祐年间(1049—1054),被后人称为"皇祐三先生"。北宋元丰年间(1078—1085),周行己、许景衡、刘安节、刘安上、蒋元中、沈躬行、戴述、赵霄、张辉等九人去中原汴京太学学习,并曾赴洛阳问学于二程,史称"元丰九先生"。
③⑪⑭《宋史》,中华书局,1977年,第692、12752、12880—12881页。
④㉞ 陆敏珍:《宋代永嘉学派的建构》,浙江大学出版社,2013年,第200、331页。
⑤⑥⑦ 陈安金、王宇:《永嘉学派与温州区域文化的崛起研究》,人民出版社,2008年,第112、127、146页。

⑧⑨⑩⑮《薛季宣集》,上海社会科学院出版社,2003年,第189—190、313、193、597页。

⑫⑬ 黎靖德编:《朱子语类》,中华书局,1986年,第2689、2678页。

⑯⑰㉟ 陈安金、王宇:《贯通内圣外王的努力:评永嘉学派的思想历程》,《哲学研究》2002年第8期。

⑱㉑ 陈傅良:《止斋集》,影印四库全书荟要本,吉林出版集团有限责任公司,2005年,第247、250页。

⑲ 冀晋才、吴妮妮:《朱熹与永嘉学派关于"欲"的思想之分歧》,《温州大学学报(社会科学版)》2020年第1期。

⑳㉖ 黄宗羲著、全祖望补修:《宋元学案》,中华书局,1986年,第1712、1744页。

㉒《陆九渊集》,中华书局,1980年,第382页。

㉓㉔ 陈淳:《北溪字义》,中华书局,1983年,第39页。

㉕㉝ 叶适:《习学记言序目》,中华书局,1977年,第60、52页。

㉗㉘㉙㉚㉛㉜《叶适集》,中华书局,2010年,第695、726、728、730、732、731页。

㊱ "反智重情"是黄玉顺先生对20世纪以来儒学研究新趋势的一个总结。他说:"20世纪以来,出现了一种'反智重情'思潮,最典型的如朱谦之先生的'唯情论'、袁家骅先生的'唯情哲学'。最近的一个例子是李泽厚的'情感本体论'。"(参见黄玉顺:《儒家的情感观念》,《江西社会科学》2014年第5期)

(原载《温州大学学报(社会科学版)》2020年第11期)

永嘉学派事功思想的建构与当代价值

陈安金

时下,事功为永嘉学派之思想特质业已成为学界之共识,但对诸如什么是事功,它是通过一个怎样的建构过程从而成为永嘉学派之思想特质,它对当下社会又有何特殊价值等根本性问题的研究却往往失之粗疏浅显,亟须审慎厘清并深入探讨。

一、所谓事功思想

对永嘉学派的事功思想,大致有功利、经制、务实和义利双行四种阐释。

对"永嘉之学"[①]功利的评判大概源自朱熹对浙学"专是功利……学者习之,便可见效,此意甚可忧"[②]的批评。但"学者习之,便可见效"一言也表明了朱熹对"永嘉之学"务实、有效的认可。显然朱熹并未否认"永嘉之学"的事功,或者说朱熹也主张事功。朱熹论孔子之赞管仲"九合诸侯,不以兵车"时言:"夫子许其有仁之事功也。"[③]在评述浙学时又言:"自隆兴以后有恢复之说,都要来说功名,初不曾济得些事。今看来,反把许多元气都耗却。管子、孔门所不道,而其言犹曰'礼义廉耻,是谓四维'。如今将礼义廉耻一切扫除了,却来说事功!"[④]即朱熹认为事功必须以"仁"为根基、以"礼义廉耻"为支柱,而永嘉学派的事功缺失了根基、支柱,是不完整的事功,或者是"专是功利"。

经制与义理心性相对,重在强调永嘉学派诸贤注重研究经史中先贤治世之制度举措,以为社会现实问题的解决提供借鉴。它既是宋代永嘉学派诸贤对其研究对象与旨趣的自述,也是当时其他学者以及后世学者对"永嘉之学"特点的一般描述。薛季宣教导陈傅良:"史书制度自当详考,不宜造次读过。"⑤而他也躬身践履了这一学术思想,陈傅良言其"自六经外,历代史、天官、地理、兵刑、农末至于隐书小说,靡不搜研采获,不以百氏故废。尤邃于古封建、井田、乡遂、司马之制,务通于今"⑥。吕祖谦评薛季宣:"凡疆里、卒乘、封国、行河,久远难分明者,听其讲画,枝叶扶疏,缕贯脉连,于经无不合,于事无不可行。"⑦陈傅良出色地承继了薛季宣这一学术思想,鲜明地体现在其《周礼说》《历代兵制》等著作中。楼钥言其"精研经史,贯穿百氏,以斯文为己任,综理当世之务,考覆旧闻于治道"⑧。叶适循着薛、陈的经制思路继续求索,从传世的儒家经典中寻求能为永嘉学派事功思想做学术支撑的思想资源,以求实现"内圣"与"外王"的贯通、构建永嘉学派独立的儒学体系。其门人孙之弘在《习学记言序目·序》中言:"其致道成德之要,如渴饮饥食之切于日用也;其指治摘乱之几,如刺腧中盲之速于起疾也;推迹世道之升降,品目人材之短长,皆若绳准而铢称之,前圣之绪业可续,后儒之浮论尽废。"⑨朱熹用"永嘉之学,于制度名物上致详"⑩一言概括了永嘉学派思想之经制特色。清人全祖望结合经制与事功言"永嘉之学":"主礼乐制度,以求见之事功。"⑪近人邓实更是直言"永嘉之学"为"经制之学"⑫。

　　务实是事功的鲜明特点与价值取向。永嘉学派事功思想是在认识到程朱理学"空无"而难以实现富民强国、恢复中原等重大政治目标后方始形成的,因而务实有用是"永嘉之学"的鲜明特点与价值取向。薛季宣积极抵制"驰于空想"的学术风气,重视对于现实问题的研思,及儒学思想与社会实际的结合。面对宋室南渡后半壁江山沦丧、制度混乱、社会矛盾尖锐、金国军事威胁等严峻形势,薛季宣将对金政治军事谋划、军队战术战法的研究、社会制度的改革完善作为学术钻研的主要方向。陈傅良继之,诸如《周礼说》《历代兵制》等著作进一步丰富和深化了薛季宣的政治军事思想。叶适面对北宋中期财匮、民贫、兵冗、将懦等社会状况,提出了优化财税制度、促进农商发展、在江淮地区设立坞堡等一系列实政改革构想。朱熹"学者习之,便可见效"的评语反映出永嘉诸贤这些构想的切实有效。后世学者评判永嘉学派事功思想时,也常将务实视为其核心价值。如杨国荣"强调实际的践行并注重践行的实际结果"⑬、陈安金"讲实事、究实理、求实效、谋实功"⑭等评说,皆表达了对永嘉学派事功思想务实价值的推崇。

义利双行是相对于功利而言的对永嘉学派事功思想的价值评判,是后世学者对朱熹"(浙学)专是功利"观点的反驳。实际上朱熹所批评的是还未完善内圣之学建构的浙学(含永嘉学派)[15]。后世学者基于叶适晚年的思想创建,给了永嘉学派较为全面、客观的评价。《宋元学案》《四库全书》等以事功替代功利作为对永嘉学派思想特质的总结便是一种折中。全祖望评薛季宣之学:"观艮斋以参前倚衡言持敬,则大本未尝不整然。"[16]虽言薛氏之说未曾偏离程朱理学"由内圣而外王"的思想主线,但仅仅靠"以参前倚衡言持敬"则略显论据不充分。全祖望评叶适之学:"永嘉功利之说,至水心始一洗之。"显然他看到了"永嘉之学"于叶适晚年在内圣、外王两端已渐趋平衡。四库馆臣评"永嘉之学":"朱子颇以涉于事功为疑。然事功主于经世,功利主于自私,二者似一而实二。"[17]这也委婉地承认了永嘉学派义利双行,而非"专是功利"。近人林损进一步言:"永嘉诸子之言事功者,亦必不能离心性。事功与心性合,而后经济之真乃出。"[18]"是故心性体也,事功用也,无事功之心性,则为无用之学,无心性之事功,则为无体之事。"[19]即"心性"为"事功"之根本,两者在"永嘉之学"内浑然一体。也可以说,经过叶适晚年的努力,使永嘉学派事功思想达到了义利双行的更高价值层次。

综上,永嘉学派事功思想涵盖经制、义理二维,追求义利双行,行本于仁义而功见于实事是其最显著思想特质。

二、建构过程

永嘉学派事功思想的主要开创者为周行己与郑伯熊。

叶适回顾"永嘉之学"的传承脉络与学术旨要时言:"昔周恭叔首闻程、吕氏微言,始放新经,黜旧疏,挈其伟伦,退而自求,视千载之已绝,俨然如醉忽醒,梦方觉也。颇益衰歇,而郑景望出,明见天理,神畅气怡,笃信固守,言与行应,而后知今人之心可即于古人之心矣。故永嘉之学,必兢省以御物欲者,周作于前而郑承于后也。薛士隆愤发昭旷,独究体统,兴王远大之制,叔末寡陋之术,不随毁誉,必摭故实,如有用我,疗复之方安在!至陈君举尤号精密,民病某政,国厌某法,铢称镒数,各到根穴,而后知古人之治可措于今人之治矣。故永嘉之学,必弥纶以通世变者,薛经其始而陈纬其终也。四人,邦之哲民也,诸生得无景行哉！"[20]叶适强调了四位邦哲:周行己、郑伯熊、薛季宣和陈傅良,明确了两点学术旨要:"必兢省以御物欲""必弥纶以通世变"。四库馆臣言:"季宣少师事袁溉,传河南程氏之学。晚复与朱子、吕祖谦等相往来,多所商榷。然朱子喜谈心性,而季宣则兼重事功,所见微异。其后陈傅良、叶适等递相祖述,而永嘉之学遂别为一派。盖周行己开其源,而季宣导其流也。"[21]

周、郑之学术贡献在于将关洛心性义理之学传入温州,厚植了温州的儒学根基。周行己自幼聪颖好学,少时随父宦游汴京,在太学接触到了"新学""关学"。元丰五年(1090),游学洛阳,成为程颐亲传弟子,受到了程颐心性之学的熏染。周行己心性论的主要观点有:"得性者,天下之善也。善者,天下之可欲也。然则人之有善,皆得乎性者也。人之有不善,皆失乎性者也。"[22]"君子所以知天者,知其性也。所以事天者,事其心也。性之不明,心之不存,则在我者与天不相似,故有长傲以悖天德,从欲以丧天性。"[23]"性"出于"天"、"性"本善、君子修德之要在存心养性、纵欲使人心迷失而丧天性,周行己这些观点具有鲜明的程学特色。全祖望言:"永嘉诸先生从伊川(程颐)者,其学多无传,独先生(周行己)尚有绪言,南渡之后,郑景望私淑之,遂以重光。"[24]宋徽宗大观三年(1109),周行己被御史毛注弹劾"师事程氏,卑污苟贱,无所不为"而遭罢官,返回温州,筑浮沚书院(位于今温州市鹿城区)讲学著书,将程学传入温州。南宋时期,由于其他得程颐亲炙的温籍学者之学说大多没有广泛的学术传承[25],硕果仅存的周行己学术传承遂成为温州"洛学"复兴的星火。

概因从学程颐时间短(似不足一年),周行己对程颐之学研思较浅,在其著作中罕见有关理气论的阐发,其心性论也稍显支离。或者说程学未能对周行己形成如对杨时、游酢等人那般全面而深刻的影响,使周在思想上呈现出更多的自由性与独特性。杨、游从学二程时间较长,"洛学"不仅塑造了他们的学术风格,也影响了他们的思维方式。两人一生致力于弘扬"洛学",成为两宋之交"洛学"南传的旗手,对朱熹理学体系的形成影响巨大。靖康元年(1126)内忧外患的危急形势下,杨时上书钦宗畅言国政,仍大谈穷理修身[26],"空虚"之言为时人所讥[27]。与此形成鲜明对比的是周行己约于宋徽宗宣和二年(1120)的上书,其要旨为劝皇帝关注实际、施大有为之政,以得人心、经国用、实现强国富民。其得人心之说有四:"广恩宥""解朋党""用有德""重守令"。经国用之说有六:"修钱货之法""修茶盐之法""修居养安济漏泽之法""修学校之法""修吏役之法""修转输之法"。㉘全无穷理灭欲、修心养性之说,却满含事功、经济之意。可以说,永嘉诸子重视实用之学的风气由周行己开其先河,他在将"洛学"修身养性之说传入温州的同时,也为邑之后学树立了一种务实、事功的为政为学风气,亦因此被后世称为永嘉学派之先驱者。

郑伯熊为周行己之私淑弟子,进一步发展了周行己思想的义理、经制两端。《宋元学案》载,在宋高宗绍兴年间秦桧专权、"伊洛之学几息,九先生之绪言且将衰歇"的情势下,"二郑""推性命微眇,酌古今会要,师友警策,惟以统纪不接为惧。首雕程氏书于闽中,由是永嘉之学宗郑氏"㉙。郑伯熊从思想阐发与文本刊刻两方面对绍兴末"洛学"在温州的复振做出了巨大贡献,但他也并非如朱熹、陆九渊那样"纯粹"的程学传承者,而是较多继承了周行己的务实、事功学术风格。《宋元学案》载:"文肃有集三十卷,有《六经口义》《拾遗》,有《懿语》,有《记闻》。"㉚这些著作在清代已然大部亡佚,仅存《敷文书说》一卷。郑伯熊在《敷文书说》以点评圣王们的刑杀之政为主要内容,阐发了对《尚书》中圣王之道的认识。主要观点有:(论舜征有苗,汤伐夏)"夫以将天明威而下顺乎民,黜伏罪人而上应乎天,福善祸淫之道,得以不替,涂炭水火之民,得以更生,自舜、禹以降,厥功茂矣。"㉛"若夫禹治水,汤胜夏,武克商,拯民于昏垫涂炭之中,其功德大矣。"㉜"圣人之于人,虽不可化,亦姑惟教之。化之未格,亦曰姑惟俟之。俟之久矣,而终不吾化,则所谓不移之愚,而怙终之刑所不得宥也。"㉝以大赞圣王刑杀之道为主要精神,概括圣王之道为"福善祸淫",即通过果断、严明、公正的刑杀实现惩治罪恶,救民于水火的政治目标,圣王之德便体现于其中。这与朱熹所认为的圣王政出于德、以德化民、德主刑辅的观点大相径庭。因此朱熹阅后曾致书三封于郑伯熊,进行了系统的辩驳。朱熹之核心观点为:"夫刑虽非先王所恃以为治,然以刑弼教,禁民为非,则所谓伤肌肤以惩恶者,亦既竭心思而继之以不忍人之政之一端也。……况君子得志而有为,则养之之具,教之之术,亦必随力之所至而汲汲焉,故不应因循苟且,直以不养不教为当然,而熟视其争夺相杀于前也。"㉞即先王治国"以刑弼教",以刑罚辅弼教化,德化为王道之本,刑罚只是德化之补充。郑伯熊从《尚书》所载之圣王实政事迹中探索圣王之道的学术思路，及提出圣王以实政修实德的思想观点，已与陈傅良、叶适基本一致了，因此可以说郑伯熊是永嘉学派义理之学的主要开创者之一。因而叶适言"周作于前而郑承于后"，将郑伯熊视为"永嘉之学"的主要开创者之一。

今人一般将薛季宣、陈傅良和叶适视为永嘉学派之三大主干人物，主要依据在于三人之间存在的鲜明师承关系，及三人在学术风格与思想旨要上的一致性。三人继续于经制、义理二维的学术耕耘，最终形成具有事功特质的儒学思想体系。

首先是经制维度。薛季宣"自六经外，历代史、天官、地理、兵刑、农末至于隐书小说，靡不搜研采获，不以百氏故废。尤邃于古封建、井田、乡遂、司马之制，务通于今"。陈傅良著有《周礼说》《历代兵制》等，加深了对社会制度、军事制度的变革完善的研思。叶适致力于实政探研，收录于《水心文集》与《水心别集》中的大量杂著、奏议、奏札等，记载了各个时期叶适对国家基本法度、人才选拔制度、社会热点问题、社会制度、财政制度、军事制度等领域的观察研究和相应的改进策略的宏观思考与详细谋划。永嘉学派丰富的经制思想，及其中体现出的崇实、事功精神，得到了当时后世学者们的肯定与推崇。邓实言："究心实用，坐言而可以起行，经义而即以治事，此有用之学也。"[35]便是对永嘉学派经制之学价值的恰当评价。

其次是义理维度。为一洗"功利之说"，叶适完善了"永嘉之学"的义理维度建构。

一是从人欲之恶倒推出人性有恶、"天德有偏"，从而论证了"人"的自我意识和事功行为的正当性。叶适在承认人"性"是"天命"的前提下，摒弃了朱熹由"情"善推论"性"善、追溯"天理"至善的思路，直视"欲"为人性之固有内容，从人欲之恶推出"天德有偏"，从而确立了"人德"可补"天德之偏"的大人关系。叶适言："天德虽偏，必以人德补之……若后世治偏尽性，必至于圣而后用者……枉其才，弃其德者也。"[36]"尽性、必至于圣而后用"指的是理学修养论观点，叶适尖锐地批评其"枉其才、弃其德"，主张"人"应当通过积极的行为去弥补"天德"之不足，使"人"摆脱了"天"的控制，阐明了"人"的自我意识和事功行为的正当性。

二是从《尚书》关于尧、舜、禹等圣贤们的道德功业中总结出圣贤之道蕴含于他们治理天下人欲的实政中。叶适以《尚书》为依托,重新梳理了尧、舜、禹等圣贤们的"人德",由此赋予"道"新的含义,即内圣外王交相成,进而建构了"皇极""大学""中庸"三合一的永嘉学派"道"论体系。叶适指出:"在唐、虞、三代之世者,上之治谓之皇极,下之教谓之大学,行天下谓之中庸,此道之合而可明者也。"[37]即"皇极""大学"和"中庸"三合一,"道"方可明。他阐述"皇极"为:"极之于天下,无不有也。耳目聪明,血气和平,饮食嗜好,能壮能老,一身之极也;孝慈友弟,不相疾怨,养老字孤,不饥不寒,一家之极也;刑罚衰止,盗贼不作,时和岁丰,财用不匮,一国之极也;越不瘠秦,夷不谋夏,兵戈寝伏,大教不爽,天下之极也;此其大凡也。至于士农工贾,族性殊异,亦各自以为极而不能相通,其间爱恶相攻,偏党相害,而失其所以为极。是故圣人作焉,执大道以冒之,使之有以为异而无以害异,是之谓皇极。"[38]"皇极"是统摄、沟通修身、齐家、治国、平天下的统治之"道"。"极"是社会上每一个个人、家庭、群体、国家各自追求的欲望实现的最佳状态,"皇极"是普天下之个人、家庭、群体、国家在不相侵夺、和谐共生的前提下皆能各自实现其欲望的理想社会状态,圣人之道的主要作用或精神便是对社会普遍欲望的调和与节制。叶适通过重新阐述"大学""中庸"两个概念,将经国济世的实学、实政纳入"道"的范畴中。程学强调《大学》中"修身、齐家、治国、平天下"的次序,要求学者严格遵守。二程解《中庸》为"反本"之学,"故君子贵乎反本……惟循本以趣之,是乃入德之要……反本之要,吾心诚然而已"[39]。此"本"即"性",也就是说圣贤之道重在穷理复性。叶适则认为:"唐、虞、三代,内外无不合……今之为道者,务出内以治外也……守其心以自信,或不合焉,则道何以成?"[40]言尧、舜、禹三王之道,并无分内圣外王,而是内外合一。陈锐指出:"(叶适)反对那种'各执其一以自遂'的态度,但他却不是要在两个极端之间选取中道,而是强调两者的不可分离或'相合',义与利、形而上与形而下、内和外都是如此,'仁智皆道之偏也'。"[41]叶适认为的"中庸"之道,正是内圣外王的浑然一体。"永嘉之学""专是功利"或"专是事功"的思想体系缺陷至此得到了弥补,正如全祖望所言:"永嘉功利之说,至水心始一洗之。"[42]

通过薛季宣、陈傅良和叶适持续的学术耕耘,永嘉学派丰富了经制、义理二维,完善了以事功为鲜明特色的儒学思想体系,最终自成一派,与盛极一时的理学、心学形成鼎足抗衡之势。

三、衰微与重振

叶适之后，永嘉学派渐趋衰微，直至晚清方得重振。衰微的具体表现为：承继事功思想、有重大影响力的温籍思想家的绝迹；"永嘉之学"的创新步伐停滞。其主要原因有三：温州政区政治地位的下降；温州知识人群体的萎缩；理学的官学化。而无论衰微或重振，皆与"永嘉之学"之事功特质息息相关。

元明清温州政区政治地位的下降与知识人群体的萎缩之间存在一定的因果关系。"靖康之变"后，宋室南渡，以临安为行在（今杭州），也将温州从"僻远下州"提升至"次辅郡"的地位，解决了温州在地埋上边缘的尴尬。政治地位的跃升极大地促进了温州文化的繁荣。就教育与科举而言，"南宋温州读书士子数量之多为全国之最……将近18户有一人参试，将近100人有一人参试"[43]，合南宋一朝共中进士1 128名，并涌现王十朋、木待问、赵建大、周坦、徐俨夫等多名状元。[44]元、明、清三代，随着国都的北移，温州再次成了"偏远下州"，温州知识人群体也随之锐减。元代科举共开科16次，温籍士人登第有名可靠者仅10人[45]。明清时期温州的文教情况较之元代虽有好转，但与南宋却相去甚远，据统计，明朝温州中进士者合134名[46]，清朝则仅有21名（1851年前）[47]。

元明清科举等第人数的锐减，反映出了温州区域文化教育的衰退，贫瘠的文化土壤也使得大思想家出现的概率减少。而南宋后期至清代理学的官学化，使得本已凋零的"永嘉之学"传承更加雪上加霜。张立文言："由'理学'而使'儒学'独尊地位的确立，它不仅渗透和支配了我国意识形态的各个领域，而且影响社会生活的各个方面。"[48]由于程朱理学在科场的巨大影响力，致使大部分的温州士子转向理学，甚至包括叶适的弟子门人。劳思光言："朱氏解经之说，成为官学，以致明清一般知识分子，齐经而专攻朱注或朱氏之解释，以取科名。"[49]永嘉学派之衰微与重振，皆与其学说的事功特质息息相关。由于旗帜鲜明地主张事功、反对程朱理学，"永嘉之学"在南宋晚期开始被官方所压制，为主流学界所排斥。因此即便有人意识到其学说之重要价值,也不敢公开表示提倡推崇。全祖望言薛季宣:"其学主礼乐制度,以求见之事功。然观艮斋以观艮斋以参前倚衡言持敬,则大本未尝不整然。"即在客观阐述薛季宣学说的同时,委婉地批评了其在义理心性畛域的不足。全氏言叶适:"永嘉功利之说,至水心始一洗之。然水心天资高,放言砭古人多过情,其自曾子、子思而下皆不免。不仅如象山之诋伊川也。要亦有卓然不经人道者,未可以方隅之见弃之。"即言叶适虽能自成体系,但对程朱理学根本的反对,导致官方及主流学术界敌视之。四库馆臣之言:"永嘉之学,倡自吕祖谦,和以叶适及傅良,遂于南宋诸儒别为一派,朱子颇以涉事功为疑。然事功主于经世,功利主于自私,二者似一而实二,未可尽斥为霸术。"[50]评薛季宣:"盖周行己开其源,而季宣导其流也。其历官所至,调辑兵民,兴除利弊,皆灼有成绩。在讲学之家,可称有体有用者矣。"[51]即馆臣们在肯定永嘉学派事功思想之重要价值的同时,也讲明了由于主事功而被大部分学者排斥的现实。由此,"永嘉之学"逐渐湮没于历史尘埃中,乃至连绝大多数温州人也长期不闻其名。清末孙衣言曾描述过这一时期永嘉学派的处境:"自元明都燕,取士法陋,温复荒僻,至皇朝荒益甚。阮公元督浙学,悯温之荒,殷殷诱焉而不能破。及先生与兄太仆出,力任破荒,不惮舌敝,以科第仕宦之重动父兄子弟之听,于是温人始复知有永嘉之学,始复知有其他学派。"[52]即便如此,"永嘉之学"并未彻底湮灭,其事功特质之独到价值仍得到了部分学者的认同或重视,明清时期学者们对薛季宣、陈傅良、叶适等人著作的刊刻研究便是例证。而永嘉学派经典文献得到较为完整的保存,为事功思想在晚晴得以重振奠定了基础。

也恰恰是因为永嘉学派之思想务实、事功,主张切于世用,而走进了晚清温州士人的研究视野,在晚清大变局中被部分开明学者所"发掘"出来,并吸取了新的思想资源而得以实现创造新转化和创新性发展。晚清士人在家国危亡之际,积极探寻救亡图存之思想武器,掀起了整理古代文献、挖掘先贤智慧的学术运动,对永嘉学派文献的整理研究便是其中的一部分。在这一过程中,孙衣言"发现"永嘉学派事功思想之时代价值,始大力推崇之:"其功业气节之盛,皆卓然无愧于孔孟之徒,盖学术之正,其效见于人心风俗而蔚为人才者如此,此圣人之经所以为有用也。……咸丰同治以来,削平大盗,抚纳远人,一时材能之士因事会以就功名,遂欲任其私智以治天下,其意以为古人之法,不可复施于今。顾反讨于奇邪怪诞之术,趋和风靡,举世骚然,未知所届,而言六艺者乃徒惊于文字之末器,数之微以自弊其聪明材力之所能为,一旦试之于事,则所谓是非得失之切于一身者,犹未能决。其所从又何以与天下之事哉?顾尝谓今日之务以学术为急,尤以胡氏为切要,而永嘉之学实与胡氏为一家言。"[53]孙认为,永嘉学派源出孔孟,通经致用,与宋代胡瑗之学一样。尤其在清咸丰、同治年间,面对日益严峻的内忧外患,部分士大夫认为中国传统文化已失效,只能师夷长技。孙衣言则认为以永嘉学派事功思想为代表的中华优秀传统文化仍然是解决时代危机之有用之学,应该大力发掘弘扬。清末邓实亦推崇永嘉学派事功思想,言:"有心性之学,有经制之学。心性之学,空言理欲,其学易涉于玄虚,归于寂灭,此无用之学也。经制之学,究心实用,坐言而可以起行,经义而即以治事,此有用之学也。……(永嘉之学)一切施诸政事之间,可以隆国体、济时艰。所谓用之则可行之也,是曰永嘉经制之学。"[54]邓实的推崇理由亦在于"永嘉之学"之事功经制特色。在孙衣言筚路蓝缕之后,继起的孙诒让、陈黻宸、陈虬、宋恕继续秉承永嘉学派事功思想,融汇中西,通经致用,使永嘉学派在晚晴温州得以重振。具体体现为 19 世纪 40 年代至 20 世纪 10 年代前后,温州地区以瑞安为中心众多科宦世家与知识群体的涌现。主要包括前述之孙氏家族,以黄体芳(1832—1899)、黄绍箕(1854—1908)、黄绍第(1855—1914)等前后"清流党"为主要成员的黄氏家族,以项湘藻(1858—1918)、项崧(1859—1909)兄弟为主的项氏家族,以"东瓯三先生"或"温州三杰"著称于世的陈虬(1851—1904)、陈黻宸(1859—1917)与宋恕(1862—1910),以及与孙氏家族关系密切的刘绍宽(1867—1942)、黄庆澄(1863—1904)等。他们通常集学术、政治、经济与社会活动于一身,深耕儒学,研习西学,兴办学校,结社办报,经营实业,将各自的知识资本、社会资本发挥到极致,极大地光大了永嘉学派的事功思想,形成了近代温州文化的再次崛起的盛景,推进了温州地方社会的现代转型。

四、当代价值

永嘉学派事功思想之当代价值主要体现在三个方面。

首先,永嘉学派事功思想为"温州人精神"打下了厚重的底色。目前,学界一般将"温州人精神"概括为:温州人群体世代传承的吃苦耐劳、艰苦创业、敢闯敢冒、敢为人先、务实求实等精神。[55]"温州人精神"之渊源虽远,但在宋代以前似乎只能算是温州人之群体作风或民风,后经由宋代温州士大夫群体之践行弘扬而彰显于世,成为一种区域文化精神。根植于血液中的文化精神为域内人群所普遍认知,这是温州区域文化自觉的开端。通过文化自觉,温州区域人群的文化自信不断增强,从而推动了温州区域文化在南宋的崛起。自远古至南宋,温州区域文化的发展状态一直不温不火。北宋中后期,以"皇祐三先生"和"元丰九先生"为代表的温州士人不顾艰难险阻赴中原游学,以成为中原地区先进文化之传人为荣。而至南宋中期,"永嘉之学"已然能与"理学""心学"分庭抗礼,争夺"儒家正统"的文化地位,"永嘉之学"的内核正是永嘉学派之事功思想。

永嘉学派诸贤以严谨务实、经世致用的学风塑造了温州士大夫群体的思想精神。如果说"皇祐三先生"是温州儒学的拓荒者,那么"元丰九先生"就是其奠基人,后经由郑伯熊、薛季宣、陈傅良和叶适之发挥而达于鼎盛。可见,永嘉学派诸贤是推动温州儒学从奠基走向兴盛的中坚力量。周行己、郑伯熊、薛季宣、陈傅良和叶适这些永嘉学派的主干人物,不仅深耕学术、著书立说,还广开书院、培育后学,经几代贤人之持续努力,温州文人士大夫群体的"雪球"越滚越大,最终形成了南宋时代温州文化的繁荣局面。

永嘉学派诸贤勇毅笃行,践履事功思想,为温州士大夫群体树立了精神标杆。诸贤之胆略与担当可为时人之楷模:薛季宣任武昌县令时,骤逢金军大举南侵,延边官守皆系马于庭准备逃亡,他则尽忠职守,与军民共患难;陈傅良任中书舍人时,为公义敢于冒犯专横跋扈的当朝皇后犯颜直谏;叶适任知建康府兼沿江制置使时,遭遇韩侂胄兵败、金军大举入侵,他临危不乱、指挥若定,有效地挫败了金军的进攻,缓解了边境危机。诸贤为官之清廉正直可为宋代官员之典范:薛季宣奉使安抚淮西时,能不畏权贵,勇于任事,大胆革除地方弊政;陈傅良任福州通判时"平一府曲直,壹以义,强御者不得售其私"[56]。任提举茶盐公事、转运判官这样的"肥官"多年,去世时家中仅有白银数十辆,治丧全赖友人、学生之助。诸贤正直、忠勇的高尚品格可为宋代文人群体之杰出代表:薛季宣敢于上书斥责当朝主和之权贵,为岳飞等忠烈鸣冤;叶适不畏权贵,伸张正义,为朱熹辩护。

四库馆臣言:"事功主于经世,功利主于自私,二者似一而实二。"观永嘉学派诸贤之为学、为官、为人,"经世"而"无私"正是对他们学术思想和精神风貌的恰当概括。诸贤通过言传身教,将事功思想根植于温州士大夫群体的灵魂深处,历数百年沧海桑田,成为"温州人精神"的底色。

其次,永嘉学派事功思想是当代温州经济社会发展背后的文化命脉。改革开放以来,温州区域经济奇迹般崛起、温州人创造了与"苏南模式""珠江模式"三分天下的"温州模式",更使得温州和温州人蜚声中外。"温州模式"主要呈现出五个方面的特色。(1)以民营经济为主体。21世纪初,全市约有个体工商户24万多户、民营企业14万多家,民营企业的数量约占全市工业企业总数的99%,工业产值约占工业总产值的96%,上缴的税收约占全市财政收入的70%,外贸出口额约占全市外贸出口总额的95%以上,从业人员占全市企业职工总数的80%左右。(2)以集群经济为特色,即小商品大市场、小配件大配套。小产品大行业、小企业大协作、小资本大集聚,"一乡一品""一县一业"的特征很明显。比如乐清市的柳市镇是全国最大的低压电器产销基地,低压电器产销量约占全国的1/3;永嘉县的桥头镇,号称东方第二纽扣市场;平阳县的萧江镇被誉为中国塑编城;市区的鞋革、服装、打火机等已形成相当规模的产业群。温州的这种区域性集群经济,具有高度的社会化分工和专业化协作的产业体系,形成了温州企业的群体规模、技术和资金等生产要素以及品牌的集聚优势。(3)以轻工业为主。温州轻工产业的产值比较高,占了全部工业产值的2/3以上。品种比较齐全,已有50多类轻工产品,占全国轻工产品总数的一半左右。市场竞争力很强,大部分轻工产品在国内的市场占有率都超过50%。产业基础也很坚实,已建成一批国字号生产基地,包括中国鞋都、中国电器之都、中国制笔之都、中国锁都、中国印刷城等27个。(4)"两头在外",俗称"无中生有"。温州可利用的矿产资源非常少,温州企业自身也没有多少人才和技术,但温州人的创造精神能够做到"无中生有"。温州的原材料、能源、技术、劳动力等资源要素大部分都来自市域以外,温州的产品市场更是遍布国内外。(5)"走出去",温州经济,很大一块是在温州之外。据调查统计,21世纪初,在外温州人约220万,其中在国内约170万,国外约50万。温州人目前在外创办的工业企业有2万多家,其中产值超亿元的就有近200家,实现工业产值超过1 800亿元,相当于温州本地工业产值的60%。在外温州人还在全国各地建起了40多万个销售网点,构筑了庞大的市场网络,不仅推销了上千亿元的温州产品,还及时反馈了各类信息,架起了温州与国内外合作的桥梁,带动了温州本土经济的发展。进入21世纪以后,面对发展中的要素性、素质性、结构性矛盾及金融风险,温州积极推动区域金融综合改革、重构社会信用体系、促进中小企业升级、加强科技创新、淘汰落后产能,有效地化解了区域金融风险,推动了实体经济发展。"八八战略"实施以来,温州通过腾笼换鸟、机器换人、空间换地、电商换市等方式,实现了战略性新兴产业、高新技术产业和装备制造业的跨越式发展。温州还主动承接国家级和省部级改革试点,勇做新时代全面深化改革及经济转型升级的探路先锋。改革开放以来,温州经济的发展历程深刻地反映出了温州人吃苦耐劳、艰苦创业、敢闯敢冒、敢为人先、务实求实等精神,追本溯源,这些精神便源自永嘉学派的事功思想。在浙江省被列为"建设共同富裕示范区"的今天,永嘉学派事功思想也必将启发温州人取得更大的发展成就。

最后,永嘉学派事功思想对当下中华优秀传统文化的创新性发展与创造性转化、增强文化自信有积极意义。永嘉学派事功思想是中华优秀传统文化的重要组成部分,学派诸贤立足宋代社会现实对传统文化进行了全面整理与深度阐发,最终形成了具有事功特质的儒学思想体系。相对于"理学"与"心学"之"空无"性、内向性、排斥性和独尊性,"永嘉之学"呈现出鲜明的务实、经世、兼容并包特点。张立文先生将永嘉学派哲学精神的体现概括为开放兼容、忧思创新、经世济民、融突和合等八点[57],也可以说是对永嘉学派"双创"思路与实践的恰当概括。周行己等诸贤兼收新学、关学、洛学,结合温州实际,逐渐形成独具特色的理论思维、价值观念、思想风格。诸贤有爱国爱民之崇高情怀,因忧思两宋之内外危机而反思社会根源、探索应对之策、开创经世之学。诸贤本着一切立足实用的原则,广泛吸取传统文化中的有益成分,不问来源、不存门派之见,只看学说是否有助于解决现实问题,以开放包容的胸怀、钩深致远的心态,融突和合百家之学,而成致广大而尽精微的永嘉学派事功之学。可以说,"永嘉之学"是宋代永嘉学派立足现实对中华优秀传统文化的创新性发展与创造性转化,其展开思路及学术精神对当下传统文化的"双创"具有积极的启发意义。而优秀传统文化精神的觉醒与转型,将极大地增强国人的文化自信,并将为新时代中国特色社会主义经济文化的建设提供源源不断的精神动力与智力支持。

参考文献

① "永嘉之学"一词原专指南宋时期崛起于温州的特色儒学,即永嘉学派之学说,源自朱熹所称。《朱子语类》中有言:"因论'永嘉之学',于制度名物上致详。""永嘉之学,只是要立新巧之说,少间指摘东西,斗凑零碎,便立说去。纵说得是,也只无益,莫道又未是。"(中华书局,1986年,第1311、2086页)叶适于《温州新修学记》中言:"永嘉之学,必竞省以御物欲者,周作于前而郑承于后也。……永嘉之学,必弥纶以通世变者,薛经其始而陈纬其终也。"也将周行己—郑伯熊—薛季宣—陈傅良一脉相承的温州儒学称为"永嘉之学"(《叶适集》,中华书局,2010年,第178页)。《宋元学案·艮斋学案》中言:"永嘉之学纪远矣,其以程门袁氏之传为别派者,自艮斋薛文宪公始。"(中华书局,1986年,第1690页)"艮斋薛文宪公"即薛季宣,全祖望言"永嘉之学"脱胎于程学自成一派自其始,亦将"永嘉之学"视为不同于程学的温州特色儒学,亦即后世所称之永嘉学派之学说。

②③④⑩ 黎靖德编:《朱子语类》,中华书局,1986年,第2967、1127、2701、1311页。

⑤《薛季宣集》,中华书局,2003年,第313页。

⑥ 陈傅良:《宋右奉议郎新改差常州借紫薛公行状》,《薛季宣集》,第615页。

⑦ 吕祖谦:《宋右奉议郎新改差常州借紫薛公志铭》,《薛季宣集》,第622页。

⑧ 楼钥:《宋故宝谟阁待制赠通议大夫陈公神道碑》,《陈傅良先生文集》,浙江大学出版社,1999年,第683页。

⑨ 孙之弘:《习学记言目·序》,叶适《习学记言序目》,中华书局,1977年,第759—760页。

⑪《宋元学案》中言薛季宣:"其学主礼乐制度,以求见之事功。"(中华书局,1986年,第1690页)

⑫㉟㊴ 邓实:《永嘉学派述》,《国粹学报》1905年第11期。

⑬ 杨国荣论叶适之学:"以事功为主导……展示了儒学演进中不同于心性之学的历史趋向。"见《物·势·人——叶适哲学思想研究》,《南京大学学报(哲学·人文科学·社会科学版)》2011年第2期。

⑭ 陈安金:《永嘉学派与温州区域文化的崛起研究》,人民出版社,2008年;《论南宋时期温州的"文化自觉"——以永嘉学派为中心》,《温州大学学报(社会科学版)》2020年第6期。

⑮ 永嘉学派的内圣之学完善于叶适晚年,即1209年10月他被夺职奉祠之后,朱熹早在1200年便已去世。

⑯㉔㊷ 黄宗羲著、全祖望补修:《宋元学案》,中华书局,1986年,第1690、1132、1738页。

⑰㉑㊾㊿ 永瑢等:《四库全书总目》,中华书局影印浙刻本,1965年,第1148、1379、1148、1379页。

⑱⑲ 陈镇波、陈肖粟编校:《林损集》,黄山书社,2010 年,第 340、343 页。
⑳㊲㊳㊵《叶适集》,中华书局,2010 年,第 178、726、728、727 页。
㉒㉓㉘ 周梦江点校:《周行己集》,上海社会科学院出版社,2002 年,第 19、25、5 页。
㉕ 北宋时亲炙程颐的温籍学者主要有周行己、沈躬行(生卒不详)、刘安节(1068—1116)、刘安上(1069—1128)四人。政治原因使周行己长期赋闲,曾在温州讲学数年,因而在温州有学术传承。余皆耽于仕宦,虽有著述也一般藏传于家,无广泛传播。
㉖ 杨时:《龟山先生文集》卷一,宋集珍本丛刊。
㉗ 徐梦莘:《三朝北盟会编》,上海古籍出版社,2008 年,第 384—385 页。
㉙㉚㉛㉜㉝ 郑伯雄、郑伯谦:《二郑集》,上海社会科学院出版社,2006 年,第 60、61、24、28—29、9 页。
㉞ 朱熹:《答郑景望第二书》,郑伯雄、郑伯谦《二郑集》,第 70—71 页。
㉟ 叶适:《习学记言序目》,中华书局,1977 年,第 52 页。
㊴ 程颢、程颐:《二程集》,中华书局,1981 年,第 1164 页。
㊶ 陈锐:《叶适对〈中庸〉的批评及其对儒学的阐释》,吴光、洪振宁主编《叶适与永嘉学派》,浙江人民出版社,2012 年,第 216 页。
㊸㊹㊺㊻㊼ 胡珠生等:《温州古代史》,中国文史出版社,2009 年,第 348、357—358、472、642、642 页。
㊽ 张立文:《宋明理学研究》,人民出版社,2002 年,第 796 页。
㊾ 劳思光:《新编中国哲学史》,生活·读书·新知三联书店,2019 年,第 315 页。
㊿《宋恕集》,中华书局,1993 年,第 325 页。
㉝《孙衣言集》,浙江古籍出版社,2017 年,第 587 页。
㉟ 李强:《关于创立温州学的思考》,《光明日报》2002 年 11 月 1 日。
㊱《宋史》,中华书局,1985 年,第 12886 页。
㊲ 张立文:《永嘉学派的哲学精神世界》,《光明日报》2021 年 11 月 26 日。

(原载《浙江社会科学》2022 年第 11 期)

叶适论道学与道统

何 俊*

叶适关于道学与道统的论述,既是他思想的重要起点,又是他学术展开的中心。过去我在由此切入而上溯至韩愈的道统观及宋儒对韩愈思想的超越时发现,当韩愈最初于《原道》中建构"道统"的观念以拒斥佛教时,关于"道"的构成是有清楚表述的,如何破佛才是问题所在;而当宋儒承续韩愈之道、之文,并使此观念与文体确立以后,问题发生了转换,如何破佛让位于如何述道。①此后在进一步理解南宋儒学时,我仍然认识到,弄清儒家之道,即什么是儒家精神,始终是宋代儒学运动的核心问题。只是在北宋,这个问题似乎没有得到充分展开,但在经过了王安石新学的政治实践,以及洛学的继而崛起及其对荆公新学的批判,对什么是儒家之道的回答与论证,实际上构成了宋室南渡以后的儒学基本问题。②

然而,以此审视南宋儒学诸家之论说时,极容易陷入一种复杂而矛盾的情况中。诸家在思想上分歧显然,绝无丝毫调和之论,但又彼此推重,引为同调,甚至起而回护。以往学者见此,或将之视为非思想性的内容而予以回避;或囿于思想的范畴内强作解释,如通过区分一个思想家前期与后期的思想来作出说明。在叶适的研究中,我曾引入行动与感情的维度来尝试着作出解释。③真正使这一复杂而矛盾的情况彻底得以澄清的,则是余英时先生在《朱熹的历史世界》中引入政治文化的视角对道学运动展开的分析。他明确地指出:"理学家在'义理'问题上尽管持论极严,但在政治问题上却有其'从权'的一面。"④

---

* 何俊,哲学博士,现任复旦大学特聘教授、哲学学院博士生导师。

本文对叶适道学与道统观念的分析,就试从观其政治问题上的"从权"入手,进而转至理解他在义理问题上的极严持论。

一、为道学辩护:本于公心以发公论

叶适为"道学"辩护,在具体的历史场景中产生最重要影响的,当然就是淳熙十五年(1188)的《辩兵部郎官朱元晦状》⑤。这封上奏虽然是针对着兵部侍郎林栗对朱熹的弹劾,但事情远的背景可追到北宋兴起的儒学运动,近的原委则起于儒学运动在南宋的继进,以及基于其中的士大夫政治观念与权力的博弈。

为了去繁就简地说明这个问题,并着意于反映叶适在政治问题上对于"道学"的"从权"认识,我们以叶适的相关论述为中心来进行讨论。叶适讲:"熙宁后,道学始盛,而攻短者亦继出,靳侮交杂,意极鄙悖,士不敢辩也。"这里的"道学"当然是指以二程为代表的,与荆公新学相对的伊洛之学,而所谓"攻短者亦继出,靳侮交杂,意极鄙悖",则指北宋党争中对道学一系的攻击。南宋初,胡安国对此有更清楚的叙述,可以印证。其言曰:

> 本朝自嘉祐以来,西都有邵雍、程颢及弟颐,关中有张载。此四人者,皆道学德行,名于当世。会王安石当路,重以蔡京得政,曲加排抑,故有西山、东国之陀。其道不行,深可惜也。⑥

宋室南渡前后的百年间,荆公新学与二程洛学其实经过了一个反复的沉浮消长时期,但随着绍兴二十五年(1155)推重新学的秦桧去世,以及绍兴三十二年(1162)高宗内禅于颇受洛学影响的孝宗以后,洛学在乾道年间(1165—1173)开始得以复振。⑦经过二十多年的努力,道学一系终于在政治上形成气候,淳熙十五年五月,执行高宗因循苟且政策的王淮被罢左相,与道学一系交好的右相周必大主政,道学一系官员呈现出辐聚朝廷之势,朱熹则成为一个重要的象征⑧。

正是在这样的背景下,对道学的攻击也随之高涨。同年六月,陈贾上书请禁道学,林栗弹劾朱熹请罢其职⑨,因此引发了叶适上状为朱熹辩护。叶适的辩状主要围绕三个内容展开:一是林栗劾章中对于朱熹在任职上的一些具体问题的攻击,二是对朱熹学术与讲学的攻击,三是由第二点所引出的对于道学的攻击。其中,对于第一点,叶适一一据实予以了反驳,因为与我们的主题关系不大,故不赘言;另两点则反映了叶适关于道学运动的基本立场,我曾有所讨论⑩,这里再略作申述。

叶适整个辩状逐一引录林栗奏状所控予以反驳。关于朱熹学术与讲学事,《辩状》云:

> 栗又言:"熹本无学术,徒窃张载、程颐之绪余,以为浮诞宗主,谓之道学,妄自推尊。所至辄携门生十数人,习为春秋、战国之态,妄希孔、孟历聘之风。绳以治世之法,则乱人之首也。"臣闻朝廷开学校,建儒官,公教育于上;士子辟家塾,隆师友,私淑艾于下,自古而然矣。使熹果无学术欤,人何用仰之?果有学术欤,其相与从之者,非欲强自标目以劝人为忠为孝者,乃所以为人材计,为国家计也。惟蔡京用事,讳习元祐学术,曾有不得为师之禁。今栗以诸生不得从熹讲学为熹之罪,而又谓非治世之法,宜禁绝之。此又非其实也。

在这一引述与反驳中,叶适并没有针对朱熹是否真有学术来进行评说,只是简单地将它搁置起来,指出对此问题,天下的读书人会有自己的判识。叶适这样做,原因并不难理解。因为对于同时代在朝为官的士大夫而言,这个问题其实只是权力博弈的一个说项,又是一个具有主观性质的问题,如果围绕此问题来展开辩驳,不仅很容易陷入仁者见仁、智者见智的口水战之中,而且会遮蔽掉真正的问题实质。叶适的反驳集中在朱熹民间讲学的问题上,这不仅是道学运动赖于展开的重要基础,也是道学一系士大夫形成政治气候的基本活动内容。按照林栗的弹劾,一切的讲学应当纳入官方的范围里,学者于民间的讲学是一种乱世风习,应予禁绝。对此,叶适完全予以否定。叶适强调,从传统上看,"朝廷开学校,建儒官,公教育于上;士子辟家塾,隆师友,私淑艾于下,自古而然";从功能上讲,两者都是"为人材计,为国家计"。这里我们不必讨论叶适的论证是否有效,重要的是意识到叶适的立场,即他对民间讲学风习的肯定与维护,反对官学的垄断。这是叶适针对着宋代儒学重建运动中所涌现出来的讲学运动的基本态度,而道学作为其中后来发展出来的代表,无疑具有正当性与合法性。

除此以外,叶适的上述反驳,还透露出其思想的另一面,即在广泛意义上主张学术的自主性而拒斥独断性。所谓肯定民间讲学的正当性与合法性,就是反对以官学来笼罩整个学术活动,主张在官学的内容与制度系统之外,社会仍然存在着自主的论学空间。由于儒家的入世性质,这种论学的内容无疑又是跟现实的社会与政治密切相关的,换言之,叶适的立场就是要为道学运动争得话语权。

不过,必须还要指出的是,这种论学中的自主性与独立性,并非只是在民间对官方的二元结构中容易丧失,即便是在民间论学中也是容易丧失的。苏轼曾指出王安石的一大问题就是"欲以其学同天下":"王氏之文,未必不善也,而患在于好使人同己。"[11]朱熹同样具有这样的强烈欲望,后来庆元党禁中,道学一系同受政治上的打压,朱熹作为党魁,即便处境尤为艰难,但他闻知叶适与陈傅良的著述被毁板时,仍当即叫好。[12]这种论学倾向是叶适非常厌恶的。作为一个有所建树的思想家,希望自己的学说能获得世人认同,这是很自然的期盼,但这与追求思想的垄断,唯我是尊,毕竟有根本的区别。叶适后来对程朱一系的"道学"进行否定,其中一个基本立场就是对学术独断性的摈斥。

由朱熹学术与讲学的辩驳,更进一步地聚焦在了"道学"的问题上。叶适讲:

> 凡粟之辞,始末参验,无一实者。至于其中"谓之道学"一语,则无实最甚。利害所系,不独朱熹,臣不可不力辩。盖自昔小人残害忠良,率有指名,或以为好名,或以为立异,或以为植党。近创为"道学"之目,郑丙倡之,陈贾和之,居要津者密相付授,见士大夫有稍慕洁修,粗能操守,辄以"道学"之名归之。以为善为玷阙,以好学为过愆,相为钩距,使不能进,从旁窥伺,使不获安。于是贤士愊栗,中材解体,销声灭影,秽德垢行,以避此名,殆如吃菜事魔影迹犯败之类。

这里,有一个问题首先需要分梳,即"道学"这一名目的提出。如果不仔细审读,很容易由叶适所讲"近创为'道学'之目"以下之语,以为"道学"名目是由郑丙、陈贾、林栗等人提出的,其实大谬。前引叶适所言"熙宁后,道学始盛",即知"道学"作为宋代儒学运动的一部分,其名目北宋即已确立,至南宋洛学复振以后,以朱熹为代表的诸儒更自觉地以"道学"之名高标,非议虽日盛,坚持亦愈固。如朱熹在答周必大的信中所说:"若谓虽尝学之,而不当自命(引按谓自命'道学'),以取高标揭己之嫌耶?则为士而自言其学道,犹为农而自言其服田,为贾而自言其通货,亦非所以为夸。"[13] 很明显,叶适辩状中所指的"近创为'道学'之目",并不是泛义上的宋代儒学运动,而是专指南宋中期以后政治权力博弈中郑丙、陈贾等人引来攻击道学一系的政治集团的专称,即叶适所列举的"好名""立异""植党"。

"道学"一旦从儒学认知与践履的一个泛称变为政治权力博弈中的一个政治身份专称,就必然要承受被诋毁的命运。因为在政治上的对立者看来,"道学"的标签首先是一种自我高标,以此邀名;其次是结党,在政治上呼朋引类,形成势力。如果"道学"在政治权力的博弈中获得了合法性与正当性,那么无论是在声誉上,还是在势力上,非"道学"中的士群就会被迫处于劣势。然而,在传统政治中,无论是邀名,还是结党,都将导向对以皇帝为核心的政治权力的挑战,因此反对"道学"一系的政治势力只要在政治的意义上创立起"道学"党派的名目,"道学"一系的政治势力便会显性化,从而陷入政治上犯忌的危境之中,叶适所谓"于是贤士惴栗,中材解体,销声灭影,秽德垢行,以避此名,殆如吃菜事魔影迹犯败之类",即是政治权力博弈中的真实写照。

由此回头看叶适的辩状,一方面叶适力陈所谓的"道学"人士,其实就是"稍慕洁修,粗能操守"、"为善"而"好学"的一批士大夫,努力为"道学"这批人正名。但是这种正名,在一定意义上也等于间接承认了朝廷内外存在着这样一个士大夫群体,而如前述,这便有着承认"朋党"的危险。因此另一方面,叶适辩状的核心更在于强调,"道学"只是郑丙、陈贾等人杜撰的一个名目,是当权者用来党同伐异的:"往日王淮表里台谏,阴废正人,盖用此术。"现在林栗亦袭用此说,"以道学为大罪,文致语言,逐去一熹"。换言之,叶适的辩状是相当有策略的,他着意指出的是林栗等人"无事而指学者为党",对于"道学"本身则以似有似无的表述将之淡化了。

叶适关于"道学"及其"朋党"的真实思想,后来在嘉定六年(1213)为他的学生周南述墓[14]时,借用周南绍熙元年(1190)的进士策文[15]作了清楚的表述,也可以说是叶适在淳熙十五年以后,相距25年后的最重要的直接表述。周南此策甚长,所涉亦广,叶适于墓志开篇即论此策,并详述其中"最切于世论者"的关于道学、朋党、皇极这三个彼此相关问题的进言,可见叶适对周南策文的认同。叶适概括周南所论"道学"为:"夫仁义礼乐是为道,问辩讲习是为学。人有不知学,学有不闻道,皆弃材也。古人同天下而为善,故得谓之道学,名之至美者也。"这里不仅是正式从功能(闻道成材)与特性(同天下而为善,即非独断性)肯定了"道学"在价值上的正当性(名之至美者),更重要的是从内容(仁义礼乐)到形式(问辩讲习)对"道学"作了一个完整的界定。在后文中,我们将看到叶适在"义理"层面上严斥濂洛关闽关于"道学"的偏狭理解,所依据的就是这个认识,尽管从表面上看,无论是"仁义礼乐",还是"问辩讲习",都为各家所倡导、所践履。

不过,上述对"道学"的界定,虽然反映了叶适师徒在本义上对于"道学"的完整理解,但在策文中,其着眼的仍在政治层面。这点周南讲得极明白:"元祐诸贤未尝立此号名,近世儒先岂曾以此标榜,中间忽有排摈异己之人,谋为一网尽去之计,遂以此名题品善士。"由此,"道学"由本义上的"名之至美者",经过"不能为善而恶其异己,于是反而攻之"的"小夫潜人",转而成为"天下之恶名"。不幸的是,这种政治层面上的攻击被皇帝认可,"道学"的标签遂进一步演化为"朋党",道学一系的政治人物或因"道学",或因"朋党"而被逐离朝廷,庸人当政,而这样的政治竟被美誉为箕子于《洪范》中所要建立的"皇极"。对此,周南在策文中申辩:

> 臣窃观箕子之论,本非为佞庸自售之计也。其曰"有为、有猷、有守"者,是有才智、有道义、有操执之人也;"汝则念之"者,欲其斯须之不可忘也;若"不协于极"而亦"受之"者,谓其才虽有偏而终有可用,则亦当收拾而成就之者也。若以实而论,则今之所谓"朋党""道学"之士,是乃"皇极"之所取用之人也。

这不仅是为"道学"与"朋党"正名,而且通过"皇极"的训解赋予了全新的内涵。叶适高度地肯定了周南的论说,他讲:"至谓道学、朋党即皇极所用之人,则自箕子以来,为之训解者未有及君此言也!"余英时先生曾将叶适、周南师生关于道学、朋党与皇极的上述论断,与朱熹的相关论说做过比较,指出若就政治的现实含义而言,则不能不说他们是"异曲同工"[16]。换言之,在政治的层面上,叶适对于"道学"的认识,与朱熹一样,是完全肯定的。

淳熙十五年林栗弹劾朱熹以后,南宋的道学运动在政治上虽受到挫折,但得到更大的推进。至绍熙五年(1194),叶适与道学中人竟联手助时相赵汝愚逼迫光宗内禅,拥立宁宗[17],朱熹除焕章阁待制,兼侍讲,道学一系在政治上达到高峰。但很快发生了连头带尾持续八年的庆元党禁(1195—1202),叶适与朱熹都入《伪学逆党籍》,道学运动急转直下,朱熹也于其间去世。叶适晚年曾不无悲慨地回忆这段历史:

> 悲夫!祸所从来远矣。世方绌道学,而柄路艰用材。周(必大)丞相执政久,士多貌若愿,不心与也。枝者已怨,相与击逐,喜曰:"道学散群矣。"赵(汝愚)丞相特用材锐甚,清官重职,往往世所标指谓道学者。枝者尤怨,幸其有功,生异起说,枝连叶缀,若组织然。谤成而赵公亦逐,则又喜曰:"道学结局矣。"凡经赵公识面坐语,无不迹绝影灭也。[18]

嘉泰二年(1202)党禁解除,道学运动逐渐复兴,最终在理宗(1224—1265)时期被确立为政治意识形态。在此期间,叶适虽然复出,并参与了开禧二年(1206)的北伐,但次年随着韩侂胄的失败,叶适即被弹劾附韩用兵而落职,旋即奉祠归隐永嘉,直至嘉定十六年(1223)去世,远离政治而专心于学术长达17年。每当回顾道学运动时,叶适对于政治层面上的道学始终给予肯定,对于因道学而受牵累的士人也予以褒誉,上引这则墓志就是一个显例。此志是叶适辞世三年前的嘉定十三年(1220)为李祥撰写的。李祥,《宋史》有传,他并非道学中人,但他在庆元党禁开始时,主持公道,为赵汝愚争辩,结果被弹劾罢官。叶适在追述此事后,便追忆了上引那段道学运动在政治上的前后厄运,这几乎是作为历史的亲历者对那段历史在政治层面上的完整叙述,由中可见叶适对道学运动的感情。接着,叶适这样评论李祥:

盖道学于公(李祥),途问巷揖,无及门之款;赵公(汝愚)于公,序进次补,无逾级之迁也。一旦正色抗辞,矜行谳说,犹蛰虫之遇震霆,莫能测焉,何哉? 冲然无去来而为心者,公心也;漠然无重轻而为言者,公论也。公本于公心以发公论,赵公之诬赖以明,道学之禁赖以解,殆天意,非人力也。"本于公心以发公论",这是叶适对李祥的评价,但实际上也是他对政治层面上的道学运动的认识。

二、为道学正名:以学致道

就在为李祥述墓的同一年[19],叶适因门人陈耆卿的表弟吴明辅来信请教"道学名实真伪"问题,在回信中正面表述了他在义理层面上关于"道学"的认识。叶适讲:

垂谕道学名实真伪之说,《书》:"惟学逊志,务时敏,厥修乃来。允怀于兹,道积于厥躬。"言学修而后道积也;《诗》:"日就月将,学有缉熙于光明。佛时仔肩,示我显德行。"言学明而后德显也。皆以学致道而不以道致学。道学之名,起于近世儒者,其意曰:"举天下之学皆不足以致其道,独我能致之。"故云尔,其本少差,其末大弊矣。足下有志于古人,当以《诗》《书》为正,后之名实伪真,毋致辨焉。[20]

这里,叶适将自己与"近世儒者"关于"道学"的分歧,在两个层面上彰显了出来:一是"学"与"道"的关系,二是"我"与"道"的关系。

针对"学"与"道"的关系,叶适引《书》《诗》申明他的看法,道并不是先在的,而是成于每个人的学修与学明。因此,道依赖于学,学与道的关系是"学以致道",而非"以道致学"。所谓"以道致学",强调的是学者必须先有了对"道"的认同,而后引导出"学"的确立。这里需要申述的是,"以道致学"实际上隐含了两个预设:第一,"道"的内涵是明确的;第二,"道"的认同足以保证"学"的成就。但是,叶适对这两点都存有疑问。

我们仍接着上文,继续来看叶适对于"道"与"学"关系的看法。在《答吴明辅书》中,叶适征引儒家经典《诗》《书》来阐明"道"成于"学",这在传统的经史学术中,可以看作一种理论上的陈述。除此以外,叶适更多的是从经验的层面说明,"道"的确认不仅不足以引导出"学"的成就,反而导致以"道"为"学"的现象的出现,既使"学"丧失,又使学者陷于狂妄。叶适曾形象地描写了这种他亲见的情况:"时诸儒以观心空寂名学,徒默视危拱,不能有论诘,猥曰:'道已存矣。'"㉑"以观心空寂名学"的概括,很容易让人联想到是专指陆九渊的心学,因为"以道致学"还是"以学致道",至少从字面的指意看,恰恰是陆九渊和朱熹在鹅湖论学的核心问题。但是据记载吴明辅向叶适求教道学名实真伪一事的方回讲,叶适所指的"近世儒者"是朱熹、张栻、吕祖谦,方回并为之辩护,认为叶适所批评的情况只是弟子后学们的流弊,而朱、张、吕并没有这样的问题㉒。的确,叶适在《答吴明辅》中所指的"近世儒者"不是陆九渊,而是朱、张、吕,至少重心是如此,因为就在两年前叶适撰写《题陈寿老论孟纪蒙》一义时,曾明确点到了张、吕、朱,可以佐证。当然,此时张栻、吕祖谦去世几近四十年,他们的弟子后学其实已消失,故叶适所指,重在朱熹及其门下。㉓然而,在"学"与"道"的问题上,朱熹似乎是强调"以学致道"的,否则就没有鹅湖寺的朱陆相争了。因此,要真正理解叶适对于"学"与"道"关系的看法,就必须联系他对"我"与"道"的关系的认识。

"我"与"道"的关系,在前文论述叶适对于学术独断性的摈斥时,实际上已经涉及了,但这里不妨再重申一下。朱熹的博学,叶适当然清楚,而且非常敬重,但是他批评朱熹弃"先儒所共讲"而专奉"二程所尝讲",并以此为"始明",为"止矣",尊其为"道"之所在,其结果实际上是以"我"所确定的权威与"道"规定和限制了"学"。这是叶适与朱熹根本的分歧。因此,朱学后来陷入"以道致学"的问题,固然彰显是在后学,但责任在于朱熹。朱熹固然博学,但他以他对"道"的确认来引导"学"的开展,这种引导在本质上具有封闭性,从起点上就存在着根本的弊病,故"其本少差,其末大弊"是必然的。而且,在叶适的思想中,这并不是逻辑上的推演,而是显而易见的事实,即如他所描述的那样,那些"以道致学"的后学"虽争为性命之学,然而滞痼于语言,播流于偏末,多茫昧影响而已"㉔。

"学"根本性地构成了"道"的基础。"道"存于"学"之中,舍"学"无以成"道",这几乎是叶适牢不可破的观念。叶适在《叶岭书房记》中有一段议论,可谓透彻地表达了他的这种意识。叶岭书房的主人是当年协助叶适拥立宁宗的蔡必胜之子蔡任。开禧北伐时,叶适临危受命,出知建康府,兼沿江制置使,因蔡任是故人之子而辟为助手,专治军事。在此任上,蔡任昼夜任劳,极具才干,但后来累次受黜,仕进路绝。灰心之余,蔡任在自己的居处盖一书房,"以为材无用于世,则姑寄于书而已"。在蔡任的精神中,读书只是人生不得志时聊以遣日之事。这实际上几乎是传统士大夫们的集体无意识,或者是常见的共同的生活方式。叶适对此很不以为然,故而借撰《叶岭书房记》对蔡任讲:

> 夫书不足以合变,而材之高下无与于书,此为不知书者言也。使诚知之,则非书无以合变,而材之高下,固书之浅深系焉。古之成材者,其高有至于圣,以是书也;静有以息谤,动有以居功,亦书也;泊无所存,而所存者常在功名之外,亦书也;百家众作,殊方异论,各造其极,如天地之宝并列于前,能兼取而无祸,皆书之余也。书之博大广远不可测量如此。惜乎余老死,不暇读矣;子其尽心哉,无徒以材为无用而姑寄于书也![25]

书当然象征着知识与学习,叶适所言,无疑表达了他对知识与学习的高度肯定。其中,"古之成材者,其高有至于圣,以是书也"一语尤为重要。南宋的道学运动中无论何家何派,无论对于儒家之"道"作何种理解,成圣是共同的宗旨。全祖望讲:

> 宋乾淳以后,学派分而为三:朱学也,吕学也,陆学也。三家同时,皆不甚合。朱学以格物致知,陆学以明心,吕学则兼取其长,而复以中原文献之统润色之。门庭径路虽别,要其归宿于圣人则一也。[26]

在叶适看来,成圣的唯一之路是知识的习得。可以毫不犹豫地指出,把握这一点是理解叶适哲学思想的关键。

由"学"与"道"的关系的清理,以及"我"与"道"的关系的澄清,叶适不认同朱熹对于"道"的确认,就非常显见了。而且,从广义上看,不仅是朱熹,乾淳以来以复振洛学为旗帜的道学运动中的其他思想家,只要他们在最终的思想上对儒家之"道"的确认,系于儒学史上的某一权威,无论是二程,还是孟子,叶适就难以认同;当世学者,自是更在其外[27]。甚至可以说,在实际上,即便是孔子,叶适的认同仍然是有条件的。要完全阐明这些,就必须进一步分析叶适关于儒家之道的本统的论述。这个论述最系统完整的文本,就是《习学记言序目》中因读范育的《正蒙序》而"总述"的"讲学大指"。值得指出的是,叶适对儒家之道的系统完整的论述,没有标以"道",而标以"学",正是他对自己以学致道、道成于学的思想的准确而刻意的表达。他在《宋厩父墓志铭》中说:

> 时诸儒以观心空寂名学,徒默视危拱,不能有论诘,猥曰:"道已存矣。"君(宋驹)固未信,质于余。余为言学之本统,古今伦贯,物变终始,所当究极。忽昂然负载,如万斛舟;如食九奏,大牢先设而酰酱不遗;如赐大宅,百室皆备,从门而入也。[28]

《习学记言序目》中的"总述讲学大指",可以说完全就是这段文字的具体内容。而从这段文字足以见到,这个"总述讲学大指",完全是对"道"的"总述",但叶适却坚持标示自己是"言学之本统"。毫无疑问,这正是他的思想宗旨所在:言学就是论道。

三、总述讲学大指:对道之本统的阐释

"总述讲学大指",顾名思义,即知是叶适至为重要的关于儒学宗旨的根本性总述。《宋元学案·水心学案》中首录全文,后来学者讨论叶适的道统观,均基于此文献。但对此最为重视的当属牟宗三,他在《心体与性体》中专辟一大章来"衡定"叶适的"总述讲学大指",尽管所持的看法是全盘否定。牟宗三开篇即断言:

> 叶水心不满曾子、子思、孟子、《中庸》、《易传》以及北宋诸儒所弘扬之"性理",而另开讲学之大指,以期有合于二帝三王之"本统"。然而不解孔子对于道之本统再建之意义,孔子之传统全被抹杀,是则其归也终

于成为隔绝论与冥感论。故真正轻忽孔子而与孔子传统为敌者叶水心也。毫无疑问,牟宗三的否定是极其严重的。我们下文的讨论将随文引及牟宗三的批评,以为参照。㉙

(一)"总述"针对的是《中庸章句序》

"总述讲学大指"诚如牟宗三所言,是出于对"曾子、子思、孟子、《中庸》、《易传》以及北宋诸儒所弘扬之'性理'"的"不满",但直接引发叶适作此"总述"的,却是吕祖谦所编《皇朝文鉴》中所收范育的《正蒙序》。

范育是张载门人,他的《正蒙序》所以会引起叶适的兴致,进而专门总述自己的思想宗旨,是因为范育在此序中以《正蒙》为例,不仅讨论到了关洛之学的一个根本性的理论问题,即儒与佛、老的区别,也涉及了对宋代道学运动中周、张、二程的理论建构的评价问题。

宋代的道学运动承续着韩愈的道统观而来,虽然宋儒后来超越了韩愈的思想,并将问题的重心从斥佛转至儒家之道的阐述与建构㉚,但斥佛始终是建构儒家之道的前提预设,也是周(敦颐)张(载)程(颢、颐)朱(熹)一系形成其理论架构以及概念体系的重要参照。张载在《正蒙》中以"太虚之气"阐述他关于形上本体,即所谓"道体"的思想,这个阐述超越了具象性的存在物,这在当时的思想界是一个崭新的概念,用范育的话讲,是"《六经》之所未载,圣人之所不言"。但是,张载哲学中"清虚一大"的话语,也被当时的思想界认为是模糊了儒与佛、老的区别,因而引起訾议。范育正是借《正蒙序》为老师辩护:

> 自孔、孟没,学绝道丧,千有余年,处士横议,异端间作,若浮屠、老子之书,天下共传,与《六经》并行,而其徒侈其说,以为大道精微之理,儒家之所不能谈,必取吾书为正;世之儒者亦自许曰,吾之《六经》未尝语也,孔、孟未尝及也,从而信其书,宗其道,天下靡然同风,无敢置疑于其间,况能奋一朝之辩,而与之较是非曲直乎?子张子独以命世之宏才,旷古之绝识,参之以博闻强记之学,质之以稽天穷地之思,与尧、舜、孔、孟合德乎数千载之间,闵乎道之不明,斯人之迷且病,天下之理泯然其将灭也,故为此言,与浮屠、老子辩。㉛

按照此序,宋儒普遍地认为形而上的道体,长期以来没有成为儒家关注的重心,而成了佛、老思想的专利。在范育看来,张载的思想正在于对此千年湮没的道体作了阐发,根本上厘清了儒与佛、老的区别。在这个阐发的过程中,张载出入于佛老,在哲学话语上虽袭用佛、老术语,但无伤儒家思想的根本。概言之,张载的哲学建构不仅厘清了儒与佛、老的区别,而且这个新的建构为儒学做出了贡献,重新确立了形而上的道体。

然而,"因范育序《正蒙》,遂总述讲学大指"的叶适,虽然对此很不以为然,但他的"总述"仅在最后述及本朝学术时才针对范育的辩护,论述了他对儒与佛、老区别的认识,以及表达了他对北宋诸儒所建构的理论的疑问。同时,整个"总述"几乎没有摘录范育的《正蒙序》。相反,"总述"将笔墨用在了"始于尧"的儒家之道的阐释。

如果我们回顾前引《宋厩父墓志铭》中叶适所提到的由于"时诸儒观心空寂名学,徒默视危拱,不能有论诘",因此要"言学之本统",以及《答吴明辅》信中涉及的"道学名实真伪"问题,可知叶适的"总述"绝不仅是针对范育的《正蒙序》,而是针对当时整个朱门后学的流弊而言的。整个《习学记言序目》完全是在叶适多年学习摘录的基础上写成的,即先有《习学记言》,而后给予《序目》的。既然"总述讲学大指"在文献上不是基于对范育《正蒙序》的摘录,只是"因范育序《正蒙》,遂总述讲学大指",而且"总述"在主题、内容上也都完全超出了《正蒙序》,那么,叶适"总述"时究竟是基于哪个文献呢?比照"总述讲学大指"与《中庸章句序》,可以清楚看到,叶适的"总述"完全是针对着朱熹的《中庸章句序》,也正因为如此,"总述"才表现出了对"曾子、子思、孟子、《中庸》、《易传》以及北宋诸儒所弘扬之'性理'"的"不满"。

为了方便下文的讨论,先全文照引朱熹《中庸章句序》前面的相关部分。朱熹云:

> 《中庸》何为而作也?子思子忧道学之失其传而作也。盖自上古圣神继天立极,而道统之传有自来矣。其见于经,则"允执厥中"者,尧之所以授舜也;"人心惟危,道心惟微,惟精惟一,允执厥中"者,舜之所以授禹也。尧之一言,至矣,尽矣!而舜复益之以三言者,则所以明夫尧之一言,必如是而后可庶几也。

盖尝论之：心之虚灵知觉，一而已矣，而以为有人心、道心之异者，则以其或生于形气之私，或原于性命之正，而所以为知觉者不同，是以或危殆而不安，或微妙而难见耳。然人莫不有是形，故虽上智不能无人心，亦莫不有是性，故虽下愚不能无道心。二者杂于方寸之间，而不知所以治之，则危者愈危，微者愈微，而天理之公卒无以胜夫人欲之私矣。精则察夫二者之间而不杂也，一则守其本心之正而不离也。从事于斯，无少闲断，必使道心常为一身之主，而人心每听命焉，则危者安、微者著，而动静云为自无过不及之差矣。

　　夫尧、舜、禹，天下之大圣也。以天下相传，天下之大事也。以天下之大圣，行天下之大事，而其授受之际，丁宁告戒，不过如此。则天下之理，岂有以加于此哉？自是以来，圣圣相承：若成汤、文、武之为君，皋陶、伊、傅、周、召之为臣，既皆以此而接夫道统之传。若吾夫子，则虽不得其位，而所以继往圣、开来学，其功反有贤于尧、舜者。然当是时，见而知之者，惟颜氏、曾氏之传得其宗。及曾氏之再传，而复得夫子之孙子思，则去圣远而异端起矣。子思惧夫愈久而愈失其真也，于是推本尧、舜以来相传之意，质以平日所闻父、师之言，更互演绎，作为此书，以诏后之学者。盖其忧之也深，故其言之也切；其虑之也远，故其说之也详。其曰"天命率性"，则道心之谓也；其曰"择善固执"，则精一之谓也；其曰"君子时中"，则执中之谓也。世之相后，千有余年，而其言之不异，如合符节。历选前圣之书，所以提挈纲维、开示蕴奥，未有若是之明且尽者也。自是而又再传以得孟氏，为能推明是书，以承先圣之统，及其没而遂失其传焉。则吾道之所寄不越乎言语文字之间，而异端之说日新月盛，以至于老、佛之徒出，则弥近理而大乱真矣。然而尚幸此书之不泯，故程夫子兄弟者出，得有所考，以续夫千载不传之绪，得有所据，以斥夫二家似是之非。㉜

　　上引三段，第一段是指出尧、舜、禹相传之道，即儒家之道的核心问题是关于人心与道心的处置；第二段是对这一问题的进一步申述，因此，前面两段所述是同一个问题；第三段则细述儒家之道的传承及其各环节所面对的挑战。

以下我们就来看叶适"总述讲学大指"中的一一回应。

(二)尧、舜、禹相传的道是什么？

认为儒家之道从尧开始,这是叶适与朱熹共同的历史观念,叶适"总述"的第一句话即断言"道始于尧"。叶适断言"道始于尧",有着两方面的思想含义:一是他对"道"何以开始的理解,二是他对《易传》的疑问。

关于"道"的开始,叶适根据的是《尚书》的记载:"《易传》虽有包牺、神农、黄帝在尧之前,而《书》不载,称'若稽古帝尧'而已。"这里,叶适非常清楚地表达了对《易传》的怀疑。宋学的崛起,在方法论上是从疑传、疑经开始的,这在北宋即已取得很大的成就。就《易》则言,自欧阳修在《易童子问》中指出《十翼》诸篇非孔子所作,而是众人所撰以后,《易传》的经典地位是受到怀疑的。在永嘉的学术传统中,永嘉之学的开山者王开祖也持同样的主张。《儒志编》载:

> 或曰:"今之所谓《系辞》,果非圣人之书乎?"曰:"其源出于孔子,而后相传于易师。其来也远,其传也久,其间失坠而增加者,不能无也。故有圣人之言焉,有非圣人之言焉。"

这种怀疑为叶适所接受,在《十翼》中,他只认为《彖》《象》为孔子所撰,其余都有问题。叶适云:

> 《彖》《象》辞意劲厉,截然著明,正与《论语》相出入(俊按:叶适对《论语》同样有所质疑,详下文),然后信其为孔氏作无疑。至所谓《上、下系》《文言》《序卦》,文义复重,浅深失中,与《彖》《象》异,而亦附之孔氏者,妄也。㉝

叶适否定《易传》文本的经典性,目的是在于否定其思想的意义,进而否定周、张、程、朱一系道学的理论基础。这点容后详述。

在"道始于尧"的判定上,除了文献上的根据,更重要的还是思想上对于"道"的界定。为什么不取《易传》的讲法呢？叶适的看法是:"尧、舜之前,非无圣人,神灵而不常者,非人道之始故也。"㉞换言之,尧以前虽然已有人类文明的创生,但在自然的环境中,人类的文明并不能够稳定下来,即所谓"神灵而不常"。只有在尧以后,这种情况始有根本的改变。这里,界定"道"的标志被确认为是"常",即稳定性的问题。显然,这是一种外在状态上的界定标准。

毫无疑问,"道"在内容上的确认更为重要。按照朱熹《中庸章句序》的建构,儒家之道的精髓全在尧最初传给舜的那句"允执厥中",后来舜传禹,又将它引申为四句:"人心惟危,道心惟微,惟精惟一,允执厥中。"这十六字诀是朱熹论学的核心,故他接着的那段关于人心—道学的阐发可以称得上是字斟句酌。

但是,叶适对尧、舜所创建的"道"的内容却有完全不同的认识。关于尧,叶适讲:"道始于尧,'钦明文思安安,允恭克让';命羲、和'历象日月星辰,敬授人时'。"这里的引文出自《尚书·尧典》。前一句通常的训解是表彰尧以敬明文思四德安定天下,并且信恭能让,叶适则更直截了当地指出这个始于尧的"道"就是尧躬身践履的社会伦常:"'安安'者,言人伦之常也,'允恭克让',所以下之也,此所以为人道之始也。"㉟后一句则以羲和的"制历明时"为例,说明尧关于制度工具的建构。叶适更进一步引《尚书·吕刑》中的"乃命重黎,绝地天通,罔有降格",以及《左传》,着意于指出:"尧敬天至矣,历而象之,使人事与天行不差。若夫以术下神,而欲穷天道之所难知,则不许也。"由此,叶适完整地表达了他对儒家之道的界定:其一,儒家之道是"人道",是人类文明的建构;其二,这个文明包含了两层内容,一是社会伦常,二是制度工具;其三,儒家之道的确立,基于人类对自然的尊重与认识,以求"人事与天行不差",但这种尊重与认识,完全是理性的,而不是神秘的"以术下神,而欲穷天道之所难知"。

尧以后,舜完全沿袭了这种建构儒家之道的精神与方法。叶适引用《尚书·舜典》中的"浚哲文明,温恭允塞,在璇玑玉衡以齐七政"来表证舜的建构,其中"浚哲文明,温恭允塞"就是社会伦常,"在璇玑玉衡以齐七政"即是制度工具。叶适特别强调:"舜之知天,不过以器求之耳,日月五星齐,则天道合矣。"在舜的时代,人们对自然的认识已经从早期最朴素的"历而象之",发展到"以器求之",但性质是一样的,叶适标以"不过"二字,正在于强调尧、舜在建构儒家之道的方法上虽然有所延展,但精神实质却是一脉相承的。

在陈述了尧、舜的建构后,叶适摘录了《尚书·大禹谟》中的十六字诀:"其微言曰:'人心惟危,道心惟微,惟精惟一,允执厥中。'"十六字诀的关注点在人心—道心,与前述尧、舜的传统没有连贯性。叶适在这里摘录它,是针对朱熹《中庸章句序》的。在叶适的时代,《尚书·大禹谟》的真伪问题尚未出现,故叶适没有质疑文本的真实性,但他尽力祛除朱熹所确认的思孟一脉所添附在十六字诀上的玄论,强调它的朴素性。他讲:"人心至可见,执中至易知,至易行,不言性命。子思赞舜,始有大知、执两端、用中之论;孟子尤多;皆推称所及,非本文也。"

关于叶适对尧、舜之道的阐释,牟宗三的评定是:"徒封围于政治措施之即事达义,以器知天,而谓能尽古人言天之体统乎?看似平实,实乃器识之陋也。"牟氏以为,古人言天,实有两层含义,一是自然之天,二是道德宗教之天,两者是合为一体的;而叶适的阐述,故意取一舍一,将古人的敬天、知天以及历而象之,完全解释为具体的政治举措,"独以羲和传统为中心,不以尧、舜之德为中心,可谓忽其本而著其末,正是不明道之本统为何物者也"。

牟氏所见,唯唯否否。就他指责叶适剔除敬天知天中所蕴含的宗教性超越意义而言,牟氏是对的,但他以为叶适封围于政治举措而不见历史中之道德性价值意义,则有失公允。叶适讲:"文字章,义理著,自《典》《谟》始。此古圣贤所择以为法言,非史家系日月之泛文也。"㊱仅此一语,即可断知叶适对尧、舜、禹的历史,并非究心于政治举措之陈迹,而正在于陈迹所显露出的价值意义,其中无疑包含着道德性价值。只是在叶适看来,这个意义无法空说,由前述而知,叶适将之归于社会伦常与制度工具的双重建构。只不过社会伦常的确立,叶适落实在践履,"允恭克让",而不是诉诸人心—道心的性命玄思。制度工具的创设,叶适求之于理性,剔除了神秘的"以术下神"。

事实上,牟宗三不得不承认,叶适对儒家之道的这种"即事达义""以器明道"的建构,至少在形式上与孔子以后的传统是一致的,当然,立足点上仍有本质性的区别。牟宗三讲:

> 后来通过孔子后,亦未有离事言义,离器明道者,然此即事即器,乃本乎超越者圆融而言之,非叶水心之只现象地外在地平面地言之也。此不可不辨。鱼目混珠,遂藉以为拒谈性命天道之口实矣。

显然，叶适阐释儒家之道，器与道并举，这是牟宗三不得不承认的。这里，真正的问题是如何看待见于社会伦常与制度工具中的价值意义的"超越"的问题。

从对宗教性的"以术下神"的否定来看，叶适对由此途径建构"道"的超越性，显然是不以为然的。他在接着尧、舜以后阐释禹时，对此实有更明确的论述。叶适摘引了《尚书·大禹谟》中的两句话来概括禹对道的继承："次禹，'后克艰厥后，臣克艰厥臣。惠迪吉，从逆凶，惟影响'。"前一句讲君臣能知艰难，天下始能治理；后一句则强调治理天下，顺道则吉，逆道则凶，其效应如影响。接着，叶适有一长段注文：

> 《洪范》者，武王问以天，箕子亦对以天，故曰"帝乃震怒，不畀洪范九畴"，"天乃锡禹洪范九畴"，明水有逆顺也。孔子因箕子、周公之言，故曰"凤鸟不至，河不出图"，叹治有废兴也。然自前世以为龙马负图自天而降，《洛书》九畴亦自然之文，其言怪诬。夫"思曰睿，睿作圣"，人固能之，奚以怪焉！至山林诡谲有先天后天之说，今不取。

在这段注文中，叶适虽借用箕子与孔子的故事，印证前述《大禹谟》的精神，但整段注文的宗旨却转论自然之神迹问题，似乎发生了主题转移，以至牟宗三认为，"注文言《洪范》，不相干，略"。

其实不然。在上古文献中，"天道"的呈现常兼具实然性与神灵性，如叶适所引箕子所谓的"天乃锡禹洪范九畴"，以及孔子所叹"凤鸟不至，河不出图"。叶适引此，恰着意于指出，无论是箕子所言，还是孔子所叹，都只是在特定语境下的表达，它们各有实际的指意，即"明水有逆顺""叹治有废兴"，而不是对"天道"具有神灵性的默认。因此，叶适转论自然之神迹问题，并非论题转移，而是旨在剔除笼罩在天道上的神灵性，从而置治道于理性的基础之上，不因为治道艰难而乞灵于某种神秘性。

这段注文最后指出，所谓的河出图、洛出书，"其言怪诬"；而先天后天之说，更属于不可取的"山林诡谲"。可知叶适此段注文，真正要否定的仍是周、张、程、朱一系的道学。此系道学的架构基础，就是《周易》，而河图洛书、先天后天正是其中富有神秘性的重要内容；诸儒所以津津乐道于此，则是因为这些附着在天道上的神秘性构成了他们所要建构的道德形上学具有超越性的基础。

然而,我们至此虽然清楚地认识到了叶适反对借"天道"的神秘性来建构"人道"的超越性,但叶适关于"道"的建构,是否如牟宗三所说,真的无意于"本乎超越者圆融而言之",而"只现象地外在地平面地言之也"?

(三)儒家之道的特性与完备

尧、舜、禹三圣以下,朱熹《中庸章句序》列举了成汤、文、武诸君,以及皋陶、伊、傅、周、召诸臣,叶适"总述"亦相应而论。只是朱熹对上述君臣仅一言以蔽之:"皆以此(人心—道心)而接夫道统之传。"叶适虽然没有论及每位君臣,如周武王与傅说,但对于这一历史时期的儒家之道建构,却作了详尽阐释。这个阐释,不仅呈现了叶适关于道的言说方式,实际上也表明了他对道的性质的判定。

儒家之道从尧开始确立,次舜、次禹,内容与方法一以贯之。在内容上,社会伦常与制度工具并举;在方法上,"敬天至矣,历而象之,使人事与天行不差"。在叶适的这个建构中,儒家之道的确没有人世—彼岸性质的空间维度的超越,但却存在前辈—后代性质的时间维度的绵延。超越性的道实际上是介于虚—实之间的建构,故必有牟宗三所讲的"圆融"要求,而叶适建构的儒家之道完全存于实相中的历时性展开,因此,其阐释的确呈现出"现象地"。然而,这个"现象地"呈现,并不必然是"外在地平面地"。

叶适指出,儒家之道的建构,从皋陶开始,进入了一个新的时代,其特征是"训人德以补天德,观天道以开人治,能教天下之多材"。这种时代特征,显然是针对着前述禹的时期的治道艰难而揭示的。叶适进一步在注文中讲:

> 按高辛,高阳之子,聚为元凯,舜虽尽用,而禹以材难得、人难知为忧。皋陶既言"亦行有九德","亦言其人有德",卿大夫诸侯皆有可任者,"翕受敷施,九德咸事"。以人代天,典礼赏罚,本诸天意,禹相与共行之,治成功立。

皋陶辅佐舜、禹两代君王,在艰难的文明创建中,使人尽其才,"卿大夫诸侯皆有可任者",从而终于"治成功立",儒家之道得以确立。叶适紧接着指出:"至夏、商、周,一遵此道。"

至此,我们可以说,叶适对儒家之道的阐释始终是"现象地"展开,但不能说是"平面地"展开。因为在这个始于尧,迄于禹、皋陶的儒家之道的创建,实际上是一种层层累积性的建构,虽然这种层层累积呈现出来的,确实仍然只是"现象",但这些"现象",即社会伦常与制度工具,却是不断改变,不断完善与推进的,而绝不是同质性地、"平面地"展开。

不仅于此,如果我们细心体会叶适阐释禹与皋陶的两段注文中所列举的武王与箕子的问答、孔子因箕子周公之言而发的感叹,以及禹之忧患和皋陶的训人德、开人治,那么足以认识到,叶适对儒家之道的阐释,虽然完全呈以"现象",但这些"现象"却承载着一代又一代人的精神活动。叶适的阐释固然全是这些"现象",但他所欲呈现与揭示的,与其说是这些"现象",毋宁说是"现象"所承载的精神。唯此,叶适并不只是"外在地"阐释儒家之道,确切地说,是"内外交相成"的。这样的分析,绝不是推理所得,而是叶适明确详述了的。他在摘录《孟子·告子》"心之官则思"一节后讲:

> 按《洪范》,耳目之官不思而为聪明,自外入以成其内也;思曰睿,自内出以成其外也。故聪入作哲,明入作谋,睿出作圣,貌言亦自内出而成于外。古人未有不内外交相成而至于圣贤,故尧、舜皆备诸德,而以聪明为首。孔子告颜渊"非礼勿视,非礼勿听",学者事也,然亦不言思。故曰"学而不思则罔,思而不学则殆";又曰"吾尝终日不食,终夜不寝以思,无益,不如学也";季文子三思而后行,子闻之曰"再斯可矣"。又,物之是非邪正终非可定,诗云"有物有则",子思称"不诚无物",而孟子亦自言"万物皆备于我矣"。夫古人之耳目,安得不官而蔽于物?而思有是非邪正,心有人道危微,后人安能常官而得之?舍四从一,是谓不知天之所与,而非天之与此而禁彼也。盖以心为官,出孔子之后;以性为善,自孟子始。然后学者尽废古人入德之条目,而专以心性为宗主,致虚意多,实力少,测知广,凝聚狭,而尧、舜以来内外交相成之道废矣。㊲

叶适虽"现象地",却非"外在地平面地"阐释儒家之道,也有学者将之概括为社会历史本体观。㊳显然,这是一种非常中肯的论定,尤其是着眼于叶适与朱熹、陆九渊思想鼎足而三的区别。只是,这里必须申论一点,就是"现象地"这个特征。它意味着叶适所阐释的儒家之道,不是抽象的,而是"现象"的;不能因为将这一"现象"(无论是社会历史,还是道德伦理)概括或提升为本体,就将它抽象化了,从而成为僵死的符号。叶适有一段话值得引在这里:

> 郑铸刑书,叔向讥之。子产于扶补倾坏之中,必欲翦裁比次,自令新美,宜其做到变古处,先王之政遂不可复也。治道固不能不与时迁移,然亦有清静宁民,可以坐销四国之患,使古意自存者,而徒为是纷纷,此老聃所以有感于周之末造,且欲并废其初也。㊴

治道不是僵死的,而是与时迁移的,这种积极有为是"道"的常态,但是即使这一常态,同样也不是僵死的,在特定的历史场域,老子所倡导的清静宁民是正确的选择。换言之,叶适所阐释的儒家之道,与其提升为某种本体,毋宁保留为现象。

按照《尚书》"若稽古四人"的记载,叶适认为儒家之道经过尧、舜、禹、皋陶已基本成形。此后,汤、伊尹时代进一步执守,更经过文王,至周、召时代,则臻完备。对周、召时代的道的完备,叶适称誉:

> 次周公,治教并行,礼刑兼举,百官众有司,虽名物卑琐,而道德义理皆具。自尧、舜、元凯以来,圣贤继作,措于事物,其该洽演畅,皆不得如周公。不惟周公,而召公与焉,遂成一代之治,道统历然如贯联算数,不可违越。

周公、召公之重要,绝不在他们个人,而在于在他们那里形成了完备的制度体系,正是这个制度体系,促成了华夏文明的灿烂。叶适在阐述儒家之道的形成时,虽然标以君臣之名,但这只是一个纪年法,在思想上其实正相反。轻个人而重制度,可以说是叶适一生思想之根本。早在淳熙五年(1178)中进士廷对时,叶适便明确断言:"以庸君行善政,天下未乱也;以圣君行弊政,天下不可治矣。"㊵后来叶适讲学之所以特别推重《周礼》,也正是因为《周礼》体现了周代的制度体系,即所谓:"周之道固莫聚于此书,他经其散者也;周之籍固莫切于此书,他经其缓者也。"㊶

在阐述这一时期的儒家之道时,叶适兼而论及关于道德性命天人之交的问题。由前引朱熹《中庸章句序》已知,人心—道心构成程朱性理之学的核心问题,而《中庸》所以能成为新经典,根本的原因是《中庸》开篇那句"天命之谓性,率性之谓道,修道之谓教",为程朱道学的人心—道心问题提供了超越性的理论架构。但是,正如前文已述,叶适对于这种超越性的理论建构不仅毫无兴趣,而且认为这种建构根本上背离了儒家之道的真精神。因此,在阐述汤、伊尹、文王时,叶适概要性地论及这个问题。

叶适讲汤、伊尹:

> 次汤,"惟上帝降衷于下民,若有恒性,克绥厥猷惟后",其言性盖如此。
> 次伊尹,言"德惟一",又曰"终始惟一",又曰"善无常主,协于克一"。

这里,叶适极力祛除程朱道学在道德性命上所赋的神圣性,而强调"其言性盖如此",即"性"与"德"在汤、伊尹那里,就是现实生活中的躬身践履,固守与一贯,"恒"与"一"。因此,"性"与"德"的问题并不神秘玄妙,它们就呈现在整个社会伦常之中,为所有人所践履。叶适显然不满于程朱道学的超越性建构,故而他在述及汤、伊尹之后,慨然断曰:"呜呼! 尧、舜、禹、皋陶、汤、伊尹,于道德性命天人之交,君臣民庶均有之矣。"

叶适又进一步以文王申论之:

> 次文王,"肆戎疾不殄,烈假不瑕,不闻亦式,不谏亦入";"雍雍在宫,肃肃在庙,不显亦临,无射亦保";"无然畔援,无然歆羡,诞先登于岸";"不大声以色,不长夏以革,不识不知,顺帝之则"。夫《雅》《颂》作于成、康之时,而言文王备道尽理如此,则岂特文王为然哉? 固所以成天下之材,而使皆有以充乎性,全于天也。

在《诗经》中，周文王被刻画成一位备道尽理极其完美的圣贤君主。叶适指出，这些诗句并非专指文王，而实是一种社会完美形象的塑造，以作为导引天下的范式。这里，不仅是某种程度上消解了涂抹在文王身上的神圣性，而且更重要的是重申了道德性命的世俗性。据此，叶适以他的立场阐释了《中庸》：

> 按《中庸》言"鸢飞戾天，鱼跃于渊，言其上下察也"；"德輶如毛，毛犹有伦，上天之载，无声无臭，至矣"。夫鸟至于高，鱼趋于深，言文王作人之功也；"德輶如毛"，举轻以明重也；"上天之载，无声无臭"，言天不可即而文王可象也。古人患夫道德之难知而难求也，故曰"安安，允恭克让"，"浚哲文明"，"执中惠迪"，"克绥厥猷"，"主善协一"，皆尽己而无所察于物也，皆有伦而非无声臭也。今也，颠倒文义，而指其至妙以示人。后世冥惑于性命之理，盖自是始。噫！言者过矣，不可谓文王之道固然也。

"皆尽己而无所察于物也，皆有伦而非无声臭也"，道德性命之学根本不在玄远妙论，而全在躬身践履，叶适在此明确地表达了他与程朱道学在这个问题上的原则性分歧。

综而言之，在儒家之道的充实阶段，其"现象地"，即世俗的性质得以巩固，而其社会伦常与制度工具的内容得以完备。这里顺带指出，全祖望曾讲："水心之门，有为性命之学者，有为经制之学者，有为文字之学者。"㊷叶适门生的这些分流，无疑都源自叶适学术之堂奥。落在此处，以叶适对儒家之道的阐释而观之，所谓的性命之学与经制之学，即前述之社会伦常与制度工具的内容。只不过在"总述"中，叶适只是述其"大指"，具体的展开则见于他的整个著述。

此外，尚有一个潜藏着的问题需要点出。按照叶适的阐释，儒家之道至周公、召公而臻完备。对此，牟宗三以为，叶适是把道统限定为"尧、舜以来三代开物成务之原始综和构造之过程也"，这个"原始综和构造"，"实即政治措施之综和构造"。叶适以此"综和构造"为道之本统，则结果就是"现象主义之不见本源"，"停于原始之综和构造而不知孔子之开合，落于皇极一元论,而不知孔子对于道之本统之再建"。这就将问题引向了孔子。

（四）孔子工作的性质与价值

> 次孔子,周道既坏,上世所存皆放失,诸子辩士,人各为家;孔子搜补遗文坠典,《诗》《书》《礼》《乐》《春秋》有述无作,惟《易》著《彖》《象》,然后唐、虞、三代之道赖以有传。

周室既衰,道将湮没,人各有家,世迷其路,华夏民族在艰苦卓绝中创设的文明制度,面临着消失的危险。于是有了孔子之述道。这项工作,与儒家之道在历史时空中的建构历程相比,虽显得平淡而寂寞,但却深远而日彰,儒家之道也赖以有传。这就是叶适对孔子及其工作的基本评定。

在叶适关于儒家之道的阐释中,道并不是一个空洞的符号,或者一套玄妙论说,而是具有集众人之材以开物成务功能的治教之道。因此,叶适着意于始于尧,终于周、召二公的道的历史建构过程,以彰显儒家之道的根本不在论说,而在开物成务。亦因此,叶适对道的阐释标以历代的圣君贤臣,以为各个时代的象征。在这个意义上,作为平民的孔子,因为没有现实的政治地位而似乎缺乏重要性。牟宗三强调"叶水心之蔽正在停于原始之综合构造而不知孔子之开合,落于皇极一元论,而不知孔子对于道之本统之再建",原因就在这里。

但是,这是需要讨论的问题。首先,皇极在叶适这里指什么。"皇极"出自《尚书》,箕子作《洪范》述九畴,其中"次五曰建用皇极"。皇极者,"皇建其有极"。孔颖达疏:"皇,大也;极,中也。施政教,治下民,当使大得其中,无有邪僻。"[43]因此,就本义而言,对皇极的推崇,实在于确立并维系一种"无有邪僻"的公正的社会政教体制。当然,我们知道,南宋道学运动重振时,诸儒对"皇极"的解释与孔疏是有所区别的。南宋诸儒直接以表面字义将"皇极"解释为人君居于极至,但诸儒的着眼却并不在"皇极",而是在"建皇极"的"建"字上,强调的是士大夫与君同治天下,叶适正是诸儒中之健将[44]。而观叶适对道的阐释,可以清楚地看到,他虽以具体的君臣来标举道的确立的历史过程,但一则重在呈现君臣民庶之共"建",这正是时代的精神,二则这个皇极的重心并不在作为一己之帝王,而在作为人类共同体象征的文明,即社会伦常与制度工具的双重建构,这亦合皇极之本义。总之,叶适对前孔子时代儒家之道的建构,即便标以"皇极",亦不可简单地理解为是以君主为代表的现实权力结构。

其次,叶适是否"不知孔子之开合"。从叶适对孔子工作的概括来看,似乎只是陈述了孔子的劳绩,"搜补遗文坠典",而且叶适还专加按语,"旧传删《诗》,定《书》,作《春秋》,余以诸书考详,始明其不然",强调孔子基本是"有述无作"。但是,这并不意味着叶适轻视孔子的意义。诚然,强调孔子是"有述无作"在叶适的思想中是至关重要的,因为他对孔子工作性质的这一还原与确认,从根本上表明了他的立场,即儒家之道的本统是在历史的建构中,而不是在文本的传承中。在这个意义上看,孔子的确是有局限的。然而,叶适专门指出:"'为政以德,譬言北辰,居其所而众星共之。'孔子不得自为政,故其言如此。然为者有尽,言者无穷,使虽有群圣之政,而无孔子之言,则终莫知所考矣。"⑤"北辰"即可谓"皇极"之喻,孔子虽不能自己为政,但依然取此而论。只是叶适转而强调,历史的建构固然重要,但任何具体的道的建构又都是有限的,而经过孔子的述道,不仅突破了存于具体历史时空中的建构的有限性,使历史的建构获得了无限性的价值,而且因为孔子的述道,存于历史中的建构才真正由自发上升为自觉。"使虽有群圣之政,而无孔子之言,则终莫知所考矣",叶适这句话,实已近乎"天不生仲尼,万古如长夜"。

这里顺便指出,前文述及叶适门人分治性命之学、经制之学、文字之学,其中性命之学与经制之学在叶适的儒家之道的建构中已有呈现,而文字之学却没有落实。叶适能诗文,其门人后来有许多流为文士,这是当时及后世的共识,因此很容易将叶适的"文字之学"简单地归入后世狭义的"文学"。实际上,叶适的"文字之学"实是孔门四科之一的"文学",孔子的述道正是文字之学的典范,叶适《习学记言序目》以吕祖谦的《皇朝文鉴》终结,这里的"文"才是叶适"文字之学"的真正内容。只是兹事与此处所论无紧要关系,故点及而已,容另文再论。

除了以"述道"概括孔子的工作性质,叶适对于孔子在"述道"中融入的新精神,同样有着深切的认知。在概括了孔子"有述无作"的工作后,叶适颇具意味地加了一条按语:"按《论语》'子罕言利与命与仁',今考孔子言仁多于他语。岂其设教不在于是,朋至群集有不获闻,故以为罕耶?"很清楚,这里叶适以反问的方式明确指出,孔子"设教"正在于"仁","仁"是孔子赋予儒家之道的新精神。牟宗三强调叶适之蔽在于"不知孔子之开合""不知仁教之意义",从而"不知孔子对于道之本统之再建",至此可知,实是缺乏根据的。

叶适真正要否定的,不是孔子的"述道",也不是孔子所设的"仁教",而是曾子以下对孔子所述之道的解读与传承。上文所引关于"仁教"的反问句,之所以"颇具意味",是在于它一语双关,既表达了叶适对孔子新精神的深切认知,又指出了曾子以下所述孔子之道的不可信。实际上,"总述"以下所言,便全部转向对曾子以下,直迄周、张、二程的批评,也就是对朱熹所确认的道统的否定。

(五) 对曾子及其以下的否定

"孔子殁,或言传之曾子,曾子传子思,子思传孟子。"这里所谓的"或",正是指朱熹的《中庸章句序》。对此,叶适完全否定。叶适认为,"言孔子传曾子,曾子传子思,必有谬误"。叶适的这个否定,一是根据授受形式,二是根据思想内容。

关于授受形式,叶适以为,孔子门下弟子三千,贤者七十二,孔子授徒的基本方法是"因材施教",门下各人对孔子思想的理解存在着相当的自主性。因此,曾子所理解的孔子思想只是他个人的理解,并不代表孔子思想之本身,更谈不上对孔子思想的独传。况且,叶适在"总述"中强调:"按孔子自言德行颜渊而下十人,无曾子,曰'参也鲁'。若孔子晚岁独进曾子,或曾子于孔子后殁,德加尊,行加修,独任孔子之道,然无明据。"㊻显然,叶适这个分析在学术考证上是站得住的。牟宗三批评叶适时,对此也不能不承认:"说曾子能传圣人之道于后,只因子思是曾子弟子,而孟子又是子思弟子,孔子之道至孟子而大显,故如此云耳。至于曾子究能传多少,则是另一问题。"牟宗三的反驳实际上已淡化了学统上的承继关系,而重在思想上,亦即道统上的承继关系。尤为重要的是,按照牟宗三的看法,曾子对孔子思想的独传,以及由此所奠定的他在道统谱系中的地位,主要不是由于曾子对孔子思想的诠释本身,而是因为他门下有子思,以及子思门下有孟子。按照这个分析,实际上是必须承认一个前提,即子思与孟子的思想是符合孔子精神的。然而这恰恰又是叶适不认可的关键。

但是从师承的授受形式上怀疑曾子对孔子儒道的独传,这在宋儒心中实际上是并不重要的。程颢可以"得不传之学于遗经"[47],便无所谓授受;叶适对此也有非常明确的认识:"夫古昔谓之传者,岂必曰授之亲而受之的哉?"因此,从思想内容上来否定曾子对孔子思想的继承,才是根本性的工作。

关于曾子的思想,叶适以为:"曾子之学,以身为本,容色辞气之外不暇问,于大道多所遗略,未可谓至。"这个概括源自《论语·里仁》中的一段材料。《里仁》载孔子告知曾子,"吾道一以贯之",曾子认同这点,但对于这个一以贯之的"道"的具体内涵,孔子并没有诠释,而曾子则对此作了"忠恕"的界定,即叶适所谓"孔子尝告曾子'吾道一以贯之',曾子既惟之而自以为忠恕"[48]。根据这个界定,曾子作了具体的阐发,认为"君子所贵乎道者三:动容貌,斯远暴慢矣;正颜色,斯近信矣;出辞气,斯远鄙倍矣。笾豆之事,则有司存"(《论语·泰伯》)。由此阐发,可知曾子的思想确实是"以身为本",叶适的概括是对的。《论语集注》所引程门师徒,以及朱熹本人的解释,也是如此。

是否即可因此认为"以身为本",便是"容色辞气之外不暇问",却是有疑义的。在朱熹看来:"修身之要,为政之本,学者所当操存省察,而不可有造次颠沛之违者也。若夫笾豆之事,器数之末,道之全体固无不该,然其分则有司之守,而非君子之所重矣。"[49]换言之,"以身为本",并不是"容色辞气之外不暇问",而是无必要去顾及,因为现实的治理政事的基础本来就存在于从政者的修身之中,至于具体的实际操作则只是一个纯技术层面的事情,按照社会分工的要求,是属于主管的职责。显然,叶适无法认同这种看法。叶适以为,现实的治理政事的基础并不是存在于从政者的修身之中的,它们本质上是属于不同的两件事情。"修身"是主体的修养,"为政"则是整合不同的资源来达到某一目的的管理;修养可以由主体的主观认知与践履来决定,管理则必须使主观的情志符合客观的态势来进行。如果把"修身"定作"为政"之本,那么实际上是用主观一己的意志来干预客观现实的活动。叶适讲:

孔子告颜子"一日克己复礼,天下归仁焉"。盖己不必是,人不必非,克己以尽物可也。若动容貌而远暴慢,正颜色而近信,出辞气而远鄙倍,则专以己为是,以人为非,而克与未克,归与未归,皆不可知,但以己形物而已。

因此,曾子以为"君子所贵乎道者三","笾豆之事,则有司存",实质上是"尊其所贵,忽其所贱,又与一贯之指不合,故曰'非得孔子之道而传之'也"[50]。

事实上,叶适以为:"忠以尽己,恕以及人,虽曰内外合一,而自古圣人经纬天地之妙用固不止于是。"[51]他还曾比较过自己讲学与二程的区别:"程氏诲学者必以敬为始……以余所闻,学有本始……学必始于复礼……复礼然后能敬。"[52]按照叶适的思想,并不是要排斥主体的道德培养,而是认为主体的道德培养必须在主体的社会实践中来得到落实,"复礼"成为这种践履的具体指示。反过来看,程、朱也承认并强调主体的社会践履,但程、朱更着意在主体精神层面上的锻造,"主敬"成为这种锻造的标志。正是在"复礼"与"主敬"何者是儒家之根本道路的问题上,叶适与程、朱有着根本的分歧。而且在叶适看来,这种分歧正是曾子对孔子所传之道的自以为是的错误解释所造成的。由于这种解释,加之"礼"已淹没于历史的尘埃中而使今人无所凭借,结果按照曾子的指示来做,徒使忠厚者陷于僵化,而轻薄者流于虚伪。对此,叶适在读《礼记》的札记中作了专门陈述:

《曲礼》中三百余条,人情物理,的然不违,余篇如此要切言语,可并集为上下篇,使初学者由之而入。岂惟初入,固当终身守而不畔;盖一言行则有一事之益,如鉴睹象,不得相离也。古人治仪,因仪以知义,曾子所谓"笾豆之事",今《仪礼》所遗与《周官》戴氏杂记者是也。然孔子教颜渊"非礼勿视,非礼勿听,非礼勿言,非礼勿动",盖必欲此身常行于度数折旋之中。而曾子告孟敬子,乃以为所贵者"动容貌、出辞气、正颜色"三事而已,是则度数折旋皆可忽略而不省,有司徒具其文,而礼因以废矣,故余以为一贯之语虽惟而不悟也。今世度数折旋既已无复可考,而曾子之告孟敬子者,宜若可以遵用;然必有致于中,有格于外,使人情物理不相逾越,而后其道庶几可存。若他无所用力,而惟三者之求,则厚者以株守为固,而薄者以捷出为伪矣。[53]

牟宗三以为叶适没能认识到曾子彰著道德之自律的意义,其结果是落得"徒自外面看圣人之德业文章或王者之制度功业以为道耳"。然问题在于,道德自律诚为道德本质之所在,但道德的培养若失去道德他律,而只依赖道德自律,那么叶适所谓的"厚者以株守为固,而薄者以捷出为伪",绝不是信口雌黄。至于叶适由注重道德他律,进而更以外在的社会实践为儒家的精神所在,其间的是非实已涉及了叶适与朱熹思想对立的根本点,断不可以门户而判之。

曾子在道统中的地位,不仅在于他对孔子的一贯之道作了忠恕的诠释,而且在于他记录了孔子所讲的由己及人的落实过程,并加以进一步的阐发,这些便反映在《大学》里。叶适讲:

> 按经传诸书,往往因事该理,多前后断绝,或彼此不相顾。而《大学》自心意及身,发明功用至于国家天下,贯穿通彻,本末全具,故程氏指为学者趋诣简捷之地,近世讲习尤详,其间极有当论者。

《尧典》"克明俊德",而此篇以为自明其德,其修身、齐家、治国、平天下之条目,略皆依仿而云也。[54]问题与前文所分析的一样,曾子将修齐治平的基础定在"自明其德",这个基础在叶适看来实不具有丝毫的客观性而极不可靠。除此以外,叶适以为《大学》最大的问题是将"致知、格物"与"诚意、正心"相分离,他讲:

> 若穷尽物理,矩矱不逾,天下国家之道已自无复遗蕴,安得意未诚、心未正、知未至者而先能之?《诗》曰:"民之靡盈,谁夙知而莫成!"疑程氏之言(俊按:叶适于前文引程氏言"格物者,穷理也"。)亦非也。若以为未能穷理而求穷理,则未正之心,未诚之意,未致之知,安能求之?又非也。[55]

叶适的思想是强调,主体的思想必形成于主体的实践之中。按照《大学》的思想,"致知、格物"与"诚意、正心"之间固然存在着内在的逻辑,但在叶适看来,这种内在的逻辑是"彼此不相顾"的,如上文所引,是存在着矛盾的。因为这种内在的矛盾,叶适断言:"为《大学》之书者自不能明,故疑误后学尔,以此知趋诣简捷之地未能求而徒易惑也。"[56]这样便彻底否定了曾子。

曾子以下,叶适对"古今百家,随其浅深,咸有遗论,无得免者"[57],思想立场上一以贯之,对程朱的否定甚至更为明确;议论方法上则除了沿用评论曾子时所用的对比解释,还穿插使用了逻辑推论等。

关于《中庸》,叶适在"总述"中讲:"按伯鱼答陈亢无异闻,孔子尝言'中庸之德民鲜能',而子思作《中庸》;若以《中庸》为孔子遗言,是颜、闵犹无是告,而独闷其家,非是;若子思所自作,则高者极高,深者极深,宜非上世所传也。"这便从道统谱系的形式上否定了《中庸》思想正统的合法性,而只承认是子思个人的思想创造而已,尽管这个思想创造可以被认为是高远深刻的。事实上,叶适对《中庸》作为子思的作品是有怀疑的,他在札记中有一自注:"汉人虽称《中庸》子思所著,今以其书考之,疑不专出子思也。"[58]

认为《中庸》的思想具有高远深刻性,并不表示叶适认同于这种思想。《中庸》首章是思想的核心所在,叶适作了细致的讨论。叶适以为《中庸》开篇所讲的"天命之谓性,率性之谓道,修道之谓教",是"近世言性命之总会",但勘比于《尚书》,便可看出《中庸》存在的问题。叶适讲:

> 按《书》称"惟皇上帝降衷于下民",即"天命之谓性"也,然可以言降衷,而不可以言天命。盖万物与人生于天地之间,同谓之命。若降衷,则人固独得之矣;降命,而人独受则遗物。与物同受命,则物何以不能率而人能率之哉?盖人之所受者衷,而非止于命矣。《书》又称"若有恒性",即"率性之谓道"也,然可以言若有恒性,而不可以言率性。盖已受其衷矣,故能得其当然者。若其有恒,则可以为性;若止受于命,不可知其当然也,而以意之所谓当然者率之,又加道焉,则道离于性而非率也。《书》又称"克绥厥猷惟后",即"修道之谓教"也,然可以言绥,而不可以言修。盖民若其恒性而君能绥之,无加损焉耳。修则有所损益而道非其真,道非其真,则教者强民以从己矣。[59]

这里,叶适着意要将人与物分离,从而表现出他与周、张、程、朱所努力确立的"民胞物与"思想的对立。由此分离,进而强调人性随人在物中所展开的社会实践而形成的后发性,以及政教风化应具的合乎人性的要求。

在叶适看来,《中庸》首章中唯一正确的,只有"喜怒哀乐之未发谓之中,发而皆中节谓之和。中也者,天下之大本也;和也者,天下之达道也。致中和,天地位焉,万物育焉"这段话,它算是很好地阐明了《尚书》所传的"人心惟危,道心惟微,惟精惟一,允执厥中"这一心诀。这段话之所以能被叶适认同,关键在于他与朱熹有完全不同的解读。朱熹的解释在审明慎独之紧要:

> 自谨独而精之,以至于应物之处,无少差谬,而无适不然,则极其和而万物育矣。盖天地万物本吾一体,吾之心正,则天地之心亦正矣,吾之气顺,则天地之气亦顺矣。故其效验至于如此。此学问之极功、圣人之能事,初非有待于外,而修道之教亦在其中矣。⑩

叶适的解释重在指出通过已发未发的厘清,认识到儒家之道的根本在于最终的对象化落实,而绝非在已发未发的体会。叶适讲:"盖于未发之际能见其未发,则道心可以常存而不微;于将发之际能使其发而皆中节,则人心可以常行而不危;不微不危,则中和之道致于我,而天地万物之理遂于彼矣。"⑪因此,《中庸》无论是在道统谱系的形式上,还是在道统谱系的内容上,都遭到了叶适的否定。否定《中庸》与否定曾子,是基于同一个思想,即叶适根本上认为儒家的精神在于人在实践中的成就。这个成就是体现在对象化的存在上的,个人内在的精神修养不能必然开出实践中的成就;而开不出实践中之成就的个人内在精神修养,本质上只是一个虚的存在;不仅是一个虚的存在,而且会造成自以为是、唯我独尊的唯我论倾向。叶适强调:

> 古人教德必先立义,教成则德成矣。……教立于此,而德成于彼,非以义理为空言也。子思之疏释……以为时中则不待庸也,以为庸德庸行则不待中也。然则中庸之为德,果一乎? 果二乎? 后世无所据执而以意言之,虽服膺拳拳,不敢失坠,而以义理为空言之患未忘也,此亦学者之所当思也。⑫

关于孟子,叶适在"总述"中有一个基本的评价,即"开德广,语治骤,处己过,涉世疏"。其中"处己过,涉世疏"是对孟子作风的微词。所谓"处己过,涉世疏",前者是指孟子自称庶人,而其实是"后车数十乘,从者数百人",言已不实;后者是指孟子不与别人"言行事",看似怕烦,其实是涉世疏阔。但对于孟子的人格,叶适却是高度肯定,他称颂孟子"乐其道而忘人之势,不以壮老易其守"㊷。

叶适评价孟子的关键,是"开德广,语治骤"。这个评价的核心是认为孟子是一个但开风气的思想家,而不是一个开物成务的政治家。所谓"开德广",是指"孟子言性,言命,言仁,言天,皆古人所未及"。牟宗三以为,命、仁、天都是孔子思想的重要概念,唯有"性"是由孟子彰显的问题,因此叶适对孟子的这个称许其实是"浮泛其辞,乱说一通"。牟宗三这个说法不免言不由衷,过于苛刻。孟子的思想虽有孔子学理上的渊源,即牟宗三所谓"必然应用之义理发展",但这个发展终究必须由某个人来完成,尤其是在斯道既丧、邪说并作的战国时期。如果说这只是孟子有功于圣门之事实,尚无足以在思想的层面上称他"开德广",那么牟宗三既承认孟子为孔子之仁教所包藏的内圣之学奠定了"更有系统,更有其自觉的可能之基础",又如何可说"孟子言之不为广"呢? 建立有系统、有自觉的可能之基础,实际上是使内圣之学由包藏而彰显,从而示人于门径,接引众人,誉之为"开德广"实不能说是叶适"浮泛其辞,乱说一通"。叶适真正的看法是在于,孟子固然是"开德广",但这个"德"并没有立竿见影的功效,不足以开物成务,达不到孟子所谓的"治骤",在"德"与"治"之间尚有很大的距离。

孟子的思想具有理论上的自足、圆满与彻底,这是毫无疑义的。加之孟子雄辩的口才,所以叶适讲孟子"言行王道皆若建瓴",与齐、梁诸王言治国,"夫指心术之公私于一二语之近,而能判王霸之是非于千百世之远,迷复得路,焕然昭苏,宜若不待尧、舜、禹、汤而可以致唐、虞、三代之治矣"㊹。其实不然。叶适分析道:

> 当是时,去孔子殁虽才百余年,然齐、韩、赵、魏皆已改物,鲁、卫旧俗沦坏不反,天下尽变,不啻如夷狄,孟子亦不暇顾,但言"以齐王由反手也"。若宣王果因孟子显示,暂得警发,一隙之明,岂能破长夜之幽昏哉? 盖舜、禹克艰,伊尹一德,周公无逸,圣贤常道,怵惕兢畏,不若是之

易言也。⑥⑤

实际上,叶适也注意到了孟子有关治道的具体言论。叶适指出,在儒家的传承中,只有子思能"独演尧、舜之道",而颜回、曾参等精通六艺者都不能,孟子受业于子思,故也具有治国的本领。叶适讲:"尧、舜,君道也,孔子难言之。其推以与天下共而以行之疾徐先后喻之,明非不可为者,自孟子始也。"⑥⑥但是,从《孟子》一书看,"与梁、齐、滕文公论治,最孟子要切处,惜无他书可以参看。大抵民不能皆有田而尽力于农,学校废缺而上无教,乃当时之大患,故谆谆言之"。叶适分析了孟子所论及的赋税、井田,以及学校等若干问题,但终究"无他书参考,不能知孟子欲施置与其时合废省之详,甚可惜也"。

然不幸的是,在治道方面,有些问题是小事,后儒则因孟子于当时有所讨论而"争论不已";有些问题是因时而定的,在历史中也有所解决,后儒则因孟子有过一些说法而"讳避弗称";有些问题古已有之于今为烈,后儒则视而不见,"徒讲经界井地",终无益于治乱⑥⑦。

更不幸的还在于,在孟子那里,他有自足的思想与理论,有治国的自信与本领,或可以由"开德广"而"语治骤",但在后儒这里,既无孟子"从容于进退之间,始终生死,由一道弘益开阐,继尧、舜而有余"⑥⑧的本领,又要袭拟孟子的自信与"开德广",结果只能是"使道不完而有迹"。因此叶适对孟子所开风气的历史价值徒发无奈的感叹:"自孟子一新机括,后之儒者无不益加讨论,而格心之功既终不验,反手之治亦复难兴,可为永叹矣!"⑥⑨

孟子以下,宋儒以为儒家之道是失其传承了。韩愈最初提出道统时,还部分地保留了荀子与扬雄的地位,然后才轮到自己。北宋初期的学者接过了韩愈的道统,祛除了荀、扬,保留韩愈。至北宋中期以后,则干脆连韩愈也一并祛除了,由宋儒自己直接上接孟子。正因为如此,叶适虽然对孟子有微词,但总体上是肯定的。宋儒虽然都接着孟子来建构自己的思想,但由于方向不同,依据的经典也不同。从王安石到叶适,重在开物成务,依据的经典是《礼》;从周、张、二程到朱熹,重在道德心性,依据的经典是《易》,尤其是《易传》。叶适要推倒周、张、二程直至朱熹的思想建设,必须对《易》作一处理。

叶适对《易传》作者的怀疑，前文已言及，此不赘言。实际上，叶适对《易经》本身也极力祛除笼罩着的权威性，如他对"伏羲画卦，文王重之"的说法的否定。叶适在总述中讲：

> 《易》不知何人所作，则曰"伏羲画卦，文王重之"。周"太卜掌《三易》，经卦皆八，别皆六十四"，则画非伏羲，重非文王也。又，周有司以先君所为书为筮占，而文王自言"王用享于岐山"乎？亦非也。有《易》以来，筮之辞义不胜多矣。《周易》者，知道者所为，而周有司所用也。

当然，叶适并不完全否定《易》在思想上的价值，只是他对《易》的价值作了他自己的解释。叶适认为，卦象只是人类对自己生活所遇事物的一种符号抽象，是为人所用的，因此六十四卦是"因是象，用是德，修身应事，致治消患之正条目也"[70]。叶适讲：

> 夫人之一身，自仁义礼智信之外无余理，形于世故，自六十四卦之外无余义，学者溯源而后循流，则庶几得之。若沿流以求源，则不胜其失。故余谆谆焉以卦象定入德之条目而略于爻，又以卦名通世故之义训而略于卦者，惧沿流不足以求源也。[71]

换言之，《易》只是人们行事的实实在在的指南，而不是用来构筑玄远思想体系的理论框架，而后者正是周、张、二程，以及朱熹解释《易》的思想宗旨。叶适在"总述"中讲：

> 本朝承平时，禅学尤炽，儒释共驾，异端会同。其间豪杰之士，有欲修明吾说以胜之者，而周、张、二程出焉，自谓出入于佛、老甚久，已而曰："吾道固有之矣。"故无极太极、动静男女、太和参两、形气聚散、细缊感通、有直内、无方外，不足以入尧、舜之道，皆本于《十翼》，以为此吾所有之道，非彼之道也。及其启教后学，于子思、孟子之新说奇论，皆特发明之，大抵欲抑浮屠之锋锐，而示吾秘有之道若此。然不悟《十翼》非孔子作，则道之本统尚晦。

至此,叶适算是从思想的源流、思想的考辨上彻底否定了朱熹确认的道统。

参考文献

① ㉚ 参见何俊:《论韩愈道统观及宋儒对他的超越》,《孔子研究》2000 年第 2 期。

② ③ ⑩ 何俊:《南宋儒学建构》,上海人民出版社,2004 年,第 250—251、250—251、249—251 页。

④ 余英时:《朱熹的历史世界》下册,生活·读书·新知三联书店,2004 年,第 508—509 页。详细的讨论见第 9 章之"周必大与理学家"。

⑤ ⑭ ⑱ ⑳ ㉑ ㉔ ㉕ ㉘ ㊵ ㊶ ㊾《叶适集》,中华书局,2010 年,第 16—20、381—384、471、554、490、405、176、490、745、220、163—164 页。

⑥ ㊼ 程颢、程颐:《二程集》,中华书局,1981 年,第 349、640 页。

⑦ 参见《南宋儒学建构》第 1 章第 1 节。

⑧ 关于王淮罢相的细节,参见余英时《朱熹的历史世界》第 9 章之"王淮罢政的过程"。

⑨ 详见李心传《道命录》卷 5"陈贾论道学欺世盗名乞摈斥""林栗劾晦庵先生状"。

⑪ 张春林编:《苏轼全集》,中国文史出版社,1999 年,第 1090 页。

⑫ 黎靖德编:《朱子语类》,中华书局,1986 年,第 2967 页。

⑬ 朱熹:《朱子全书》第 21 册,上海古籍出版社、安徽教育出版社,2002 年,第 1691 页。

⑮ 详见周南《山房集》卷七《庚戌廷对策》,景印文渊阁四库全书本,台湾商务印书馆,1986 年。

⑯ 余英时:《朱熹的历史世界》下册,第 833 页。详尽的分析参见第 12 章之"环绕'皇极'的争论"。

⑰ 参见余英时:《朱熹的历史世界》下册,第 620—622 页。

⑲ ㉒ 周学武:《叶水心先生年谱》,台湾大安出版社,1988 年,第 180 页。

㉓ 庆元党禁解除以后,道学运动中的诸家出现了整合,从这里所引的叶适相关描述来看,朱学虽已成为主流,但陆学"以观心空寂名学"的风格显然融入其中。相关的讨论可参见《南宋儒学建构》第 5 章第 1 节。

㉖ ㊷ 沈善洪主编:《黄宗羲全集》第 5 册,浙江古籍出版社,1993 年,第 7、196 页。

㉗ 在叶适生平师友中,吕祖谦的治学大抵是叶适最为肯定者,故他在《习学记言序目》中以 4 卷摘评吕氏所编《皇朝文鉴》以殿后,并申明:"此书二千五百余篇,纲条大者十数,义类百数,其因文示义,不徒为文,余所谓必约而归于正道者千余数,盖一代之统纪略具焉,后有欲明吕氏之学者,宜于此求之矣。"尽管如此,"吕氏既葬明招山,(陈)亮与潘景愈使余嗣其学。余顾从游晚,吕氏俊贤众,辞不敢当"(《习学记言序目》卷五十《皇朝文鉴四》,第 755—756 页)。这固然是谦语,但叶适治学"异识超旷,不假梯级"是事实。他与吕祖谦在学术思想上的最终区别也是清楚的,正如元人黄溍讲:"叶正则推郑景望、周恭叔以达于程氏(俊按:叶适推重永嘉前辈,并敬重程氏,但在学术思想上并不认同,后文自

有详述),若与吕氏同所自出。至其根柢《六经》,折衷诸子,剖析秦汉,讫于五季,凡所论述,无一合于吕氏。"(《文献集》卷五《送曹顺甫序》)

㉙ 参见牟宗三:《心体与性体》,台湾正中书局,1979 年,第 225—319 页。下文讨论中的随文引用比照,恕不再一一标示。又,本节所述,在拙书《南宋儒学建构》第 4 章第 3 节中亦有涉及,但或有偏重,故可参见。"总述讲学大指"全文见《习学记言序目》卷四十九《皇朝文鉴三》,第 735—741 页,下文引用亦不再反复注明。

㉛ 范育:《正蒙序》,《宋文鉴》卷九十一,中华书局,1992 年,第 1284—1285 页。

㉜ 朱熹:《四书章句集注》,中华书局,1983 年,第 14—15 页。

㉝㉞㉟㊱㊴㊵㊶㊸㊺㊿51525354555657585961626364656668697071 叶适:《习学记言序目》,中华书局,1977 年,第 35、52、52、51、155、176、188、188、188、178、95、113、113—114、114、767、110、107—108、109、112、198、197、197—198、200、198、197、35、36—37 页。

㊲ 叶适:《习学记言序目》,中华书局,1977 年,第 207 页。孔、孟标示心性,是对所处时代的回应,而非以此"尽废古人入德之条目",此系后话,容后详述。

㊳ 景海峰:《叶适的社会历史本体观》,张义德、李明友、洪振宁主编《叶适与永嘉学派论集》,光明日报出版社,2000 年,第 253—262 页。

㊷ 孔颖达等:《尚书正义》卷一〇二,中华书局,1980 年。

㊹ 参见余英时《朱熹的历史世界》下册第 12 章之"环绕'皇极'的争论",第 808—845 页。

㊾㊿ 朱熹:《四书章句集注》,中华书局,2012 年,第 104、18 页。

㊼ 以上均见《习学记言序目》卷一〇四《孟子·滕文公》。

(原载《中山大学学报(社会科学版)》2009 年第 1 期)

"乾,物之主也"
——叶适的易学形上学

蒋伟胜*

叶适(1150—1223),字正则,学者称水心先生,因为其对儒家精神作"道在物中""习学成德"的先外王、后内圣的独特体认,从而与朱熹、陆九渊并称南宋乾淳之际鼎足而三的学者。但是叶适的批评者如牟宗三却指叶适为"皇极一元论",并说:"此种平面颟顸之见而谓能知孔子之道,毋乃太过愚妄乎!"①认定叶适是反形而上学者。其实叶适虽然反对"以辞明道"②,反对在纯粹抽象的意义上讨论形上之道,但他通过对《周易》的辨章,把有关形上之道的问题作了非常细致的说明:"古人言天地之道,莫详于《易》,即其运行交接之著明考,自画而推,逆顺取之,其察至于能见天地之心,而其粗亦能通吉凶之变,后世共由,不可改也。"③《习学记言序目》共五十卷,谈论经学问题的不过十四卷,其中讨论《易》的内容就有四卷,超过四分之一的篇幅,其中对形上的乾道论之甚详。

古来研究《周易》者极深研几之时无不注意到此书的辩证对待思想,对《易》阴阳相推、刚柔相摩、八卦相荡而产生变易的内容多有发挥。叶适也不例外,他说:

其为三,阳也,天也,此《易》之始画。(自注:本一而三者,非三则无以为八也。)其有阴,则地也。理未有不对立者也,阳之一雷二水三山,阴之一风二火三泽,此卦也;其为六也,阳则乾、震、坎、艮,阴则坤、兑、

---

* 蒋伟胜,浙江浦江人,哲学博士,浙江工商大学副教授、硕士生导师。

离、巽,此义也。以卦则三足矣,以义必六,而交错往来所以行于事物也。学者观其一不观其二,此《易》道所以难明也。④

叶适根据卦象把八个经卦处理为阴、阳两组卦,这两组卦的交错往来构成事物的运行演变,认为对于《易》道的理解就要从这阴、阳两组卦的相互关系中去把握,如果观其一而不观其二则将遮蔽易道。

但是叶适关于《周易》辩证对待的思想仅止于指出这一原则,并没有贯彻到底,在他对《周易》乾坤、阴阳关系的理解中更多的是对独乾、独阳思想的发挥。

且《易》之始画也,独乾而非坤,故《彖》之赞乾也,有乾而无坤,及其赞坤也,顺承乎天而已。然则"乾道成男,坤道成女;乾知大始,坤作成物;乾以易知,坤以简能",是非坤不足以配乾,非乾坤不足以成《易》,而独乾非坤、有乾无坤之义隐矣。"乾道变化,各正性命",充满载覆,无非乾也;"乾道成男,坤道成女",则阴为无预乎阳,阳必有待于阴,而乾之功用褊矣。⑤

在乾坤关系中,乾是一种独立的力量。"乾道变化,各正性命。"是乾独立完成了赋予万物以性命的工作,坤则与此无关。叶适同时指出《系辞》认为乾坤成易的观点是对乾之功用的片面理解,掩抑了乾道。

乾为《易》之主,非他卦交错相成之比,故其为初也潜而隐,而非不可用也;其为四也跃而进,而非必求用也。至于上,则道成且革矣,故爻以为"亢而有悔",而《象》以为"盈不可久",明其将变而之阴尔,非若《传》(指《文言》)之所谓。且始终皆道,奚位之择?独乾御世,奚民之求?功则由己,奚辅之待?后世不知乾所以成《易》,而指成《易》以论乾,是以其言若此也。⑥

乾不仅是一种独立的力量,而且是一种绝对的力量,具有在任何情况、条件下都要贯彻下去的特点,不必"择位""求民""待辅"而后才能体现它自身,而以独立、一贯、自我成就的方式展开。叶适更进一步认为,在乾与《易》的关系中,应以乾道为主来讨论《易》,而不是以《易》为背景来讨论乾。这就进一步高扬了乾道,使之成为《周易》的最大主题。与传统的认识不同,坤则在叶适的视野下失去了与乾匹配形成一对辩证范畴的地位。

与乾坤问题相应,在阴阳关系问题上,叶适也突出阳而贬抑阴。

> "一阴一阳之谓道,继之者善也,成之者性也,仁者见之谓之仁,智者见之谓之智,百姓日用而不知,故君子之道鲜矣。"后世以是为微言之极也。一阴一阳,氤氲而渺,微至难明也。善为之继,而综统之机难执,性所以成,而归全之本易离,仁智皆道之偏也。虽然,圣人之于道,盖难乎言,其言之者有矣,曰"天道下济而光明","天道亏盈而益谦";曰"刚浸而长,说而顺,刚中而应,大亨以正,天之道也";又曰"观天之神道而四时不忒";又曰"天地之道恒久而不已也"。夫天与人不相接,而其好恶相长,如影响符契之相答然,此其所以有贵于圣人之言道也。道者,阳而不阴之谓也。一阴一阳非所以言道也。⑦

易有变易之义,所以产生变易的原因在于阴阳相摩、刚柔相荡,从而推动变易的发生,故一般认为"一阴一阳之谓道"是对《周易》精神的一种概括。朱子注此谓"阴阳迭运者,气也;其理则所谓道"⑧,形上的理存在于形下的阴阳二气的变化之中,或曰阴阳二气的变化体现了理。但是,叶适却提出了与普通见解截然相反的主张,"道者阳而不阴之谓也",叶适的道当然不会是朱子理解的理,而是他所认定的儒家之道,也就是说,与朱子在阴阳对待中把握理不同,叶适所理解的儒家之道的精神中,只有阳刚的成分而无阴柔的地位,因为阴是一种纯粹消极的因素。

> 世言阳不可无阴,谓阴必配阳者,卜史之论也。阴何功于物? 杀其已生,坏其已成者,性情使之耳。⑨

并且,与传统阴阳相长的观点不同,在叶适看来,阴阳关系是一种单向度的关系,阳可以养阴,但阴不能养阳,不与阴阳对待的阳具有独立之象。

震之一阳居内而消阴,则信矣;艮之二柔居外,则曷为其畜阳也?夫畜阳者阴也,所以畜阳者非阴也,艮之一阳也。⑩

若夫四阳居内,上不能乘,下不能消,自以为盛矣,然处偏重之势,本末皆弱,徒自固于中,而不知其桡折乎外也。故阳为阴郭者养,而阴不足以郭阳也,则失其所以养而灭矣,此泽所以灭木,而二与五所以皆为枯杨也。君子知阴之乘已,阳之无用,独立不惧,遁世无闷,不以刚为过,而非过于刚者不能,然后知大过之象矣。⑪

基于上述认识,叶适得出的结论是:"呜呼!独阳无阴,岂独圣人以义礼尊之哉?乃天地之正性也。"⑫把阳刚之德视为人文界和自然界的共同本质属性,也就是整个宇宙的基本属性。

不过叶适不仅仅满足于把乾道解释为一种充塞宇宙的属性,为了进一步高标乾道,他有取于道学的思维方式,把乾道解释为某种带有实体性质的东西。

《易》于乾坤不并言,盖因乾而后有坤也;天地则并言之矣,盖有天则必有地也。《彖》称"坤厚载物,德合无疆,先迷失道,后顺得常,西南得朋,乃与类行,东北丧朋,乃终有庆"。先后得丧之间,作《易》者戒之,则坤之广宜若配地者。至乾以元统天,以六御天,正性命,合太和,皆有待于乾而后能;则乾之为大非配天者也。⑬

在重申乾坤不并言之后,叶适从他所认定出自孔子的《乾彖》之"大哉乾元,万物资始,乃统天"出发,认为乾乃统天,乾大于天,天地万物的性命之获得以及宇宙间"太和"状态的实现与维持,都是乾道发用的结果。这一方面破除了《易传》以天象乾的成说,另一方面更提高了乾的地位,使乾道成为天地万物的主宰。

"《易》与天地准,故能弥纶天地之道。"《传》之为是言也,将以大夫《易》也,其意若曰:"天地至大也,而《易》能准之,又弥纶之尔。"按乾称"统天",泰称"财成天地之道",豫称"顺以动,故天地如之",大壮称"正大,而天地之情可见矣"。《诗》《书》之称道,未尝不先天,惟《易》不然,盖其因变以明理,而后知天地之不能违也。然则天地固准《易》,而《易》非准天地,且既已准而从之矣,又安能弥纶之乎?⑭

从王弼、韩康伯到伊川、朱子在注释"准"字时都只说到"等同"之义,《周易正义》说:"《易》与天地准者,自此以上,论卦爻辞理之义;自此以下,广明《易》道之美。言圣人作《易》,与天地相准。谓准拟天地,则乾健以法天,坤顺以法地是也。"程颐《河南程氏经说》卷一《易说系辞》说:"《易》之义,与天地之道相似,故无差违,相似,谓同也。"朱熹《周易本义》说:"《易》书卦爻,具有天地之道,与之齐准。"而叶适在"《易》准天地"还是"天地准《易》"之间锱铢必较,并通过此一问题的辨正来论证乾道高于天地,叶适的思维可谓精微。然则叶适虽然论证了"天地准《易》""道先天",但随之而来的是一个重大的哲学原则问题,那就是他与道学的距离到底有多大。因为无论是把天解释为自然之天、义理之天、命运之天抑或其他的什么,都会面临一个问题,即既然《易》之乾道先于天,并且是天所模拟之样本,那么这个乾道是什么。朱子称引乾道是在形而上的意义上使用这个概念的:"大率天地是那有形了,重浊底。乾坤是他性情。其实乾道、天德,互换一般,乾道又言得深些子。天地是形而下者。只是这个道理,天地是个皮壳。"⑮钱穆对此的理解以为,乾道之所以比天德言得深些子,是因为天属有形,故在气一边;乾指性情,故在理一边。⑯从叶适的乾道充塞宇宙、先天地等情况看,也是属于形而上的概念。另外,从上引叶适关于乾道的材料中我们至少可以得出这样几个结论:第一,乾先于天地万物而存在,这种"先于"是在自然时间意义上还是在理论逻辑意义上说的,暂且不论;第二,乾道是天地效法的对象,所以带有实体性的意义;第三,乾道是主宰天地万物的唯一力量,乾坤既不并言,天亦从乾,叶适且征引《乾彖》"首出庶物,万国咸宁"之语以为理据。如此一来,叶适的乾道与朱子的"万一山河大地都陷了,毕竟理却只在这里""理一分殊"之理极为相似。

叶适把自己的乾道与道学的理区别开来的标志是他的乾道具有能动的属性。道学的理是一个静态的东西。"理无情意,无计度,无造作,只此气凝聚处,理便在其中。且如天地间,人物草木禽兽,其生也莫不有种,定不会无种。天地牲畜一个物事,这个都是气。若理,只是个净洁空阔的世界,无形迹。他却不会造作。气则能酝酿凝聚生物。"⑰理本身是不会动的,能动的是气,故气强理弱,理拗不过气。叶适的乾道却不然,《彖辞》"乾道变化,各正性命,保合太和"是对乾道能动的属性的描述,而且它具有"财成天地之道""顺以动,故天地如之""正大,天地之情可见"能力。乾道能动的属性保证了它始终成为一种积极的因素,并因此成为万物的主宰。

> 乾,物之主也,其进无不遂者,故于坤为泰,于离为大有,大以畜德,小以懿文,而兑以决阴,皆道之亨者也。而独于坎也则不然,待之以险而已,故为需。夫乾之遇坎也,虽不足以成功,然刚而不陷,义不困穷,则可须以待而无所失之谓也。⑱

泰、大有、夬、需诸卦之所以为亨或无失之象,都是因为其中包含了乾道,"乾,物之主也",具有"畜德""懿文""刚而不陷,义不困穷"的品格,故有"进无不遂"的主宰能力。

尽管能动是乾道的基本属性,变化是它的重要性能,但是变之中有其不变者,不变的是乾道作为一种动健的阳刚力量,不会随外在条件的改变而不同。

> 刚柔未交,健者为乾,顺者为坤,循于常德而已;刚柔既交,明务为屯,昏者为蒙,德虽有常而交不可常矣。圣人之于《易》也,不以一德御众变异,《书》《诗》异指者,自此(指屯蒙二卦)以往,诸卦皆然也,此德之应于物者也;若其有诸已也,则一而已矣。《传》曰:"《易》之为书也不可远,其为道也屡迁,变动不居,周流六虚,上下无常,刚柔相易,不可为典要,惟变所适,其出入以度,外内使知惧,又明于忧患与故,无有师保,如临父母。"呜呼!使其于卦必有稽也,吾何间焉!以其泛于言也,则变动周流,微者为象,粗者为数,而君子之实德隐矣。⑲

常德指乾健的自强不息和坤顺的厚德载物,圣人有于己者仅此而已,绝不因外界环境的改变而稍移其志。叶适并因此批评《系辞》把易道解释为纯粹的变动不居、无有持守。叶适在此以辩证的方法向人们指示乾道之变是常,其不变亦是常。

乾道的这些品格决定了它在成己成物的道德领域和道以出治的政治领域中的主导地位。《蛊·象》曰:"山下有风,蛊。君子以振民育德。"蛊卦所以象君子教化人民、培育人民的德行,在叶适看来就是蛊卦包含的阳爻所代表的乾道刚健进取的结果。

> 君子于其险也,则经纪而弥纶之,不因于屯也;于其说也,向晦以全其明,入宴息以养其力,不诡于随也;于其险也,则果行而育德,成己也;于其顺也,则振民而育德,成物也;夫是以随者不随而蛊者不蛊,此其义之所以为大而不可小用之也。若夫论溺败坏,安其自然,何取于《易》哉![20]

儒家强调内圣外王,君子以乾道振民育德,其目的之一就是在可能的情况下以道出治,实行王政。实现这一理想同样需要乾道的发用,《泰·象》曰:"天地交,泰。后以财成天地之道,辅相天地之宜,以左右民。"天地有序,人民大治,是因为三阳开泰,乾道发越。叶适说:

> 然则以六五之君,当交泰之日,小人革面以避君子,君子降心以纳小人,怀失身之惧,而犹无善治之益也。若夫乾之二为见龙,三为夕惕,四为跃渊,五为飞龙,其君以是道,其臣亦以是道,所别者位而已矣,此唐虞三代之所以为盛也。[21]

叶适认为乾道所以能成为自然界以及人文界的道德、政治等诸多领域中的主导力量,除了它动健不已故能"进无不遂",还因为由其所产生的阳刚力量是一种极其巨大的力量,一旦有这种力量介于其中,事物的性质便发生改变。如其论复卦:

> 剥者渐剥,复者顿复也。卦之反此为彼无不然者,而莫盛于复。方其众阴类进,几于无阳,穷秋大冬,摧折皆尽,而孰知其复哉!世谓复特

阳之萌芽,此犹为不知复者,使其果待于萌芽而渐长,则何名于复？故曰"出入无疾,朋来无咎,反复其道,七日来复",又曰"刚反动而以顺行",又曰"先王以至日闭关,商旅不行,后不省方",皆以明乎阳之顿复,非萌芽而渐长所能当也。本诸人心,其为不善以消其善如剥之消阳者,日渐可也,及其一念健疾,克己复礼,亦犹阳之顿复也。然而渐而迷者,人之过也；顿而复者,人之心也。故剥者,天地之过也,复者,天地之心也。㉒

复卦初九为阳爻,其余诸爻都为阴爻,本为阴盛阳弱之势,然一阳在内,得位,故此乾阳发出无穷之力,所以"复者顿复"。

《周易》是讲究卦爻的得位与失位的,得位则吉,失位则有咎。叶适论《易》亦极重视卦的爻位,并把卦爻位的思想与他论《易》的主题乾道结合起来。如其论遁与大壮卦：

> 一阴在内,古人已畏之,故其象为柔遇刚,况二明乎？故其象为刚遯柔。当是之时,非遁不亨,五不以位,二不以应,皆必于退者也。使其迟疑系咎,犹翼万一,则否之匪人,君臣义定,坐受消殡,虽欲全退,尚可得哉！……其遁若此,而其壮也则不然。阳虽有进阴之势,而君子无自进之法,反观于已,至刚至大,内消阴柔,非礼弗行,尽去私欲,惟此可以当大壮刚动之象,为四阳朋长之祥,而区区进退之际,胜负通塞之间,不足言也。㉓

又其论需、讼二卦：

> 乾,宜上者也,然物为之下,则乾受其攻,未有得志者也,故于坤为否,于艮为遁,同人于野,履虎尾,姤女壮,无妄不利有攸往。而于坎则为讼矣,其《象》曰"上刚下险,险而健讼",呜呼！以乾居下,无往而不利,遇险犹为需；以乾居上,无往而不难,遇险则为讼。夫君子以乾为德而用乾之难如此,学《易》者之所宜尽心也。其《象》曰"君子宜作事谋始",乾道之行也,首出庶物,物咸赖之,受事听谋,惟乾所命而已。及其

> 在外而无权,违行而为讼,室惕终凶,自咎于始,深致其戒焉,故其爻曰"不永所事","不克讼,归而逋","复即命渝,安贞","鞶带三褫之",惟听讼者为得吉焉,夫岂以我直而物曲哉?㉔

乾道的阳刚动健本是一种绝对的力量,在任何条件和环境下都要表现自身,但是所处的位置对它的表现有重大的影响。概言之,阳在内可以制阴,阴在内可以反制阳,从而影响乾道的表现,故其位很重要。所谓君子有诸己也则一,其应于物也无穷,然则君子应物的结果与其所处的位置密切相关。所以乾阳必须居内,既便于乾道的发挥,又有利于事物的发展。

> 乾居外而其内为坤,为离,为艮,为兑,为巽,无有吉者;独为震也,以刚居内而消阴。妄者,阴也,无妄者,刚居内而消去之也。圣人欲教天下之不为妄,则必自其刚之居内者始。㉕
> 夫刚之在外,不若在内,畜阴而聚之,不若顺阴而升之,此升之多吉所以过于萃之多忧。㉖

叶适推尊孔子,也把乾阳宜居内的思想与《论语》联系起来,认为这是"孔氏之本学"。

> 孔子曰:"吾未见刚者。"或对曰:"申枨。"子曰:"枨也欲,焉得刚!"然则以刚居内而消阴,卦之正义,孔氏之本学也。㉗

《周易》中与"位"的空间概念同样重要的是"时"的时间概念。清惠栋《易汉学》说:"易道深矣!一言以蔽之曰:时中。孔子作《彖传》言时者二十四卦,言中者三十五卦。《象传》言时者六卦,言中者三十八卦……知时中之义,其于《易》也,思过半矣。""时"的观念要求在时间的变化中去理解卦爻的意义,故卦义又称"时义"。同对"位"概念的重视与吸收不同,叶适拒斥"时"的说法,他说:

> "君子藏器于身,待时而动,何不利之有!"……夫用之则行,非待时

也,舍之则藏,非藏器也。㉘

为高扬乾道,体现乾道是宇宙间的绝对力量,具有打破任何束缚的能力,叶适无取于"时"的观念也是可以理解的。

叶适把乾道解释为阳刚、自足、动健的形上之道,是有其用心的。在现实层面上,叶适希望以此鼓励人们树立强力不返从事"习学成德"的道德努力和在政治上为克服南宋长期存在的"以矫失为得"㉙,确立"自为国家之意"㉚的主张提供精神支持;在理论上,叶适一方面要顺应由传统经学向形而上学转变的时代学术发展潮流,故必须为其学说寻找形上根据;另一方面,为应对朱熹理气理论的挑战,他又必须赋予乾道比天理概念更多的内容。

后人包括叶适后学和他的批评者如牟宗三,都无视叶适建构的易学形上学理论,很大程度上是由叶适"物之所在,道则在焉"㉛的道物关系理论所引起的。叶适除了在讨论《周易》问题的过程中,对形上的乾道有过专门的论述,在其著作的其他地方都反复强调不能在纯粹形而上学的意义上讨论道,而要落实到具体的典章制度、名物礼仪中来讨论、彰显道,把形上形下打成一片加以论述,使得他的哲学与政治学、历史学的区分显得非常微妙。故后学绍述他的学问的过程中不免遗落他的哲学而转向辞章考据,也给批评者落下口实。

参考文献

① 牟宗三:《心体与性体》,上海古籍出版社,1999年,第225页。
②③④⑤⑥⑦⑨⑩⑪⑫⑬⑭⑱⑲⑳㉑㉒㉓㉔㉕㉖㉗㉘㉙㉛ 叶适:《习学记言序目》,中华书局,1977年,第654、212、1、40、44、42、14、16、18、16、42、42、5、2—3、10、7、15—16、20、4、16、25、16、49、789、702页。
⑧ 朱熹:《周易本义》,上海古籍出版社,1995年,第139页。
⑮⑰ 黎靖德编:《朱子语类》,中华书局,1986年,第1701、3页。
⑯ 钱穆:《朱子新学案》,巴蜀书社,1986年,第167—168页。
㉚《叶适集》,中华书局,2010年,第788页。

(原载《周易研究》2006年第12期)

"违志开道":洛学与永嘉元丰九先生

陆敏珍*

永嘉学派是以地域性名词分类的学术派别,因该学派传承的主体是永嘉籍人士,所以"永嘉"这一地理名词就成为该学派的指称。这种命名法与其说是为了突出学派的地域色彩,不如说是出于归类上的方便。因为就永嘉学派而言,无论学术思想的内涵还是思想家的活动范围,都超越了永嘉的地理和行政范畴。作为一种学术流派,永嘉思想在历史中有其自身深化和延续的理论逻辑,但其对于普遍性的哲学思考与理论智慧均是在宋代学术的框架内产生和展开的。永嘉学者对于二程洛学的传承,就思想衍生与分析的外缘情境而言,已完全超出了学派所依赖的永嘉这一地域社会结构;而在传承的路径上,学者从偏于一隅的永嘉走向当时的学术中心洛阳,人物实际的活动同时标示出永嘉学术由边缘走向中心的过程。

很明显,永嘉虽在东晋太宁元年(323)已置郡,但在北宋的境域图上,永嘉离当时的主要人口中心还是太遥远,如果从国家的角度来看,它的资源和安全问题跟边缘地区的位置差不了多少。而在文化意涵上,宋代以前永嘉的学术传统、地域声望毫不起眼,学术上的荒芜与地理位置的偏僻近乎正比。永嘉学术的成长得益于宋代以来科举制度的革新,士人群体日益增加意味着文化阶层的扩大,同时为边缘地区的士人向学术中心的靠拢提供了机会,他们利用家庭财力、赶考生涯中的各种资源与机会跨越地理障碍,去接触、聆听、感悟、辨析后来成为永嘉思想来源的洛学,这些人成为学术中心对学术边缘发生作用的中介。北宋时期,以周行己等元丰九先生为代表的

---

* 陆敏珍,历史学博士,浙江大学历史学院教授、博士生导师。

永嘉士人正是这一作用的媒介者。在永嘉学术体系化之前,元丰九先生以其求知的热情与渴望,接受着他们那个时代的知识话语,并力图将之组织成一个体系,在历史的场景中实是一种超拔于俗流的行动。正是这种行动及其成果,既为后来永嘉学派的成立奠定了基础,也构成了永嘉学术的一个阶段。

一、元丰九先生的"违志开道"

"元丰九先生"是后人对元丰年间(1078—1085)到太学求学的周行己(1067—1125?)、许景衡(1072—1128)、刘安节(1068—1116)、刘安上(1069—1128)、戴述(1074—1110)、赵霄(1062—1109)、张辉(1063—1117)、沈躬行(生卒年不详)、蒋元中(生卒年不详)等士人简便而过誉的概称。[1]事实上,永嘉士子进入太学的时间并不一定都在元丰年间,譬如元丰最后一年,戴述年仅11岁,进入太学似乎就过早了。此外,九先生中个人的名位、成就亦不可等而视之。作为九人中最著名的一位,周行己对除自己外的八人有过专门的介绍与总结:

> 元丰作新太学,四方游士岁常数千百人。温海郡,去京师阻远,居太学不满十人,然而学行修明,颇为学官先生称道,一时士大夫语其子弟以为矜式,四方学者皆所服从而师友焉。蒋元中、沈彬老,不幸早死,不及禄。刘元承今为监察御史,元礼为中书舍人,许少伊今为敕令删定官,方进未艾。戴明仲为临江军教授,赵彦昭为辟雍正以卒。张子充最早有闻,每举不利,今以八行荐于朝。凡此吾乡之士皆能自立于学校,见用于当世,其间或先或后,或贵或贱,或寿或夭,则有命也,然不可谓不闻矣。[2]

依靠此段线索,我们简单地对九先生做些介绍。蒋元中、沈彬老(即沈躬行),两人生平事迹不详。《温州府志》称蒋元中著有《经不可使易知论》,后太学刻于石。绍兴元年(1131),郡守张九成(1092—1159)下车诣学,曾口诵此论[3]。刘元承、刘元礼,即刘安节、刘安上兄弟两人。元祐年间(1086—

1093),两人联荐于乡,同入太学。安节于元符三年(1100)擢进士第,初任越州诸暨主簿,河东提举学司管勾文字。后除监察御史、起居郎,迁太常少卿,不久谪知饶州(今江西波阳),移宣州(今安徽宣城)。政和六年(1116),卒于任上。有《刘左史集》4卷存世。安上是绍圣四年(1097)进士,初授钱塘尉,升处州缙云县令。大观元年(1107)提举两浙学事,后除监察御史。次年迁侍御史,后升任谏议大夫、中书舍人、给事中等官。政和二年(1112)外调,以徽猷阁待制历任寿州、婺州、邢州等地知州。有《刘给谏集》30卷,今存5卷。许少伊,即许景衡,人称"横塘先生"。元祐年间在太学④,绍圣元年(1094)进士。大观年间(1107—1110),为敕令所删定官,后迁承议郎、少府监丞,任福州通判。宣和六年(1124),召为监察御史,迁殿中侍御史。钦宗即位,以左正言召,旋改太常少卿兼太子谕德,迁中书舍人。高宗即位,以给事中召,除御史中丞,拜尚书右丞,后罢为资政殿学士、提举杭州洞霄宫。建炎二年(1128),卒于京口,谥"忠简"。著有《横塘集》30卷,今存20卷。戴明仲,即戴述,少游京师太学,元符三年(1100)进士,调婺州东阳县主簿,后为临江军军学教授⑤,卒年37岁。与弟戴迅著有《二戴集》,今已佚。赵彦昭,即赵霄,崇宁二年(1103)登进士第,任颍昌府长葛主簿、济州州学教授,迁辟雍正,兼摄司业⑥。张子充,即张煇,人称"草堂先生"。以八行荐于朝,任南昌州学教授,后为辟雍、小学司纠⑦。周行己,字恭叔。因曾在温州浮沚书院讲学,又被称为浮沚先生。元丰六年(1083)补太学⑧,元祐六年(1091)进士,曾任温州、齐州州学教授,乐清、原武县令,秘书省正字等职。著有《浮沚集》16卷、后集3卷,今存文7卷、诗2卷、补遗1卷。

九人之中,仅许景衡在《宋史》中有本传。周行己称包括自己在内的九人,"或先或后,或贵或贱,或寿或夭,则有命也,然不可谓不闻矣"。所谓的"不可谓不闻",恐怕并不只是居太学期间"学行修明,颇为学官先生称道"事。这段欲言又止的文字在叶适的笔下表达得就直接多了:"永嘉徒以僻远下州,见闻最晚,而九人者,乃能违志开道,蔚为之前,岂非俊豪先觉之士也哉。"⑨

需要细看周行己与叶适以上两段文字。周文指出后来被称为元丰九先生的共同特征是九人在元丰以后进入太学,且"学行修明";叶文则指明这几人更有学术旨趣上的相同处,即所谓"违志开道"。显然,"违志""开道"之语带着时人强烈的学术倾向与判断。按留元刚的说法,"违志"指的是永嘉九先生在太学读书期间,"时右新学,违而之他,甘心摈黜"[⑩]。换言之,九先生从王安石新学转而求二程之洛学,即所谓"违志"而之他。这一说法在叶适另一篇有名的《温州新修学记》中也有所提及:"昔周恭叔首闻程、吕氏微言,始放新经,黜旧疏,挈其俦伦,退而自求,视千载之已绝,俨然如醉忽醒,梦方觉也。"[⑪]很明显,"违志"是指九先生在二程洛学与荆公新学之间的取舍态度与反应方式,而舍弃新学在当时的语境中也就意味着违背最初进入太学以求仕进的志向。

"开道"即开温州之闻伊洛之道,这无疑是更值得关注的行为。九人在求学期间或由开封至洛阳亲炙于二程问道,或私淑。其中,周行己约在元祐年间赴洛阳向程颐问学,《二程集》中有关于周行己行迹的零星记载。二刘约在绍圣年间(1094—1098)从程氏学[⑫]。戴述亦"尝从洛阳程氏问学",从而"知圣人之道,近在吾身"[⑬]。沈躬行在父亲的资助下,从洛阳程颐学[⑭],叶适称其"北游程氏师生间,得性命微旨、经世大意"[⑮]。许景衡也"得程颐之学"[⑯]。但戴、沈、许三人赴洛阳师从二程的时间不详。其余三人,按清代学者全祖望的说法,"张氏、赵氏、蒋氏疑未见伊川者,盖私淑也"[⑰]。

叶适以"违志开道"来形容"九先生"作为群体的共同特征,如果"违志"仅仅是个人志业的转向,那么"开道"则是建构起学术的趋势,这对于"僻远下州,见闻最晚"的永嘉而言有着重要的意义。顺着"违志开道"这一意义去追溯"永嘉太学九先生""永嘉太学九先生"或"元丰九先生"等称呼背后的含义,这种简约的称呼大致是对永嘉向二程学习"洛学"者最初性质的标示。如果从这一含义上看,那么,"永嘉之为洛学者,尚不止此"[⑱],"鲍若雨、谢佃、潘旻、陈经邦、陈经正等人均应列入其中。鲍若雨,字汝霖,一云商霖,因有屋于雁池名为"敬亭",因此学者称之为敬亭先生[⑲],"久从伊川"[⑳],著作有《伊川问答录》《敬亭集》,今已佚。谢佃,字用休。潘旻,字子文,与鲍若雨等人入洛阳从伊川学,隐居不仕。陈经邦、经正为兄弟二人。经邦,字贵新,大观年间进士。经正,字贵一。两人均从伊川游,《二程集》中有二人问道的记载。虽然这几人的资料记载不详,但作为永嘉最初的洛学者,他们在道学的传承与区域学术的生成中同样产生了不可抹杀的意义。

二、洛学与永嘉知识群体的标识

当元丰九先生"违志开道",去接触、聆听、接受洛学时,这批人作为洛学的一种集合体而被历史有意地书写并凸显了出来,这可能并非这些最初走向洛阳的士人有意的选择,而是历史过程本身的综合作用。随着洛学在此后政治中的起沉,"永嘉"及"永嘉士人"这一名词亦随着洛学的扩展逐渐为士人所知,并在全国建构起充满了地域特性的"永嘉"知识群体。毫无疑问,这一建构过程中起作用的因素是散漫无序的,它存在于士人参与求学的行为本身,亦源于后人对洛学的梳理。

首先被注意到的是永嘉士子对二程语录的记载。"以身任道"[21]之初,二程就对"文"表现出极大的不信任[22],他们避免采用将自己体悟的"道"作为文章流传,而是采用了口头指点门生的方式[23]。这种以口传道的方式不仅为儒学"提供了另一个表达其教诲的一般性渠道"[24],而且当那些初到洛阳的学子怀着求道之心面见二程时,他们不独获得了直接问学的机会,同时,他们用自己的笔所记录下的话语与教诲,也成为某种佐证,为后世所重视。高阁说:"伊川先生议论不事文采,岂有意于传远哉?然独班班可考者,以有刘元承之徒口为传授故也。"[25]这里,刘元承作为一个典型人物被证明是继承了来自程颐直接陈述的知识。谢良佐说:"昔从明道、伊川学者,多有《语录》……二刘各录得数册。"[26]

今存《河南程氏遗书》卷18题为"刘元承手编",卷23为"鲍若雨录",卷17则称存疑,"或曰永嘉周行己恭叔,或云永嘉刘安节元承"[27]。可以肯定,参与笔录者应该是拥有一定资格的洛学学者,虽然他们通常只是作为提问者出场,但这样的提问是拥有一定的共识以及常识的洛学成员之间的演练。在这些语录笔记中,笔录的学生,包括学生的提问与评论伴随着老师的声音一同被记录下来。随着二程洛学渐次成为思想的主流,二程弟子们的笔记得以翻刻流传,这些学生的名字也被人熟知。虽然后来朱熹在整理二程著作时,曾对二程门人翻刻的《程氏遗书》颇有微词,认为有"传者颇以己意私窃鼠易"[28]的迹象,但当他选择底本时,"着当时记录""未更后人之手"[29]的最初记载显然是优先选择的对象,这样,刘元承等亲炙于二程的记录者再次被标识出来。朱熹说:"伊川语,各随学者意所录……游录语慢,上蔡语险,刘质夫语简,永嘉诸公语絮。"㉚"永嘉"原本只是一个地名,并无深层的含义。当朱熹在习惯的观念中使用地理名词指示自己所要谈论的那群人,并以空间范围构建自己的认识图景时,尤其是当"语絮"被作为永嘉诸公的书写特征为人所认识时,作为一种知识群体,"永嘉"也就有了自身的含义。

与此同时,随着二程著作的刊行,文本中所提到的人物、事迹亦以一种更为具体的知识得以流传。程颐在《答鲍若雨书并答问》㉛中对儒家思想的讨论、阐释,潘旻、陈经邦、经正等人的问学记录,永嘉学子的名字作为一种标题而频频使用。程颐对刘元承的议论,还展现了另一种生动的智识活动:

或问:"刘子进乎?"曰:"未见他有进处。"问:"所以不进者何?"曰:"只为未有根。"因指庭前荼藤,曰:"此花只为有根,故一年长盛如一年。"问:"何以见他未有进处?"曰:"不道全不进,只他守得定,不变却,亦早是好手。"㉜

在通常的思维习惯下,程颐的比喻与评说很容易使人陷于对刘元承的价值判断中,却忘却了刘元承作为一种符号被标识出来的社会作用与影响。同样,刘元承关于二程的论说也因为双方之间的亲密接触被人记载并传播,如谢良佐记载刘元承论明道先生:"诚意积于中者既厚,则感动于外者亦深,故伯淳所在临政,上下自然响应。"㉝

隔着时间的距离,人们需要借助文字、口述、回忆等手段去发现二程的人格特征,以便赋予其新的含义。包括刘元承在内的亲见者,其谈论内容因为信息来源可靠、说服效果强,被作为重要的资源传承下来。同样被记录下来的还有这些学者的名字。来自永嘉的学子凭借着这种工作而使得"永嘉"这一背景性的地域名称逐渐为人所知,尽管这并非永嘉诸公所预期的。

概而言之,随着二程著作不断翻刻,笔录者与文本中所提到的人物或故事,得到了人们富于想象力和同情心的阅读。正是在此过程中,"永嘉"学子作为洛学的倾听者,逐渐成为一个集体名词并有了自己的特性。朱熹说:"周恭叔、谢用休、赵彦昭、鲍若雨,那时温州多有人,然多无立作。"㉞无论永嘉诸公成就如何,作为洛学中的初期人物,其名字却是无法绕过的。因此,当朱熹着手编撰《伊洛渊源录》时,吕祖谦写信给他说:"永嘉诸公遗事,当属薛士龙访求。"㉟朱熹答吕祖谦说:"甚欲作《渊源录》一书,尽载周、程以来诸君子行实文字,正苦未有此及永嘉诸人事迹首末。因书士龙(即薛季宣),告为托其搜访见寄也。"㊱不久薛季宣病故,复又嘱陈傅良。吕祖谦随后的信又说:"《渊源录》事,书稿本复还纳,此间所搜访可附入者并录呈。但永嘉文字娄往督趣,独未送到。且夕陈君举来,当面督之也。"㊲显然,收集工作十分周折艰苦。成书后的《伊洛渊源录》中载刘安节、鲍若雨、谢用休、潘子文、陈贵一、陈贵叙、周行己等永嘉诸儒凡七人,虽未甚详,但"永嘉"这一知识群体在朱熹对洛学的思想清理与建构过程中已获得了历史地位。

三、洛学与永嘉区域思想的追叙

当元丰九先生以"违志开道"的形象出现在洛学的语境中时,永嘉士人社群逐渐被洛学的追随者所认识。这些来自同一地理区域的士人,无论在思想状态上还是在行动上均具有同质性,而当"永嘉"作为他们的指称名词为人所熟悉时,这一地理名词不仅赋予他们归属感,而且在他们的社会活动中,其背后所阐扬的哲学观念影响着区域的思想偏好。

当我们将元丰九先生的含义放置在洛学的背景中去检视时,共同的游学经历与学术旨趣是其中的核心。但当我们转换视角,将元丰九先生放置在永嘉这一区域情境中时,九先生之间的角色、身份、社会关系亦是需要重视的内容。作为九先生中的代表人物,周行己曾经为沈躬行之父子正、戴述、赵霄,以及许景衡的哥哥许景亮作过墓志铭,为张煇写过祭文㊳。许景衡曾为刘元承及其父刘羖作过墓志铭,还有祭赵霄之弟赵沽(字彦泽)之文㊴。戴述是刘安上的妹夫㊵,刘安节、安上为同祖兄弟。虽然难以解说这种交叉的关系对于永嘉学派的形成、学术思想的归趣是否起过作用,但至少它提供了情感上的紧密联系,这对于地域内部的社会交往是十分重要的。运用"乡谊关系、道谊关系、师友关系"等词汇,可以解释并涵盖包括政治、经济以及学说倾向等在内的大部分行为。周行己、许景衡、刘安节等温州士子对乡里隐士林石、丁昌期的高调褒奖,大致也可以据此来进行解释。

丁昌期(生卒年不详),字逢辰,学者称为经行先生。哲宗三年(1088)举明经行修科而不获用,归隐于家乡。三子宽夫(字包蒙)、廉夫、志夫(1066—1120,字刚巽)皆科举有成。第三子志夫曾两任徽宗朝国子监丞,名声尤佳,据说他在京师三十年,"乡人及四方游旧疾病死丧急难,皆赖公以济;其父母妻子之在远者,亦曰,'丁公在,庶几无失所也'"。丁家与周行己、刘安节、许景衡等人既有姻亲关系,私交又甚笃。周行己曾经为丁昌期祖父丁世元作墓志铭,铭文有云:

> 吾家曾大父赠屯田君,与丁君世元顾籍文无害,出入公私,毫忽不犯,故皆号称长者。而二人亦独相好,由是屯田君以其女归世元之子……昌期,盖周出也。[41]

此外,许景衡有祭丁昌期文,并为其妻蒋氏、子志夫作墓志铭[42];刘安节也有祭丁昌期文[43],而且昌期之子宽夫为刘安上妹婿,安上有《祭丁包蒙(宽夫)文》[44]。排列这些关系,有助于我们解释有关丁昌期声望的原因。丁昌期曾筑"醉经堂"讲学,并无著作传世,其他社会活动亦十分少见。昌期之于永嘉学术究竟有何贡献,实是不清楚的。全祖望评价丁昌期说:"永嘉师道之立,始于儒志先生王氏,继之者为塘岙先生林氏……而先生参之。"[45]全氏以"参之"二字评之,显然是对前人的一种尊重。丁昌期之所以被建构成永嘉学术史中的一员,并不源于他本人的作为,而是通过各种亲谊关系在后人的追叙中逐渐获得的。

与丁昌期一样,林石的名望亦是经由周行己等人得以彰显的,但却表现出建构者不同的内在诉求。林石(?—1101),字介夫,因其居于瑞安塘岙,学者称其塘岙先生。曾追随古灵先生陈襄的学生管师常学习《春秋》,但"是时《三经新义》行,天下学者非王氏不道,《春秋》且废弗讲"[46],而且王安石有意"黜《春秋》之书,不使列于学官,至戏目为'断烂朝报'"[47],因此,林石"不复仕",隐居乡中,以《春秋》教授乡诸生[48]。周行己说:"洛阳程颐正叔,京兆吕大临与叔,括苍龚原深之,与吾乡先生介夫,皆传古道,名世宗师。"[49]周行己将林石教授《春秋》一事誉为"名世宗师"之举,并将他与程颐、吕大临并列,这样的赞誉毫无疑问会引起争议,后来陈傅良为此作过一段注脚:

恭叔之铭子正也,曰:"河南程正叔、关中吕与叔与介夫同为世宗师。"少伊亦云尔,且曰:"非诗书勿谈,非孔孟勿为者。"以二公所同尊诵如此,然而海内之士知有程、吕,而先生独教行于其乡,人以其所居里称之,不敢以姓字,他无所概见焉,岂非其居势使然欤?要之,永嘉之师友渊源,不曰先生之力哉![50]

陈傅良以"师友渊源"一词来解释周、许两人对林石的称扬,并无失当,但是,周、许两人着力建构"林石"这一象征符号,其含义并不只是宣扬"师友渊源",而是基于学术取向上的认同。陈傅良曾指出由于林石以《春秋》教授乡里,因此,"永嘉之学不专趋王氏,其后《春秋》既为世禁,先生(林石)竟不复仕,而周公恭叔,刘公元承,元礼兄弟,许公少伊相继起,益务古学,名声益盛,而先生居然为丈人行"[51]。陈傅良在历史场景中以"务古学"来梳理林石与周行己、二刘、许景衡等的学术宗旨,但周、许等人对林石的推崇则有其当下的目的与深意。林石这一名字之所以被人们所记住,并非严格出于其自身的原因,而是因为他代表了一种立场,即"不为新学",这一点正与周行己等人的取向相一致。北宋时期的永嘉距离京师遥远,相对僻远的地理环境也造成了学说流动性的阻塞。当周行己等人以"洛学"传承者的身份出现时,他们希望通过林石在地方上追认一种传统,将自己的学说与地方传统相衔接,并作为一种集体趋势逐渐在地方中取得发言权,从而获得思想上的合法化,树立起地域中的学说宗旨。从此后永嘉洛学的历史看,元丰九先生的努力显然是卓有成效的。

张九成是宋室南渡以后的程门后学之一,这位状元曾因反对秦桧而著称于当时,而且曾出知温州,对永嘉学术有着切身感受。他说:"永惟仙里,圣学盛行。元承、元礼、少伊诸公,表见于朝廷,而彦昭、恭叔、元忠之流,力行于太学。渡江以来,此学尤著,精深简妙,深入洙泗堂壶中。其至矣哉!"[52]张九成将洛学在永嘉盛行的源头归于周行己等人,并将永嘉这批最初的洛学者的作用与意义划分为"表见于朝廷"与"力行于太学"两类,然后认定这些人的影响造就了永嘉本地"此学尤著"。楼钥也注意到了洛学在温州的流行:"河南二先生起千载之绝学以倡学者,此邦之士渐被为多,议论词篇,类有旨趣。"[53]

这些记载以叙述性的方式向我们展现了洛学在温州的发展图谱:从元丰九先生"违志开道"到区域内部圣学"渐被为多""精深简妙"直至"深入洙泗堂壶中"。别有意味的是,这一历程似乎被当作不言而喻、不言自明的发展过程。由此,洛学或者确切地说还有关学,逐渐作为区域文化、政治等的解释背景而存在于各种记录中。王十朋说:

> 吾乡谊理之学甲于东南。先生长者,闻道于前,以其师友之渊源见于言语文字间,无非本乎子思之《中庸》,孟子之自得,以诏后学。士子群居学校,战艺场屋,笔横渠而口伊洛者纷如也。取科第,登仕籍,富贵其身,光大其门者,往往多自此涂出,可谓盛矣。[54]

"笔横渠而口伊洛者"是一个十分令人关注的现象,我们将另文讨论,此不赘述。王十朋的描述大约可见乡谊、学术认同与科举之间的联系,但其主题仍然采用一种叙述性的方式,指出洛学、关学的存在,某些历史关联的重要性,以及关于洛学、关学思想的影响和长久性。毫无疑问,洛学或关学是他的预设背景,至少在他的文字中看不到那些非关学、非洛学者的反应。在另一篇文章中,王十朋又说:

> 永嘉自元祐以来,士风浸盛,渊源自得之学,胸臆不蹈袭之文,儒先数公著述具存,不怪不迂,词醇味长,乡令及门孔氏,未必后游、夏徒也。涵养停蓄,波澜日肆,至建炎、绍兴间,异才辈出,往往甲于江南。[55]

南宋时,温州人才辈出,甲于江南。贾志扬曾对宋代的科举及第者进行全国规模的统计,并按照府州进行了划分。根据他的研究,整个宋代,温州进士及第者人数仅次于福州、建州,居于全国第三位[56]。这只是南宋的情形,北宋的情形并非如此,其进士率并不高[57]。众所周知,温州进士率高与南宋定都临安有着莫大的关系,但王十朋却有意将转折点追忆至元祐时期永嘉的儒学传统,虽然不确定作者指向元祐这一特定时期的深意,但这一时间大约是周行己等人赴洛阳从二程学习的时期。

同样的例子还有陈傅良对林石的记叙:"吾乡去京师远,自为吴越而士未有闻者。熙宁、元丰之间,宋兴且百年,介夫以明经笃行著称当世……名动京师。"㊿陈傅良将林石作为温州士子中"名动京师"的第一人,而在上文所引材料中,他承认林石只是一隐士,"独教行于其乡","人以其所居里称之,不敢以姓字,他无所概见焉"㊾。之所以造成如此自我矛盾的认识,是因为作者的思考背景发生变动,当他强调熙宁、元丰之间林石名动京师时,是有意把永嘉放置于全国主流的学术脉络尤其是洛学的背景中去叙述的。

综上所述,借助于洛学,永嘉学子在全国获得了集体性的意涵;同样借助于洛学,永嘉士人社群有了其集聚或凝聚的力量,既确立了相互之间的认同关系,同时拥有了对本土和群体本身共同的情感。这一基础为近距离地观察他们的相互关系及对学脉延续所起的作用提供了平台,也为洛学在各地传承的社会图景提供了缩影。

参考文献

① "元丰九先生"的称号起于何时实难考证,按叶适说:"绍兴末,州始祠周公(行己)及二刘公(安节、安上)于学,号三先生。"参见《叶适集》卷二十九《题二刘文集后》,中华书局,1961年,第598页。薛应旂《嘉靖浙江通志》[明嘉靖四十年(1561)刻本]称:"至元中,称元丰太学九先生。"

② 周行己:《赵彦昭墓志铭》,《浮沚集》卷七,敬乡楼丛书本。

③⑰⑱ 参见黄宗羲著、全祖望补修:《宋元学案》卷三十二《周许诸儒学案》,《黄宗羲全集》第4册,浙江古籍出版社,2006年,第421、405、421页。

④ 许景衡在祭刘安节文中说:"公游太学,我亦诸生。"(参见刘安节:《刘左史集》卷四附许景衡《墓志》,影印文渊阁四库全书本)据此估计其入太学约在元祐年间。

⑤⑬《浮沚集》卷七《戴明仲墓志铭》。

⑥《浮沚集》卷七《赵彦昭墓志铭》。

⑦《浮沚集》卷七《祭张子充文》。

⑧ 周行己回忆自己求学经过时,曾说自己"十七岁补太学诸生"(《浮沚集》卷五《上祭酒书》)。据此推算其入太学当在元丰六年。

⑨《叶适集》卷二十九《题二刘文集后》,第598页。

⑩ 刘安节:《刘左史集》,留元刚《序》。

⑪《叶适集》卷十《温州新修学记》,第178页。

⑫ 祝穆:《方舆胜览》卷九,中华书局,2003年,第153页。据周梦江考订:周行己、刘安节等六人从程颐学,时间在绍圣四年(1097)程颐被贬管涪州(今四川涪陵)之前。(参见周梦江:《叶适与永嘉学派》,浙江古籍出版社,1992年,第21页)

⑭㊾《浮沚集》卷七《沈子正墓志铭》。

⑮《叶适集》卷十七《沈仲一墓志铭》,第335页。

⑱《宋史·许景衡传》，中华书局，1985年，第11346页。
⑲《叶适集》卷十《敬亭后记》，第163页。
⑳ 程颢、程颐：《河南程氏外书》卷十二《传闻杂记》引祁宽记《尹和靖语》，《二程集》，中华书局，1981年，第435页。
㉑ 程颢、程颐：《河南程氏文集》卷六《上太皇太后书》，《二程集》，第546页。
㉒ 例如，二程认为："后之儒者，莫不以为文章、治经术为务。文章则华靡其词，新奇其意，取悦人耳目而已。经术则解释辞训，较先儒短长，立异说以为己工而已。如是之学，果可至于道乎？"（程颢、程颐：《河南程氏文集》卷八《为家君作试汉州学策问三首》，《二程集》，第580页）他们相信后世儒者对作为形式的文章、经术的在意，妨碍了对道本身的索求。
㉓ 二程说："以书传道、与口传道，煞不相干。相见而言，因事发明，则并意思一时传了；书虽言多，其实不尽。"（程颢、程颐：《河南程氏遗书》卷二上《元丰己未吕与叔东见二先生语》，《二程集》，第26页）"道"虽然可以借助于文字的写作予以言说，但那些弦外之音、表达中所隐含的意思，则无法通过文字传达详尽，即二程所谓"书虽言多，其实不尽"，而这些未尽的部分，在传道者与被传者相见之时，却能"因事发明"，通过师徒之间的接触传情，感知那些不能以明确的语言表达而只能通过内心体悟的"道"。
㉔ 贾德讷：《宋代的思维模式与言说方式——关于"语录"体的几点思考》，田浩《宋代思想史论》，社会科学文献出版社，2003年，第396页。
㉕ 刘安节：《刘左史集》附高闶《伊洛辨》。
㉖ 谢良佐：《上蔡先生语录》卷三，丛书集成初编本。
㉗ 程颢、程颐：《河南程氏遗书》，《二程集》，目录，第4页。
㉘㉙ 朱熹：《晦庵先生朱文公文集》卷七十五《〈程氏遗书〉后序》，四部丛刊初编本。
㉚ 黎靖德编：《朱子语类》卷九十七《程子之书三》，中华书局，1994年，第2480页。
㉛ 程颢、程颐：《河南程氏文集》卷九，《二程集》，第617—618页。
㉜《上蔡先生语录》卷一；《伊洛渊源录》卷十一《遗事》。
㉝《上蔡先生语录》卷二。
㉞ 黎靖德编：《朱子语类》卷一百零一《程子门人·总论》，第2557页。
㉟㊲ 吕祖谦：《与朱侍讲书》，《吕东莱文集》卷三，丛书集成初编本。
㊱ 朱熹：《答吕伯恭》，《晦庵先生朱文公文集》卷二十五。
㊳《浮沚集》卷七有《沈子正墓志铭》《戴明仲墓志铭》《赵彦昭墓志铭》《许少明墓志铭》《祭张子充文》等文。
㊴ 参见许景衡《横塘集》卷十九《宣义刘公墓志铭》、卷十八《祭赵彦泽文》（永嘉丛书本），刘安节《刘左史集》卷四附许景衡《墓志》等文。
㊵《浮沚集》卷七《戴明仲墓志铭》载："（戴述）娶右谏议大夫安上之妹。"
㊶《浮沚集》卷七《丁世元墓志铭》。
㊷ 参见《横塘集》卷十八《祭丁二丈文》、卷十九《丁大夫墓志铭》、卷二十《丁昌期妻蒋氏墓志铭》等文。
㊸ 刘安节：《刘左史集》卷二《祭丁逢辰文》。
㊹ 刘安上：《给事集》卷四《祭丁包蒙文》，影印文渊阁四库全书本。

㊽ 黄宗羲著、全祖望补修:《宋元学案》卷六《士刘诸儒学案》,《黄宗羲全集》第 3 册,第 319 页。

㊻㊽㊿㊾㊽㊾ 陈傅良:《新归墓表》,《陈傅良先生文集》卷四十八,浙江大学出版社,1999 年,第 609 页。

㊼ 《宋史·王安石传》。

㊾ 张九成:《横浦集》卷十八《与永嘉何舍人》,影印文渊阁四库全书本。

㊽ 楼钥:《攻媿集》卷五十三《温州进士题名序》,四部丛刊初编本。

㊾ 王十朋:《梅溪王先生文集后集》卷二十七《送叶秀才序》,四部丛刊初编本。

㊾ 《王十朋全集·文集》卷二十五《何提刑墓志铭》,上海古籍出版社,1988 年,第 1008 页。

㊾ 贾志扬:《宋代科举》附录三《宋代各州进士总数表》,台湾东大图书公司,1995 年,第 289—298 页。

㊾ 两宋时期温州共有进士 1 228 名,其中,北宋 81 名,南宋 1 147 名。(参见朱希召:《宋历科状元录》卷八,《北京图书馆古籍珍本丛刊》第 21 册《史部·传记类》,书目文献出版社,1988 年,第 271 页)

(原载《中山大学学报》2009 年第 6 期)

笔开象外精神：郑伯熊与永嘉学派

陆敏珍

嘉定八年（1215），叶适（1150—1223）在给温州新修的县学所作的题记中，根据学术归向，将永嘉之学分列两个阶段：一是从周行己到郑伯熊的"必兢省以御物欲"，二是从薛季宣到陈傅良的"必弥纶以通世变者"。此后，学者多遵从、重复叶适的说法，将周行己、郑伯熊、薛季宣、陈傅良作为永嘉学术相承之"四哲"。黄宗羲以及全祖望所修补的《宋元学案》中，亦以此为据，将永嘉之学分列两个学案，并进一步细化了永嘉之学所涉及的人物谱系。

或许是因为永嘉学术最后以经制之学为人所称熟知，今人对永嘉之学的研究多集中在陈傅良、薛季宣，尤其是叶适身上，对永嘉学派的前一阶段，即叶适所讲的"必兢省以御物欲者"阶段的周行己、郑伯熊一向鲜有人关注。毫无疑问，这样的研究趋向至少在一定程度上拆解了叶适所构建出来的永嘉学派的向度。不过，当试图聚焦于周行己、郑伯熊时，我们又不得不承认，今人对永嘉学派其中一种向度研究的偏好并不是预想中那么简单。

> 昔周恭叔首闻程、吕氏微言，始放新经，黜旧疏，挈其俦伦，退而自求，视千载之已绝，俨然如醉忽醒，梦方觉也。颇益衰歇，而郑景望出，明见天理，神畅气怡，笃信固守，言与行应，而后知今人之心可即于古人之心矣。故永嘉之学，必兢省以御物欲者，周作于前而郑承于后也。

叶适这段话应该是简要地对人物所进行的真实、独立的表述，因此，埋头对该段文字进行不偏不倚的分析成为研究者最初的企图。但是，当以此作为研究对象去印证叶适所构建出的永嘉之学的传承谱系与历史上的永嘉人物的真实有多少的对等性时，历史资料所呈现出的多样性、复杂性又使我们不得不回头重新来审视叶适所理解和建构的永嘉之学。

或者说，与其去追问历史人物的真实是否足以符合学派谱系的构建需求，不如去设问叶适构建该人物时的依据、心情与想法。借用叶适《西江月·和李参政》的词句来说，应该"识贯事中枢纽，笔开象外精神"，唯其如此，在思考郑伯熊与永嘉学派的问题时，我们至少可以将叶适的阐述雕琢成疑问与困惑，通过质问其"事中枢纽"与"象外精神"，从而在本质上理解叶适所构建的永嘉之学。此外，从更为积极的角度看，这样的疑问与困惑亦可以服务于特定的旨趣，如此，使得我们可能在构建区域性学派的文本表述中发现寓含着的地方认同和价值偏向。

一、人物特征的类型化叙述

郑伯熊（约 1124—1181），字景望，学者称敷文先生。绍兴十五年（1145）登进士第。《宋史》中无传，依据史料记载，绍兴二十年（1150），郑伯熊任黄岩县尉，后历婺州司户。隆兴元年（1163），召试官职，除太常博士，出为福建提举茶盐公事，后任江西提刑、知婺州。乾道三年（1167）入为吏部员外郎兼太子侍读，后以直龙图阁知宁国府，移知建宁府。卒后谥文肃。

仕宦过程中的郑伯熊就像是中国正史中所记载的多数士大夫一样，因为是从概括的、体例化的叙述中去认识该人物，虽然叙述框架让我们觉得正确、安全、值得尊重，但同样，人物相对呆板、简单。另外，一些具体的仕宦政绩也被记载在册，例如，乾道二年（1166），温州大雨成灾，身为国子监丞的郑伯熊，"率乡人在朝者，奏请赈恤"。乾道六年（1170），郑伯熊出任福建提举茶盐公事，因福建路大旱，郑伯熊上奏朝廷，"乞将所在米价依条支拨常平斛赈济，从之"。尽管内容相对生动具体，但无论是被选择记载下来活动内容本身，还是记载时所运用的叙事方式，体恤民情、为乡人请命的郑伯熊似乎被贴着群体形象的标签，他显然并不是叶适笔下在永嘉洛学颇益衰歇时，"明见大理，神畅气怡"的郑景望。为了能够更好地触摸到叶适运思时所想到的郑伯熊，我们需要其他更为细节的记载，如此才能把握住叶适在定位郑伯熊时的叙述体系。

早在叶适撰写《温州新修学记》前,郑伯熊已颇有声望。乾道九年(1173)周必大称:"郑景望学问醇正,见于履践。"淳熙十三年(1186),周必大又将这一评价进一步提炼,他说:"景望龙图通经笃行,见谓儒宗。"相隔十三年,周必大非但没有改变原初的看法,还继续在学问与笃行上肯定郑伯熊,并直呼其为"儒宗"。"儒宗"的评价是否过高,可存而不论,值得注意的是,嘉定年间(1208—1224)所修的《赤城志》评说郑伯熊的角度亦与之相同,称其"文行为学者师"。后来黄震(1213—1281)沿用"儒宗"一说,来概称永嘉之学中周、郑、薛、陈四位传承者,可能亦是由周必大对郑伯熊的评价而投射出的整体印象。总之,上述评论虽然没有细节展开,但"笃行""践履"似乎已成为人们对郑伯熊的一般印象。

最为细节地、具体地展现郑伯熊"见于践履"的记载是淳熙八年(1181),也就是郑伯熊去世那年,朱熹所写的一段文字。他说:

> 右申国吕正献公四事,见其家传,而故建宁太守郑侯书之斋壁,以自警者也。侯书此时已属疾,间不两月而终。启手足时,清明安定,执礼不懈如常日,是足以验其平生学力果能践斯言者,非一时偶书屋壁而已也。夫吕公之行高矣,其可师者不止此;郑侯亦无不学,顾岂舍其大,而规规于其细如此哉!诚以理无巨细,精粗之间大者既立,则虽毫发之间亦不欲其少有遗恨,以病夫道体之全也。侯之幕府赵君彦能,将摸刻置府学以视学者,而属熹书其本末,熹不得辞也。侯名伯熊,字景望,永嘉人,其为此邦号令条教,必本于孝弟忠信,学者传之。

朱熹先从一般的观念中去判定郑伯熊执礼行为的真伪,他以郑伯熊属疾时书吕公著(1018—1089)四事于斋壁,两月后便过世这一事实为依据,认为此事足以验证郑伯熊平生之学能履践其言,而非"一时偶书屋壁"。接着,朱熹以吕公著平生行止与郑伯熊所书之事相比较,认为吕公著行高,可师者远不止此四事,而郑伯熊亦为有学之士,之所以书此四事应当别有用意。最后,朱熹将郑伯熊执"礼"行为放入整个"理"的框架中去索求其意义,以"道体之全"来释郑伯熊之细琐礼规。

我们可以想见,在叶适撰写《温州新修学记》时,以上关于郑伯熊的评价可能早已了然于胸。但如果仅仅抽取人物的个体特征，以一种相对概念化的表述来固化对郑伯熊的理解，显然不是叶适心中所感知到的永嘉学者的全部面相。叶适讲：

> 每念绍兴末、淳熙终，若汪圣锡、芮国瑞、王龟龄、张钦夫、朱元晦、郑景望、薛士隆、吕伯恭及刘宾之、复之兄弟十余公，位虽屈，其道伸矣；身虽没，其言立矣。好恶同，出处偕，进退用舍，必能一其志者也。

在叶适看来，绍淳年间洛学之所以得以复兴，全在于包括郑伯熊在内的仁人志士"伸道""立言"的努力。叶适以"好恶同，出处偕，进退用舍，必能一其志者也"提纲挈领地概括这十余人的行动原则，赞扬他们不以个人的仕途为出处，而是以道之用舍为进退。需要指出的是，叶适在这里所点明的"出处"两字正是受到宋代士大夫普遍而集中关注的关键词，朱熹、张栻、吕祖谦关于"出处"的讨论亦是南宋道学家对士为国家政治主体这一论题的进一步发挥。而在实际官宦中固守"出处进退"的士大夫亦不在少数。

上引朱熹文中所提到的吕公著在仕途出处上，"去就之际，极于介洁。其在朝廷，小不合便脱然无留意"。郑伯熊以吕公著为榜样，书其四事于斋壁，虽然吕公著《家传》已佚，无法考订所书四事之细末，但郑伯熊既视其为自己的楷模，则吕公著之生平为人无不成为郑伯熊之法度，按照后来陈亮的说法，"公（郑伯熊）之行己以吕申公、范淳夫为法"。因此，当郑伯熊在朝廷为官时，亦是以吕公著为渠率，"每小不合，辄乞去"，时人称其为"豪杰之士"。如果将郑伯熊的这一行为对应到叶适"好恶同，出处偕，进退用舍，必能一其志者也"的语境中去的话，那么，郑伯熊"每小不合，辄乞去"的个人行为就有了更广泛、更深远的政治意义了。

因此，当叶适以"笃信固守，言与行应"来阐述郑伯熊时，他不只是重复人们对郑伯熊"笃行"的评价，叶适还在他所认同的意义中去评价郑伯熊相应的行动。可以看到，当叶适在建构永嘉之学的传承谱系时，他所提到的学者虽是定位于永嘉这一区域之中，但其心中所体念的永嘉学者却需放置在整个道学运动的背景中去追问其价值与意义。换而言之，当叶适将郑伯熊阐述为永嘉学者之宗时，他首先预构了郑伯熊这一人物的类型特征：他是一位道学家,在南宋绍淳年间的道学复振中,郑伯熊的所作所为代表着这一特定时代的道学家的精神气质,其行动有着超越自身的特别意义(见下文)。正是通过描绘这些要素,叶适将郑伯熊置于永嘉学派中的其中一环,并按人物出现的时间序列,创造出"周作于前而郑承于后"的历时结构。

二、师承学脉的地方化象征

乾淳之际,洛学稍有复振,其时"师友之盛""人物之聚"颇令人注目,但"学术之散"亦是不得不面对的事实。尤其是在温州、婺州一带,虽有吕祖谦"善性理",但是依然"角力竞起",吕氏"终莫能挈而合之也"。那么,当叶适推郑伯熊为洛学的承续者时,其理据又出于何处呢?

叶适文中并没有提到郑伯熊的师承。已知史料中,直接提到郑伯熊师承的是全祖望的记载,他说:

> 永嘉诸先生从伊川者,其学多无传,独先生(周行己)尚有余绪。南渡之后,郑景望私淑之,遂以重光。

此条附于周行己条下,在郑伯熊条中则并有"私淑"一说。此外,全祖望试图在周、郑之间建立某种学脉上的承续性,意在说明洛学在永嘉的传承余绪,未必一定是由周传郑的实象描述。郑伯熊虽有文集30卷,但今已失传,他对自己的学术渊源是否曾经有所论述已难以详见。据郑伯熊讲,他常与薛季宣从游,析剖质疑,所获甚多。他说:

> 自从公(薛季宣)游,十见重九。半其合离,常恨靡久。我所未闻,公必析剖。一事一辞,据引精到。语妥理从,出我意表。箧过质疑,每见辄有。论所未及,讵一二数。直谅多闻,其伦盖少。求之古人,实我良友!

陈亮则提供了另一种说法:

> 公之行己以吕申公、范淳夫为法,论事以贾谊、陆贽为准,而偘偘斯世,若有隐忧,则又学乎孔孟者也。

陈亮以"行己""论事""为学"三种线索来彰明郑伯熊,在他所作的人物类比中,吕公著、范祖禹为当世人,贾谊、陆贽虽是前代人,但颇为宋人所推崇。而在"为学"条,陈亮似乎有意将郑伯熊的学问师承直承孔孟而来,以此"直接道体"。当然,陈亮所言可能有自己的学术取向,此处姑且不论,但至少陈亮的说法提供了一个证据,它在一定程度上说明宋人关于郑伯熊的师承并没有认定的说法。

因此,当叶适梳理永嘉之学的来龙去脉,并断定郑伯熊即是洛学衰歇时,该区域接续学统之人时,一定有其作为支撑的原则并有明白或清晰的观念,如此才能理解叶适所强调的"周作于前而郑承于后"的意义以及郑伯熊在学脉建构中的必要性与必然性。关于这一问题,叶适在给郑伯熊胞弟郑伯英(1130—1192,字景元)所写的墓志铭中,曾有概略性的介绍,他说:

> 方秦氏以愚擅国,人自识字外,不知有学。独景元与其兄(郑伯熊),推性命微眇,酌今古要会,师友警策,惟统纪不接是忧,今天下以学名者,皆出其后也。

叶适这段文字旨在强调郑伯熊兄弟讲"学"的意义,在叶适看来,二郑兄弟最后达成续接统纪的理想是不言而喻的,无须用言语来说明其中的实际经过。此外,虽然叶适铺叙了二郑兄弟讲学的背景,但如何在二郑兄弟的个体行为与整个政治现实之间架起桥梁,却是晦暗不明。对此,我们需从全祖望所整理的宏阔背景中去理解与解释。全祖望说:

> 方秦桧擅国,禁人为赵鼎、胡寅之学,而永嘉乃其寓里,后进为所愚者尤多。故绍兴末,伊洛之学几息,九先生之绪言,且将衰歇……(郑景望)先生兄弟并起,推性命微眇,酌古今要会。师友警策,惟以统纪不接为惧,首雕程氏书于闽中,由是永嘉之学宗郑氏……乾、淳之间,永嘉学者,连袂成帷,然无不以先生兄弟为渠率。

全祖望给出了一个具体的依据，永嘉之学之所以宗郑氏，是因为郑氏"首雕程氏书"。刊刻二程的著作发生在郑伯熊福建任内，当时，郑伯熊曾向去信询问朱熹刊版事宜。郑信今已佚，但可从朱熹的回信中一窥其中所涉及的问题。朱熹讲：

> 示谕明道程文不必见于正集，考求前此，固多如此。然先生应举时已自闻道，今读其文，所论无非正理，非如今世举子阿世狥俗之文，乃有愧而不可传也……况先生非欲以文显者。而即此程文，便可见其经纶之业已具于此时，虽文采不艳，而卓然皆有可行之实。正学以言，未尝有一辞之苟，其所以警悟后学，亦不为不深矣。愚意只欲仍旧次第，不审台意以为如何？

后来，郑伯熊所刊刻的闽本颇受学者的称道。周必大讲："程氏书尝收数本，而未有如是之备者。"除了刊刻二程著作，郑伯熊还刊刻过朱熹的著作。众所周知，尽管印刷及雕版印刷技术起于何时，尚众说纷纭，但至迟在宋代，刊刻书籍已成为知识生产与传播中有力量、有地位的事物。而在儒家士大夫看来，刊刻二程著作几乎承诺着可以解决洛学当时所面临的许多重大问题，澄清所有的模糊之处，他们相信，士大夫们在刊书中，"于抑扬去取间，使是非深浅皆有所别，自然儒效日白于世"。

　　然而，郑伯熊之首雕程氏书的行动本身并非发生在永嘉当地，但为什么对永嘉之学而言，它可以成为构成地方学脉连续性的要素呢？上引叶适与全祖望的两段话中，均提到了二郑讲学及刊刻二程著作的政治背景。其时，秦桧擅国，禁止洛学，在永嘉这一地域内，秦桧对当地洛学衰歇更负有直接的责任。绍兴二年（1132）秦桧罢相，曾寓居温州，五年（1135）知温州，"引用州人，以为党助"，当时州人"皆登要途，更相攀援，其势炎炎，日迁月擢，无复程度"。按全祖望的说法，秦桧寓居温州，"后进为所愚者尤多，故绍兴末，伊洛之学几息，九先生之绪言且将衰歇"。尽管今人通过罗列具体的温州士大夫名录，以反秦桧与秦桧党两类来分梳区域内的士大夫群体，以此说明当时温州士大夫受秦桧的影响甚为微小，但在宋代道学家眼中，秦桧擅国以及寓居温州一段经历不仅是需要广为揭发的事实，而且某种程度上还成为永嘉之学脉的思考与解说方式。叶适在给郑伯熊胞弟郑伯英文集所写的序中，则将这一背景的时代放得更远，他说：

> 余尝叹章、蔡氏擅事，秦桧终成之，更五六十年，闭塞经史，灭绝理义，天下以佞谀鄙浅成俗，岂惟圣贤之常道隐，民彝并丧矣。于斯时也，士能以古人源流，前辈出处，终始执守，慨然力行，为后生率，非瑰杰特起者乎？吾永嘉二郑公是已。

如果将此文与上引"秦桧擅国"的两段话对照着读的话，我们可以看到，在叶适看来，永嘉之学虽是以区域为观察点，但它与整个洛学的衰歇与重光共享着共同的社会背景，有着共同的政治现实。因此，无论是郑伯熊"以古人源流，前辈出处，始终执守"，还是郑氏之雕刻二程著作，虽然行为是个体的、具体的，但其负载的意义却必须理解为区域的，甚至有时候，这一行为也必须理解为抽象的——对于洛学的复振而言，雕刻二程著作是一个续接"统纪"的象征符号。

至此，我们也许可以理解，叶适以"明见天理、神畅气怡"来说明郑伯熊对洛学的承续时，他所表达的并不只是郑伯熊个人的明见与体会，而是在相当程度上运用移情的手法，以郑伯熊一人来指明整个区域中学术流派所折射的"明见天理"，以及整个永嘉学术一洗"佞谀鄙浅"之俗，终于"神畅气怡"的气象。

三、思想的系统化解释

据陈振孙（约1183—1262）记载：郑伯熊有文集30卷行世，该书今已佚。现在所能见到的郑伯熊著作仅《敷文书说》1卷存世，是书清代尚存29条，"每条各标题其目"，但今经苑本共25条外加《象以典刑流宥五刑》半篇，李调元所刻函海本有全篇《象以典刑流宥五刑》，凡26条，百部丛书集成影印时认为经苑本校刻精，因此据以影印，所收《象以典刑流宥五刑》为全篇，并附以李调元函海本序及陈亮序、胡玉缙提要补正等。

由于大部分著作已佚，因此，要通过文本阅读去确立郑伯熊的为学宗旨几乎不可能。尽管如此,叶适将郑伯熊思想系统地解释为"必兢省以御物欲",肯定有其必然的理据,至少,今人亦可以在叶适的解释框架中去把握郑伯熊的学术旨趣。

据陈骙(1128—1203)记载:郑伯熊的学术擅长为"《诗》兼经义",由于"议论弘博",郑伯熊所解经文在宋代已颇受人注意,其文章被锓木刻版后,颇受科考之人所喜爱。《敷文书说》亦是如此。据陈亮讲:

> 余闻诸张横渠曰:"《尚书》最难看,盖难得胸臆如此之大,若只解文义则不难。自孔安国以下,为之解者殆百余家,随文释义,人有取焉。凡帝王之所以纲理世变者,盖未知其何如也。"永嘉郑公景望,与其徒读书之余,因为之说,其亦异乎诸儒之说矣。至其胸臆之大,则公之所自知与明目者之所能知,而余则姑与从事乎科举者诵之而已。

解《尚书》时要注意"帝王之所以纲理世变者",是宋代以来对《尚书》解的关注点,程颐就说过:"看《书》,须要见二帝三王之道,如《二典》,即要求尧所以治民,舜所以事君"。从陈亮及其他人对《敷文书说》的总体评价上看,不"随文释义",注重"二帝三王之道"正是郑伯熊解经的特点。嘉定十六年(1223)刊刻是书时,胡予实序称:郑伯熊之《书说》"探圣贤之心于千载之上,识孔子之意于百篇之中,虽不章解句释,而抽关启钥,发其精微之蕴,深切极至。要皆诸儒议论之所未及,亦可谓深于《书》者欤"!胡文缙《四库全书总目提要补正》中也称是书"大端醇正","能反覆推详以明其说,于经世立教之义亦颇多阐发"。

由于解经时强调"二帝三王之道",观察角度的不同亦引起不同的看法。例如,朱熹曾评论说:

> 近日蔡行之送得《郑景望文集》来,略看数篇,见得学者读书不去仔细看正意,却便从外面说是与非。如郑文亦平和纯正,气象虽好,然所说文字处,却是先立个己见,便都说从那上去,所以昏了正意。如说伊尹放太甲,三五板只说个"放"字。谓《小序》所谓"放"者,正伊尹之罪;"思庸"二字,所以雪伊尹之过。此皆是闲说。正是伊尹至诚恳恻告戒

太甲处,却都不说,此不可谓善读书,学者不可不知也。

"伊尹放太甲"条今本《敷文书说》中尚存,可见当时《书说》亦收于文集之内。朱熹评郑伯熊的文集气象平和纯正,但读书方法不妥,解经时先立私意,而且闲说颇多,于正意多有枝蔓游衍。这大约即两人看问题的侧重点不同而导致的分歧。此外,"不章解句释""随文释义"似乎也颇令朱熹反感。朱熹学生黄义刚曾请教郑伯熊关于《甫刑》一说:

> 问:"郑敷文所论《甫刑》之意,是否?"曰:"便是他们都不去考那赎刑。如古之'金作赎刑',只是刑之轻者。如'流宥五刑'之属,皆是流窜。但有'鞭作官刑,朴作教刑',便是法之轻者,故赎。想见穆王胡做乱做,到晚年无钱使,撰出这般法来。圣人也是志法之变处。但是他其中论不可轻于用刑之类,也有许多好说话,不可不知。"

朱熹认为郑伯熊释经时不注重训诂,于文意上有缺。但朱熹也承认,郑伯熊在"不可轻于用刑"等一些具体义理的阐述上是有自己独到见解的。

郑伯熊解经时所述及的义理,其中多涉及心性之说。例如,郑伯熊在释《尚书·大禹谟》"汝惟不矜"时说:

> 盖万善本吾性之固有,学至于圣贤,于性无所加益,而缺一焉,是不足以为尽性。知此则任重道远,惟日不足矣,尚何敢矜之有。进此而安焉,则达乎天德矣。

郑伯熊以"性善说"来解释经文。他认为人性之本质所有是"善",强调性是天然自足之物,不需要通过后天的"学"来增删益损,这种对人性作道德性质的先天形而上认定以及尽性以达天德的思想,正是二程对孟子人性论的阐发。同时,郑伯熊释经时还强调"自反",他在释"满招损,谦受益"时说:

> 爱人不亲反其仁,治人不治反其智,礼人不答反其敬。行有不得者,皆反求诸己,此帝王之家法也。自反而仁矣,自反而智且敬矣,而人

未遽吾听焉,不遽责夫人也。曰:"是吾仁且智且敬有所未尽,而姑勉焉尔。"此帝王之心术也。

这里,郑伯熊直接借用《孟子·离娄上》中的原话来释《尚书》经义,强调反躬自省,甚至还以此来定义帝王心术。此外,在释《尚书·舜典》"而难任人"句时,郑伯熊提出"惟敬德不怠,安静无欲者"才能使远人有所慕,小人无所利;在释"作服汝明"时发明"服以象德"的大义;在释"俶扰天纪"时则倡导"省己修德""畏天"等思想。

总体而言,郑伯熊在释《尚书》时所运用的思想框架与当时社会所通行的解经方法、阐述理念是一致的;叶适以"必兢省以御物欲"将其思想体系化,这与其学术旨趣亦是相为契合的。虽然叶适所提取的这一部分思想是否完整地展现了郑伯熊的思想体系已难以确定,但在叶适所构建的永嘉之学的传承谱系中,郑伯熊的为人、为学均已被设定为系统性的类型与对象。需要指出的是,郑伯熊作为历史人物的存在是一回事,将他构建成特定类型的人物对象则是另一回事。当然,叶适的构建毫无疑问是以与郑伯熊相关的历史事实作为基础的,但同时也与叶适所设定的永嘉之学有关。正是对复杂的历史现象、历史人物甚至是思想体系的提取,永嘉学派被明确地定义出来。

(原载《浙江社会科学》2012年第8期)

试论永嘉学派的活动方式
——以陈傅良门人集团为中心

王 宇*

众所周知,学派的主要构成就是导师与弟子,学派的所有活动(讲学、营建、出版、游学)都是围绕导师与弟子展开的。永嘉学派作为一个地方性学派,其活动样式亦由永嘉学派的领袖人物薛季宣、陈傅良、叶适及其弟子展开。其中薛季宣弟子很少,叶适的门人集团已经有了相当深入的研究,本文不拟展开。这里主要分析以陈傅良为核心的门人集团,从而深入探讨永嘉学派的活动样式的特点。

一、陈傅良门人群体的形成

正如有论者指出,永嘉学者中在乡里讲学时间之长,培育人才之多,除叶适外,就是陈傅良了。① 现在已经很难统计陈傅良到底收了多少弟子,他本人讲:"台、越间从余游者几百余人。"② 这还只是陈傅良在新昌、黄岩两地的弟子数量,他在温州本地、在湖南任职时及在常州追随薛季宣时候,都曾收徒。据蔡幼学《行状》说,陈傅良在温州城南茶园讲学时,"岁从游者常数百人"。

关于陈傅良在湖南收罗门人的情况,朱熹曾慨叹:"君举到湘中一收,收尽南轩门人,胡季随亦从之问学。"③ 不过,陈傅良在湖南收徒的细节情况,现在已经不易搞清楚。只知道绍熙二年(1191)陈傅良任湖南转运判官时,其

---

* 王宇,文学博士,浙江省社会科学院文化研究所所长、研究员。

治所在长沙,故曾在岳麓书院讲学:"(吴汉英)升主管湖南运司账司,会故中书舍人陈公傅良将漕,时率诸生与同僚之好学者讲道岳麓,一日扣公所学,以毋自欺对,陈公叹曰:公所谓'非苟知之,亦允蹈之',吾得友矣。"④

全祖望在《岳麓诸儒学案》按语中说:"宣公身后,湖湘子弟有从止斋、岷隐(戴溪)游者。"⑤他在《岳麓诸儒学案》所列的"南轩门人"下面,胡大时、沈有开名列《止斋学案》,但小传列于《岳麓诸儒学案》,是其中最有代表性者。此外则还有宋文仲、吴猎二人都是张栻门人,陈傅良在《湖南提举荐士状》中评价宋文仲:"有通务之才,而发于谦和,有及物之志,而安于静退。盖文仲虽生长南土,其家学则中原文献也。"⑥评价吴猎:"学问本于纯实,器识期于远大。所居阃郡宗为师友,凡与之游,类多自爱,而猎于其交,有善称之不容口,有过戒之不遗力,有急难虽不利于身,赴之不恤也。"⑦

《宋元学案》卷53《止斋学案》所列的门人就有以下24人:

蔡幼学(1154—1217),字行之,瑞安人。淳熙五年(1178)进士,官至兵部尚书兼太子詹事,谥文懿。

曹叔远(1159—1234),字器远,瑞安人。绍熙元年(1190)进士,官至礼部侍郎、徽猷阁待制,谥文肃。《宋史》卷416有传。现存《止斋集》是他整理编订的。

朱黼,字文昭,生卒年不详,平阳人,未仕。著有《纪年备遗》(现存此书的节录本《三国六朝五代纪年总辨》),《文集》卷35有《答朱文昭》一通。

周勉,字明叔,生卒年不详,平阳人。庆元二年(1196)进士,累官奉化县丞、知邕州。周勉曾为陈傅良《春秋后传》作跋。

吕声之、吕充之,新昌人,二人为堂兄弟。声之字大亨,与蔡幼学是太学同学,嘉定间累官昭信节度推官。从弟充之,也是陈傅良的学生。《修职郎吕公墓志铭》说:"余尝馆黄度文叔家,得与石、吕二氏游,其子弟多从学于予。"此墓志铭即为二人之父吕琰而作。

章用中,字端叟,平阳人,师从陈傅良最久。《文集》卷45有《祭章端叟文》,卷47有《章端叟墓志铭》。

陈端己,字子益,平阳人。《文集》卷48有《陈子益母太夫人墓志铭》。

林颐叔,字正仲,瑞安人。

林渊叔,字懿仲,瑞安人,淳熙十一年(1184)进士。《文集》卷36有《与林懿仲》两通,卷 46 有《祭林懿仲》,卷 49 有《林懿仲墓志铭》。

沈昌,字叔皋,瑞安人。《文集》卷 46 有《祭沈叔皋》,卷 50 有《沈叔皋圹志》。

洪霖,天台人。《文集》卷 50 有为其父所作的《洪君墓志铭》。

胡时,字伯正,乐清人。乾道进士,官袁州教授。

高松,字国楹,长溪桐山人。绍熙元年进士,官台州临海县主簿。卷 7 有《送长溪高国楹从学朱元晦》,卷 50《高光中墓志铭》即为高松之父所作。叶适《水心集》卷 17 有《台州教授高君墓志铭》。高松的生平,《学案》小传说他是福宁人,官台州教授,不知何本。⑧

倪千里,字起万,东阳人。淳熙进士,得陈傅良《春秋》之学。累官监察御史、右正言、起居舍人、侍讲。

徐筠,字孟坚,清江人。进士,知金州。《江西通志》有传。著《周礼微言》以记录陈傅良关于《周礼》的学说。关于《周礼微言》,《玉海》的记载是:"《续书目》:徐筠学《周官》于陈傅良,记所口授成书十卷,自谓闻于傅良,曰《周礼》纲领有三:养君德、正纪纲、均国势。郑氏注误有三:《王制》,汉儒之书,今以释周礼;司马法,兵制也,今以证田制;汉官制皆袭秦,今引汉官以比周官,其误三也。"⑨

黄章,字观复,新昌人。曾任干官,叶适《水心集》卷 25 有《黄观复墓志铭》。

袁申儒,建阳人,曾序陈傅良《诗传》。

林子燕,字申甫,乐清人。庆元进士,陈傅良女婿,官太社令。

吴汉英,字长卿,江阴人。乾道进士,累官兵部郎官。《漫塘集》卷 28 有《故兵部吴郎中墓志铭》。

吴琚,字居父,一字云壑,外戚,官至开府仪同三司、镇安军节度使、判建康府、江南东路安抚使、兼行宫留守。卒谥忠定。

沈体仁,字仲一,瑞安人。沈彬老之孙。《文集》中有与其唱和诗作多首。《水心集》卷 17 有《沈仲一墓志铭》。

胡大时,字季随,崇安人,胡宏之子,初为张栻弟子,张栻卒后,又追随陈傅良,也曾向朱熹问学,最后师从陆九渊。

沈有开,字应先,常州人。陈傅良追随薛季宣闲住常州期间,他也曾往受学。太学上舍释褐。以直龙图阁致仕。《薛季宣集》卷 23 有《沈应先书》一通。《水心集》卷 21 有其墓志铭。

赵希馆,字君锡,宋宗室。庆元二年进士,官至节度使,信安郡公。他既是陈傅良的门人,亦曾师从徐谊,《宋元学案》将其小传归入《徐陈诸儒学案》。《鹤山集》卷 73 有《安德军节度使赠少保郡王赵公神道碑》。

除了以上 24 人,从陈傅良《文集》中还可以找到以下数人:

林居实,字安之,瑞安人,淳熙二年(1175)卒,享年三十四岁。陈傅良为其作《林安之圹志》,说:"盖安之从余游最久。"⑩ 卷 35 有《与林安之》书信一通。

冯琳、冯瑜兄弟,永嘉人。《冯司理墓志铭》:"而琳、瑜又来问学,亦雅驯不烦。"⑪ "冯司理"即二人之父冯施叔,陈傅良从冯瑜之请作墓志铭。

张之望,名不详,黄岩人。《文集》卷 35 中有《答天台张之望》一通,卷 41 还有《题张之望文卷后》。从中可以看出张某曾师从陈傅良。

贾端老,名不详。《文集》卷 35 有《答贾端老》五通,提到此人曾到瑞安向陈傅良求学。

张端士,名不详。《文集》卷 38 有《答张端士》五通。

至于曾向陈傅良问学的人则数不胜数,这些人最终没有成为陈傅良弟子,是因为他们转益多师而学问最终定型于一人,陈傅良只是中间的一环。如传承陆学的"甬上四先生"之一的袁燮(1144—1224)也曾问学陈傅良:"永嘉陈公傅良,明旧章、达世变,公与从容考订,细大靡遗,其志以扶持世道为己责。然自始学于义利取舍之辨甚严。"⑫ 真德秀特别点出"然自始学于义利取舍之辨甚严",就是要说明袁燮学问虽然从陈傅良那里吸收了营养,但其主脑与永嘉之学是大异其趣的。朱熹的弟子滕璘(1154—1233)也曾问学于陈傅良:"公既从子朱子,得为学大方,异时至永嘉,又从故中书舍人陈公傅良,问《左氏》要义,陈公告语甚悉,大略谓:'左氏本依经为传,纵横上下,旁行溢出,皆所以解驳经义,非自为书。'且告以六经之义,兢业为本,公佩服焉。"⑬

庞大的门人群体给陈傅良带来了一定的负面影响。陈傅良在写给某位希望从学者的信中说:"某无以愈人,独博交当代贤俊之心,出于天然。虽以之得谤讪,或相背弃,不悔。以此,凡先生长者往往见察,幸肯与之游;而士之好学者亦或过听,以为可师友也而欲与之游。向老台评云云,诚非过当。然初不知其中实无所有,偶然得此,而遂疑其挟此以傲物也。讼答以来,不敢复从群众妄出己见,论事是非与人短长。"

可见,因为收徒太多,陈傅良曾经"以之得谤讪",不知道这里指的是指福州通判被弹劾还是庆元党禁中的被弹劾。

但是,庞大的门人集团是陈傅良学术活动的重要组成部分。下面就简单介绍一下陈傅良门人的活动情况以及活动形式。

二、陈傅良门人的活动方式

(一)书院建设

早在乾道三年左右,陈傅良为了抛弃科举之学,离开城南茶院前往瑞安仙岩带弟子聚课。薛季宣说:"君举已罢茶院之会,见与其徒一二十辈聚课仙岩。尝与之言,似乎成己工大,全未著力,勉之,甚相领略,此亦乐事,但未知向去如何尔。"⑭需要指出的是,跟随陈傅良来仙岩读书的人数只有城南茶院时的十分之一。⑮到了淳熙十一年,陈傅良在家待阙时,正式在仙岩创建书院,具体经营仙岩书院的,是以林渊叔为首的一班弟子:"懿仲诸友已决谋迁书院于先人垄下,以为来岁过从之地。入春便下手,春暮当奉约矣。"⑯陈傅良又说:"近诸友为迁仙岩书塾于屋西偏,今未就工。后月足以奉盍簪之欢……冬间肯来,同社幸甚。"⑰

从这两封信看,书院是陈傅良召集门人的基地,他所要铺开的规模的较大的著述工作都需要书院来容纳一定数量的门人的食宿、写作。

(二)协助著述

陈傅良的很多重要著作都是在门人的协助下完成的,撰写的过程亦是他对门人进行琢磨的过程。陈傅良在很多书信中强调必须"聚课"的极端重要性,他说:"非一二面剖,难以笔舌尽也。"⑱"合当合并,共论其旨。"⑲"访我仙岩之下,何啻百纸相暖耶!"⑳

聚会的重要内容是协助陈傅良著述。陈傅良体弱多病,因此很多工作需要帮助:"著书最心,病怀益觉要紧,所恨无朋友共成之,奈何,奈何!"㉑他曾有意研治《史记》,但因自己年老不能如意:"千五百年之间,此书湮晦,正赖吾党自开只眼,不惑于纷纷之论,谨勿容易便生疑薄也。老矣,不能自白于后世。常欲落笔,少发所自识破者,为前哲出气,因循未果。"但是只要

有弟子帮助,却能很快完成:"后月足以奉盍簪之欢,得三两人相助检讨,便可了此一项。冬间肯来,同社幸甚。"㉒

据楼钥描述,陈傅良最重要的著作《春秋后传》《左氏章句》也是与弟子一起完成的:

> (陈傅良)且曰:自余有得于此,而欲著书于诸生中择其能熟诵三传者,首得蔡君幼学,蔡既仕又得二人焉,曰胡宗,曰周勉。游宦必以一人自随,遇有所问,其应如响而此书未易成也。㉓

可见,蔡幼学、胡宗、周勉三人都对《春秋后传》《左氏章句》的成书做出了重要贡献。

(三)陪同游学

陈傅良一生访友拜师,辗转外地,身边总有弟子随侍。随侍的意义可概括为以下三个方面:首先是学生为了卒业,保持学习的连续性,有必要跟着陈傅良;其次,对学生而言,能够通过游学认识当世"名公",增广见闻,建立人脉;最后,陈傅良行止不定,当他不在温州的时候,正是以这些追随他的弟子为中介,保持自己对温州本地的影响。

以林居实为例,陈傅良对他的资质并不欣赏,曾婉言谢绝其从学:"余察安之勤甚矣,然趣好杂,因辞却不与偕。"但林氏锲而不舍,对陈傅良如影随形,最终感动了他:

> 余在城南时,群居累数百,及屏仙岩之阳,至者盖十一,而安之实先。越数年,寓会稽之石氏藏书房,至者盖百一,而安之又先。明年縂太学还,过越,安之犹栖然冻馁逆旅以俟。将行天台,则安之荣书儆仆矣……比至天台,安之已虋容倪立户外以请,由是不以涉事物毫秒分志而趋于学。余师友虽在数百里外,必往依事。诸公见安之,咸曰佳士,佳士!㉔

这种从学对弟子本人而言是非常重要的。林居实的墓志铭是吕祖谦所作,这固然是陈傅良恳请的结果,但吕祖谦显然是见过林氏的。引文中说:

"余师友虽在数百里外,必往依事。诸公见安之,咸曰佳士,佳士!"说明了此点。陈傅良所结交的吕祖谦、张栻、陈亮等人都是当世名家,追随他就能有缘接会这些"名公",并获得"佳士"的美誉。

另一个长期跟随陈傅良游学的弟子是林渊叔。陈傅良说:"懿仲自城南书社从余学,或之他,则亦傲旁舍不去。后二十余年,非余宦游时不可相就,必其有故不能相就也。间尝虚所居室东偏江月楼之下,集其畴人以待余卒业。"也就是说,除陈傅良在远方做官不便投奔外,其他客游外地时期,林渊叔始终追随,目的是"待余卒业",即完成学业。完成学业后的林渊叔继续了陈傅良的讲学事业:"吾州俗尊重师友,前一辈尽,学绪几坠。比懿仲二三子修故事,后一辈趋和之,而复知有师。待星子主簿阙,即不专习举子一经,日自为程,以若干暑课某经,又苦干暑课某史,而后诵楚词、晋宋间人诗。"㉕

陈傅良曾担心,温州本地的学脉由于薛季宣、叶适与他本人长期宦游在外,将有中辍之虞。而林渊叔在家乡瑞安待阙时,却能自己制定课程,召集"后一辈"共同学习,文中所谓"而复知有师"的"师",并非泛泛而言,而是特指已经由薛季宣开创的永嘉学脉。如果说林渊叔组织的学习活动还是十分松散、缺乏组织形态的话,那么陈傅良的另一个弟子章用中则组织了"江南书社"宣讲陈傅良之学。章用中也是陈傅良自称"从余游最久"的门人,也曾跟着他外出游学,见过吕祖谦、薛季宣:"又因余之金华依吕公伯恭,之雪川依薛公士龙,而其名达载于人口耳。"章用中回到平阳后,即集结瑞安、平阳两县士子开办了江南书社:"性温良,泛无不爱,于久故能分酸苦,于先生长者能受其烦辱之役,于其徒相厉以学,责难劝义,定为期会程序。稽故有诮,惰游有罚,其人严惮之,则所谓江南书社也。"江南书社显然一个制度完备、管理严格的书院。章用中死的时候,陈傅良的另一个学生陈端已对陈傅良表示了群龙无首的忧虑:"端叟不幸旦日卒,凡两邑之诸生走相吊,其自今将谁纠合以卒业?"㉖

值得注意的是,为什么林渊叔、章用中二人能够代陈傅良传学?他们的威望与号召力来自哪里呢?可以做这样的推论:一方面他们亲炙陈傅良时间较长,因此受益最多,学殖最富;另一方面,他们亲见过吕祖谦这样的具有全国影响的大学者,这显然一种无与伦比的阅历。因此,他们才有资格召集温州的士子,代陈傅良讲学。

(四) 学术论辩

众所周知,南宋学术界的中心人物曾经通过弟子进行学术论辩。陈傅良与朱熹从来没有面对面地进行争辩,也没有像朱熹、陈亮那样通过连续的书信往来展开争论,他们只是在各自的讲学和著述中对对方提出异议,或者通过弟子来了解对方观点。譬如《朱子语类》中有这一条记载:"尝得项平甫书云:见陈君举门人说儒释,只论其是处,不问其同异,遂敬信其说。此是甚说话! 元来无所有底人,见人底说话便惑将去,若果有学,如何谩得他?"[27]朱熹批评自己的这个弟子轻易地为陈傅良弟子的"邪说"所惑,根本原因是自己学力不够,是个"元来无所有底人",因此立场不稳,易受蛊惑。可见,两派弟子之间也存在着学术的交流。

滕璘是另一个曾受陈傅良影响的朱门弟子。滕氏曾在温州做过考官,并且见到了陈傅良。此后滕氏面见朱熹时,师徒二人就有了这样一番对话:

> 曰:"(陈傅良对)《洪范》如何说?"曰:"君举以为读《洪范》,方知孟子之'道性善'。如前言五行、五事,则各言其德性,而未言其失。及过于皇极,则方辨其失。"曰:"不然。且各还他题目:一则五行,二则五事,三则八政,四则五纪,五则皇极;至其后庶征、五福、六极,乃权衡圣道而著其验耳。"又问:"《春秋》如何说?"滕云:"君举云:'世人疑左丘明好恶不与圣人同,谓其所载事多与经异,此则有说。且如晋先蔑奔,人但谓先蔑奔秦耳。此乃先蔑立嗣不定,故书"奔"以示贬。'"曰:"是何言语! 先蔑实是奔秦,如何不书'奔'? 且书'奔秦',谓之'示贬';不书奔,则此事自不见,何以为褒? 昨说与吾友,所谓专于博上求之,不反于约,乃谓此耳。是乃于穿凿上益加穿凿,疑误后学。"[28]

朱熹非常仔细地盘问了陈傅良关于《春秋》《左传》《洪范》的主要观点,并一一予以批驳,认为是"是乃于穿凿上益加穿凿,疑误后学",这种批驳无疑具有消毒的意味。

除了项平甫、滕璘,这方面最重要的个案就是曹叔远与朱熹的辩论。大约在绍熙二年,刚刚于上年中进士的曹叔远兴冲冲地来到位于福建建阳的

竹林精舍,朱熹当时正在此地讲学,两人随即发生了论辩。当然由于曹氏是朱熹的晚辈,论辩的形式看上去是曹氏向朱熹问学。㉙

在曹叔远离开后,朱熹给陈傅良写的一封信说:

> 前书所扣,未蒙开示,然愚悃之未能尽发于言者亦多。每恨无由得遂,倾倒以求镌。窃近曹器之来访,乃得为道曲折,计其复趋函丈,必以布露,敢丐高明,少垂采择,其未然者,痛掊击之。庶有以得其真是之归,上不失列圣传授之统,下使天下之为道术者得定于一,非细事也。惟执事图之。㉚

朱熹在给胡大时的信中则更明白地指出:"君举先未相识,近复得书,其徒亦有来此者,折其议论,多所未安,最是不务切己,恶行直道,尤为大害,不知讲论之间颇亦及此否?王氏中说最是渠辈所尊信,依仿以为眼目者,不知所论者云何。"㉛朱熹首先表示,由于他们二人无法见面讲论,因此他利用这次曹氏的来访,讲明了自己对永嘉之学的立场,而曹氏也定然会把这次会谈的内容转告陈傅良。随即他十分明确地告诉陈傅良,在会谈中他对曹氏加以了严厉的批评:"其未然者,痛掊击之。"朱熹知道掊击曹氏,其效果如同掊击陈傅良本人一样,而这样做的目的乃是"庶有以得其真是之归,上不失列圣传授之统,下使天下之为道术者得定于一"。因为永嘉学派源出程学的一支,而当下的发展趋势却正在逐渐偏离程学,所以他不得不以程学正统的身份来加以纠正,所谓"定于一",即可理解为定为朱学。由此可见,曹、朱的这次会谈是十分重要的。

从现在保留在《朱子语类》卷120、123两卷的几段对话,可以窥见当时曹、朱论辩的焦点有以下几个。

1. 王霸义利之辩的再讨论

首先,朱熹就朱、陈(亮)王霸义利之辩中陈傅良的调停之论进行了进一步的质疑,问曹叔远:"君举说汉唐好处与三代暗合,是如何?"曹回答:"亦只是事上看,如汉初待群臣不专执其权,略堂陛之严,不惨地操切;如财散于天下之类。"比较陈亮当年与朱熹的论辩,曹氏的这个回答其实已经非常软弱,他把汉唐的暗合严格限制在"只是事上看",此处的"事"其实可以理解为"表面现象"。但朱熹并不满意,他告诉曹氏"这也自是事势到这里",绝非与三代暗合。譬如汉代惩秦代君臣隔离之弊,而善待百姓,这与三代君臣关系的理想模式毫无关系:"见得秦时君臣之势如此间隔,故汉初待宰相如此。"

汉代如此,唐代更是不堪。朱熹又问曹叔远:"看唐事如何?"曹氏表示:"闻之陈先生说,唐初好处,也是将三省推出在外。这却从魏晋时自有里面一项,唐初却尽属之外,要成一体。如唐经祸变后,便都有诸王出来克复,如肃宗事。及代宗后来,虽是郭子仪,也有个主出来。"曹氏认为唐代较好地解决了内外平衡的问题,即使遭遇安史之乱这样的奇变,也能够依赖地方的力量辅翼王室,得续国祚。朱熹针锋相对地指出,把"三省推出在外"并非唐代首创,诸王也没有像曹氏所说的那样在代宗朝发生那样大的作用,关键人物只是一个郭子仪而已:"三省在外,怕自隋时已如此,只唐时并属之宰相。诸王克复,代宗事,只是郭子仪,怕别无诸王。"他还对唐代官制,尤其是《唐六典》进行了批评。[32]

2. 对《诗经》的讨论

朱熹曾去信陈傅良索要他所著的《诗经》著作,陈傅良不但回信说没有此作,并说:"但以雅颂之音,箫勺群慝,训故章句,付之诸生。"这让朱熹十分不快。因此这次碰到陈傅良高足,朱熹与其就有了下面的谈话:

> 问曹兄云:"陈丈说《关雎》如何?"曹云:"言关雎以美夫人,有谦退不敢自当君子之德。"曰:"如此,则淑女又别是一个人也。"曹云:"是如此。"先生笑曰:"今人说经,多是恁地回互说去。如史丞相说书,多是如此。说'祖伊恐奔告于受'处,亦以纣为好人而不杀祖伊;若他人,则杀之矣。"先生乃云:"读书且虚心去看,未要自去取舍。且依古人书恁地读去,久后自然见得义理。"[33]

对陈傅良关于《关雎》的解释,朱熹嗤之以鼻,批评这种解释是"多是恁地回互说去",然后要求曹叔远"读书且虚心去看,未要自去取舍"。

3. 关于永嘉"制度新学"

对于永嘉学派津津乐道的"制度新学",朱熹也进行了质疑,认为永嘉学派错误地理解了制度新学的地位和功能。关于制度新学的极端重要性,陈傅良曾就司马光元祐更化的成败做过这样的剖判:"温公元祐变法匆匆,不但以爱日之故意,亦是十七八年心力尽在《通鉴》,不肯更将熙、丰诸事细心点检。到得天人推出,虽以许大规摹,终少弥密,未为恰好,前辈多恨焉耳。"㉞认为司马光的全部精力耗费在《资治通鉴》上,对制度之学未能深究穷研,因此更化是失败的。朱熹对这一观点早有耳闻,这次与曹叔远面谈时便将自己的立场和盘托出:

  (曹叔远)曰:"陈先生要人就事上理会教实之意,盖怕下梢用处不足。如司马公居洛六任,只理会得个通鉴;到元祐出来做事,却有未尽处,所以激后来之祸。如今须先要较量教尽。"
  曰:"便是如今都要恁地说话。如温公所做,今只论是与不是,合当做与不合当做,如何说他激得后祸!这是全把利害去说……某看来,天下事须先论其大处,如分别是非邪正,君子小人,端的是如何了,方好于中间酌量轻重浅深施用。"

  朱熹当然不能否认元祐更化有失当之处,因而对北宋最后五十年的走向发生了复杂的影响,但他认为首先要肯定司马光的动机是正确的,故元祐更化的历史地位无可置疑。而陈傅良纠缠于制度细节的疏略,推论元祐更化的整体失败,"多是清谈,终于败事",则是朱熹不能容忍的,指斥其为"这是全把利害去说",是一种以效果否定动机的功利主义逻辑。对元祐更化的评价这一点上,可以清楚地看到朱熹、陈亮"王霸义利"之辩的痕迹。
  由此可见,除了《诗经》问题,曹叔远与朱熹的对谈涉及所有永嘉学派与朱子学派分歧的核心命题。

三、结 论

  从陈傅良门人集团这一个案出发观察永嘉学派的活动方式,可以看到,永嘉学派与南宋一般思想学派之间存在的共同性以及自身的特性。
  首先,学派必须是以若干"核心人物"为标志,树立其特有的思想旗帜。
  其次,学派必须有相当规模的门人,来保证学派的存续与活动,门人是学术助手、行政助理、学派间的使者与邮差。各个学派之间通过互相接引弟子,确认对方的真正立场,了解双方的分歧、共识所在,从而实现思想的交流。同时各派之间也在争夺弟子,优秀弟子的流动可以看出各派的思想魅力的消长与等差。

最后,学派的功能是生产与传播思想,但若没有必要的物质形式如书籍、书院,思想失去附丽,将归于消歇。朱子学派自觉地意识到书院不只是单纯讲学的场所,更是"朝圣之地",建立书院的品牌声誉,使得书院本身拥有一种文化资本,如朱熹亲手营筑的考亭书院(沧州精舍),在朱熹去世后,沧州精舍被称为"宗庠",[35]说明由于朱熹在此长期讲学、授徒、工作,书院因此承载了某种伟大传统,成为"朝圣之地"。这种资本在第一代"核心人物"下世后,能够帮助下一代继承者确立威信。与之相比,永嘉学派仍然是将书院作为单纯的讲学场所,对经营书院,尤其是树立具有广泛影响的书院品牌没有表现出很大的兴趣,这在某种程度上可以解释永嘉学派何以在叶适以后归于衰落。

参考文献

① 周梦江:《叶适与永嘉学派》,浙江古籍出版社,2005年,第101页。
②⑥⑦⑧⑩⑪⑮⑯⑰⑱⑲⑳㉑㉒㉓㉔㉕㉖㉞ 《陈傅良先生文集》,浙江大学出版社,1999年,第 630、630、630、93、630、630、615、590、595、455、455、473、487、487、590、590、455、473、473 页。
③㉗ 黎靖德编:《朱子语类》,中华书局,1986年,第2961、92页。
④ 刘宰:《漫塘集》卷二十八《故兵部吴郎中墓志铭》。
⑤ 黄宗羲著、全祖望补修:《宋元学案》,浙江古籍出版社,2005年,第839页。
⑨ 《玉海》卷三十八、《直斋书录解题》《文献通考》都著录了此书,提要大致相同。
⑫ 真德秀:《西山文集》卷四十七《显谟阁学士致仕赠龙图阁学士开府袁公行状》。"甬上四先生"与永嘉学派的学术交流情况,详见周梦江:《叶适与永嘉学派》,第132—139页。
⑬ 真德秀:《西山文集》卷四十六《墓志铭朝奉大夫赐紫金鱼袋致仕滕公墓志铭》。
⑭ 《与郑景望一》,《薛季宣集》卷二十四。此信提到郑伯熊刚刚任著作佐郎,故应为乾道三年(1167)。
㉘㉜ 黎靖德编:《朱子语类》卷一百二十三。
㉙ 曹叔远拜访竹林精舍的时间,据方彦寿《朱熹书院门人考》考证。下引朱熹《答陈君举》信亦在本年。
㉚ 《晦庵集》卷三十八《答陈君举》。

㉛《晦庵集》卷四十四《答胡季随》。
㉝ 黎靖德编:《朱子语类》卷八十一。
㉟ 吴泳《鹤林集》卷三十《又答严子韶书》:"勉斋既下世,宏斋继没,毅斋槁立于婺女之滨,罕与世接,留宗庠者仅叶六十四丈担当考亭门户,呜呼亦微矣!"(四库全书本,第1176册,第295页)

(原载《浙江社会科学》2007年第7期)

论永嘉学派与程朱理学在"道""法"关系问题上的认识错位

——以陈傅良《唐制度纪纲》为个案

王 宇

"道",是中国思想史上含义最复杂、理解分歧最大的一个核心概念。在宋代儒学话语中,"道"既指以儒家价值观为核心的真理,也指通向真理的方法;"法"则指一系列礼仪和制度。一般而言,"道"必然包括了关于"法"所遵循、依据的一系列抽象原则,因此"道"与"法"本来不是一对并列的、可以比较的概念。但是,程朱理学兴起之后,"道"经常被狭义地理解为个体的"正心修身"之学,这就与面向社会、改造社会的"法",形成了某种对立,于是,"道"与"法"在儒学功夫论中的顺序先后和地位高下,就变成了一个有争议的问题。永嘉学派与程朱理学的"道""法"关系之争就是这样产生的。

《唐制度纪纲》是一篇南宋科举考试科目的"论"体文。在南宋科举考试的解试、殿试中,第二场考"论"一篇。作者陈傅良(1138—1203)是南宋永嘉学派的代表人物。此文被收入《止斋先生奥论》(本文简称《奥论》)卷一。《奥论》是陈傅良所撰科举时文中的"论"体文的集子,其卷一至卷六所收各文俱不见于通行的《止斋先生文集》(以及后人整理的《陈傅良先生文集》),可见属陈傅良或其弟子蔡幼学在编辑文集时所抛弃者。[①]尽管如此,陈傅良在《唐制度纪纲》中既批评了"任道而废法"的观点,也批评了"徒法而已"的倾向。而理学学者魏了翁(1178—1237)点名批评了此文:"因说永嘉二陈作《唐制度纪纲论》,云:得古人为天下法,不若得之于其法之外,彼谓仁义道德为法之外事,皆因荆公判道法为二,后学从而为此说。"[②]可见此文的思想反映了永嘉学派与程朱理学在"道""法"关系问题上的思想分歧,下面拟以此文为个案,做进一步分析。

一、《唐制度纪纲》的基本观点

陈傅良在全文的开篇就提出:"天下无离道之法,离道非法也。""法"离不开"道",制度纲领应该以"道"为价值引领,从而提示读者,此文的核心关切正是"道"与"法"的关系问题。接着他写道:

> 古之治天下者纯任道,后之治天下者纯任法,儒者固有是言。自儒者之为斯言也,而始离道于法,每以为后世徒法而已。③

"儒者"对"道""法"关系有一种偏颇的认识:三代盛世,只是以"道"来治理天下,而这种"道"可以不需要贯彻落实为"法",便能"以道治天下";三代以下的统治者们只懂得以"法"来治理天下,而完全不遵循"道"。在这些"儒者"看来,"道"与"法"水火不相容。而本文接下去要批评的正是"后之儒者"这种将"道"与"法"对立起来的观点。

陈傅良承认,后世确实出现过"任法不任道"的极端情况,而且"法"缺乏"道"的价值引导,必然会发生弊端:

> 其间固有彼善于此者,窃取先王之制而整齐之,使天下之无法为有法。然而分画益详,维持益密而道德之意益薄,是亦徒法而已。呜呼,徒法必不能以自行,而其失又在于徒法也。④

所谓"其间",是指"后之治天下者","固有彼善于此者",即指汉唐盛世,"善于此"的"此",是指"先王之法"。"徒法必不能以自行",语出《孟子·离娄上》:"故曰,徒善不足以为政,徒法不足以自行。"孟子主张"善"必须表现为一定的制度形态,才能够在实际政治中得到推行;任何制度典章都必须有"善"的引领和规定,只有仁人才能施行仁政。陈傅良以孟子发端,论证了"古之治天下者"绝非"任道而废法",相反,三代圣王正是运用了各种制度纪纲——"先王法度"——才得以治理天下,才将"道"完美地贯彻落实于现实社会之中。因此,"道不离法,法不离道"。

为了论证"古之治天下者"离不开"法",陈傅良写道:

> 三代而上,治天下之具,其凡见于《诗》《书》,其目见于《周礼》,其纤悉委曲见于《仪礼》《司马法》。所谓秩宗政典、九刑之书者,类不胜记。吾求其制度矣,自其身之衽席冕服始,而拔之于表著之位、乡校之齿、井牧之画、军旅之伍。吾求其纪纲矣,自其家之父子兄弟始,而达之于尊卑之秩、长幼之叙、内外之权、轻重之势。而所以分画甚详而维持甚密也。当是时,清谈不作,而士大夫相与讲切,率不外此。⑤

三代圣王治理天下的"三代之法",可以分为具体的"制度"和抽象的"纪纲",而"纪纲"是"制度"的原则和精神。陈傅良将三代之法的"纪纲"总结为"分画甚详而维持甚密"。所谓"分画",首先是指各种政治、军事、社会秩序,也特指"分画委任",指中央与地方之间实现清晰合理的事权划分;这种事权划分既不同于"强干弱枝"的郡县制,也不是尾大不掉的军阀割据。"维持甚密"则是指制度的原则应该是实现国家的长治久安,而非骤盛骤衰。由于三代讲求制度纪纲,故三代士大夫所研究讨论的也是制度纪纲,因此"清谈不作"。所谓"清谈",指那种轻视"法"在"治天下"中的地位和作用,认为可以离开"法"而实现治理天下的观点。

三代之后,三代之治在历史时空中消失。于是,有一种观点就认为载籍所见的三代制度只是断编残简,不足为据,应该根据《尚书·大禹谟》的"十六字箴"("人心惟危,道心惟微,惟精惟一,允执厥中")把握"三代之道"的全体大用。陈傅良对此进行了批评:"盖至于舜、禹传心精微之论,寂寥简短,不能数语。夫岂不足于道,而数数于法守欤?夫诚非不足于道者,而犹数数若是,盖不若是,非所以为道。"⑥"十六字箴"寥寥十六个字远不足以概括体用兼备、规模宏远的"三代之道"。而经过孔子整理的《六经》还不厌其烦("数数若是")地记载各种三代制度,正是因为不这样不厌其烦,就不能准确、全面地把握三代之道:"盖不若是,非所以为道。"陈傅良进一步分析了"任道废法论"的缘起:"任道而废法之论,其殆出于周之末造。儒者伤今思古、直情径行者之说乎。大道之行,无所事法,盖记《礼》者以为仲尼叹鲁之言。噫,是非夫子之言也!"⑦"大道之行"出于《礼记·礼运》篇,但该篇并无"无所事法"一语。陈傅良注意到,《礼运》认为上古"五帝"统治时期是"大道之行"的"大同"时代,代表文明最高阶段,而"礼义制度"随后在夏、商、周三代出现,因此"礼义制度"的出现成了人类文明倒退堕落的标志。陈傅良将《礼运》的观点总结为"大道之行,无所事法",并指出,这是伪托孔子之言,绝不代表儒家的观点。⑧《诗》《书》《周礼》《仪礼》等经典和历史记载保存了三代的一系列制度纪纲,足供后代学习、取法,有些"后之治天下者"继承、汲取了三代制度纪纲的部分精华,体现了"道"的价值追求,而唐太宗建立的均田制、府兵制、租庸调制、中央三省六部制等,最接近三代之道。⑨

可是,唐太宗的制度纪纲经过再传之后就出现了安史之乱,即所谓"法犹在而唐乱形已见"。陈傅良在提出自己的解释前,先批驳了一种"儒者"的观点:

> 儒者因是谓分画益详,维持益密,而道德益薄之效,遂将借口以尽去先王之旧。呜呼,吾独以为唐之三百年而存者,为其犹详且密也;唐之一再传而乱者,为其犹不详且密也。⑩

部分"儒者"将"道德"与"制度"对立起来,认为制度越周密、完备,"仁义之心"就越淡薄,道德就更加堕落。陈傅良反驳称,唐太宗的法度经历两代之后就走向中衰,并不是因为法度过于"详密",而是不够"详密",陈傅良解释了个中原因:

> 何也?身者,人之仪也;家者,天下之本也;宗庙朝廷者,州闾乡党之所从始也。唐世之法,大凡严于治人臣,而简于人主之一身;遍于四境,而不及于其家;州闾乡井断断然施之实政,而朝廷宗庙之上所谓礼乐者则皆虚文也。当是时,坊闾有伍,而闺门无度,古人制度宜不如此;上下足以相维,而父子夫妇不能相保,古人纪纲宜不如此。若是而又曰唐法之病于详且密,夫详且密固阔略于其上而纤悉于其下,舍本而重末邪?⑪

唐太宗的制度纪纲仅仅局限于国家政治层面,即长于治国、平天下,而在君主自身以及宫廷之内,毫无修身、齐家之法可言。这就违背了《礼记·大学》"天子以至庶人,壹是皆以修身为本"的教导,是"舍本而重末"。那么唐代制度应该怎样改革,参加纠正"舍本重末"的弊端呢?陈傅良说:

> 然则为唐之制度纪纲宜何如焉?曰:自其身之衽席冕服始,而放之于表箸之位、乡校之齿、井牧之画、军旅之伍,则唐之制度非唐之制度,而三代之制度也;自其家之父子兄弟始,而达之于尊卑之秩、长幼之序、内外之权、轻重之势,则唐之纪纲非唐之纪纲,三代之纪纲也。⑫

唐太宗应该以修身为本,然后推之于家庭、乡里、国家、天下,这样唐代制度纪纲才能长治久安,接近理想的"三代之纪纲"。

《唐制度纪纲》一文写作的时间无可考,但它浓缩了永嘉学派"制度新学"的理论成果。

第一,它主张"道"与"法"在任何时代都不能相离,反对"任道而废法",反对将三代之治化约为"虞廷十六字箴",而认为应该通过研究先秦典籍和梳理后世制度的沿革演变,重新还原三代制度。吕祖谦在评价陈傅良的老师薛季宣的思想学术时说:"于世务二三条如田赋、兵制、地形、水利,甚曾下工夫。眼前殊少见其比。"⑬叶适则用"制度新学"这个术语来指称:"时诸儒方为制度新学,抄记《周官》《左氏》、汉唐官民兵财所以沿革不同者,筹算手画,旁采众史,转相考摩。其说膏液润美,以为何但捷取科目,实能附之世用,古人之治可以复致也。"⑭这与《唐制度纪纲》的观点是一脉相承的。

第二,它肯定唐太宗的制度纪纲在汉以下各朝中最接近三代之法。因此,若要接续三代道统,必须把研究六经和研究汉唐历史结合起来,从六经中发掘三代制度的原则和精神,又从历史中追溯三代制度是如何一步一步地变异、沿革,通过比较分析,追寻汉唐制度设计之中有哪些部分尚保留了三代制度的原则和精神,从而汲取、应用于南宋的社会改革之中。这样一来,"制度新学"在儒学中的地位和价值就凸显出来了。

第三,《唐制度纪纲》肯定唐太宗有"行仁义之心":"自今观之,若世业、若府兵、若租庸调,其制度粗立如此;若内之省府、外之方镇,其纪纲粗张如此,非真有行仁义之心欤?"陈傅良从唐制度纪纲收获了"贞观之治"这一结果出发,可以肯定其制度纪纲在汉以下各朝中最接近三代之法。此一逻辑与"王霸义利之辩"中的陈亮完全一致。而这场论辩中,朱熹根据唐太宗主观动机的不纯就全盘否定了唐太宗的全部功业。⑮

第四,《唐制度纪纲》虽然高度重视对"法"的研究,但并未忽视修身、齐家的重要性,强调推行"法"是为了"行仁义":"夫以太宗之英明,可与行仁义矣,而才若此。"⑯陈傅良还引述《大学》"凡为天下国家有九经,所以行之者一也"一语,强调"法"是"待其人而行"⑰的,强调了"法"必须具有道德伦理属性,突出了"身心"功夫改造主观世界的重要性。他批评李世民所行仁政"彼固出于好名,非由内心以生",李唐皇室家法不正,就是明证。不过,陈傅良又强调,修身齐家虽然要改造主观世界,但也需要通过外在的制度纪纲相配合才能实现,制度纪纲是一以贯之地贯穿于《大学》"八条目"始末的。

二、程朱理学学者对《唐制度纪纲》的批评

由于《唐制度纪纲》将"法"抬高到与"道"并列的地位,并公开地贬低了《尚书·大禹谟》"十六字箴"的理论地位,而且作为科举时文的范本在南宋流传极广,它的理论锋芒引起了理学学者的重视和批判。其中,魏了翁有一段对陈傅良《唐制度纪纲》的点名批评,阐述了两派的理论分歧:

> 鹤山先生云:"荆公常以道揆自居,而元不晓道与法不可离。如舜为法于天下,可传于后世,以其有道也。法不本于道,何足以为法?道而不施于法,亦不见其为道。荆公以法不豫道揆,故其新法皆商君之法,而非帝王之道,所见一偏为害不小。"因说永嘉二陈所作《唐制度纪纲论》,云:"得古人为天下法,不若得之于其法之外,彼谓仁义道德为法之外事,皆因荆公判道法为二,后学从而为此说,曾于南省试院为诸公发明之,众莫不伏。"⑱

魏了翁首先批评王安石就不懂得"道"与"法"的关系,而主张"道"与"法"可以分离。接着,他批评"永嘉二陈"的《唐制度纪纲》犯了同样的错误。因为

陈傅良主张宋人应该"得古人为天下法",其学术研究的重点在"法",而不是理学所主张的"道"。然而,魏氏又批评陈傅良主张"彼谓仁义道德为法之外事",却有失片面。因为《唐制度纪纲》一文开始就说:"天下无离道之法,离道非法也。"就功夫的最终结果而言,"道"与"法"是有机结合,密不可分的。何况上文已经指出,《唐制度纪纲》始终强调"仁义道德"、改造主观世界的重要性。公允地说,魏了翁所指控的永嘉学派"谓仁义道德为法之外事",不能理解为陈傅良抛弃了"仁义道德",而应理解为他取消了"仁义道德"相对于"法"的首位重要性,使"仁义道德"沦落到与"法"平起平坐的地位。无独有偶,朱熹虽然没有提及陈傅良这篇论文,却在《朱子语类》中有一段对叶适的批判,措辞与魏了翁非常相近:

> (叶适)言世间有一般魁伟底道理,自不乱于三纲五常。既不乱于三纲五常,又说是别个魁伟底道理,却是个甚么物事?也是乱道,他不说破,只是笼统恁地说以谩人。[19]

所谓"他不说破",是指叶适没有解释清楚"自不乱于三纲五常"的"世间有一般魁伟底道理"到底为何物,但从《唐制度纪纲》一文可以得出答案,这个"魁伟底道理"就是"法"。

那么,在程朱理学学者看来,"仁义道德"与"三代之法"到底应该是什么关系呢?对此,朱熹在庆元四年(1198)批评"浙中近来有一般议论"时说:

> 今于在明明德未曾理会得,便先要理会新民工夫,及至新民,又无那"亲其亲、长其长"底事,却便先萌个计功计获底心,要如何济他?如何有益?少间尽落入功利窠窟里去。固是此理无外,然亦自有先后缓急之序。未曾理会得正心修身,便先要治国平天下,未曾理会自己上事业,便先要开物成务,都倒了。[20]

《大学》三纲领"明明德、新民、止于至善"中,"明明德"代表了主体对"仁义道德"的领会,对制度的研究则是"新民功夫"。如果制度研究失去了正确的价值体系的引领与规范,那么只会走向邪路。所谓"自有先后缓急之序",是指永嘉学派的"制度新学"研究的重要性远远不如"正心修身"。朱熹接着说："而今诸公只管讲财货源流是如何,兵又如何,民又如何,陈法又如何,此等事固当理会,只是须识个先后缓急之序,先其大者急者,而后其小者缓者。"[21]"法"(制度)不可不讲,但属于小者、缓者,"明明德"才是大者、急者。

朱熹批评道,由于永嘉学派颠倒了学问次序,因此其"制度新学"是从功利的动机出发,而落实为功利的:"永嘉学问专去利害上计较……正其谊不谋其利,明其道不计其功。正其义则利自在,明其道则功自在,专去计较利害,定未必有利,未必有功。"[22]永嘉学派片面突出"制度新学"与其"功利"色彩之间存在着逻辑关系。陈傅良的《唐制度纪纲》体现了这样一个逻辑:因为唐代的制度纪纲确实收到了有目共睹的"仁民爱物"的客观效果,所以可以肯定唐太宗有"行仁义之心",这就是从客观效果逆推其主观动机。按照这一逻辑,王安石变法虽然在整体上是被否定的,但因其某些具体的制度尚有合理性(如"免役钱"之类一直存续到南宋),那么是不是就可以由此肯定王安石具有"仁义之心"呢?从"制度新学"的视角看,王安石变法也好,元祐更化也罢,其具体制度的合理性都应该吸收,不合理者应该扬弃,而总体的价值评判与对局部制度细节的吸收、借鉴,并不相互否定。这一逻辑突出了客观效果的重要性,当然遭到了朱熹的猛烈批判。

同样在庆元四年,朱熹在另一场合更明确地指出他与陈傅良的分歧在于"次序":

> 君举(按:陈傅良字君举)所说,某非谓其理会不是,只不是次序。如庄子云"语道非其序,则非道也",自说得好。如今人须是理会身心。如一片地相似,须是用力仔细开垦。未能如此,只管说种东种西,其实种得甚么物事![23]

所谓"庄子云"出自《庄子·天道》:"宗庙尚亲,朝廷尚尊,乡党尚齿,行事尚贤,大道之序也。语道而非其序者,非其道也,语道而非其道者,安取道!"所谓"君举所说,某非谓其理会不是",说明他也注意到了陈傅良"天下无离道之法"的表述,承认研究"三代之法"、展开制度建设的实践并无不当,朱熹本人在某些情况下也十分热心制度研究和制度改革实践。他热心改革社仓法,孜孜不倦地编辑《礼书》,都是明证。问题的要害是,应该要先"明明德"、先理会"自己上事业",而不是先要"开物成务"。但从《唐制度纪纲》一文看,陈傅良认为"三代之法"与《尚书·大禹谟》的"十六字箴"同等重要,批评那种轻视"三代之法"研究而专注于"十六字箴"的做法是"任道而废法",这在魏了翁、朱熹等程朱学者看来,就是将制度研究抬高到了与"正心修身"等量齐观、并驾齐驱的地步,混淆了对"道"的正确理解,因而是完全错误的。

三、余　论

在永嘉学派与程朱理学围绕《唐制度纪纲》一文展开的争议中,我们可以观察到三种"错位":在理解"道"的不同阶段时,双方产生了本体论与功夫论的范畴错位;在理解"道"的取义时,双方产生了广义与狭义的层次错位;《唐制度纪纲》一文在宋元明时期流传过程中,则产生了文体形式与思想内容的表达错位。

第一,本体论与功夫论的范畴错位。

首先要看到,永嘉学派与程朱理学双方都主张"道法不相离"。可是在具体论述中,永嘉学派批评那种"任道而废法"的观点是"清谈",反对把"十六字箴"认定为"三代之道"的全体大用,而只是对"三代之道"的部分总结,程朱理学则直接批评永嘉学派是"彼谓仁义道德为法之外事""言世间有一般魁伟底道理,自不乱于三纲五常"。可见,双方相互指责对方割裂了"道"与"法"的内在有机联系,违背了"天下无离道之法"的基本规定,从而犯了"道法二元"的错误。这说明,双方对"道"之本体形态的认识是基本一致的,即"道"既包括了"十六字箴"代表的"身心"功夫,也包括了"三代之法"代表的制度之学。但是到了功夫论层面,两者的分歧就暴露出来:永嘉学派论证"制度新学"正当性的前提就是肯定三代之道寓于三代之法中,因此可以"由法求道",朱熹则恪守"十六字箴",强调道寓于人心之中,千五百年之间不增不减,有待于人这一主体加以认识发现,因此只能通过"正心修身""由心求道",永嘉学派的"由法求道"是错误的。

第二,广义之"道"与狭义之"道"的层次错位。

如果把双方认同的大前提"道与法不相离"之"道"称为广义之"道"的

话,那么显然还存在着一种狭义之"道"。由于程朱理学认为"十六字箴"代表的"身心"功夫是寻求"道"的功夫的灵魂和主脑,而对"三代之法"的认识则是由此派生的,因此是次要的,由此出现了一种"道"的狭义表述:"道"即"心法"。当陈傅良说"天下无离道之法"时,其所谓"道"是广义之"道";而他在批判"任道而废法"时,"道"又变成了程朱理学主张的狭义之"道"。问题在于,陈傅良在同一篇文章中混用"道"的广义和狭义,难免引起混乱,这反映了写作此文时陈傅良思想不完善、不成熟的缺点,反映了永嘉学派在思想表达上的困境。

第三,文体形式与思想内容的表达错位。

虽然程朱理学在元明两代被朝廷确认为科举考试的权威典范,但是由于永嘉学派的科举时文所体现的精湛技巧仍能应用于科举考试之中,因此其部分科举时文仍得到了广泛传播。收录《唐制度纪纲》的《奥论》,本属宋人为准备科举考试而刊刻的四十卷《十先生奥论》的一部分(共八卷),而此八卷之中的前六卷内容出自《止斋论祖》,第七、第八两卷选文则出自《止斋集》。到了明代,书商仍将《奥论》单行出版,现存明刻本达四种之多。明代的出版者在《凡例》中指出,此书自南宋迄明末崇祯年间传刻不绝,"海内悦慕已久",被推崇为"其后场尤为制举急务"[24]。笔者此前曾讨论过陈傅良的《春秋》经义传播永嘉学派思想的情形,并列举了朱熹在《朱子语类》中批评陈傅良在《春秋》经义中宣扬"只知有利害,不知有义理"的错误观点[25]。而《唐制度纪纲》则属于科举考试中的另一种文体——"论",所触及的与程朱理学的分歧更加尖锐。这就是说,虽然承载着"异端"思想的文本在代代流传,但其中的"异端"思想由于脱离了思想对话的特定语境而明珠投暗,被人遗忘。这种形式与内容错位的情况,不但出乎将《唐制度纪纲》屏挡于《止斋集》之外的陈傅良的意料,也出乎朱熹、魏了翁等期望用理学思想彻底改造南宋科举考试的理学学者的意料,反映了思想创新在进行大众传播的过程中仍有不为人知的特定管道和空间。

参考文献

① 陈傅良《止斋先生奥论》的版本情况,参见孙诒让撰、潘猛补校补:《温州经籍志》卷二十,上海社会科学院出版社,2005年,第894—895页。本文所据版本为中国人民大

学出版社藏崇祯八年(1635)七卷(卷首一卷、正文七卷)刻本,收入《中国人民大学图书馆藏古籍珍本丛刊》第118、119册,北京燕山出版社,2012年。

② 魏了翁:《鹤山先生大全文集》卷一百〇四《周礼折中》,四部丛刊本。按:"二陈",当指陈傅良与陈武,魏了翁为什么认为陈武也是此文作者之一,原因不详。

③④⑤⑥⑦⑩⑪⑫⑯⑰ 陈傅良:《止斋先生奥论》卷一《唐制度纪纲如何》,《中国人民大学图书馆藏古籍珍本丛刊》第118册,第375、376、377、378、378、381、381—382、383、383、383—384页。

⑧ 程朱一派的学者也认为《礼运》篇中"大同、小康"的划分是黄老道家思想,可以参见陈澔《礼记集说》卷四,凤凰出版社,2010年,第169页。朱熹在《朱子语类》卷八十七中两次提到此事,但态度有所不同:一方面,当弟子质疑《礼运》"似与老子同",朱熹承认此篇"不是圣人书",也不可能如胡寅所言是子游所作,因为文义过于"浅";但另一方面朱熹又认为三代不如上古之说"有理"(中华书局,1986年,第2240页)。

⑨ 关于《唐制度纪纲论》对唐太宗执政得失及道德动机的分析有大段论述,详见该文第三部分。

⑬ 吕祖谦:《东莱吕太史别集》卷七《与朱侍讲》,《吕祖谦全集》第一册,浙江古籍出版社,2008年,第412页。

⑭ 《叶适集》,中华书局,2010年,第258页。

⑮ 王宇:《道行天地:南宋浙东学派论》,中国社会科学出版社,2012年,第206—209页。

⑱ 魏了翁:《鹤山先生大全文集》卷一百〇四《周礼折中》,四部丛刊本。

⑲㉑㉒ 黎靖德编:《朱子语类》,中华书局,1986年,第2966、1847—1848、988页。

⑳ 此条语录的记录者为沈僴(字庄仲),系于庆元四年(1198)所录,参见方彦寿:《朱熹书院与门人考》,华东师范大学出版社,2000年,第206页。

㉓ 黎靖德编:《朱子语类》,第2180页。记录者仍为沈僴,系于庆元四年所录。

㉔ 版筑居主人:《止斋先生奥论·凡例》。

㉕ 王宇:《永嘉学派与温州区域文化》,中国社会科学出版社,2007年,第188页。

(原载《浙江社会科学》2021年第2期)

征文选刊

薛季宣生平、思想渊源与思想价值

陈安金

20世纪40年代初,史学大师陈寅恪先生就曾经说过:"华夏民族之文化,历数千载之演进,造极于赵宋之世。后渐衰微,终复必振。"著名历史学家邓广铭先生更认为:"宋代是我国封建社会发展的最高阶段,两宋期内的物质文明和精神文明所达到的高度,在中国整个封建社会历史时期之内,可以说是空前绝后的。"[①]他们所说的尽管是指整个赵宋王朝,但是,如果没有南宋的建立,宋代文化就不可能得到较好的继承和发展,从这个角度上来说,上述两位史学前辈所指的宋朝,主要当指南宋。因此学术界普遍认为,南宋的建立,加快了中国文化重心南移的历史进程,并最终确立了南方中国文化中心的地位,以至于在此后的八百多年间这一形势再未逆转。

南宋亦是中国儒学在应对隋唐佛学挑战之后的重建期,韩愈在唐代就提出的重建思想权威问题在宋代开始发扬光大。从张载的"关学"、二程的"洛学"、王安石的"新学"到陆九渊的"心学"以及"金华学派""永康学派""永嘉学派"等浙东事功学派的出现,一直到朱熹"道学"的形成并确立其思想与知识权威,这整个过程就是中国古代知识阶层重新确立其终极观念,通过表述知识、思想与信仰系统,建构政治与伦理秩序的过程。永嘉学派的出现,特别是薛季宣制度新学的创立只是这个探索过程中的一条支脉,但他依然代表了中国传统知识分子的一种性格,他所倡导的义利并重的实用功利精神也应当作为中国传统文化的精髓予以继承。

薛季宣在南宋前期的儒学史上,是一个十分重要的人物。作为当时浙东学术的佼佼者,他实现了永嘉学术由性理之学向事功之学的转向,创立的经制之学开启了陈傅良、叶适等人的思想学术,并且对朱熹、陈亮、吕祖谦等人产生过不可忽视的影响。但对于这个开创性的思想人物的研究却一直被学界忽视,目前的研究还很不充分。

一、薛季宣生平事迹

薛季宣(1134—1173),字士龙、士隆,又称艮斋先生,南宋温州人。薛季宣祖居河东(今山西一带),后迁徙至福建长溪(今福建霞浦)廉村。到唐时又自廉村迁到永嘉(今浙江永嘉)。薛季宣出身于官宦之家,其高祖薛元礼以及曾祖父薛痒都未曾做官,祖父薛强立读书做官考取功名逐渐步入仕途,曾官至江宁府观察推官,累赠左光禄大夫。叔父薛嘉言,官司封郎中。叔父薛昌言,官婺州通判。伯父薛弼为政和二年(1112)进士,绍兴初曾任岳飞军中参谋官,历荆湖南路转运判官、尚书左司员外郎等职。薛季宣之父薛徽言为建炎二年(1128)进士,从学于胡安国。绍兴初年,以监察御史宣谕湖南,后迁至起居舍人,以反对秦桧求和误国而出名。

宋高宗绍兴四年(1134)薛季宣出生,宋高宗绍兴七年(1137)永嘉学派的另一位著名学者陈傅良(1137—1203)出生,师从郑伯熊、薛季宣,传永嘉之学。与薛季宣是良师益友关系密切,永嘉学派以薛季宣为先驱,而后又傅良发扬光大。此二人对永嘉学派的发展起到了至关重要的作用。宋高宗绍兴九年(1139),薛季宣六岁时,父亲薛徽言因不满秦桧求和政策,引义固争,结果中寒疾去世,后不久母亲胡氏相继去世,这一年是薛季宣人生中的重大转折。"时秦桧与金人议和,徽言与吏部侍郎晏敦复等七人同拜疏争之。一日,桧于上前论和,徽言直前引义固争,反复数刻,中寒疾而卒。高宗念之赐绢百匹特与遗表恩。"[②]薛季宣在父母去世一年后就跟随伯父薛弼宦游各地,在游历过程中,他对南宋初年的抗金事迹有了了解,并且喜欢听老校退卒讲述岳飞、韩世忠等抗金名将的故事,薛季宣的爱国思想在这一时期得到了培养,使其以后逐渐成为主张抗金的主战人士。

乾道九年(1173)四月,薛季宣解任湖州改知常州,但未上任,回到永嘉故里,是年七月卒于永嘉,后葬于永嘉县吹台乡慈湖之原。[③]

二、薛季宣思想渊源

就薛季宣学术思想渊源而言,古今众多学者大都指出了他与二程洛学的联系,认为薛氏学术源自洛学,并经过较为系统的改造逐渐自立门户而成一家之言。但是,学者们对于薛季宣与北宋儒学传统之间的整体关联研究较少。这个传统不仅包括理学的思想潮流,还包括历史上声势显赫的王安石新学、苏轼蜀学等流派。薛季宣不仅受到二程洛学的影响,而且与王安石新学以及苏学颇有渊源。这些学术流派所共有的经邦济世之学术思想,通过不同渠道逐渐转变为薛季宣思想中的事功精神。薛季宣既继承了洛学和苏学的仁义中道等儒家义理原则,也充分吸收、融合了两者思想中实践性的理论因素。对王安石学术思想的考察以及其政治生涯的反思,则促进了薛季宣对儒家道德义理的认识,深化了有关政治改革的理解。至薛氏生活的高宗、孝宗时期,上述思潮在思想界此消彼长,十分活跃,共同塑造了薛季宣丰富深刻的精神世界。

(一)洛学对薛季宣思想的影响

薛季宣受洛学影响主要来自三方面的内容:首先是二程洛学门人袁溉,其次是其父薛徽言,最后则是传播洛学和关学的永嘉九先生。薛季宣的父亲薛徽言师从胡安国,薛季宣曾在给朱熹的信中说:"先子舍人尝从文定胡(安国)先生学。……窃不自量,念弓冶之将坠,痛策驽钝,料理书业。"[④]但由于薛徽言早逝,因此薛季宣受家学影响并不大。在薛季宣求学阶段对其影响较大的当属其老师袁溉。袁溉很早便拜于程颐门下,后又得四川薛富顺的点拨,成为程门下的别派。袁溉学识广博,是个"自六经百氏,下至博弈、小数、方术、兵书,无所不通"[⑤]的学者,在湖湘地区颇负盛名。清儒黄百家在《宋元学案·艮斋学案》按语中说:"季宣既得道洁之传,加以考订千载,凡夫礼、乐、兵、农,莫不该通委曲,真可施之实用。"薛季宣通过岳父孙汝翼拜袁溉为师,跟随袁溉的学习奠定了薛季宣思想的基础。在袁氏的悉心教导下他较为系统地接受了洛学,我们对此进行逐一分析。

首先,薛季宣决定师从袁氏接受洛学的熏陶,在当时是有一定历史背景和目的的,并非仅出于思想的偏好。由于父亲反对宋金和议并因此而亡,又因为当时秦桧一派掌握朝中大权并且秦桧本人倾向于王学，所以在思想界也在排除异己。薛季宣也不免遭到秦桧势力的迫害和排挤，生活上一度孤立无援。少年时期生活上的艰苦以及后来步入仕途时政治上的不得志，激励着他继承父亲的遗志，潜心研究修身治国之学问，而当时洛学一派出于政治上的种种原因不能得到重视，因而薛季宣慢慢开始接受洛学的洗礼。当时秦桧总揽朝政，禁止洛学的传播，迫害洛学门人，在一定程度上压制了当时士人的学术思想自由，薛季宣对此现状甚为不满。他特别在《袁先生传》里曾提到老师袁溉为保护洛学门人而死里逃生的经历，由此可以看出，当时洛学一派与朝廷执政党人之间的深刻矛盾。正是在这种情形下薛季宣决意拜袁溉为师傅，一则通过选择洛学来表明薛氏对洛学学术的认同；二则，洛学乃学术领域之大宗却受如此之迫害与冷漠，此时选择洛学正是透过思想上的认同来表明他试图反抗的强烈意志，以排解内心的苦闷与惆怅。所以，薛季宣选择洛学既符合其父薛徽言的师承学术背景，亦包含了其对时势的态度以及确立思想认同的象征性的意义。当然我们讲薛季宣选择洛学固然受到当时学术氛围以及政治气候的影响，但是我们换一个角度来思考薛季宣之所以选择洛学而非其他学派也是跟洛学本身的学术思想有关。洛学自二程创立以来到南宋时已历经数十年，洛学门人遍布天下，在他们的努力下，洛学的学术思想在知识界根深蒂固、枝繁叶茂，历代学者皆有品学兼优之士，因此在这里我们不妨以洛学为主线来分析一下。在引导薛季宣接受洛学的时候，袁氏把洛学的认识论以及方法论的一些相关基本观念和理论，比如天理观、大中之道、心体观等，都一一传授给了薛季宣。薛季宣亦曾试图整理二程的语录，以便自己学习和后人阅览，但最终因文献繁多、力不从心而作罢。由于当时南宋王朝所面临的诸多问题，他告诫弟子，对待二程的语录不能只是口头背诵，一定要领会其中的义理。薛季宣开始以事功来解释和分析义理，对洛学有所继承并扬弃了相当一部分。他学成之后也经常教导自己的学生要注重学习关系国计民生的学问，不要空谈义理。在洛学门人中袁溉是属于博学多才类型的学者。他学问涉猎较为广泛，在《易》《礼》方面造诣颇高，这就直接启发了薛季宣学术思想的发展方向。他概括袁溉的学术造诣："先生学自六经百氏，下至博弈、小数、方术、兵书，无所不通，诵习其言，略皆上口，于《易》《礼》说尤邃。"⑥

实际上他自己也继承了老师的这个学术特点,他"自六经之外,历代史、天官、地理、兵刑、农末,至于隐书、小说,靡不搜研采获,不以百氏故废。尤邃于古封建、井田、乡遂、司马之制,务通于今"⑦。在义理观问题上,袁溉认为"学者当自求之,他人之言善,非吾有"。薛季宣对这种强调道德思考自主性的看法深表认同,立志"终身诵服斯语"。但是这种说法其实隐晦地表达了薛季宣对于义理关系讨论的低调态度,而更多的是导向"默而识之"的道德践行观。此后薛季宣曾批评乾道年间的道学论辩风气,指出"义理之说不必深究"的观点,即以此为渊源。

薛季宣的思想方向也受袁溉的影响,更多地关注国计民生的学问而非空谈义理。这一点后来受到许多理学家的责难,认为他背离正统,有沦为异端的危险。还有一点我们不得不注意,袁溉思想中的事功意识,与其经邦济世的理想,成为薛季宣事功思想与精神特质的来源之一。薛季宣曾指出,"尝闻先生言,盖尝以所学篆一文字,凡四类,曰理,曰义,曰事,其一今忘之矣。"⑧薛季宣说先生(袁溉)学术分为四类前三类均记忆犹新唯独最后一类薛季宣声称遗忘了。此处不免使我们产生怀疑,以薛季宣之博闻强记,如此关键的纲要怎能遗忘,这一点着实很难以让人相信。在此我们不妨大胆猜测一下,按照上述三类的划分,第四类极有可能与事功思想有关。薛季宣称自己忘记,似乎与当时的政治气候有关。我们的猜测是否属实在这里尚且不论,就以现有的材料可以看出袁溉对于薛季宣的人格影响以及学术方向,追求经世事功的精神是很明显的,这从他对袁溉的评价当中也可以反映出来。他说袁氏文武兼济、积极实践,称他是"言行文章皆足为世楷式"的"君子儒"。因此,薛季宣一贯强调学术与经世的统一,此种事功精神成为支配其一生的学术精神特质,也使他有别于朱熹一脉的洛学传人。此外,袁溉和薛季宣曾相约入川搜寻二程遗书,后来由于二人在蜀中错过,未能得偿所愿。根据陈亮的记载,程颐曾经撰写有关礼学方面的著作,因故散落在蜀中民间,袁溉可能收集到此类图书,在详加研读之后有所收获。但是薛季宣却出于客观原因失去学习程氏礼学的良机。上述情况如若属实,也从某一方面可以作为薛季宣思想偏离洛学的历史证据。薛季宣对洛学思想的继承对于探寻其学术上的洛学渊源具有十分重要的意义。就经典的诠释和思想构建的关系来说,薛季宣非常注重《大学》《中庸》《论语》和《易传》等相关的儒家经典,他的《大学解》《中庸解》当是其经制思想的理论纲领。他曾告诫其弟子陈傅良,"史书、制度自当详考,不宜造次读过。《中庸》《大学》《系传》《论语》却须反复成诵,勿以心凑泊焉"⑨。我们常常将注意力集中在薛季宣对于制度和史学的研究上,对其义理基础着墨不多,殊不知这个基础是建立在经典解释上的。尽管薛季宣对于道学运动盛谈《大学》《中庸》义理表示过不满与担忧,但其思想体系的理论基础仍是以此为核心的,这些都反映了薛季宣的学术思想与洛学有深刻的渊源。

洛学对薛季宣的影响主要体现在其哲学和政治思想上,薛季宣在继承洛学的前提下对其理论进行了独特诠释,形成了自己的理论特色,继而开创了追求事功精神的永嘉一派。

(二)王安石新学对薛季宣思想的影响

在学术发展的过程中,学派之间为求生存,进而排挤其他学派是一种较为普遍的历史现象,特别是王安石新学作为北宋中期儒学复兴运动中的主流学派,不仅被视为代表孔孟思想的正统学派,而且为天下士人所追崇。无论是王安石本人还是新学都对南宋士大夫的思想文化产生深刻影响,这一点在余英时有关朱熹的论著中有所涉及。虽然南宋前期对王氏的严厉批评导致其政治地位的逐渐没落,但新学的思想魅影仍然盘桓在当时的知识界、思想界并产生持续影响。还有一点我们必须认识到,包括洛学在内的其他学派为扩大自己的影响力,传播自己的学术思想,就必须取代新学的地位,这一点在理学对新学的批判上表现得极为明显。南宋理学家对王安石新学的批判,主要表现在两个方面:一是把新学视为异端邪说,标榜理学为继承孔孟绝学的正宗;二是理学家将新学视为破坏祖宗法度北宋亡国的理论根源,极力批判。然而理学家对新学的批判似有不妥之处,也给南宋社会发展造成了一定的消极影响。在"法祖"的旗帜下,南宋王朝上至君主下至百姓因循守旧,在政治和文化生活中到处弥漫着保守主义。

薛季宣身处这种氛围中,在学术上自然无法回避新学的影响。薛季宣对于王安石的评价可以从两个方面来说明:对于王安石本人的才华,薛季宣是持欣赏或者赞美的态度,但是对于王安石变法,薛季宣则是持批评的意见。这里我们举两个例子。在薛季宣的诗《读〈舒王日录〉》中曾这样写道:"立志嘐嘐必致君,四方观听一时新。周道大备骊戎变,流俗原来不误人。"⑩

前两句同情王氏的变法动机,也肯定它起到一定的良好效果,这也是出于薛季宣对王安石新学当中部分内容的认同;后两句则批评王安石变法不重视舆论,王安石极力建议在"朝廷纲纪未立,人取向未一"的情况下强化君主权力以控制舆论[11],因此,在北宋王朝文化上所谓的"一道德"的背后,实际上是用政治权力来笼罩文化权力,用统一的思想秩序来消除思想界混乱的秩序。这样的主张使王安石受到很多来自士大夫阶层的批评。而且自王安石变法开始,赵宋王朝便一直存在着新旧两党的斗争,所以在学术思想上的斗争也掺杂着很多政治因素。薛季宣在《召对札子二》里,也非常惋惜变法没有解决政府弊政:"臣窃怪近世治不及古,自朝廷至于郡县,皇皇财用,弊弊焉常患其不给。百姓睃肌及髓而日以益盛,虽有卓荦之士,遇有为之主,得时得位,其所设施,终无以救其万分。"[12]虽然变法并未取得成功,但王安石仍被视为"卓荦之士"。

王安石新学对薛季宣学术思想的影响主要体现在薛季宣对王氏政治思想的反思与实践上。

首先,薛季宣坚持中道的道德原则不变,在君主修身立德方面扬弃了王安石儒、法杂糅的思想。薛季宣的《策论二十道》第十二道讨论君主如何避免被奸臣蒙骗,这个问题的灵感显然来自王安石的《三不欺论》。王安石在文中讨论了道德、智慧和武力三种统治方式的相互作用以及他们之间的相互关系,认为君主应该综合利用德、察、刑。而薛季宣认为道德的力量远远高于后两者,关键就在于君主是否能够任用坚持儒道的士大夫,虚心采纳群臣建议,这样就可以有效地防止奸臣当道。薛季宣告诫君主应该严格以儒家义理作为执政指导原则,必须不断反思,警惕各种异端思想的蛊惑。薛季宣就曾批评了王安石变法扰乱君主心性,造成消极的后果。他在《书古文训》中这样写道:"彼诪张之人尽能变异名实,以夺人之视听,移人之心志。至诵六经之语,文其奸言,学之有师,言之有章。世主喜听之,而先王之典刑用以颠覆,小大之民不得所欲,而心之违怨、口之诅祝不期而起。"[13]王安石重视权术刑罚,薛季宣则加强了道德义理的重要性。

其次,就政治法度而言,二人都格外依据经典,且非常重视《周礼》。在对政治体制的改革和国计民生的谋划上,他们的旨趣是较为一致的。不过,薛季宣在采纳其思想时对王氏的不足也有所纠正。例如,薛季宣认为变法并没有从根本上解决国家的积贫问题,关键的问题就在于没有治理存在问题的根源,即冗官和冗兵两大"害政伤财之本"[14]。因此他建议孝宗改革弊政,根据简易之道进行制度改革,据此解决问题。而且,鉴于王安石变法的历史教训,薛季宣希望改革还需照顾到人情舆论,务求稳健妥善。"与其张无职之官而紊政,养无用之兵而虚骄蠹国,人情不恤固当图之,况为之有道,将不至此乎!"[15]

如前文所言,在学术上王安石新学对薛季宣的影响是不可回避的,只不过薛季宣为人处世低调谨慎,二人之间的联系表现得较为隐晦,这与当时的学术氛围有一定的关系。以二人现存的学术著作来看,这种联系主要从《尚书》经解中可以看出,王安石乃是薛季宣学术上一个隐在的对话者。后者的《书古文训》在许多地方对新学的观点持同意态度,并且或引申,或批评,显示出作者对新学的理解之深。虽然在当时学术界对王安石批评较多,甚至恶语中伤,但王安石的经世志向得到薛季宣的认同,其变法实践成为薛季宣政治思想的借鉴。薛季宣思想中儒家义理性的增强和对制度改革的深化认识,是在对王安石思想与实践问题的批判中逐渐形成的。王安石及其新学作为北宋儒学传统的关键内容,其对于薛季宣思想的影响毋庸置疑。

(三)苏学对薛季宣思想的影响

在宋朝前期的思想界,以苏轼为代表的苏学在洛学与新学的斗争较量中始终保持着较大的影响力。元丰八年(1085)宋神宗病死,北宋政局发生了巨大的变动。在宣仁太后的支持下,司马光出山纠集反对变法的各派势力,不仅推翻新法,还不遗余力地打击新党,以恢复旧制法度。但是这个反变法联盟却未能长久存在,司马光死后便分裂为三派——以苏轼为代表的蜀党、以程颐为首的洛党集团和以刘挚为首的朔党集团。苏轼是当时学界的领袖,其研究涉及的范围十分广泛。无论在当时还是今日研究苏学的学者数不胜数。苏轼之所以受历代文人喜爱,与他的人格魅力和文学艺术成就是分不开的。正因为如此,对他的评论也不尽相同。虽然当时苏轼与程颐交恶,洛学与苏学门人互相攻击责难,但是在薛季宣看来苏轼却是儒家士大夫修齐治平之典范,一人通晓诸多学问,涉猎之广,成就之高,为薛季宣所仰慕。苏学的思想自然也成为薛季宣思想的重要渊源。

薛季宣极为仰慕和尊崇苏轼,苏轼豁达的胸怀和博大精深的学术功底使薛季宣甚为感慨。我们都知道苏轼的文学才能为世人所公认,而对于其政治上的作为则提及的较少。薛季宣就曾批评过这种偏见:"世传东坡工为文章,于政事盖无可述。诵其奏章,自可不攻而破。鹖鹦笑鲲鹏之大,亦何至哉!"[16]前文已指出薛季宣视苏轼为儒家经邦济世的典范,"取友百世上,古来独二士。陶固泉石人,苏则庙廊器。出处了无同,声名都自异"[17],可见薛季宣十分羡慕苏轼在各方面取得的成就,在他心目中苏轼就是士大夫建功立业的光辉典范。他当官后,在兴修水利、保境安民等很多实践活动中都借鉴了苏轼的经验。由于薛季宣师承洛学,而苏学与洛学在思想界也一直在争斗不休,因此有些时候不能公开畅谈他对苏轼思想的认同。这一点在《记梦》一诗里,薛季宣通过一段梦境隐晦地透露出自己思想意识中对于苏轼经世精神的认同。诗序云:"二月八日,夜梦侍东坡先生论靖康后事。走谓宗泽不死,朝廷少假事权。究其施为,国家决不至是。先生未答,坐中或相诘难。先生曰,是所谓弸抨然者。走问其说,先生曰,诗人与乐工言乐,诗人取琴鼓之,其声咿嘤然,乐工之琴弸抨然也。遂寤,不详何谓,作诗记之。"其诗云:"通梦周公不自欺,咿嘤无若太音稀。诗人伎子知谁在? 一枕邻鸡曙已晖。"[18]这首诗可能是薛季宣在武昌县令时所作,时值完颜亮南侵后,宋朝内部战和不定且与金朝处于胶着状态的时期。这首诗借梦表达了作者顽强的抗金意志和对时局发展不明所产生的迷茫心态。而我们在细读之下便可发现,薛季宣在梦中以弟子礼对苏东坡,并借其抒发己志,可见作者对苏轼有着不一样的感情。

正因为薛季宣对苏轼有着不同于他人的崇敬与仰慕之情,所以在他的思想里我们可以看到很多苏轼思想影响的影子。这里我们主要从哲学、政治方面来探讨苏学对他的思想的深刻影响。

在薛季宣的哲学思想中,我们可从本体论和人性论上发现一些苏学思想影响的痕迹。在本体论上,薛季宣认为道德抽象性难以用具体的语言来表示,而只能用"中"或"一"来代替。他重视从道与物的辩证关系中去领悟道的内在含义,透过其相互关系在其中的变化得以体现。薛季宣曾经不止一次地提出相关论述,"吾道贯一而无方"[19]"涵虚而无体曰命,通一而无方曰性"[20]"夫子之道廓如无外"[21],此种思想的表述,可明显看出苏学的痕迹。在本体论的认识上,苏学所提倡的道是世间万物的抽象总概念,相比洛学的

"天理",概念上更加虚化。薛季宣似乎并不介意在自己的思想中有这两种概念并存,可能是他并没有深究义理之是非。因而他对两者之间本体论上的内在冲突似乎并没有察觉。在他看来更为重要的是苏学道体论的观念可与他对"天理"的实践化过程互相强化,并共同强调了对于道器辩证关系中事物的积极意义。薛季宣思想中的"开物成务"宗旨,就是汲取了苏学中注重具象性与实践性的义理资源。

在人性论问题上,薛季宣比较倾向于苏轼与王安石等人倡导的原儒化取向,他们的倡导为薛季宣的思想基调提供了较为有利的氛围。与洛学相比,苏学既秉承孟子的性善论,又有很多不同的看法,对于高谈性理的学风有所保留。他们根据孔子的"性相近,习相远"意蕴,冲破了以善恶论人性的伦理本质主义的禁锢,对人性问题有自己独到的见解。薛季宣在人性论上与苏轼等人有着一致的取向,在苏学道论的影响下,他强调人性问题是难以通过言辞澄清其意义的,并据此批评孟子开启的人性善恶论传统。他主张通过对天命的坚定信仰和笃实的实践来体会人性的真正含义,而避免沉湎于一般的论辩。这种对于孟子及其洛学传承者的偏离,可以肯定地说主要是从苏学中获取动力的。

在政治思想上,薛季宣受到苏学影响也很大。苏轼主张在执政途径上不拘一格,并表现出"推阐理势"的思想特征,强调理想原则对于人情及事物之客观形势的调适。苏轼在《辩试馆职策问札子》中历述了他在仁宗、神宗、哲宗三朝的政治主张,仁宗因循守旧故步自封,所以他着重"劝仁宗励仅庶政,督查百姓,果断而行";神宗敢作敢为,励精图治,因而他则多"劝神宗忠恕宽厚,含垢纳污,屈己以裕人";元祐更化后,新法尽废,"多行仁宗故事",苏轼又强调新法"不可尽废",主张"参用所长"。也就是说历朝他都在唱反调,提出与当政者不同的政见。这主要是因为他认为:"圣人之治天下,宽猛相资,君臣之间,可否相济。若上之所可,不问其是非,下亦可之;上之所否,不问其曲直,下亦否之;则是晏子所谓以水济水,谁能食之?"苏轼认为执政者应当宽猛相资,可否相济,才能达到"圣人之治"。朝臣大都政见单调划一,不敢提出不同意见,这是于政无补的。薛季宣讨论政治上的中道,就体现出了苏轼道论的痕迹:"中不可以无方执也,体中尽变而不可以中议,亦无失中之害,此君子之时中而可大受者。"㉒薛季宣以此为理论依据,在论述经制之学时就特别兼重仁义原则和礼法制度,这些都不同于道学家们对于仁义伦理的绝对化态度。苏轼曾在《日喻》中提出"道可致而不可求",认为道学家应该在和世界万物接触的过程中把握道的意义,而不能脱离开这个过程强解求道。薛季宣进一步发展了这一政治思想,指出"德可致而不可求",认为君臣应该在同德协作的过程中达到良好的国度治理,舍此则不能实现治功。苏轼的《尚书》注解中集中体现了他的经世之学,薛季宣则在其《书古文训》中也多有借鉴。薛季宣强调政治的通变性,重视客观形势的因素,继承了苏轼的学说而又有所深化。薛季宣说:"道非一定物也,与时高下,而无胶柱之蔽,所以历万世而无蔽。知升降之道,则知随时因革之礼。政由俗革,则向之治道有不可施之于今者。"㉓当然,虽然薛季宣对苏轼之学借鉴甚多,但仍有许多不同之处。如在《康王之诰》中,成王未葬而康王就位,君臣冕服,苏轼认为这就有违礼制。薛季宣却指出:"知权时之变,礼宁得已邪!非亟正位以临诸侯,宁保商人之无武庚之变。丧君有君,而人情大定,是固周之长策。先王行礼宁拘拘然执于礼哉!"㉔他结合当时的政治形势,认为应该不拘泥于礼的形式,通权达变。苏轼坚持儒家的君臣义理之道,强调君主修身以德,大臣正君以德,薛季宣对此深表赞同。苏轼曾批评王安石的君主以道治国、以礼享受富贵的观点,主张君主应当勤俭节约,勤于政事。薛季宣亦曾道:"苏氏谓'人不怨谗而怨听者,又引韩非子说,所贵于有天下者,岂欲劳形苦神,身取逆旅之宿,口食盐门之养,手持臣虏之作,若尧禹哉!此不肖人之所勉,非贤者之务',以证诪张为幻,谓古之人无闻知者之证,是为得之。"㉕《高宗肜日》里认同苏轼对于祖伊诤谏商纣的评价,批评后世君主不能接受谏议:"苏氏称纣之恶不如是之甚,乃知祖伊之尽言不讳,汉唐中主之所不能容。纣虽不改,而终不怒,则后世人主有不如纣者矣。"㉖以反语来激励君主接受大臣的谏诤,提倡积极格君的政治作风。

综上所述,洛学、新学和苏学对薛季宣的思想均产生了多方面的重要影响。北宋儒学经世致用的普遍关怀通过这样一些学派的影响而成为薛季宣思想的基本精神特质。从洛学和苏学中薛季宣既接受了儒家仁义中道的基本理念,又充分吸收两者具象性和实践性的理论因素,形成了其经制事功之学的思想基础。在对王安石思想和实践的反思中,又进一步深化了其对儒家中道义理的确认与对政治改革的观念。因此,在追溯薛季宣思想渊源时,不应囿于他与单一学统的谱系追认,而应着眼于更加广阔的历史视野,这样才能更好地领会其学术思想的博采转益、自成一家。

三、薛季宣思想价值

叶适言:"昔周恭叔首闻程(颐)、吕氏(大临)微言,始放新经,黜旧疏,挈其俦伦,退而自求,视千载之已绝,俨然如醉忽醒,梦方觉也。颇益衰歇,而郑景望出,明见天理,神畅气怡,笃信固守,言与行应,而后知今人之心可即于古人之心矣。故永嘉之学,必兢省以御物欲者,周作于前而郑承于后也。薛士隆愤发昭旷,独究体统,兴王远大之制,叔末寡陋之术,不随毁誉,必撼故实,如有用我,疗复之方安在!至陈君举尤号精密,民病某政,国厌某法,铢称镒数,各到根穴,而后知古人之治可措于今人之治矣。故永嘉之学,必弥纶以通世变者,薛经其始而陈纬其终也。四人,邦之哲民也,诸生得无景行哉!"

全祖望指出:"永嘉之学统远矣,其以程门袁氏之传为别派者,自艮斋薛文宪公始。艮斋之父学于武夷,而艮斋又自成一家,亦人门之盛也。其学主礼乐制度,以求见之事功。"

黄宗羲说:"永嘉之学,教人就事上理会,步步著实,言之必使可行,足以开物成务,盖亦鉴一种闭目合眼,蒙瞳精神,自附道学者,于古今事物之变不知为何事也。"

薛季宣开启的永嘉之学是有鉴于空谈性命而不通古今事物之变的"自附于道学者"而发的,具有"就事上理会""言之必使可行,足以开物成务"之特色的事功之学。从此永嘉之学开始和程颐理学发生原则上的分歧,永嘉事功之学就由程门别派转而为独立学派。薛季宣制度新学的创立及其事功思想的形成,是时代的产物,也是永嘉学派的特色。

叶适在回顾高宗绍兴时期至孝宗乾道年间的历史时,认为有十位儒者在当时影响非凡,薛氏便居其一。就学术成就而言,薛氏实现了永嘉学术由性理学向事功学的转向,成为经制之学的开创者,得到吕祖谦、陈亮等人的一致推崇。其弟子后学,如陈傅良、叶适,又继往开来,在南宋思想界占据了突出的地位。就儒者的文化价值而言,薛氏的特殊之处在于积极地进行政治实践,于道学兴盛之际继续倡扬儒家的经世传统。但薛季宣的英年早逝是浙东学派,特别是永嘉学派的一大损失。吕祖谦曾经说过薛季宣对自己的整个学术体系"布置甚长",[27]不难想象,如果他再活二十多年,南宋思想界或许有一个截然不同的格局。淳熙八年(1181),郑伯熊去世,年仅五十八岁。永嘉学派的主要对话者朱熹,年长薛季宣四岁,比郑伯熊小六岁,庆元五年(1199)逝世时享年七十一岁。骨干人物的早逝,使得永嘉学派在乾道、淳熙年间走到了一个转折点。命运并没有因其对永嘉事功思想的开创性贡献而偏爱于薛季宣,恰恰天嫉贤才,在他生前之时,仕途失意,屡次待阙家乡,苦其心志,劳其体肤,物质上和精神上都没有使他有过多的依靠。但是生命的长度和道路的艰辛反而使其更加着力于对民生的思考和对国家前途命运的担忧,他所流传下来的事功思想不仅增加了儒家经世致用思想的厚度,使博大精深的儒学体系更加丰富,而且具有一定的实际效果和长远的历史意义。

作为薛季宣公认的门人,陈傅良只比老师小三岁,比郑伯熊小十三岁。尽管与薛季宣是一代人,陈傅良还是不得不扛起继承永嘉学统的大旗,和叶适一道,沿着"制度新学"和"不辩义理"的道路把永嘉学派推向与朱熹、陆九渊鼎足而三的地位。

作为永嘉学派制度新学的开创者,薛季宣的思想具有极高的理论价值,他涉猎广泛,学识渊博,《四库全书总目》在提要中曾这样形容他:"盖薛季宣学问最为渊雅,自六经诸史、天官地理、兵农乐律、乡遂司马之法,以至于隐书、小说、名物、象数之细,靡不搜采研贯。故其持论明晰,考古详核,不必依傍儒先余绪,而立说精确,卓然自成一家。于诗则颇工七言,极踔厉纵横之致。"[28]吕祖谦评价薛季宣:"世务二三条如田赋,兵制、地形、水利,甚会下工夫。眼前殊少见其比。渠亦甚有惓惓依乡之意。"[29]薛季宣主要的学术业绩就是整理《八阵图》《司马法》《九州图志》《十国纪年通谱》。他在经学方面的著作有《书古文训》《春秋经解》《论语直解》《古文周易》《论语少学》《周礼释疑》等。

薛季宣的学统来源于程门亲炙弟子从北宋到南宋的传承,周行己、许景衡等永嘉先贤的影响尤其是袁溉的教授,使他具有了正统的儒家学脉。[30]同时薛季宣充分汲取借鉴王安石新学、苏轼苏学的思想养分,在学理上创新开拓,将永嘉之学带入了一个全新的境界,终使永嘉之学的事功思想特质臻于明确完善,为永嘉学派作为一个独立的学派屹立于南宋思想界做出了巨大贡献。

参考文献

① 邓广铭:《谈谈有关宋史研究的几个问题》,《社会科学战线》1986 年第 2 期。
② 陈傅良:《止斋文集》卷五十一《右奉议郎新权发遣常州借紫薛公行状》,四部丛刊景明弘治本,第 328 页。
③ 本文有关薛季宣生平考证均参考杨世文先生所著《薛季宣年谱》。
④ 《浪语集》卷二十三《与朱编修熹书》,第 292 页。
⑤⑥ 《浪语集》卷三十二《袁先生传》,第 486 页。
⑦ 《薛季宣集》附录一,陈傅良撰《薛公行状》,第 615 页。
⑧ 《薛季宣集》卷三十二《袁先生传》,第 487—488 页。
⑨ 《薛季宣集》卷二十四《答君举书一》,第 313 页。
⑩ 《薛季宣集》卷八《读〈舒王日录〉》,第 90 页。
⑪ 《续资治通鉴长编》卷二一四。
⑫⑭⑮ 《薛季宣集》卷十六《召对札子二》,第 191、191、193 页。
⑬㉕ 《书古文训》卷十一,第 335、336 页。
⑯ 《薛季宣集》卷二十七《书单锷〈吴中水利书〉后》,第 366 页。
⑰ 《薛季宣集》卷六《读东坡和靖节诗》,第 64 页。
⑱ 《薛季宣集》卷八《记梦》,第 88—89 页。
⑲ 《薛季宣集》卷三十《论语直解序》,第 428 页。
⑳ 《薛季宣集》卷三十一《克斋前记》,第 459 页。
㉑ 《薛季宣集》卷十四《七届》,第 163 页。
㉒ 《书古文训》卷八,第 302 页。
㉓ 《书古文训》卷十四,第 359 页。
㉔ 《书古文训》卷十三,第 358 页。
㉖ 《书古文训》卷六,第 289 页。
㉗ 《薛季宣集》卷七《与朱侍讲》,第 16 页。
㉘ 永瑢:《四库全书总目》卷一百六十,清乾隆武英殿刻本,第 2691 页。
㉙ 吕祖谦:《东莱集》别集卷七,民国续金华丛书本,第 200 页。
㉚ 何俊:《南宋儒学建构》,上海人民出版社,2004 年,第 23 页。

戴栩及其思想研究
——兼论南宋晚期永嘉学派的衰微

陈安金　张　彪*

戴栩(生卒年不详),字文子,号浣川,南宋晚期著名温籍学者。全祖望(1705—1755)在《宋元学案》中言:"水心之门,有为性命之学者,有为经制之学者,有为文字之学者。"①"水心"即永嘉学派集大成者叶适(1150—1223,号水心),戴栩正是其"经制之学"的主要传承者之一。戴栩一生著述颇丰,《宋元学案》中载有《五经说》《诸子辩论》《东都要略》《浣川集》等多种,大多皆佚,仅《浣川集》流传至今。所幸的是,《浣川集》中收录了大量戴栩有关政治、民生、军事、教育等领域的经制主张,为研究其思想提供了较为丰富的史料。

目前,学术界对永嘉学派的研究虽已成果颇丰,但对南宋晚期永嘉学派的传承、流变仍语焉不详,对戴栩及其思想的研究可一定程度上弥补这一不足。

一

《宋史》并未为戴栩立传,其生平事迹散见于弘治《温州府志》《宋元学案》《四库全书总目提要》等典籍中。弘治《温州府志》载:"戴栩,字文子,溪(戴溪)族子,登嘉定第,为太学博士,迁秘书郎,出知临江府,改衡州,俱不及赴。久之,起为湖南安抚司参议卒。"②《宋元学案》载:"(戴栩)成嘉定进士,

---

　　* 张彪,温州大学人文学院研究生。

累官秘书郎、湖南安抚司参议官、太常博士。"《四库全书总目提要》载:"栩,子文子……永嘉人,登嘉定元年进士,为太学博士,迁秘书郎,出知临江军,不赴,后起为湖南安抚司参议官。"③比较明确的是,戴栩于宋宁宗嘉定元年(1208)中进士。《浣川集》中载,宋理宗绍定四年(1231),温州平阳新修县学,戴栩曾为之作《平阳新修县学记》,证明其去世时间晚于绍定四年。又戴栩在《御边札记》中言:"今残虏不足虑矣,近可虑者淮孽也,远可虑者鞑人也。"④"残虏"应指金朝残余势力,"鞑人"当指蒙古人,"淮孽"应当是南宋的叛逆臣民。《宋史·理宗二》载:"(端平三年)壬寅,大元兵破固始县,淮西将吕文信、杜林率溃军数万叛,六安、霍丘皆为群盗所据。"⑤"淮孽"极有可能指的就是这部分降蒙的南宋军队。可见,戴栩一生主要活跃于宋宁宗、理宗二朝。

南宋宁、理二朝日益恶化的内外形势,深刻影响戴栩的思想观念。

就外而言,金国威胁未去,蒙古已然崛起,外患日趋严峻。自北宋末期始,金国逐渐取代辽国成为北方强邻,双方对峙近百年。宋宁宗时期,金国虽已衰微,仍在军事上对宋占有一定优势。而在宋宁宗嘉泰四年(1204),铁木真(1162—1227)已经统一蒙古诸部,并于开禧二年(1206)建立蒙古汗国,《元史》载:"元年丙寅,帝大会诸王群臣,建九游白旗,即皇帝位于斡难河之源,诸王群臣共上尊号曰成吉思皇帝。"⑥1234年秋,蒙古灭金后,元太宗窝阔台(1186—1241)便"议自将伐宋",随后派遣"皇子曲及胡土虎伐宋"。蒙军攻伐的铁蹄开始踏上了南宋国土,积贫积弱的南宋转而开始应对这个更强的敌国。

就内而言。政治上权相用事、党争不绝。宋宁宗即位后,韩侂胄(1152—1207)因"翼戴之功"而走进权力中枢,逐渐权倾朝野。《宋史》载:"侂胄用事十四年,威行宫省,权震寓内。"嘉定元年,史弥远(1164—1233)升任右丞相,继韩侂胄之后擅权于朝。《宋史》载:"(史)内擅国柄,外变风俗,纲常沦,法度堕驰,贪浊在位,举事弊蠹,不可涤濯。"即史弥远当政期间,士风日下,纲常沦丧,法度废弛,贪腐成风。为争权夺利,权相往往控制台谏,结党营私,攻讦异己。著名的"庆元党禁"便是权相韩侂胄为打击丞相赵汝愚(1140—1196)及其支持力量而制造的政治事件。经济上因战争频仍、自然灾害多发及政策不当而致财政入不敷出、通货膨胀严重。从宋宁宗开禧元年(1205)起,南宋相继与金、蒙古之间爆发了长期的大规模战争,庞大的军费开支、历次战败后的巨额赔款及将帅的贪腐,致使宋廷财政日益紧张。时人王迈(1184—1248)言:"方开禧之开边以误国也,增造之数至于一亿四千万,比之前时凡数倍矣。绍定之养奸以耗国,增而至于二亿九千万,方之开禧抑又倍焉。……朝廷竭天下之财力以养兵,只为主帅刻剥之资、权门厚积之助……总今日之数,较之嘉定己卯间,增至二十八万八千有奇,是岁中之费兵居其六五。"⑦为缓解财政危机,宋廷增造楮币(纸币)一亿四千万,引发严重的通货膨胀,"楮由此而日轻,镪由此而日匮"⑧。频繁的自然灾害更加剧南宋的经济危机,"天灾旱,昔固有之,而仓廪匮竭,月支不继,上下凛凛,殆如穷人,昔所无也;物价腾涌,昔固有之,而升米一千,其增未已,日用所需,十倍于前,昔所无也"⑨。天灾的肆虐以及国家粮食储备的严重不足,致使物价横飞,财政几近崩溃,民生凋敝,社会矛盾日益激化。百姓"或转于沟壑,或转去乡井,或群聚借粮,或肆行剽掠"⑩。文化上,因政治黑暗、国势日颓,南宋士大夫一改宋高宗、宋孝宗时期"报仇复疆"的积极进取面貌,普遍转向消极避世、清谈度日。魏了翁(1178—1237)言:"(时之学子)以渔猎为学问,以缀缉为文章。"⑪周密(1232—1298)言:"世又有一种浅陋之士,自视无堪以为进取之地,辄亦自附于道学之名,褒衣博带,危坐阔步。或抄节语录以资高谈;或闭眉合眼号为默识。而扣去其所学,则于古今无所闻知,考验其所行,则于义利无分别。"⑫理学末流以道学之名自附,不尚践行,或背诵语录以高谈性理,或闭目养神以默识修身,尚虚而不"务实",学风日渐空疏。综上,南宋衰亡之态已显,渐至不可逆转。

戴栩忧于南宋"内不能修政、外不能御敌"的困局,立志尽忠报国。他说:"窃亦有志于事功,区区报国之忠,每欲自竭而恐无益于时。"⑬他没有被当时消沉空疏的士风学风所浸,承继了永嘉学派务实事功、积极进取的优良传统,对社会现实进行了深入反思,提出了一系列思想主张。

二

明代温籍学者王瓒言:"(戴栩)少师水心叶适,得其旨要。"⑭即戴栩深得叶适事功之学的精髓,敏锐地捕捉到了时局骤变之际国家和社会面临的核心问题,及时于政治、经济、军事、教育诸领域提出了务实而有创造性的思想见解。

政治上,戴栩主张去朋党、立信义、用贤能。首先,劝谏宋理宗警惕朝中大臣结党营私,指出此不正之风会导致言路堵塞、官员的选任升降失乎公正,甚至权臣谋篡乱政。他上书皇帝言:"所恃以耳目者风宪之职而已,间有背公徇私,窃弄威柄,尺牍所驰,辕门铃阁无日无之。""营求嘱托如裨校之补升、橡属之辟荐,主将州郡能顺适其意。则过虽山积,且曲为之地,尚奚为陛下告哉!"⑮。戴栩还举唐文宗时期的朋党之祸警示宋理宗,望其尽快革除朝中朋党之患。权臣乱政、结党营私一直是南宋之痼疾,单宋理宗一朝,史弥远弄权便为祸甚巨。其次,戴栩强调朝廷立信义。他言:"(朝廷)号令所出,朝更而夕变",对朝廷政令"朝令夕改"的现象表示不满。宋对于金、蒙之外交协议及战和计议常朝令夕改,使得宋在外交及御敌两端常陷入极端被动的境地,也导致军心民心不定。最后,主张任用贤能。他言:"(朝廷)除授所加,倏佞而忽贤。"朝廷长期以来,重奸佞、远贤能,造成奸臣当道、士风日下,故主张任用贤能。

经济上,戴栩主张革除弊政、"惠民以实"。宋理宗君臣虽大兴理学,鼓吹以民为本,但却并未真正去关心百姓疾苦、施行利民实政。戴栩于此痛心疾首,苦心劝谏皇帝:"陛下所恃为攻战者将非吾兵乎?所恃为保障者将非吾民乎?"戴栩列举了当时朝廷及地方种种弊政给百姓带来的灾难:"自内郡达于沿边州县,朘剥尤为苛峻。苛税之重输,赃罚之过倍,楮弊贴入,自为折阅,而茗盐酒曲,动至破家。甚至和籴城筑之类,科抑百端,朝廷虽给本费以巨万计,反卷席而藏之,而陛下之民怨矣。"⑯苛捐杂税繁多、各级官员盘剥过重、滥发楮币导致通货膨胀、大兴土木滥用民力等,百姓生活困难、怨声载道。因此,戴栩建议皇帝大力整顿内政,真正予民以实惠。在戴栩的为政实践中,也将"惠民以实"的思想主张付诸行动。他为官于定海时,发现法令规章与现实不符,主张因现实情况而变,惠民以实。他说:"盖区画议论之初,本皆以美意为之,及其思虑微有不同,则奉行益讹而实利不及于民矣。"⑰南宋将百姓之家分为三等,能自足者为天字号,可不需卖财货亦不接受救济;其次为地字号,可卖出财产以获取粮食;再次为人字号,接受政府救济。戴栩认为此举不可,"若以粗有田产业者为地字号,鳏寡孤独疾病乏不能自存者为人字号"。因为战乱和天灾，田地未种，非实有田产之利，而从事工匠、贩运之人，虽无田产，实为地字号而非为人字号，有鉴于此，戴栩主张"使人字者五日一济，地字者十日一济，去赈粜之虚名而使民有赈济之实惠"[18]。

从戴栩《定海劝农文》中，我们亦可看出其"惠民以实"的民生思想。其言：

> 农不待劝，而所当劝者去其害农而已。乡间里闬，务相辑睦，一语不酬，动成睚眦，则斗争之俗宜革也。田产宅区，各保分界，彼此炸虞，自为畦畛，则侵冒之习宜屏也。积居屯贷，懋迁有无，左右罔利，则人皆贱之，谨勿以垄断为也，卢室与马，服食器用，好奢无法，则蚌或萃之，谨勿以掘闻为也。田家作劳，斗酒自适，维沉维湎，盍防厥微。婚姻以时，男女有别，维淫维佚，盍杜厥渐。若其弈博敓攘，嚻玩冥谆，我民其必不尔，盍亦谨之察之。凡兹数者，万几一焉，则丽于辟，闵于有司，恫瘝于厥身以及其家，而所以害农者蕃矣。[19]

戴栩并不空言徒劝百姓精耕细作、勤勉务农，而是深入了解了妨害农业生产的种种因素，如邻里不和、地界宅区侵占、囤积垄断、奢靡之风、男女关系混乱等，由此对症下药，切实解决了限制定海农业发展的各种不利因素。

军事上，面对新的军事形势，戴栩主张有针对性地加强战备、积极防御。针对"忠义军"的反叛问题，戴栩言："稍拂其意，则起而杀官吏，焚城郭，暴骨草莽，积聚为之荡然。"[20]针对这一问题，他主张"不先事以激变"，同时加强防备、严肃法纪。"陛下与大臣务为恩言以存其始终，申敕制阃，为之常备，俟其有变而诛之。"恩威并施，方能真正驯服"忠义军"。针对蒙古的军事威胁，戴栩提出了一系列积极的防御策略。在"鞑人扰我边陲，西起巴蜀，中经襄汉，东并淮泗，横亘数千里"的局势下，戴栩主张"当精间谍以伺之，不可听其自为来去也"[21]。蒙古骑兵强劲，来去快捷、勇猛，以间谍探听其动向，伺机攻击。同时，戴栩敏锐地捕捉到蒙古的进攻不只来自陆上，也可能来自海上，主张加强海防。他说："窃见温、台、明、越海道所接，实为切要。"认为温州、台州、明州、越州临海，实属海防重地。"海道之近于山东者，不可不为之备。明、越尤为重镇，若温、台则素无兵备守令，自财赋期会之外，未曾过而问焉。"㉒他认为温州、台州、明州(今宁波)等地近海,蒙古大军极有可能自山东登船入海而入侵这些地区,而这些地区普遍守备力量薄弱。故此,他建议宋理宗密渝守臣,"凡军备之未饬,饬之;军额之未补者,补之。私贩竞渡之酋,乡豪雄长之辈,皆阴籍其姓名,使卒以应仓卒之用"。加强对军备器械的修整、防御人员的管理,以备不时之需。

教育上,戴栩主张"学以行世"。首先,强调为学的重要性,他说:"夫明智之士类以学为饰治之具,不可废也。"又言:"余闻教人莫切于行,行者日可见之行世也。"重视学习的治世功能。其次,在教学方法上,主张为学应举一反三、触类旁通。他说:"天下事物无穷,而莫不有定理,其本末有伦,先后有序,惟事事物物,求其至焉。一理既通,触类旁通。"再次,强调理论学习与实践相统一。他说:"今陛下精一之谈而不绝于口,危微之旨日陈于前,然尊所闻、行所知者鲜矣。"批判了当时割裂知、行关系的空疏学风。最后,在教学内容上,戴栩重视"经世之学"的教授。他言:"今自天子之学达于州郡,其师儒之官不过文义往来,而其可见行于事使人靡然心化者,影响不接也。"又言:"与群士讲论经谊,必不必仅为章句而已,指受文律,必不至仅应格程文而已。"㉓呼吁士子注重对经世之学的研习。

戴栩上述思想主张皆是针对南宋所面临的内外困境提出的,可谓有的放矢,与理学末流一味"清谈危坐,卒至国亡而莫可救"形成鲜明对比,"水心之学"务实、事功、变通等思想特色在其中体现得十分鲜明。

三

目前,学术界对南宋晚期(叶适之后)永嘉学派的传承、流变仍语焉不详,大部分学者研究至叶适就戛然而止,如周梦江的《叶适与永嘉学派》一书仅仅考略了叶适门人,并未深入探讨该群体的学术思想㉔;陈安金、王宇《永嘉学派与温州区域文化崛起研究》一书对永嘉学派学术史的叙述从叶适直接跳到了晚清㉕;陆敏珍在《宋代永嘉学派的建构》一书中认为,"叶适后学各有所取,无所统一,致使永嘉学派在宋代之后缺乏连续性"㉖,但并未对这一结论作进一步的阐述;王宇的《永嘉学派研究》一书对南宋晚期永嘉学派的叙述也仍停留于叶适门人的分化与异化,且笔墨较少㉗。虽以叶适门人后学来替代当时的永嘉学派有些勉强,但也能一定程度上反映出这一时期学派的发展状况——渐趋衰微。

这种衰微主要表现在学派分化、再未出现如陈傅良(1137—1203)和叶适般有广泛而巨大影响力的大思想家、事功思想再难创新等几方面。

首先,叶适之后,永嘉学派走向分化。据《宋元学案》《叶适集》等文献资料所载,叶适门人有名可考者共55人,传承其经制之学者三不足一。叶适门人的分化一定程度上反映出了这一时期永嘉学派的分化。一般认为,经制乃永嘉学派事功思想的主要内容。永嘉学派在经制之学层面的卓越建树,也是其得以与朱熹理学、陆九渊心学鼎足而三的重要原因。叶适门人中经制之学传承者的消减,便是永嘉学派走向衰微的重要表现。

其次,永嘉学派再未出现如陈傅良、叶适般有广泛而巨大影响力的思想家。陈傅良一生著述等身,于科举时文写作、儒家经典阐释、经国济世实策探研诸端均颇有建树,《八面峰》《周礼说》《春秋后传》《左氏章指》《历代兵制》等著作颇为当时后世所推重。叶适《水心文集》《水心别集》《习学记言序目》等著作,对南宋经济、军事诸领域相关问题皆有深刻见解与周密应对策略,对儒学经典的研讨亦在中国经学史、哲学史上占有甚高的地位。陈亮(1143—1194)赞陈傅良为"儒者巨擘",全祖望赞叶适与朱、陆两派鼎足而三,不仅表达了当时后世学界对陈、叶二贤道德文章的认可推重,亦反映出了这一时期永嘉学派的鼎盛状况。然在叶适之后,永嘉学派的发展状况急转直下,学派传人中有著作传世者寥寥无几,比较重要的如戴栩著有《五经说》《诸子辩论》《东都要略》《戴博士集》,叶绍翁(1194—1269)著有《四朝闻见录》《靖逸小稿》《靖逸小稿补遗》,陈埴(生卒年不详)著有《禹贡辨》《洪范解》《王制章句》等。无论学者本人抑或其著作,在学术史上大多寂寂无闻。叶适弟子中经制之学的主要传承者为周南(1159—1213)与戴栩,因周南早卒于叶适,戴栩便是在叶适之后传承永嘉学派经制之学的主要代表人物。四库馆臣言:"栩(戴栩)与徐玑、翁卷、赵紫芝等同里,故其诗派去四灵为近……至其文章法度,则本为叶适之弟子,一一守其师,故研炼生新,与《水心集》尤为酷似,中如《论圣学》《论边备》诸札子,亦复敷陈剀切,在永嘉末派,可云'尚有典型'。"然就前文对戴栩及其思想之分析,无论思想体系的广度还是思想深度,皆与叶适、陈傅良等有天壤之别,这也是永嘉学派走向衰微的重要表征。

最后,永嘉学派事功思想再难创新。叶适在《温州新修学记》中将"永嘉之学"要旨概括为"必兢省以御物欲""必弥纶以通世变"[28]。即永嘉学派事功思想涵盖内圣、外王二维,讲求义利双行,行本于仁义而功见于实事。观戴栩相关著述,确实展现了永嘉学派的事功思想精神,但在理论建构上并无新的贡献,进一步言,即在内圣之维几无创建。于外王之维,宋金对峙百年,永嘉学派几代学人在深入知己知彼的前提下,建构了完整而丰富的对金战守策略,这是永嘉学派事功思想的重要时代价值所在。历史演进至戴栩所处之时代,金蒙易代,强敌更替,旧的战守策略基本失效,而对新敌蒙古还缺乏深入的了解,因而难以提出切实可行的战守方略,这便是永嘉学派戴栩这一代在外王之维难以创新的重要原因。观戴栩有关抗击蒙古之言论,除呼吁重视边境防御、加强对敌侦察了解外,并无详细建言。

金蒙易代、权相结党乱政以及理学的官学化是南宋晚期永嘉学派走向衰微的三大主因。

宋金对峙持续百余年,宋人对金进行了长期深入的研究,并形成了周密的应对策略。尤其是以薛季宣、陈傅良和叶适为代表的永嘉学派,对南宋的政治、经济、国防诸领域均提出了较为完备的改革方略。开禧二年(1206)叶适在建康对金军入侵的成功防御,证明永嘉学派对金军事策略的实用价值。但薛季宣、陈傅良、叶适诸贤在"外王"领域的成就皆针对金国这一特定的对象或与金对峙这一时期,蒙古突然崛起并取代金国成为南宋北方新的敌国,使永嘉诸贤这些成就基本全部失灵。由于宋人对新敌蒙古还缺乏深入的了解,因此也很难做出周密应对。戴栩在这一问题上的见解便是直接体现。

南宋时期,党争不绝,犹自宋光宗朝起愈演愈烈。"庆元党禁"时期,陈傅良、叶适等温籍士大夫因为朱熹等理学人士仗义执言而被韩侂胄归于理学阵营加以打压。在党禁名单中,永嘉学派除陈傅良、叶适外,尚有户部侍郎薛叔似(1141—1221)、福建提举蔡幼学(1154—1217)、临安府知府徐谊(1144—1208)、校书郎陈岘(生卒年不详)、国子正陈武(生卒年不详)、国子监臣孙元卿(1130—1217)、太学生周端朝(1172—1234)等。韩侂胄死后,权相史弥远继之长期把持朝政,控制台谏,极力打击主战进取官员。"(史弥远)自韩侂胄死,凡豫与开边之役者,不原其人之本末,皆击去之。"㉙叶适便因多次受到韩侂胄的重用且明确主战而被以"阿附权臣,盗名罔上"的莫须有罪名弹劾罢官,其弟子门人也受到了排挤和打压。许及之(？—1209)、薛叔似(1141—1221)、陈谦(生卒年不详)、孙元卿、王楠(1143—1217)、曹叔远(1159—1234)等遭弹劾而免职。其中王大受(生卒年不详)、厉仲方(1159—1212)受迫害尤深,"弥远亦畏惧先生(王大受)之才气,命去袍笏,编置绍武","虽水心有所不免,而先生(厉仲方)竟以此死于邵州,君子惜之"㉚。此外,历经韩侂胄、史弥远两代权臣的重挫,永嘉学派元气大伤,并基本失去了施展才华的机会。如戴栩心忧家国命运、深研经国济世实策,但却报国无门,只能讨好史弥远,方才争得接近皇帝、上书进言的机会,却又因此而为士林所不齿。清四库馆臣言:"(戴栩)不应一时之内翻覆至于如是,岂非内托于权幸,外又附于清流欤？"㉛戴栩政界不得志、学界不认可的尴尬处境,正是这一时期永嘉学派处境的缩影。

宋理宗即位后,大力褒扬理学、重用理学人士。宝庆三年(1227),宋理宗下诏追赠朱熹为太师,追封"信国公"(后改封为"徽国公")。淳祐元年(1241),宋理宗再一次下诏:

> 朕惟孔子之道,自孟轲后不得其传,至我朝周敦颐、张载、程颢、程颐,真见实践,深探圣域,千载绝学,始有指归。中兴以来,又得朱熹精思明辨,表里浑融,使《大学》《论语》《孟子》《中庸》之书,本末洞彻,孔子之道,益以大明于世。朕每观五臣论著,启沃良多,今祝学有日,其令学官列诸从祀,以示崇奖之意。㉜

以官方名义肯定了程朱理学的儒学正统地位。嘉熙元年(1237),诏令刊行朱熹的《通鉴纲目》于国子监,并进讲经筵。宋理宗还"制《道统十三赞》,就赐国子监宣示诸生",引领国子监学子学习性理之学。从此,程朱理学不仅成为官方的意识形态,亦是教育与科举取士的唯一学说。周密在《癸辛杂识》中言:"淳祐甲辰,徐霖以《书》学魁南省,全尚性理,时竞趋之,即可以钓致科第功名。自此非《四书》《东西铭》《太极图》《通书》《语录》,不复道矣。"㉝

程朱理学官学化的同时,其他儒学思想相应地遭到了冷落和打压。杜文玉言:"道学之徒又自视甚高,谓其学为天下之正学,甚至排挤其他学术流派。"㉞理学人士不仅从学理上排斥其他学派,更是将学术异己者冠以"小人"之恶名。周密言:"(其他学派)稍有议及,其党(理学人士)必挤之为小人,虽时君亦不得而辩之矣。"㉟诸多学派之中,"永嘉之学"招致理学人士的批评尤甚。真德秀(1178—1235)指责叶适《习学记言序目》"此乃放言也"。陈振孙(1179—1261)亦言:"(叶适)大抵务为新奇,无所蹈袭,其文刻削精工,而义理未得为纯明正大。"㊱政治上的打压,士林的排挤诽谤,导致永嘉学派迅速分化。陈耆卿(1180—1236)、吴子良(1197—?)、舒岳祥(1219—1298)等叶适弟子放弃对"永嘉之学"的传承,陈埴、周端朝等转投理学门楣。车若水(1210—1275)甚至公然批评叶适以及学说,与"永嘉之文"决裂,言"叶水心辟系辞,得'崇高莫大乎富贵'一句,以为奇货,屡屡言之,谓为语言大病。若据说似亦惑人,'崇高莫大乎富贵',有甚怪异?辨上下,定民志,天大地大,王亦大,富贵极于君,崇高莫大于君,初非异说"㊲。综合这些因素,永嘉学派的衰微之势日渐鲜明。

南宋以降,随着理学官学地位的加强、政治文化中心的北移,永嘉学派日趋衰微,甚而近乎消亡。清末孙衣言(1815—1894)曾描述过这一阶段永嘉学派的处境:"自元明都燕,取士法陋,温复荒僻,至皇朝荒益甚。阮公元督浙学,悯温之荒,殷殷诱焉而不能破。及先生与兄太仆出,力任破荒,不惮舌敝,以科第仕宦之重动父兄子弟之听,于是温人始复知有永嘉之学,始复知有其他学派。"㊳即到晚清时期,"永嘉之学"已几近湮没于历史尘埃中,乃至连绝大多数温州人也长期不闻其名。即便如此,"永嘉之学"也并未彻底湮灭,其事功特质之独到价值仍得到了不同历史时期部分学者的认同或重视,明清时期学者们对薛季宣、陈傅良、叶适等人著作的刊刻研究便是例证。在晚清大变局中,永嘉学派事功思想被部分开明学者"发掘"出来,并吸取了新的思想资源而实现创造新转化和创新性发展,从而形成了永嘉学派的重振和近代温州文化的再次崛起的盛景,推进了温州地方社会的现代转型。

参考文献

①㉙㉚ 黄宗羲著、全祖望补修:《宋元学案》,中华书局,1986 年,第 1816、1818、1818 页。

② ⑭ 弘治《温州府志》,上海社会科学院出版社,2006 年,第 245 页。
③ ㉛ 永瑢等:《四库全书总目》,中华书局,1983 年,第 1394、1395 页。
④ ⑬⑮⑯⑰⑱⑲⑳㉑㉒㉓ 戴栩:《浣川集》,曾枣庄、刘琳主编《全宋文》第 308 册,上海辞书出版社,2006 年,第 139、150、140、138、147、147、150、140、140、149、209 页。
⑤ ㉜《宋史》,中华书局,1977 年,第 811、821 页。
⑥《元史》,中华书局,1976 年,第 8 页。
⑦ 王迈:《臞轩集》,景印文渊阁四库全书,上海古籍出版社,2003 年,第 1178 册,第 457—459 页。
⑧ 阳枋:《字溪集》,景印文渊阁四库全书,上海古籍出版社,2003 年,第 1183 册,第 258 页。
⑨ 杜范:《杜清献公集》,上海古籍出版社,2021 年,第 171 页。
⑩ 袁燮:《絜斋集》,景印文渊阁四库全书,上海古籍出版社,2003 年,第 1157 册,第 7 页。
⑪ 魏了翁:《鹤山先生大全文集》,四部丛刊本,上海书店,1989 年,第 205 册。
⑫ ㉝ ㉟《周密集》,浙江古籍出版社,2015 年,第 188—189、822、158 页。
㉔ 周梦江:《叶适与永嘉学派》,浙江古籍出版社,1992 年。
㉕ 陈安金、王宇:《永嘉学派与温州区域文化崛起研究》,人民出版社,2008 年。
㉖ 陆敏珍:《宋代永嘉学派的建构》,浙江大学出版社,2013 年,第 319 页。
㉗ 王宇:《永嘉学派研究》,商务印书馆,2021 年,第 200—201 页。
㉘《叶适集》,中华书局,2010 年,第 178 页。
㉞ 杜文玉:《庆元党禁述论》,《渭南师专学报》1992 年第 4 期。
㊱ 陈振孙:《直斋书录解题》,上海古籍出版社,2015 年,第 31 页。
㊲ 车若水:《脚气集》,中华书局,1991 年,第 248—250 页。
㊳《孙衣言集》,浙江古籍出版社,2017 年,第 325 页。

蔡幼学生平补正考

蔡建设*

蔡幼学(1154—1217),字行之,瑞安莘塍人。乾道八年礼部会试第一,历南宋孝宗、光宗、宁宗三朝,官至兵部尚书,亲历"庆元党禁""开禧北伐",是南宋中兴政治风云的见证者。他毕生致力于国家统一、民族振兴,一生近五十年官宦生涯,为政,经世致用、政主宽大;为官,清正廉洁、刚正不阿;为学,勤勉务实、力主事功;为人,志在为善、志存高远,是一位富有才华的实干家、杰出的史学家,永嘉学派重要人物,有"文过其师""智过其师"的美誉。《好事近》(日日惜春残)被晚清大词家朱孝臧(祖谋)编收入《宋词三百首》,是温州学人中唯一一位。身后入福州名臣祠、温州乡贤祠、瑞安乡贤祠,《宋史》卷四三四有传,叶适撰有《墓志铭》《祭文》,林士谦有《行状》(但未见完整),今据《莘塍蔡氏宗谱》及宋人文献,给出蔡幼学家世、事迹、著述等方面的补正,以为进一步研究其学术思想提供资料。

一、家 世 考

《莘塍蔡氏宗谱·伯祖文懿公行状》:"蔡幼学,系端卿第二子。生于绍兴甲戌十二月初四日亥时。"由叶适《兵部尚书蔡公墓志铭》[①](下称《墓志铭》)得知行之卒年,逆推亦可得生于是年。

《宋史·蔡幼学传》[②](以下简称《宋史》本传):"蔡幼学,字行之,温州瑞安人。"《墓志铭》:"公温州瑞安新城里蔡氏,名幼学,字行之,曾祖昌,祖廷

---

* 蔡建设,浙江省瑞安市莘塍文化研究会会长、温州市叶适与永嘉学派研究会常务理事。

直,父赠通议大夫端卿。母硕人黄氏。"③新城里,明嘉靖时称新塍,万历间又改称新城,清乾隆间始称莘塍,属于清泉乡,清末属清泰乡,现为瑞安市莘塍街道。隋唐时期,这里从滨海海涂构筑了众多阡陌纵横的田塍,并垦荒耕种,因而得名。

蔡戡《蔡氏族谱世系序》:"莆田之族,出浙之钱塘,同王潮入闽,时徙泉之莆田。始祖三公(蔡用元)、五公。"④光绪二十五年(1899)《莘塍蔡氏宗谱》又称:蔡氏先世用元公,字崇恭,号仪,行三,唐僖宗乾符二年(875)进士,至梁开平中官授莆田节度使,仕南唐司空,世居浙江钱塘。光启元年(885),避秦宗权乱,随王潮、王审之提兵入闽,居兴化仙游赤湖,配夫人黄氏、朱氏,生三子。长子垢,居建安,为建安派始祖。次子岳,官河南开封府布政司、江西虔化教授,居莆田,为莆田派始祖;岳传四世,有北宋政治家、文学家、书法家蔡襄,北宋宰相蔡确,丞相、太师蔡京,太傅蔡卞。季子岱,讳直衙,字宗泰,官至兵部侍郎;后晋天福三年(938),避闽王曦苛政,从德化徙居平阳旸岙山下。岱传三世至仁季,讳奠军,号世则,官至正奉大夫、行户部事。北宋初年由平阳旸岙徙居瑞安八都莘塍中堡,为莘塍始祖。蔡仁季派分莘塍、惠施阆里,人咸德之,高祖蔡用元、曾祖蔡岱(俗称蔡三、蔡九)配享于里社东堂殿。

蔡幼学曾祖父昌公,是仁季公之孙,不仕。祖廷直公,系昌公季子,不仕,配黄氏。父端卿公,字性道,系廷直公长子,不仕,生年不详。《宋史》本传:"丁父忧,再调潭州。"《墓志铭》:"通议卒,待潭州教授阙。"《行状》:"年二十九,丁父通议大夫忧,起任潭州教授。"可见,淳熙九年(1182)卒⑤,赠通议大夫。又据明万历十三年(1585),新河坊陈绍(宏所)所作《新城蔡氏宗谱序》⑥称:"端卿公乾道间自莘塍徙居永嘉(今温州鹿城区)庆善里,是为永嘉(今温州市区)蔡氏始迁祖。"母黄氏,生年不详。《行状》称:"年三十五,丁母硕人黄氏忧。"⑦故,应当为淳熙十五年卒,诰封节孝夫人。陈亮有《祭蔡行之母太恭人文》⑧,称赞黄氏:"夫君既没,整齐家道,母子相依为命,以致菽水之欢者,又数年于此矣。"

蔡幼学兄弟八人,兄幼度字容之,赠登仕郎,曾移筑莘塍董田埭而载入《瑞安县志》⑨。幼学次之,弟幼仪字会之、幼统字约之、幼诚字敬之、幼明字徽之、幼愿字实之、幼著字安之。四弟幼统,赠朝请郎;五弟幼诚,太学生,赠朝请郎。堂弟幼束,以尚书胄牒补太学上舍。堂弟幼东,以尚书胄牒补太学,赠承直郎。幼学族兄蔡必胜(1139—1203),字直之,平阳步廊人,乾道二年(1166)武科状元,授成忠郎、江东将领、东南十一将,历官邵州知州、阁门知事、池州知州、楚州知州、庐州知州、吉州刺史、金紫禄大夫。绍熙五年(1194),太上皇驾崩,光宗禅位,嘉王赵扩即位。必胜与韩侂胄奉太皇太后之命,扶立新皇帝,接受百官跪拜,是为宁宗。蔡必胜虽武举出身,亦有诗《玉泉瀑》一首传世。叶适撰有《蔡知阁墓志铭》[10],徐谊撰有《吉州刺史蔡公圹志》,弘治《温州府志》卷七、民国《平阳县志》卷三十四皆有传。蔡幼学、必胜兄弟俩跻美连登文武巍科,又各跻显秩,为里社士绅所钦仰。

南宋瑞安蔡氏为温州郡最显望族,万历《温州府志》云:"(蔡幼学)子籥、节、范俱为名臣。"[11]《墓志铭》称:"(蔡幼学子)曰籥,承奉郎仙居丞;为二弟后者节、策,节迪功郎浮梁簿,策补致仕官;曰范,从政郎监镇淮酒库。孙曰绍老。孙女四人。"

据瑞安莘塍以及温州龙湾、瓯海等地《蔡氏宗谱》,蔡幼学子孙有:

长子蔡籥(1182—1251),字和甫,号默庵。原系蔡必胜五子,初生时鞠养于幼学家为子,承幼学之后,为幼学长子,嘉定二年(1209),以文懿明经恩补承务郎入仕,历官台州仙居丞、岳州巴陵知县、均州倅、德安知府、郴州知州、提举湖南路常平茶盐事、右曹郎中、尚书左郎中、将作监、直秘阁福建常平茶盐事,直宝谟阁、常州知州,嘉兴知府、华文阁主管建宁府武夷山冲佑观,积阶朝议大夫,瑞安县开国男。蔡籥浑厚笃实有古人质朴之风,居官力行好事,以抚字存心,以教化美俗,争讼在庭,谕以理而自息[12]。曾刊刻《育德堂外制》[13]。娶南堤项氏,赠恭人。晚年,创建莘塍蔡文懿祠。明嘉靖《瑞安县志》附《蔡幼学传》[14]后,林彬之[15]有《行状》。

次子节(1184—1254),字达甫,号觉庵,又号斗峰。以父恩赠迪功郎,初任浮梁主簿。历官汉阳军司法、成都转运司大宁监夔、通直郎蒲城知县、军器监丞、阆州知州、衢州知州、泰州知州、仓部郎官、江西安抚使、沿江制置司副使、朝散郎集英殿湖州知州、婺州知州、司农卿兼检正、集英殿修撰、知庆元军府兼沿海制置使、朝议大夫。蔡节居官正君心,宽民力,调护其善良,揉伏其犷骜,人称"贤太守"[16]。吴泳有《蔡节降授奉议郎制》[17]《答蔡达父书》[18],许应龙有《蔡节除司农卿兼检正制》[19],真德秀有《答蔡宰启》[20],曹彦约有《答淮西蔡宪贺侍读启》[21]。蔡节著有《论语集说》十卷,姜文龙有《论语集说跋》,淳祐六年(1246)刊刻于湖州州学。清代,被收入纳兰性德主编的《通志堂经解》,又被《四库全书》收录,四库馆臣认为其书"间参己意,诠释简明,词约理该,非诸家所能及"。《宋史全文》《湖州府志》有传,明嘉靖《瑞安县志》附《蔡幼学传》[22]后,谢子强有《行状》。妻,郑氏。

三子策(1186—1228),以文懿公恩补承务郎,转承事郎,福建怀安县丞。卒于任,赠奉议郎、监建康府粮料库。娶秀州判官郑伯英孙女郑氏为妻。

季子范(1187—1255),字遵甫,号修斋。以父任赠从政郎,初调常州犇牛监镇,辟差建康府镇淮酒库。历官宣教郎黄岩知县、庆元府通判、临安通判、大理司直、朝散郎衢州知州、大理丞、司农丞、大宗正、仓部郎官兼权右司、户部郎中淮西钱粮总领、司农少卿、太府卿、直徽猷阁兼绍兴知府、直龙图阁兼司农卿兼敕令所删定官、权兵部侍郎、工部侍郎、刑部侍郎、朝议大夫集英殿撰修兼知静江府、知潭州府、湖南安抚使、兵部侍郎、隆兴知府、宝谟阁待制婺州知州、刑部侍郎、吏部侍郎,龙图阁待制提举玉隆万寿宫、宝章阁直学士提举佑神观兼实录院修撰,华文阁直学士,积阶通奉大夫,爵永嘉郡侯,进徽猷阁直学士,赠光禄大夫,谥文惠。蔡范为一时名侍从,忠勤天禀,济以敏决,肃吏宽民,立朝好论事,与人无泛交[23]。著有《宋通志》五百卷[24]。洪咨夔有《大宗正蔡范除户部郎中怀志总领制》[25],刘克庄有《赐宝制蔡范辞免除刑部侍郎不允诏》[26]《挽蔡遵甫阁学二首》[27],魏了翁有《唐多令·淮西总领蔡少卿范生日》[28],吴泳有《答蔡遵父书》[29]。蔡范曾与蔡襄家互通家谱,得以收藏其小楷《茶录》一帖。《黄岩县志·名宦》《台州府志·名宦》《衢州府志》皆有传,嘉靖《瑞安县志》附《蔡幼学传》[30]后,陈昉有《行状》。娶吏部侍郎平阳县人林拱辰女林氏为妻。

侄蔡赟,幼诗之子,嘉定十年(1217)登吴潜榜进士[31],官黄岩知县。

侄蔡简(1185—1262),字钦甫,幼诚之子。以文懿明经恩补迪功郎,泉州司户参军,历官临安府都盐仓、宣教郎黄岩知县、徽州婺源知县、提领户部犒赏酒库所、提辖货物都茶场、监尚书六部、将作监丞、主管台州崇道观、官至大理正、主管华州云台观、瑞州知州、南剑州知州、大理正、主管华州云台观。蔡简襟宇垣夷,论议劲直,政明而行之以恕,不喜谀附,洗手奉公,祀婺源名臣祠。少从文懿侍旁,闻见不凡;又亲炙水心数君子,典刑文献,深得渊源,故其立朝莅官,劲节清声,寔德善政,所至卓有可观。[32]《婺源县志·名宦》㉝有传,赵与悊撰有《行状》,蔡筼撰有《圹志》㉞。

侄蔡筼(1211—1267),子智甫,号思山,幼著之子。由乡贡补入太学,升上舍,郊恩例赐进士出身,官朝奉郎、建康府通判兼内劝农事。

侄蔡笴(? —1211),字震甫,幼信之子,由乡贡补入太学。

侄蔡簧(? —1186),字初甫,幼束之子,官奏补将仕郎、监隆兴府都仓。

长孙塾,名景齐,志克家,号斗山。系蔡必胜长子仪之季子,籛未育时收养为子,官迪功郎,咸淳间创修蔡氏宗谱(莘塍地方最为古老的宗谱)。

孙在(1213—1253),字子敬,字绍老,登嘉熙二年(1238)周坦榜进士㉟,授从政郎,监行省仓上界门。

孙基,娶南堤吏部郎中项公泽女,官婺州司户。

孙至,官从政郎,添差两浙转运司临安府造船场。

孙埴,官仙居县丞、主管建昌府仙都观。

孙圭(1227—1259),字子白,以父文惠郊恩奏补将仕郎,漕运信州司户,淳祐五年(1245)改监安吉州南浔镇,十一年升承务郎。宝祐元年(1253)除淮西总领所排岸司,二年改主管西京中岳庙,五年监池州酒税务。开庆元年(1259)授勒县县丞。居官廉慎恃己,爱民善政。陈昉有《承务郎县丞税院子白公圹志》。

长孙女适薛季模,历官郁林签判,朝奉郎、徽州通判。

次孙女适徐拭翁,历官临安都税院,通直郎、平江府嘉定知县。

三孙女适林士囷,平阳人,林拱辰次子。历官缙云县尉,承直郎、南剑州通判。民国《平阳县志》附《林拱辰传》后。㊱

四孙女适项传,官承节郎,饶州乐平县令。

嘉庆《瑞安县志》云:"宋时,瑞安蔡、曹世家贵盛无比,几与宗室赵氏同。"㊲蔡氏一门,清节为官著称,素为乡人敬仰。蔡幼学身后入瑞安乡贤祠、温州乡贤祠、福州名臣祠。宋时,莘塍安国寺内建有文懿祠。嘉靖三十一年(1552),县令刘畿改建寺外㊳。之后,后裔耆饮宾蔡国宁又迁建至莘塍中村。现莘塍街道莘兴公园内西北角建有蔡幼学纪念馆,占地面积约 3 333 平方米,建筑面积约 475 平方米。其后裔有近两万人,散居在瑞安(莘塍、塘下、汀田)、龙湾、瓯海等地。

二、师 承 考

陈傅良(1137—1203),字君举,号止斋,瑞安人,学者称为"止斋先生"。乾道八年(1172)进士,累官宝谟阁待制,谥文节。陈傅良文名颇著,时人多从其学;治学严谨,著述丰盈,一事一物,必致其极,主张经世致用,为永嘉学派承前启后者。

蔡幼学师承陈傅良,《宋故宝谟阁待制致仕赠通议大夫陈公行状》云:"幼学未冠从公游,朝夕侍侧者且十年,公爱而教之,勉以前辈学业。"[39]可知,他曾经长期随陈公学习,朝夕不离十年。后来丁忧居家或被贬居家期间,也常随陈傅良游,因而历代史书俱称为陈傅良高足,但是何时开始随陈傅良学习皆无明确记载。《宋史》本传:"年十八,试礼部第一。是时,陈傅良有文名于太学,幼学从之游。"这表明在太学中,蔡幼学仍旧跟随陈傅良学习,而不是开始随他学习。叶适《墓志铭》:"初,同县陈君举声价喧踊,老旧莫敢齿列。公稚甚,独相与雁行立。"叶适又云:"行之从公早,余亦陪公游四十年。"[40]故此,蔡幼学应该从小随陈傅良游。蔡幼学小有文名,有俊声。叶适《祭蔡行之尚书文》云:"乾道初元,始变时文;公尚总角,舍庞趋醇。"[41]陈傅良《沈叔阜圹志》:"德化公始识余,亟以叔阜相从问学为请。常常语人:吾儿异日当知名于世,学者且数百人。叔阜与今提举福建常平茶事蔡行之,年皆少,皆有俊声。"[42]可见名不虚传。袁燮《龙图阁学士通奉大夫尚书黄公行状》[43]:"黄度,隆兴之元擢进士第……初以迪功郎为温州瑞安县尉……止斋闻其贤,欣慕之。一日,来见,未及通谒,望其气貌,迎谓:'君非陈君举耶?'笑曰:'然。'于是定交,若素友善者。郎蔡公幼学,止斋之高弟,而齿未也。少于公十六岁,器重其人,不以辈行为间,秩满延止斋家塾,侍郎从之,交情益厚焉。"由此可知,黄陈定交时,陈傅良携带蔡幼学一起前往拜访黄度。此时,蔡幼学尚"齿未",即年少。乾道五年(1169),黄度又聘请陈傅良为塾师,蔡幼学又随馆于黄度家。黄度(1138—1213),字文叔,号遂初,新昌人。南宋隆兴元年(1163)进士,以迪功郎任瑞安县尉。按照宋制,通常中进士后,还需要通过吏部遴选才能来决定官职。而乾道六年,循左从政郎张秘书荐黄度与虞丞相,后差处州州学教授。可见,乾道初黄度即官瑞安县尉。因而乾道初,蔡幼学已经随陈傅良学习。

综上所述,蔡幼学随陈傅良朝夕相处十年,以乾道八年中进士为止,逆推十年,当隆兴元年(1163)即开始就跟随陈傅良学习。而隆兴元年,陈傅良受聘为郡城南茶院㊹,从学者数百人,此时蔡幼学已经开始随父亲在温州郡城生活,故得以成为陈傅良数百位学生中之一。

  郑伯熊(1124—1181),字景望,永嘉(今温州鹿城)人,人称"大郑公",学者称"敷文先生"。绍兴十五年(1145)进士,历官秘书省正字、宗正少卿,以龙图阁知宁国府,终官知建宁府,谥"文肃"。遂于经学,以学行闻名,倡伊洛之学,尤精古人经制治法,与薛季宣同为永嘉学派先驱。

  郑伯英(1130—1192),字景元,自号归愚翁,行之岳父,与兄长郑伯熊齐名,人称"小郑公"。隆兴元年(1163)进士,曾任秀州判官,杭州、泉州推官,自度不能俯仰于时,遂以亲辞,终身不复仕。

叶适在《郑景元墓志铭》一文中称:"始,行之游陈、郑间,后婿郑氏。"㊺全祖望又云:"行之为郑监狱婿,少即从监狱之兄敷文讲学,今观行之所著书,大率在古人经制治术讲求,终其身固未尝名他师也。"㊻孙衣言也称:"郑伯熊弟子曰陈傅良、蔡幼学、朱伯起、木待问、黄岩应恕、永康郎耆。"㊼故此,蔡幼学少年曾从学于郑伯熊、郑伯英确实无疑,又受郑伯英器爱,将次女郑静仁(1166—1231)嫁于他。据莘塍《蔡氏宗谱》,蔡幼学先娶林信厚之女,继娶郑静仁。蔡幼学在《夫人林氏墓志》一文中称,淳熙八年三月,蔡幼学夫妇从广德军校官谒告归省,林夫人因难产病逝于临安其兄长家,年仅二十四岁。又据蔡籥《默斋泣血铭》,郑静仁少小侍郑伯熊、郑伯英二父旁,亲服教诲,耳受心解,既笄嫁蔡幼学。蒋重珍㊽所撰《兵部尚书文懿公夫人郑氏墓志铭》亦云:"(郑氏)及笄归文懿也。"可见,淳熙八年(1181),蔡幼学与郑静仁完婚。那么蔡幼学何时开始从学郑伯熊兄弟呢? 考,郑伯熊自绍兴十五年(1145)中进士,绍兴二十年任黄岩县尉,次年任婺州司户参军,乾道二年(1166)召为国子丞,之后长期在外为官。另据《南宋馆阁录》:"郑伯熊,隆兴元年三月除正字,八月监南岳庙。"㊾故隆兴元年秋冬至乾道二年间,郑伯熊闲居家中。

郑伯英隆兴元年中进士后授从事郎,居家候阙,乾道三年赴任秀州判官,薛季宣有送诗并序。故此,蔡幼学应为隆兴二年至乾道三年间,才得以受业于郑氏兄弟。后来,由于郑氏兄弟先后外出为官,因此一直与陈傅良朝夕相处。

芮烨(1115—1172),字仲蒙,一字国器,乌程(今湖州)人。绍兴十八年(1148)进士,官至国子祭酒、右文殿修撰。

乾道五年(1169)八月,芮烨迁国子司业。六年二月,充诠试、公试、类试考试官[50]。是年秋,陈傅良、蔡幼学补试入太学,芮烨为他们的太学授业老师。但,芮烨雅闻陈傅良之名,亲访陈傅良所隶斋,"见其二子,且即以公为学谕,俾为诸生讲说经义"[51],而陈傅良固辞。乾道七年正月,芮烨除国子祭酒[52]。二月,芮烨再次出任诠试、公试、类试考试官。《宋史》蔡幼学本传称:"是时,陈傅良有名于太学,幼学从之游。月书上祭酒芮烨及吕祖谦,连选拔,辄出傅良右,皆谓幼学之'文过其师'。"

吕祖谦(1137—1181),字伯恭,婺州(今金华)人。隆兴元年(1163)进士,复中博学宏词科,累官著作郎,除直秘阁。与朱熹、张栻并称东南三贤,主张明理躬行,开浙东学派先声,学者称"东莱先生"。《宋史》四三四有传。

乾道六年(1170)五月,吕祖谦除太学博士[53]。是年,蔡幼学补监试,随陈傅良进都城,得以认识吕祖谦。秋,蔡幼学补试入太学,从太学博士吕祖谦游,深受器爱。之后,吕祖谦一直对蔡幼学多加提携和鼓励。吴子良据叶适所云,称:"蔡行之本从止斋学,既以春秋为补魁,止斋遂改为赋以避之,东莱为省试官,得一春秋卷甚工,东莱曰:'此必小蔡也,且令读书养望三年,以其册投之帐顶上。未几,东莱以病先出院,众试官入其室,见帐顶上有一草卷甚工,谓此必东莱所甚喜,欲置前列者,遂定为首选。"[54]乾道八年省试,吕祖谦为点检试卷考试官,蔡幼学为省元。淳熙八年(1181),吕祖谦在致陈亮的信中云:"蔡行之有安齐之志,可惜不拈出一搉击之。"[55]可见,吕祖谦不仅对蔡幼学关爱有加,而且寄于宏大的希望。

陆九渊(1139—1193),字子静,抚州金溪人,学者称象山先生,南宋哲学家、教育家,陆王心学的代表人物。乾道八年(1172)进士,官至荆门军知军,谥文安。

全祖望曾称:"蔡文懿公幼学为陆子弟子,愚不能无疑焉。"[56]蔡幼学与陆九渊同为乾道八年举进士第,陆九渊精通《易经》,闻名于太学。是年。在临安城中的许多浙江学子慕名陆九渊,从而随其学,蔡幼学亦拜其门下,"连日无所问难,似不能言者"[57]。陆九渊问蔡幼学的志向,蔡幼学年仅十八,竟然回答:"幼学之志在于为善而已。"[58]陆九渊深为赞叹,并积极给予鼓励。淳熙元年(1174)四月,陆九渊迁任隆兴靖安簿时,曾关切问徐谊:"蔡行之为何不来参部?"[59]

朱熹(1130—1200),字元晦,号晦庵,祖籍徽州婺源,生于南剑州尤溪,徙居建阳崇安(今福建武夷山市),学者称考亭先生。绍兴十八年(1148)进士,任地方官九年,在朝任职仅四十天,官拜焕章阁待制兼侍讲。我国著名思想家,宋代理学集大成者,闽学代表人物,被后世尊称为"朱子"。《宋史》卷四二九有传。

乾道九年(1173)五月,朱熹主管台州崇道观,过乐清东皋山艺堂书塾讲学[60]。约是年,蔡幼学始认识朱熹。绍熙五年(1194)九月,朱熹与蔡幼学、陈傅良、薛叔似等永嘉诸子在杭州西湖六和塔纵论天下时事。两个月后,被罢职。永嘉士人陈傅良等先后上书为朱熹鸣不平,因故也被罢职。庆元元年(1195),蔡幼学见亲友相继辞职,请求外放,赴任提举福建常平,日讲荒政。此时,朱熹寓居建阳,福建提举常平司在建宁,得以每事咨访,亦师亦友。当时,蔡幼学曾赠送《郑景望文集》[61],与朱熹讨论《春秋》[62],因而被监察御史刘德秀以"持节闽部,全不事事"为由劾罢[63],奉祠主管武夷山冲佑观,连续四任,奉祠达八年。庆元三年十二月,蔡幼学同朱熹一起,列籍"伪学之党"。朱熹曾对蔡幼学善治《春秋》多加赞赏,在叶味道赶赴参加省试,朱熹问:"你将以何种方式应答试题?"叶味道答:"将用《春秋》应对。"朱熹感叹云:"《春秋》为仙乡陈(傅良)、蔡(幼学)诸公穿凿得尽,诸经时文愈巧愈凿,独《春秋》为犹甚,天下大抵皆为公乡里一变矣!"⑭

施师点(1124—1192),字圣与,信州玉山县(一作上饶永丰)人。绍兴二十七年(1157)进士。历官权礼部侍郎、签书枢密院事等职,后拜参知政事兼同知枢密院事、资政殿大学士,赠金紫光禄大夫。《宋史》三八五有传。

蔡幼学自乾道八年(1172)举进士第之后,一直在广德军、潭州充任教授,先后连续十五年。淳熙十年(1183),施师点除枢密院知事,向宋孝宗荐举蔡幼学,称"蔡幼学未登朝可惜"。孝宗对蔡幼学廷对直言权贵记忆犹新,因而首问:"年几何矣?何以名幼学?"施奏:"《孟子》云,幼而学之,壮而欲行之,故幼学其名,行之其字。"⑮于是,宋孝宗首肯,迁蔡幼学进京都任职敕令所删定官。施师点对蔡幼学有荐举师恩,奠定了蔡幼学之后在朝廷长期为官、展示才华的机会。

三、官宦考补正

蔡幼学《圹志》的缺失,使得蔡幼学生平官宦履历仅仅依靠《宋史》本传及墓志铭,许多经历受史料不足的限制,考证不明。现对其中部分职官特作如下补正。

(一)广德军教授

《宋史》本传称乾道八年,殿试中直言以对,孝宗感到不悦,虞允文尤厌恶,因此"遂得下第,教授广德军"。《墓志铭》亦云:"由是不得高第,教授广德军。"而具体迄之年月不得而知。淳熙元年(1174)四月,陆九渊致书徐谊,询问蔡幼学为何不来吏部铨选⑯,可见当时,蔡幼学还没有出任广德军教授。蔡幼学《夫人林氏墓志》云:"淳熙八年闰三月,予自广德校官谒告归省。"⑰此时,已经就任广德军教授。林士谦《行状》:"年二十九,丁父通议大夫忧。"是年为淳熙九年,盖此时开始,丁忧居家,离任广德军教授。

（二）潭州教授

《宋史》本传："丁父忧,再调潭州。"《墓志铭》："通议卒,待潭州教授阙。"永嘉出土的陈傅良《东村澄觉寺北山宋太恭人陈氏墓志》云："孙女四人:长适谞之子宏中次许嫁新潭州教授蔡幼学……当乙巳二月庚辰日卒……其年五月己酉,宣教郎新榜发遣桂阳军事陈傅良书。"[68]乙巳,为淳熙十二年(1185),故蔡幼学任潭州教授当为淳熙十二年春。

（三）敕令所删定官

淳熙十四年(1187)二月,施师点除枢密院知事。是年冬,施师点荐举于朝得以升迁至敕令所删定官。蔡幼学母黄氏,生卒不详。《行状》称："三十五岁,丁母硕人黄氏忧。"据《宋史》本传,其母卒于蔡幼学敕令所删定官任。故此母黄氏卒年应为淳熙十五年。是年,陈亮有《祭蔡行之母太恭人文》,蔡幼学辞职,丁忧居家。

（四）太学录、武学博士、太学博士

《墓志铭》："硕人黄氏卒,除太学录,未行。或请武学参用儒臣,为其博士。不久,乃为太学博士。"《行状》："起入太学录,未行。为武学博士。"《宋史》本传："光宗立,以太学录召,改武学博士。逾年迁太学。"故此,绍熙元年(1190),蔡幼学丁母黄氏忧期满,初授太学录,没有赴任。是年,改武学博士。绍熙二年春,改太学博士。

（五）秘书省职官

《墓志铭》："召试秘书省正字、兼实录院检讨官,迁校书郎、著作佐郎。"《南宋馆阁续录》："绍熙二年八月,擢秘书省正字。三年十月,兼实录院检讨官。四年八月,除校书郎兼实录院检讨官。五年八月,除著作佐郎兼实录院检讨官。"[69]《宋会要辑稿·选举》又称："绍熙三年二月二十五日,铨试、公试、类试,命秘书省正字蔡幼学考校。""绍熙四年正月二十四日,贡举,命秘书省正字蔡幼学考试。"

（六）福建提举

《南宋馆阁续录》："庆元元年正月,提举福建常平茶盐公事。"《育德堂奏议》有《庆元陛辞札子》一文,题下注有庆元元年(1195)二月。可见庆元正月,迁任福建提举常平事,二月启程赴任。在福建提举常平任,日讲荒政。时,朱熹寓居建阳,福建提举常平司在建宁,得以每事咨访。《墓志铭》："求外补,特提举福建常平茶事,御史刘德秀果言公迕孝宗,罢,再主冲佑观。"庆元二年十一月十二日,御史刘德秀言:"幼学早为伪学,巧取伦魁,持节闽部,全不事事。"[70]被罢官。《宋史》本传称"奉祠者凡八年",连续四任主管福建武夷山冲佑观。

(七)黄州知州

《宋史》本传、《兵部尚书蔡公墓志铭》都有"(蔡幼学)起知黄州,福建提刑未上,召为吏部郎官",《育德堂奏议》卷一有《嘉泰陛辞札子》,题下注有嘉泰三年(1203)八月。可见,除黄州知州应当在嘉泰三年八月前。

(八)吏部员外郎

"有劝侂胄以收召海内外名士,召为吏部员外郎。"[71]为准备开禧北伐,嘉泰四年夏四月,韩侂胄在镇江立韩世忠庙。五月乙亥,诏诸军主帅各举部内将帅三人,不知所举者坐之。癸未,追封岳飞为鄂王。"开禧元年七月庚申,诏韩侂胄平章军国事,立班丞相上,三日一朝,赴都堂治事。丁卯,诏侍从、两省、台谏、在外待制、学士以上及内外文武官各举将帅边守一人。"[72]故此,韩侂胄欲用天下名士,约是为开禧元年(1205)春。

(九)国子司业

《宋史》本传:"迁国子司业,宗正少卿,皆兼中书舍人。"考,嘉泰四年(1204)七月,易祓为国子司业。《宋中兴学士题名》:"开禧元年六月,(易祓)以国子司业兼学士院权直,八月除左司谏免兼。"[73]在易祓之后,行之迁国子司业,时间当在开禧元年(1205)秋月,即八月之后赴任。

(十)宗正少卿

开禧二年(1206)五月六日,宗正少卿章良能放罢。蔡行之在章良能之后接任宗正少卿之职。蔡幼学《宋鹤磐居士钟君墓志》:"开禧元年六月己亥,君以疾卒于家,年六十有八。越三年正月乙酉,请孤奉君之丧,从葬于清泉乡箦筜山皇考墓侧。外侄朝散大夫、守宗正少卿、权中书舍人蔡幼学谨识。眷朝请郎、试国子祭酒、兼国史院编修、兼实录院检讨官、兼太子侍读戴溪书。"叶适《宋特进端明殿学士戴君(戴溪)圹志》:"(戴溪)开禧三年十一月,除国子祭酒,改太子侍读。嘉定元年升兼太子右谕德。五月除兵部侍郎。"[74]可见,嘉定元年(1208)正月十五日,蔡幼学仍任宗正少卿。

（十一）中书舍人、侍讲

嘉定元年（1208）正月二十五日，命礼部尚书兼翰林学士楼钥知贡举，兵部尚书倪思、中书舍人蔡幼学、右谏议大夫叶时同知贡举。㊄可见，中书舍人官制当在正月二十五日前。是月，兼侍讲，始参与经筵，进说《诗经》。是年三月，以朝散大夫、试中书舍人兼侍讲，上书《讲诗卒业乞宣付史馆奏》。楼钥有《蔡幼学讲诗终篇转官制》《经筵讲诗彻章进诗》《经筵进讲毛诗终篇宣答词》，云："朕临御今十五载，讲《诗》终三百篇。"㊅

（十二）直学士院、刑部侍郎、吏部侍郎

嘉定元年六月，以中书舍人兼侍讲兼学士院。八月，除刑部侍郎，十月，除吏部侍郎㊆。时年，蔡幼学先后有《刑部侍郎举自代状》《吏部侍郎举自代状》。

（十三）侍读

嘉定二年十月，兼侍读，楼钥有《中书舍人蔡幼学兼侍读制》。此制下注有："以下二首，嘉定元年，以吏部尚书兼翰苑，偶西掖无兼员，用故事行词，并附于此。"《宋中兴学士院题名》："楼钥，开禧三年十二月除吏部尚书兼翰林学士兼侍读；嘉定元年正月兼修国史，兼实录院修撰，仍旧兼；八月除端明殿学士签书枢密院事兼太子宾客。"徐自明《宋宰辅编年录》："十月，楼钥同知枢密院事。嘉定二年正月，楼钥参知政事。"而《宋中兴学士院题名》："蔡幼学，嘉定二年十月，升兼侍读。"孙应时《祖开补官省劄》称，嘉定二年二月二十一日，户部侍郎沈诜、朝议大夫试尚书刑部侍郎兼侍讲兼直学士院蔡幼学，太子詹事曾焕，吏部侍郎黄度、兵部侍郎兼太子左庶子戴溪，工部侍郎兼太子右庶子汪达等六人乞奏，补授孙祖开特补州文学㊇。故疑楼钥下备注系误。洪咨夔有《贺蔡侍郎升侍读启》㊈。十一月十六日，以朝议大夫、试尚书吏部侍郎、兼直学士院、兼侍读，与章颖、许奕、陈晦、刘榘、黄中、曾从龙、留元刚等上书《乞将高宗皇帝圣政宣付史馆奏》㊉。

（十四）龙图阁待制知泉州、建宁知府、建康知府、福州知州

《宋史》本传："除龙图阁待制，知泉州。徙建康府、福州，进福建路安抚使。"《墓志铭》除龙图阁待制，知泉州，寻提举兴国宫，知建宁府、福州。《行状》："龙图阁待制知泉州，未行，提举江州太平兴国宫，继任龙图阁待制知建宁府，未行。改知福州、福建安抚使。"《宋中兴学士院题名》："嘉定二年十二

月,以龙图阁待制知泉州,当月与宫观。"㉛可见,除龙图阁待制、泉州知州当为嘉定二年十二月,是月与宫观,提举江州兴国宫,因而泉州知州未行。景定《建康志》:"嘉定二年八月二十五日,龙图阁学士、通奉大夫、江南东路安抚使杨辅知府事,九月十三日致仕。""嘉定三年正月二十七日,朝请大夫、龙图阁待制、江东安抚使黄度知府事。五年十月五日,度除吏部尚书兼侍读。""嘉定六年正月,中奉大夫宝文阁待制、江东安抚使刘榘知府事,八年九月十日致仕。"㉜可见,蔡幼学建康知府,当为嘉定五年十月至十二月。十二月,建宁知府,徐玑有《送蔡侍郎镇建宁》诗。二月初七日,以大中大夫,龙图阁待制到任福州知州。当知,嘉定五年十月起知建康,未行。十二月改建宁,未行。嘉定六年一月,迁福州知州,福建安抚使,二月初七日到任。嘉定八年十二月,除宝谟阁直学士,提举玉隆万寿宫。㉝

(十五)兵部尚书兼太子詹事

《宋史》本传:"召权兵部尚书,兼修玉牒官,寻兼太子詹事。"《墓志铭》:"嘉定十年,召权兵部尚书,修玉牒,兼太子詹事。"《行状》:"权兵部尚书、兼修玉牒、兼太子詹事,通议大夫。爵瑞安县开国伯,食邑七百户。"《宋会要辑稿》称:嘉定十年三月,蔡幼学除兵部尚书兼太子詹事。故,嘉定十年三月,蔡幼学权兵部尚书、兼修《玉牒》官、兼太子詹事。时,蔡幼学先后有《受权兵部尚书告奏举自代状》《上东宫札子》㉞。六月有疾,告老回乡,七月二日病逝。

四、著　作　考

(一)《年历》

见叶适《墓志铭》、林士谦《行状》、王应麟《玉海》卷四七、《宋史》本传、明弘治《温州府志》卷十八《书目》、明万历《温州府志》卷十七、明嘉靖《瑞安县志》卷九之二《书目》、明嘉靖《浙江通志》卷四二之五《蔡幼学传》、清乾隆《瑞安县志》卷九《艺文·书目》、清嘉庆《瑞安县志》卷九《艺文·经籍》。

(二)《大事记》

见叶适《墓志铭》、林士谦《行状》、王应麟《玉海》卷四七、《宋史》本传、弘治《温州府志》卷十八《书目》、万历《温州府志》卷十七、嘉靖《瑞安县志》卷九之二《书目》、嘉靖《浙江通志》卷四二之五《蔡幼学传》、乾隆《瑞安县志》卷九《艺文·书目》、嘉庆《瑞安县志》卷九《艺文·经籍》。

据郭畑考证,蔡行之《大事记》显然是在继续完成陈傅良《皇朝大事记》,以简要为主,终于孝宗朝。宋代流传《类编皇朝大事记讲义》《类编皇朝中兴大事记讲义》两书当与陈傅良、蔡行之所著的《大事记》有所渊源。[85]另外,刘宣甫称:"予顷游胶庠,有同舍示一编书,曰:此止斋、水心之徒,以其师讲贯之素,发明我朝圣君贤相之心,所以措之事业,垂亿万年无疆之休者,其概可见也。"[86]以上,诸书所引之《大事记》,至少应是本自蔡行之《大事记》。

(三)《备志》

见叶适《墓志铭》、林士谦《行状》、《玉海》卷四七、乾隆《瑞安县志》卷九《艺文·书目》、《宋史》本传、嘉靖《瑞安县志》卷九之二《书目》,嘉庆《瑞安县志》卷九《艺文·经籍》作《备忘》。马端临《文献通考》称:"(蔡幼学)又为《备志》以拟志,而未成。"

(四)《辨疑》十卷

见叶适《墓志铭》、林士谦《行状》、《宋史》本传、嘉靖《瑞安县志》卷九之二《书目》。《玉海》卷四七称:"《质疑》十卷,自治平讫绍兴五年。"马端临《文献通考》卷一九七、明弘治《温州府志》卷十八《书目》、明万历《温州府志》卷十七、乾隆《瑞安县志》卷九《艺文·书目》、嘉庆《瑞安县志》卷九《艺文·经籍》,作《质疑》十卷。

(五)《编年政要》四十卷

见叶适《墓志铭》、《玉海》卷四七、《宋史》本传。林士谦《行状》作《皇朝编年政要》。弘治《温州府志》卷十八《书目》、万历《温州府志》十七、嘉靖《瑞安县志》卷九之二《书目》、乾隆《瑞安县志》卷九《艺文·书目》、嘉庆《瑞安县志》卷九《艺文·经籍》作《国史编年政要》四十卷。王应麟称:"《国朝编年政要》,蔡幼学,四十卷。起建隆,止靖康,纪政事大略。其体皆编年法,惟每岁先列宰执拜罢为异。"[87]《景定圣训条》称:"蔡幼学撰《国朝政要编年》四十卷,自建隆迄靖康。"[88]马端临亦云:"《国史编年政要》四十卷,《中兴艺文志》云,蔡幼学撰。蔡幼学采国史、实录等书,为《国朝编年政要》以拟纪,起建隆,讫靖康。"[89]赵希弁《读书附志》上:"《国朝编年政要》四十卷,右兵部尚书太子詹事蔡文懿公幼学所编也。自太祖建隆之元,迄于钦宗靖康之末,祖《春秋》之法,而参以司马公《举要历》、吕氏《大事记》之例,《宰辅拜罢表》诸年首。其子朝请大夫直秘阁提举福建路常平义仓茶事籥叙而刻之。"⑨⑩

据燕永成称,南宋除李埴《皇宋十朝纲要》外,此类纲要体史书还有《宋朝编年政要》,该书凡四十卷,系蔡行之所撰。该书以本朝官修的实录、国史等为取材对象,简明记述北宋九朝历史,在编排方式上,则于每岁之首先列宰执拜罢,主体部分则按照编年记载朝廷大事,并且类似与国史的本纪形式。行之系陈傅良的学生,善治《春秋》,曾参与过官方的修史活动,平时注重对历代典章纲纪的研究,具有丰富的官修史经验,对纪传体史书极为熟悉,因此将纪传体国史中表、志的内容及做法创新性地吸收进自己的史著。⑨⑪又,陈均在《皇朝编年纲目备要·引用诸书》中指明,曾参据蔡幼学《十朝政要》。可见,蔡幼学撰《编年政要》在南宋颇有影响力。

(六)《列传举要》十二卷

见叶适《墓志铭》、《宋史》本传、林士谦《行状》、嘉靖《浙江通志》卷四二之五《蔡幼学传》。弘治《温州府志》卷十八《书目》、万历《温州府志》卷十七、嘉靖《瑞安县志》卷九之二《书目》、乾隆《瑞安县志》卷九《艺文·书目》,作《国朝实录列传举要》十二卷。王应麟称:"《国朝实录列传举要》十二卷,起国初,止神宗。"⑨⑫马端临《文献通考》云:"《国朝实录列传举要》十二卷,蔡幼学撰。蔡幼学采国史、实录等书,为《国朝实录列传》以拟传,起国初,止神宗朝。"

(七)《百官公卿表》二十卷

见叶适《墓志铭》、林士谦《行状》、《宋史》本传。弘治《温州府志》卷十八《书目》称《皇朝百官公卿表》二十卷。万历《温州府志》卷十七、乾隆《瑞安县志》卷九《艺文·书目》,作《续百官公卿表》二十卷。王应麟称:"蔡幼学亦为《续公卿百官表》凡二十卷,《质疑》十卷,自治平讫绍兴五年。"⑨⑬马端临《文献通考》云:"《续百官公卿表》二十卷,蔡幼学又为司马光《百官公卿表》,起建隆,讫治平,乃为《续表》,终绍熙,经纬如《宰辅图》,上方书年,记大事,下列官,详记除、罢、迁、卒月日,而大事止及靖康,后未及录,以拟表。"陈振孙《直斋书录解题》云:"《续百官公卿表》十卷、《质疑》十卷,兵部尚书永嘉蔡幼学行之撰。续温公旧书,起熙宁,至靖康。《质疑》者,考异也。"魏了翁有《蔡文懿百官公卿年表续》,云:"……而永嘉蔡公又自治平以讫绍熙,不相袭沿,自为一表,不惟近接文正之编,亦以远述太史公之意。其子范,出是书属叙所以作。予尝妄谓子长之表,厥义弘远,而世鲜知之……今蔡公手摘大事以附年历,即熙、丰、祐、圣、观、政、宣之事以为经,而上意之好恶,人才之消长,皆可坐见,与仅书拜罢而不着理乱者盖有不侔。此非深得古策书之意畴能及此?惜其中兴以后大事未及记也。昔人谓作史者,必有才、学、识三长。才学固不易,而有识为尤难,用敢以旧闻于先儒者识诸篇首。公名幼学,字行之,以明经为南省进士第一。官终于礼部尚书,谥文懿。《表》凡二十卷,《质疑》十卷。"⑭

明末,黄尊素称:"江右雷司空综核国朝列卿而记之,盖仿有宋蔡行之幼学《百官公卿表》而作者也,而前有年表,后有行实,则视行之为加详焉。"⑮雷司空,即雷礼(1505—1581),主要活动于明嘉靖至万历年间。明万历初年,曾仿蔡行之《百官公卿表》作《国朝列卿纪》《国朝列卿年表》,该书对《明史》以及后世史书编撰有深远影响。由此可知在万历年间,蔡行之《百官公卿表》一书尚在流传。

(八)《宰辅拜罢录》一卷

见万历《温州府志》卷十七、明嘉靖《瑞安县志》卷九之二《书目》。弘治《温州府志》卷十八《书目》、乾隆《瑞安县志》卷九《艺文·书目》,称《国朝宰辅拜罢录》一卷。马端临《文献通考》云:"《宰辅拜罢录》,起建隆,尽绍熙,年经两官纬之。"

(九)《春秋解》

见林士谦《行状》、弘治《温州府志》卷十八《书目》、万历《温州府志》十七、嘉靖《瑞安县志》卷九之二《书目》、乾隆《瑞安县志》卷九《艺文·书目》、嘉庆《瑞安县志》卷九《艺文·经籍》。民国《瑞安县志稿·经籍门》之二〇案云:"此书已佚,楼钥《春秋后传序》称止斋自言,有得于此而欲著书,于诸生中择其能熟诵三传者,首得蔡君幼学。蔡既仕,又得二人,曰胡宗,曰周勉。游宦必以一人自随,遇有所问,其应如响。而此书未易成也。幼学以《春秋》为吕祖谦所赏,登进士第,闻望与其师(陈傅良)埒,其又称书宜也。胡宗无所表见,惟周勉为止斋校订《后传》,付梓有《跋语》,可证云。"

(十)《文懿公集》

见弘治《温州府志》卷十八《书目》、万历《温州府志》卷十七、嘉靖《瑞安县志》卷九之二《书目》、乾隆《瑞安县志》卷九《艺文·书目》、嘉庆《瑞安县志》卷九《艺文·经籍》。

(十一)《育德堂外制集》八卷

见林士谦《行状》、《直斋书录解题》卷十八、弘治《温州府志》卷十八《书目》、万历《温州府志》卷十七、明焦竑《国史经籍志》卷五之四。嘉靖《瑞安县志》卷九之二《书目》云:"《育德堂外制》《内制》共十一卷。"乾隆《瑞安县志》卷九《艺文·书目》称:"《育德堂外制、内制》共十一卷。"

(十二)《育德堂内制集》三卷

见林士谦《行状》、弘治《温州府志》卷十八《书目》、万历《温州府志》卷十七、明焦竑《国史经籍志》卷五。陈振孙称:"《育德堂外制集》八卷、《内制集》三卷,蔡幼学撰。兵部尚书永嘉蔡幼学行之撰。成童颖异,从同郡陈傅良君举学治《春秋》,年十七,试补上庠,首选,陈反出其下。明年,陈改用赋,冠监举而幼学为经魁。又明年,省闱先多士,而傅良亦为赋魁。一时师弟子雄视场屋,莫不歆艳。"[96]与今所流传《育德堂外制》相比,其书名多一"集"字,且卷数多三卷,可见《育德堂外制集》《内制集》在南宋后期已单独流行,惜已失传。

(十三)《育德堂奏议》六卷

见林士谦《行状》、傅增湘《藏园群书经眼录》。《育德堂奏议》六卷,宋刻本,框高22.9厘米,广15.6厘米,半叶九行,行十八字,白口,左右双边。有"永嘉蔡昭祖宗父印""毛扆之印""蔡氏图书子子孙孙宝用""永嘉蔡氏文懿世家""与清堂""毛斧季收藏印""汲古阁世宝""叔郑后人"等印记,被列入第一批国家珍贵古籍名录,现藏国家图书馆。《宋史·艺文志》著录行之《育德堂集》五十卷,明焦竑《国史经籍志》著录《蔡幼学内制集》三卷、《外制集》八卷,唯《育德堂奏议》六卷不见著录,是否已揽入《育德堂集》,不得其详。此书辑集行之奏议、书札六十七篇,论事起宋孝宗淳熙十四年(1187),迄宁宗嘉定十年(1217),无序跋,版式行款与台湾图书馆馆藏《育德堂外制》全同,所钤藏印章亦大部分相同,显然原来为一家之书而分藏海峡两岸者。刻工可辨者有江正、共生、江德、余生、赖正、叶仁、陈之、刘甫、刘生明等,《中国版刻图录》云:"此书刻工刘生、余士,又刻建安书院本《周易玩辞》。"故此推定为建宁府刻本。

(十四)《育德堂外制》六卷

见林士谦《行状》、傅增湘《藏园群书经眼录》。《育德堂外制》有宋刻本、敬乡楼刊本、民国影钞本、续修四库全书(上海古籍出版社,2002 年版)本。其中,宋刻本,系长子蔡籥提举福建常平期间刊印本,六卷,目录一卷,正文五卷。半叶九行,每行十八字,注文小字双行,左右双边,白口,双黑鱼尾,版心上方记每叶字数,下方记刻工姓名,仿颜体。有"毛扆之印""斧季""永嘉蔡昭祖宗文之印""蔡氏图书子子孙孙永宝""在在处处有神物护持""永嘉蔡氏文懿世家""与清堂""毛扆""毛扆字斧季别号省庵""叔郑后人""中吴毛斧季图书记""芹圃收藏"等印,现藏台湾图书馆。

(十五)《经义考》一百八十四卷

略。

(十六)《西垣集》

见林士谦《行状》、弘治《温州府志》卷十八《书目》、万历《温州府志》卷十七、嘉靖《瑞安县志》卷九之二《书目》、乾隆《瑞安县志》卷九《艺文・书目》。嘉庆《瑞安县志》卷九《艺文・经籍》题下注:叶水心曰"公虽以文显,务阐教化、养性情,无浮巧轻艳之作"。

(十七)《育德堂集》五十卷

见《宋史》卷二〇八《艺文志》七。

参考文献

①③⑩㊵㊶㊺65《叶适集》卷二三,中华书局,1961 年,第 443、443、317、298、584、415、443 页。

②71《宋史》卷四三四,四库全书刊本。

④㉞ 蔡夔编:《蔡氏宗谱》,清钞本。

⑤⑦ 林士谦:《光禄大夫尚书蔡公行状》,佚名《蔡氏宗谱》,龙湾状元钞本,1988 年。

⑥ 佚名:《蔡氏宗谱》,龙湾状元钞本,1988 年。

⑧ 陈亮撰:《祭蔡行之母太恭人》,陈广寒、成立海点校《龙川文集》卷二五,中国文联出版社,2015 年,第 276 页。

⑨ 嘉靖《瑞安县志》卷二,复印明嘉靖三十三年(1554)刻本,瑞安图书馆藏。

⑪《温州府志》卷一一,万历二十八年(1600)刻本。

⑫ 林彬之:《冲佑知府华文阁大监朝议大夫籥公行状》,蔡夔编《蔡氏宗谱》,清钞本。

⑬90 赵希弁:《郡斋读书附志(上)》卷五,四库全书刊本。

⑭㉒㉚ 嘉靖《瑞安县志》卷八,复印明嘉靖三十三年(1554)刻本,瑞安图书馆藏。

⑮ 林彬之,字元质,号囷山,莆田人,端平二年(1235)进士,官至工部侍郎、宝章阁待制。

⑯ 谢子强:《制置使朝请大夫节公行状》,蔡夔编《蔡氏宗谱》,清钞本。

⑰ 吴泳:《鹤林集》,四库辑本别集拾遗补。

⑱㉙ 吴泳:《鹤林集》卷三一,四库全书刊本。

⑲ 许应龙:《东涧集》卷四,四库全书刊本。

⑳ 真德秀:《西山文集》卷三,四库全书刊本。

㉑ 曹彦约:《昌谷》卷七,四库全书刊本。

㉓ 陈昉:《实录院修撰守徽猷阁直学士赠光禄大夫惠公行状》,蔡夔编《蔡氏宗谱》,清钞本。

㉔ 弘治《温州府志》卷十八,上海社会科学院出版社,2006年,第484页。

㉕ 洪咨夔:《平斋文集》卷一六,四库全书刊丛。

㉖ 刘克庄:《后村先生大全集》卷五五,四部丛刊编本。

㉗ 《刘克庄集笺注》卷二三,中华书局,2011年,第1277页。

㉘ 魏了翁:《重校鹤山先生大全文集》卷九五,四库全书刊本。

㉛ 《温州府志》卷一〇,万历二十八年(1600)刻本。

㉜ 赵与悆:《主台州崇道观知南剑州蔡公简行状》,蔡夔编《蔡氏宗谱》,清钞本。

㉝ 道光《婺源县志》卷一〇,道光六年(1826)刻本,中华古籍资源库。

㉟ 弘治《温州府志》卷一三,第353页。

㊱ 《平阳县志》卷三十四,1925年刊本。

㊲ 嘉庆《瑞安县志》卷十,中华书局,2010年,第552页。

㊳ 嘉靖《瑞安县志》卷五,复印明嘉靖三十三年(1554)刻本,瑞安图书馆藏。

㊴ 《陈傅良先生文集》附录二,浙江大学出版社,1999年,第697页。

㊷ 《陈傅良先生文集》卷五〇,浙江大学出版社,1999年,第623页。

㊸ 见《絜斋集》卷一三,四库全书刊本。

㊹ 曹叔远:《止斋先生文集序》,《陈傅良先生文集》附录三,浙江大学出版社,1999年,第704页。

㊻㊵ 全祖望:《奉临川帖子二》,《鲒埼亭集外编》卷四四,商务印书馆,1922年。

㊼ 孙衣言:《大郑公行小纪》,《逊学斋文钞》卷十二,同治十二年(1873)刊本。

㊽ 蒋重珍,字良贵,今无锡人,宋嘉定十六年(1223)进士第一,官至刑部侍郎,谥忠文。

㊾ 陈骙:《宋中兴馆阁录》卷八,清钞本,中华古籍资源库。

㊿㊄ 《宋会要辑稿·选举》,国立北平图书馆编印委员会,1935年影印本。

㉛ 蔡幼学:《宋故宝谟阁待制致仕赠通议大夫陈公行状》,《陈傅良先生文集》附录一,第690页。

㊲ 何异:《宋中兴东宫官僚题名》,藕香零拾丛书。

㊳ 吕祖俭、吕乔年编:《东莱吕太史年谱》,吴洪泽、尹波主编《宋人年谱丛刊》第10册,四川大学出版社,2013年,第6395页。

㊴ 吴子良:《荆溪林下偶谈》卷四,四库全书刊本。

(55) 吕祖谦:《尺牍四》二三,《东莱吕太史别集》卷一〇,嘉泰四年(1204)刻本,明递修本,中华古籍资源库。

(57)(58) 袁燮:《陆九渊年谱》,陆九渊《象山全集》卷三六,国学整理社,世界书局,1936年,第320页。

(59)(66) 陆九渊:《与徐子宜书》,陆九渊《象山全集》卷五,国学整理社,世界书局,1936年,第43页。

(60) 朱熹:《三帅祠记》,隆庆《乐清县志》。

(61) 见黎靖德编:《朱子语类》卷七九,四库全书刊本。

(62) 见黎靖德编:《朱子语类》卷八〇,四库全书刊本。

(63)(70)《宋会要辑稿·职官》,国立北平图书馆编印委员会,1935年影印本。

(64) 见黎靖德编:《朱子语类》卷一一四,四库全书刊本。

(67) 蔡幼学:《夫人林氏墓志》,蔡夔编《蔡氏宗谱》,清钞本。

(68) 陈傅良:《东村澄觉寺北山宋太恭人陈氏墓志》,郑小小主编《永嘉金石志》,中华书局,2011年。

(69) 陈骙:《宋中兴馆阁续录》卷九,清钞本,中华古籍资源库。

(72)《宋史》卷三八,四库全书刊本。

(73)(77)(81) 何异:《宋中兴学士院题名》,藕香拾零丛书。

(74) 郑小小主编:《永嘉金石志》,中华书局,2011年,第67页。

(76) 楼钥:《攻媿集》卷四六,商务印书馆,1935年,第646页。

(78) 蔡幼学:《三省官请甄录孙应时子祖开补官札》,见孙应时:《烛湖集·附编卷之下》,静远轩刻本,清嘉庆八年(1803),天津图书馆藏。《札》前言云:大中大夫守尚书户部侍郎兼详定敕令官沈诜、朝议大夫试尚书刑部侍郎兼侍讲兼直学士院蔡幼学、正议大夫给事中兼同修国史实录院同修撰兼太子詹事曾焕,朝散大夫权尚书吏部侍郎兼修玉牒官兼同修国史实录院修撰黄度、朝请大夫权尚书兵部侍郎兼同修国史实录院同修撰兼太子左庶子戴溪,朝请大夫权尚书工部侍郎兼同修国史实录院同修撰兼太子右庶子汪达札子。又见蔡幼学:《育德堂奏议》卷六《白政府乞为孙应时推恩状》,内容同《札》,故此文系蔡幼学作。

(79) 洪咨夔:《贺蔡侍郎升侍读启》,佚名编《翰苑新书续集》卷七,四库全书刊本。

(80)《宋会要辑稿·崇儒》,国立北平图书馆编印委员会,1935年影印本。

(82) 景定《建康志》卷一四,四库全书刊本。

(83) 梁克家等纂:《淳熙三山志》卷二二,四库全书刊本。

(84) 蔡幼学:《育德堂奏议》卷六,北京图书馆出版社,2003年影印宋刻本。

(85) 郭畑:《宋大事记讲义成书考论》,《北京社会科学》2021年第7期。

(86) 刘寔甫:《类编皇朝大事记讲义序》,吕中《类编皇朝大事记讲义》卷二二,清代抄本,国家图书馆影印本。

(87)(92)(93) 王应麟:《玉海》卷四七,四库全书刊本。

(88) 王应麟:《玉海》卷四九,四库全书刊本。

(89) 马端临:《文献通考》卷一九七,四库全书刊本。

(91) 燕永成:《兼论宋代的纲要史书》,《皇宋十朝纲要校正》,中华书局,2013年。

㉔ 魏了翁:《重校鹤山先生大全文集》卷五六,四库全书刊本。

㉕ 黄尊素:《隆万两朝列卿记序》,《黄忠端公文略》卷二,许三礼清远堂刊本,清康熙十五年(1676)。

㉖ 陈振孙:《直斋书录解题》卷一八,四库全书刊本。

周梦江先生《叶适与永嘉学派》述评

邓伟峰[*]

周梦江先生所著《叶适与永嘉学派》,是目前学术界第一部全面系统研究叶适及永嘉学派的专著。该书于1992年由浙江古籍出版社出版,2005年再版。

一、永嘉学派的形成

周梦江先生在该书再版序言中指出,永嘉之学自北宋中期萌发后,中经周行己、许景衡等九先生引入洛学与关学,开始为世所知。南宋初期,郑伯熊、薛季宣、陈傅良接踵而起,提倡事功学说,最后由叶适集其大成,创立永嘉学派。清儒黄宗羲、全祖望《宋元学案》介绍了他们的学说,如《水心学案》按语中给予很高评价,认为是南宋时期与朱熹道学派、陆九渊心学派鼎足而立的三大学派之一,由此可见叶适与永嘉学派在当时学术界的地位与影响。

该书第一章考察了永嘉学派崛起的社会背景。永嘉学派出现于南宋初期的温州,是当时温州与东南地区社会经济与科学文化发展的结果。南宋时期的温州,下辖永嘉、乐清、瑞安、平阳四县。温州在东晋时为永嘉郡,故温州亦称永嘉,因而当时以叶适为代表的一些主张事功学说的温州学者,被称为永嘉学派。作者从南宋时期温州农业的发展、南宋时期温州手工业的兴起、南宋时期温州城乡的繁荣和处于民族、阶级矛盾阴影下的温州等四个方面,讨论了永嘉学派崛起的社会背景。作者特别强调,南宋时期,东南地

---

[*] 邓伟峰,浙江建设职业技术学院讲师。

区包括温州在内的社会经济虽然得到发展,但整个国家的民族矛盾和阶级矛盾非常尖锐,主要体现在宋、金南北对峙的局面以及南宋贫富悬殊的问题,温州还常受"海盗"滋扰,人民处于民族、阶级矛盾的阴影之下,人民生活并非安康,因此出现了以叶适为代表的"欲外御胡虏,内除秕政"的永嘉学派。

第二章探讨了永嘉学派的溯源与初期情况。南宋时期包括温州在内的东南地区社会经济的发展,使温州的文化学术大放异彩,成为温州文化史上的黄金时代。永嘉学派虽昌盛于南宋前期,而实际上可溯源于北宋中期。北宋中期,温州有王开祖、丁昌期两人在永嘉从事学术活动。同时,瑞安还有林石在讲学授徒。因他们学术活动大约都在宋仁宗皇祐年间(1049—1054),所以总称为温州皇祐三先生。北宋中期党争激烈,新、旧两党不但在政治上互相排斥,在学术上也彼此对立。王开祖是永嘉学术的开山祖,是新旧党人士都要争取的人物。而林石则是传胡瑗湖学和陈襄之学,在政治上属于旧党。因此,元丰期间新党执政时,周行己等人在太学学习王安石的新学,后来元祐旧党登台,他们又全部接受程颐的洛学。这说明王开祖、林石对他们都有影响。北宋后期,有周行己、许景衡等学者在温州传播洛学与关学。周行己在接受洛学之前,先在太学学习王安石的新经。当时和周行己先后在太学读书的温州学子共有九人,后人笼统称为"元丰太学九先生",九先生全都接受洛学。

到了南宋,温州人才济济,文化学术大放光彩,真是"温州多士为东南最"(南宋真德秀语)。《宋史》中温州籍人士有传的有三十多人,孙诒让《温州经籍志》涉及两宋时期温州学者共有二百四十一人,著作六百一十六部,其中十之八九是在南宋时期。以上学者按其学术思想来说,大多出于王开祖、林石和以后兼传洛学关学的周行己、许景衡等人,但又各具特色。初期似可分为三派,以后则又同归于永嘉事功学派。一派是以郑伯熊为首,传其家学的为其胞弟郑伯英及从弟郑伯谦。周、郑的永嘉之学,"必兢省以御物欲",还未跳出唯心主义的洛学圈子,而薛、陈的永嘉之学,"必弥纶以通世变",则是唯物主义的事功之学了。郑伯熊死后,其弟郑伯英、郑伯谦的学术思想已与薛季宣、陈傅良的事功学派合流了。另一派是薛季宣的事功学派。如陈傅良、徐元德、薛叔似、王楠、戴溪、陈谦、陈武、王自中、蔡幼学、朱黼、叶适、曹叔远等人。薛季宣的学术思想和郑伯熊有所不同。永嘉事功学派与洛学发生原则性的分歧,成为道学的异端,可说自薛季宣开始。薛季宣的事功之学,主要由他的大弟子陈傅良继承与发扬光大。永嘉学派中另一派以徐谊为首。徐谊的学术来自陈经邦、陈经正兄弟,他们没有受过关学的熏陶,学术思想和周行己、许景衡的传洛学兼传关学有些区别。徐谊是南宋有名的学者,他的学生颇多,著名的有丁黼、赵希馆、彭仲刚、黄中等人。彭仲刚、黄中的学术思想和徐谊稍异,更为重视实用之学。由于徐谊、陈傅良、叶适等人同处温州,交情友好,来往密切,学术上交流切磋,互相影响,他们的学生又互为师友,因此徐谊这派以后也和永嘉事功学派合流了。此外,永嘉学派学者中值得一提的,还有王自中、钱文子、曹豳等人。

二、永嘉学派代表人物的学术思想及其影响

周梦江先生在《叶适与永嘉学派》中专章介绍了王开祖、周行己、薛季宣、陈傅良、叶适的生平经历、学术思想、学术贡献与影响。作者认为,王开祖是永嘉学派的先驱者,在温州传播洛学和关学的周行己对永嘉学派的形成有积极作用,薛季宣是南宋时期永嘉事功学派的创始人。薛季宣对道学提出异议,主要有三点:怀疑"道统说"、以唯物主义观点解释经制、主张义和利的一致性。他从义与利一致的思想出发,要求"见之事功"。他针对南宋政府的弊政,一生写了不少的"书""札子""策",积极地向政府提出自己的意见,从中可以看出他的事功思想。这主要体现在反对隆兴和议、依靠民兵防边、裁减冗官冗兵、革除吏胥舞弊、合理使用人才等方面。陈傅良在永嘉事功学派中占有承上启下的重要地位,他是一位上承郑伯熊、薛季宣,下启叶适、蔡幼学、曹叔远等人的永嘉学派中的重要学者。陈傅良一生忧国忧民,艰苦奋斗,著书立说,培养人才,为地方官时多有善政。特别可贵的是,他为了南宋政权长治久安,为了恢复中原失地,主张朝廷施政须以宽民力、结人心为本,以省冗兵、择官长、轻赋敛为急,虽壮志莫酬,收功甚薄,但不愧是中国封建社会里颇有远见卓识的学者和政治家。永嘉学者中在乡里讲学时间之长,培育人才之多,除叶适外,就是陈傅良。叶适和他游从四十年,受他的影响很深,从而使叶适能继往开来,成为永嘉学派的代表人物。

书的第十一章至第十九章详细介绍了叶适的生平与学术活动、经济思想、政治思想、哲学思想、伦理思想、史学思想、教育思想,此外还有门人考略、师友考略等。叶适的思想主要是继承了陈傅良所传薛季宣的事功之学,其次是郑伯熊、郑伯英兄弟所传周行己之学,亦即洛学和关学。而南宋永嘉学派正是由这两部分构成的。叶适早年曾对道学颇有好感,在政治上追随朱熹道学集团,就是受郑伯熊、吕祖谦等人影响的结果。但是又由于他接受陈傅良等永嘉师友的事功之学以及陈亮的影响,因此对道学思想始终有些隔阂。叶适到了晚年,在长期社会政治实践和悉心研究经史之后,对永嘉学术中的周、郑之学和薛、陈之学,就有正确的了解和区别的对待。他晚年(嘉定八年,1215)所录写的温州知州留元刚告州学学生的《温州新修学记》说:周、郑的永嘉之学"必兢省以御物欲",属于心性之学;而薛、陈的永嘉之学"必弥纶以通世变",则是"可措于今人之治"的事功之学。叶适将此文录于自己文集中,表明他是完全同意此文的观点。这篇文章末后说:"子贡平日之愧,终以性与天道为不可得而闻,是则疑而未达者犹在也。"这是对周、郑之学有所扬弃,而同意薛季宣、陈傅良、郑伯英等人"问学事功"合二为一的思想。事功思想是唯物主义的一种表现形式,可以通向唯物主义。叶适继承薛季宣、陈傅良"道在物内"的唯物主义观点,反对朱熹道学家"道在物外"的思想,逐渐形成自己的唯物主义思想。叶适到了晚年,一面继承与扬弃他的师友的哲学、政治、经济思想,一面通过自己的社会政治实践,钻研经史,潜心著述,丰富与发展了永嘉事功学说,成为南宋时期的一代大儒,从而奠定永嘉事功学派在全国的学术地位。

三、永嘉学派与金华学派、四明学派、朱熹道学的关系

《叶适与永嘉学派》一书专章探讨了永嘉学派与金华学派、四明学派、朱熹道学的关系。

先说永嘉学派与金华学派的关系。南宋时期的浙东学派,对明清时期的黄宗羲、万斯同、全祖望、章学诚等人的浙东学派以及颜元、李塨等人发生过巨大影响。作者重点探讨了永嘉学派学者与金华学派吕祖谦兄弟的交往、思想交流、影响等。金华学派中,吕祖谦、陈亮和永嘉学者交往密切,彼

此思想影响极深,而唐仲友与永嘉学者则无往来。吕祖谦和薛季宣、陈傅良、叶适等人交往密切,是有其思想基础的。他们的密切交往使他们的政治、学术思想得到交流与影响,主要体现在哲学思想的相互影响、彼此注意"学以致用"、注意史学的研究、教育目的与方法相似。吕祖谦和永嘉学者薛季宣、陈傅良、叶适等人的浙东学派,重视事功,注重史学,因此很为朱熹等道学家所忧惧。陈亮一生曾多次到过永嘉,访问永嘉学派学者陈傅良、叶适等人。陈亮的永嘉之行,据现存材料推究,至少有三次。陈亮多次访问永嘉,陈傅良、叶适等人几度到永康探望陈亮,以及从《陈亮集》中大量写给永嘉学者的信、词、祭文和替他们撰写的墓志等来相互参看,可以看出陈亮和永嘉学者交往十分频繁,也可以看出陈亮的思想与永嘉学派是有密切关系的。陈亮与叶适一生友好,陈年长于叶,成名也较早,但他对叶氏非常器重,推许为当时"第一辈人"。叶适以后为陈亮、王自中合撰墓志,也称赞陈亮是"春秋战国之材无是也"。永嘉学派对陈亮的思想确有直接的影响,而陈亮的思想也给永嘉学派以较大的启发。陈亮和永嘉学派学术思想同中有异,陈亮和永嘉学派在哲学上都坚持唯物主义本体论,都主张抵抗外侮,改革内政,都注重史学的研究,主张古为今用,企图在历史上找出国家兴亡、事业成败的原因。陈亮虽然公开反对朱熹空谈义理,但是很不彻底;而叶适的言论却彻底打击了理学派,是真正反理学的干将。总的来说,叶适并不全部赞同陈亮的言论和观点。

再说永嘉学派与四明学派的关系。南宋的理学主要是朱熹之道学和陆九渊之心学。陆学弟子大体分布于江西与浙东,而以浙东为盛。甬上四先生是杨简、袁燮、舒璘、沈焕。他们四人是同乡同学,同传陆九渊兄弟的心学。杨简未接受陆学之前,曾问学于薛季宣。袁燮虽受业于陆九渊,但受陈傅良影响颇深。袁燮与薛季宣另一弟子徐元德是儿女亲家。舒璘和陈傅良、徐谊、薛叔似都是同年进士,交情颇佳。沈焕曾向薛季宣问学,亦与陈傅良有交情。南宋四明四先生之学,各有特色。袁、舒、沈与永嘉、金华学者关系较为密切。他们的学术思想亦较为注重事功,重视现实问题。

最后说永嘉学派与朱熹道学的关系。南宋前期,正当朱熹继承洛学创立程朱道学派在福建武夷讲学之时,永嘉学派的薛季宣、陈傅良等人也在温州著书立说,宣扬事功学派的观点。薛季宣与朱熹两人不相识,也从未谋面,但因他们两人都与吕祖谦结交,而且彼此当时也有名气,所以他们曾通过几次信。朱熹写《伊洛渊源录》,曾托薛氏搜求温州洛学弟子的事迹。薛死后,朱托陈傅良继续搜求。因为永嘉之学与洛学有渊源,所以陈傅良与朱熹的关系一般来讲是好的。开始,他们彼此闻名而不相识,陈傅良在评论朱熹、陈亮的"王霸义利之辩"后,曾致书朱熹问候。这时陈傅良的高弟曹叔远也赴武夷访问朱氏,因为朱熹知道陈傅良是薛季宣大弟子,是继承事功之学,所以对陈氏颇有意见。"伪学"党禁开始时,朱熹被免职,陈傅良曾上书鸣不平,被御史参劾而罢官。叶适早年在政治上和道学集团有联系,思想上受影响,所以他不仅在朱熹与林栗之争时支持朱熹,还直接卷入朱熹与韩侂胄的政治斗争之中,因此名列"伪学"党籍,被免去官职。叶适早年与朱熹学术思想的一些分歧,只不过小异而已,更何况这时的叶适亦未摆脱道学的影响,所以南宋一些学者认为当时的叶适与朱熹"犹是同中之异"。叶适经过长期的社会政治实践和对经史的悉心研究,晚年对朱熹道学的态度大大改变,加以严厉的批判。

四、永嘉学派的特点和学说体系

周梦江先生《叶适与永嘉学派》在结束语部分,总结概括了永嘉学派的特点和学说体系。作者认为,温州社会城乡商品经济在南宋时期大大发展后,出现了富工、富商以及经营工商业的地主,在士大夫中也相应地出现一些代表这些富人利益的思想家,这就是叶适为代表的永嘉学派。他们著书立说,要求抵御外侮,维持社会安定;主张减轻捐税,恢复工农业生产;强调买卖自由,尊重富人,提倡事功。到了南宋前朝,"温州多士为东南最",是温州文化史的黄金时代,出现了许多有名望有成就的学者。叶氏吸收永嘉众多学者之长,经十六寒暑的辛勤研究,终于集永嘉学术之大成,发挥事功学说的优势,形成一个论说明确、体系完整的永嘉学派。

永嘉学派的特点,概括起来有三个方面:一是明"夷夏之别",有强烈的爱国主义思想;二是重视史学研究;三是重视实际问题,研究实用之学。永嘉学派的学说体系由叶适在薛季宣、陈傅良对道学有所异议的基础上,进一步在各方面有所发挥而形成。这主要体现在:继续以唯物主义观点来解释经制;以功利观点来统一仁义。宋代的理学家基本上都按照周敦颐的《太极图说》,在"二气五行"的物质世界之上安上"无极而太极"的精神本体,叶适是用五行八卦来解释物质和精神现象的产生。叶适在晚年研究经史后,觉察到永嘉之学与道学之分歧是对儒学的经典、宇宙观、道统等一系列问题的认识不同,认为专谈"心性"的理学,是偏离了儒家的本旨,因而形成永嘉学派的学说体系,并进一步指出:第一,所谓"易有太极"之《易》,不是孔子一人的作品,而是当时习《易》者汇集诸家学说而成。第二,《中庸》不是子思一人所作,也不是孔子遗言。第三,认为子思、孟子倡言心性,是儒学旁门,有失孔子本旨。第四,关于道统问题,叶适断然否定曾子能传孔子之道,一方面认为曾子的"忠恕"与孔子的"一贯"之旨不合;另一方面认为曾子只能自传其道,不能以为得孔子之道而传之。曾子不能传孔子之道,这就使子思、孟子接不上孔子,道统也就不能成为正统了。叶适和永嘉学派薛季宣、陈傅良等人的著作,遭到后世道学家的诬蔑和抵制。叶适去世后,叶味道、陈埴在温州传播朱熹道学后,温州的一些学者不谈事功之学,而是大谈义理之学,永嘉学派也就衰落了。但从历史脉络来看,永嘉学派的影响是深远的。永嘉学派注重事功,重视史学研究,对明清之际浙东学派的黄宗羲、万斯同、全祖望、章学诚等人产生很大影响。黄宗羲著《宋元学案》,称誉永嘉学术,以后全祖望修补原本,将薛季宣、陈傅良、叶适等人分立学案,补充资料,大力表彰,开中国学术思想史研究的先河,也为后人研究永嘉学派打下扎实基础。

五、小　　结

周梦江先生《叶适与永嘉学派》取材广博,内容丰富,考订翔实,论断公允,对原始记载和近人论述的失误多所纠正,且多发前人所未发,把对永嘉学术的研究推到一个较高的水平。王凤贤先生在序言中亦指出:"本书在系统地探索永嘉学术的内容方面,不乏独到之见;在考证叶适及其师友、门人的生平事迹和著作版本等方面,不拘泥于前说,纠正了历史文献和权威著作中的不少差错和遗漏之处;在研究方法方面,能适应学派研究的需要,把纵向研究与横向研究结合起来,不仅理出了永嘉学术的演进过程,而且对永嘉学派与金华学派、四明学派的关系也作了初步的考察和评述。"总的来说,周梦江先生《叶适与永嘉学派》是继侯外庐先生主编《中国思想通史》专题探讨永嘉学派之后,系统地探讨永嘉学术的第一部专著,条绪洞见,义理贯通,某种程度上改变了永嘉学派功利之学不受重视的状况,为后来的永嘉学派研究奠定了重要的基础。

瑞安孙氏批校本永嘉学派著述版本浅释

杜远东[*]

孙氏玉海楼以富藏乡邦文献而著名,为孙衣言、孙诒让精心搜访求购积累所得。清同治八年(1869)夏孙诒让开始起草《温州经籍志》[①],历时九年,至光绪三年(1877)成书[②],又手撰《征访温州遗书约》,刊告郡邑,传布海内,云其所藏先哲遗书将二百种,愿继续以购买、借抄等方式增补家藏并前《志》之未备与《永嘉丛书》所刻之未及[③]。及其身后,哲嗣孙延钊先生于1935年编《瑞安孙氏玉海楼藏温州乡先哲遗书目录》(以下简称《乡先哲目》),"以先辈所蓄为限,比岁自置之乡先生遗著尚不收",凡四百六十二种[④],可窥玉海楼两世所聚地方文献之概况。及至1936年浙江省举办文献展览会时,孙氏玉海楼又送陈二百种文献文物资料,居浙江郡邑之首[⑤],有孙延钊撰《瑞安孙氏玉海楼出品答问》(以下简称《出品答问》)稿藏浙江图书馆,记录其展品[⑥]。此中宋儒文集,特别是永嘉学派诸先生著述,多有孙衣言、孙诒让批校者,《孙逊学公年谱》《孙征君籀庼公年谱》中已略有所记。其后,在孙诒让先生百年诞辰之际,孙延钊赠玉海楼书入浙江大学传为一时盛事[⑦],而世人即知玉海楼善本与孙氏稿本在浙江大学,有《浙江大学文学院收藏瑞安孙氏玉海楼寄存图书文物简目》[⑧](以下简称《简目》)为当时点交之清单。中华人民共和国成立后,经院系调整等,这批古籍入杭州大学,图书馆又于20世纪60年代以原《简目》为底,约删通常可见之本,又校正版本若干处而成《杭州大学图书馆善本书目附编之一:玉海楼专目》[⑨](以下简称《杭大目》)。在浙江大学"四校合并"后,于古籍普查成果的基础上出版的《浙江

---

[*] 杜远东,浙江大学图书馆馆员。

大学图书馆古籍普查登记目录》《浙江大学图书馆古籍善本书目》(以下简称《浙大善目》)虽亦收录孙氏玉海楼藏书,并点明其批校之本,但散见于四部各类之下,而《杭大目》仍为迄今可见之浙江大学藏玉海楼书之唯一专门目录。

今比对上述书目著录,再核对馆藏实际情况,可知浙江大学图书馆存孙氏所赠温州乡先哲遗书共57部(目录见文后附录)。其中,永嘉学派宋儒如周行己、许景衡、刘安节、刘安上、陈傅良、叶适等人所撰著述13部。有的为同一版本的不同批校本,如清乾隆刻本叶适《水心文集》有三部,为孙衣言、孙诒让、孙锵鸣等批校。周行己、许景衡与"二刘"刘安节、刘安上等同称"元丰九先生",传关洛之学于温州,为永嘉学派形成奠定基础;而陈傅良为南宋时永嘉学派前期承前启后之重要人物;叶适则为与朱熹"理学"、陆九渊"心学"所鼎足相抗的永嘉事功学派之集大成者:此皆孙氏家族复兴乡学所宗。今简述浙江大学馆藏诸书版本与批校题跋情形,并作按语略释一二,以启更多学者进行深入研究。

一、《浮沚集》九卷,〔宋〕周行己撰,清乾隆福建刻武英殿聚珍版书本,清孙衣言批校并跋,清孙诒让批校,三册

是书版框高19.6厘米,宽12.8厘米,半叶九行二十一字双行小字同,白口四周双边单黑鱼尾。卷一卷端钤"经微室"朱印。正文九卷依次为奏议、表一卷,经解一卷,策、策问一卷,序、记一卷,书、启一卷,杂著一卷,祭文、志铭一卷,诗二卷。前后无御制诗、提要、序跋、目录等。

周行己,字恭叔,北宋后期温州瑞安县(今属浙江)人,因曾在温州城内筑浮沚书院讲业授徒,故称浮沚先生。元祐六年(1091)进士。徽宗时为太学博士,曾任温州、齐州州学教授,乐清、原武县令,秘书省正字等职,约于宣和七年(1125)卒于郓州,归葬瑞安[10]。明清温州府县志与《宋史翼》有传。其学受业于关洛,师从程颐,与许景衡、刘安节、刘安上等同称"元丰九先生"。《四库提要》《宋元学案》皆称其开永嘉学派之先河。陈振孙《直斋书录解题》卷一七载《浮沚先生集》十六卷,《后集》三卷,《文献通考》卷二三七、《宋史·艺文志》皆同。又有万历《温州府志》称行己集三十卷,不

详。原本久佚,今存《四库全书》本自《永乐大典》中辑出,武英殿聚珍本及各翻刻本皆据此。

此书有同治七年(戊辰,1868)三月间孙衣言以朱笔、孙诒让以墨笔于天头或行间据永乐本《历代名臣奏议》等补正文字及按语若干处。卷三末有朱笔题识"同治戊辰三月得之厂肆　初十日读毕此册　衣言记";卷六末又题"三月十八日读毕此卷",卷七末题"三月二十四日读毕此卷",卷八末题"廿四夜半读终此卷";卷九末(即书尾)有孙衣言跋云:

> 予初官京师时,求得《浮沚集》,已而毁于火。丙寅在杭州,求得残本,缺前二卷。今年重至京师,于琉璃厂书贾处复得此卷,盖闽聚珍版本也。以杭本校正二字。恭叔铭墓之文,平实雅正,极似永叔,诗则有意于杜老,盖不独开永嘉学派之先,其文章亦卓然陈、叶先声矣。读毕记,三月晦日。[11]

《乡先哲目》作"闽重刊武英殿本";《简目》称"聚珍本";《杭大目》为"清乾嘉年间武英殿聚珍版本";《浙大善目》录为"清乾隆四十四年(1779)武英殿聚珍版书本"。

按:此书版心下镌"缪晋校""徐秉文校""丁履谦校""王元照校""石养源校""费振勳校","宁""淳"不讳,有断版处字亦断、字体连属情况。(断版亦断字,如卷七叶一版框和"周"字连断,此种情况,不仅一处。字体连属,如卷六末之"沚"与"集"相连。)据《中国丛书综录》,武英殿聚珍版书及翻刻本有殿本、福建本与广东本。从以上特征可知,浙江大学馆藏此书非活字本,即非"殿本"。与浙江大学馆藏广东本(即广雅书局刻本)比对亦不同版。

与浙江大学馆藏福建本[浙江大学馆藏福建本为同治八年重刻光绪十九年(1893)补刻印本,卷三、四、六、七、八、九末皆有"同治八年重刊"条记;卷四叶三等版心下镌"光绪十九年补刊"]比对,则发现:(1)从字体、版式风格等情况的比对结果看,两书是用相同书版印刷的,叶数共为42叶(具体为:卷一叶十一至十四,卷五叶三至四、叶七至十,卷六叶一至十、叶十三至十四、叶十七至十八、叶二十一至二十二,卷七叶一至四、叶二十三至二十四,卷八叶三至四、叶十七至十八,卷九叶一至二、叶七至八、叶十五至十六)。

（2）避讳：此本卷二叶九"其孚颙若而无他物"中"颙"在馆藏福建本中缺末两笔避嘉庆帝讳。另外，卷六叶二之《劝学文》最后一句"將相寧有種"之"寧"不讳，而馆藏福建本与此同版，仅将此字挖去下半部分作"寍"讳。（3）墨丁补字：此本卷六叶七《论晏平仲》中"以君子□晏子者也"中"君子"后为墨丁，而在馆藏福建本中已填刻"望"字。（4）错字校正：此本有几处孙氏朱笔所校原刻错字，福建重刊本已正。如卷六叶十二"岂敢以不字自处"中之"字"，孙氏朱笔添改为"孝"，而重刊福建本中亦同此字；卷八叶十四"坐愡如坐圈"之"愡"朱笔改为"牕"，在福建重刊本中已改正。（5）重刊条记与校对者姓名：卷六末叶二十二、卷七末叶二十四、卷八末叶十八，福建重刊本与此本同版，而在其中多镌"同治八年重刊"及"宋培初　刘永昭仝校"两列。

由上可知，馆藏此书之版本著录，应依照孙衣言之原跋所示"闽聚珍"之说，以及《乡先哲目》，而为清乾隆福建刻武英殿聚珍版书本。且从上述比对细节可见，现福建本多为同治重刊及光绪补刻本，因有补刻条记而容易辨认；而此乾隆福建本，影刻殿本惟妙惟肖，而常与其混淆，且与重刊本同版之数甚少。但它因为更早刊刻，所刻更精，更近于殿本，且为孙氏批跋之本，而弥足珍贵。

二、《横塘集》二十卷，〔宋〕许景衡撰，清光绪孙诒让述旧斋抄本，清孙衣言校并题记，清孙诒让校，孙延钊校，六册

是书版框高 17.5 厘米，宽 11.4 厘米，半叶十行二十四字双行小字二十字，白口四周双边双对黑鱼尾，蓝格，版心下镌"述旧斋写定"。卷端钤"经微室"朱印。书前录《四库全书提要》。各卷内容依次为：五言古诗两卷、五言律诗一卷、七言律诗两卷、五言七言绝句一卷、制一卷、表一卷、剳子三卷、启三卷、书一卷、小简二卷、序一卷、墓志铭二卷。

许景衡（1072—1128），字少伊，温州瑞安人，"元丰九先生"之一。事迹具《宋史》本传。此集宋明时传有三十卷而后佚，后于修《四库》时从《永乐大典》中辑出成二十卷，仍缺佚甚多。孙氏后将此书刻入《永嘉丛书》。孙诒让跋曰："元丰九先生推忠简独后卒，名德亦最显。厥后永嘉学者，后先辈出，多于忠简为后进，或奉手受业其门。靖康、建炎之际，永嘉之学几坠而复振，

于忠简诚有赖哉。"其文"坦白光明,粹然一出于正",其诗"吐音清拔,不露伉厉之气"。

此书天头有孙诒让朱墨笔补正,又有孙衣言墨笔覆勘其校,另有孙延钊于孙诒让所校处墨笔作注,其所参校者据题跋有"别本""原本""闽本",《劄子》三卷以《历代名臣奏议》与参互读之。卷五末有墨笔题识:"丙子九月朔日用闽中抄本重校一过　逊学记。"

《简目》仅著"钞本",《杭大目》著录为"清四库传钞本"。

按:据《年谱》,清光绪乙亥(1875),孙诒让始名其书房为"述旧斋",故抄书年以此年为抄书上限;又此本有丙子(1876)九月初一孙衣言题记,故以此为下限。

《年谱》著录:

> 八月廿七日至九月十一日,衣言覆勘诒让旧校《横塘集》,以阁本、闽本互订文字之违异,其两非者以意举正之。札子三卷,则别取永乐本《历代名臣奏议》参互读之。经此细校,乃为定本。于阁本五律诗卷之尾云:
>
> 《东瓯诗集》有《得一堂》、《谢公岩》二首,《东瓯续集》有《晓起》一首,皆五律也。阁本七绝,据《东瓯诗集》增入《寸碧亭》。而五律不收此数诗,不详其故。[12]

《永嘉丛书》本《横塘集》有光绪丙子十二月孙诒让跋云孙衣言以陆心源传抄四库辑出本,而从祥符周氏(即周星贻)得别本相参校而定,于光绪乙亥即谋刊刻。则此书批校中之"原本"即为"阁本",或传抄陆心源四库抄本,而"别本""闽本"即传抄周星贻本。《乡先哲目》著录两种抄本:"传录归安陆存斋氏藏抄本"有太仆公、征君公校语,"传录祥符周氏藏抄本"则卷首有瑞瓜堂印记,十五卷末有周氏识语,二十卷末有太仆公校记[13]。查此书卷三末(即五律诗卷尾)、卷十五、卷二十末皆无识语校记。

则浙江大学馆藏此书为以阁本(陆藏抄本)与闽本(周星贻抄本)参互校正之孙氏述旧斋抄本,是为《永嘉丛书》本《横塘集》所参据之定本。

三、《刘左史集》四卷，〔宋〕刘安节撰，清抄本，清孙衣言校并题跋，清孙诒让校，一册

是书半叶八行二十一字，无栏格，开本大小为高 28 厘米，宽 18.1 厘米。卷端钤"经微室"朱印。卷前有清乾隆己丑（1769）鲍廷博（贞复堂）录留元刚序。正文依次为奏议、表、疏状、启共一卷，墓志、祭文共一卷，经义一卷，策、附录共一卷。卷二末有照录四库总校官和校对官姓名。天头朱墨笔校字所据有《历代名臣奏议》《横塘集》《伊洛渊源录》。详为：卷一奏议据《历代名臣奏议》卷七十三、四十四等补正。卷四末附录之刘安节墓志有孙衣言据《伊洛渊源录》补正十多处及按语，又有孙衣言跋，时在同治十年（1871）九月于金陵察院，录文详见《年谱》[14]。

浙江大学馆藏又有一部抄本（以下简称"乙本"，前一种称"甲本"），二册，版式与此相同，而开本略微小于此种。卷端钤"瑞安孙仲容珍藏书画文籍印"，清孙诒让批校。卷前有《四库全书提要》并鲍录留序。正文内容同上。孙诒让以朱墨笔校补改字，于书眉处多题有"据吴本改"或"吴本误"者。序卷端有墨笔按语一处，卷四又有四处浮签，为提行与连写之类格式修改注记。朱墨批改甚夥。

按：《乡先哲目》云"传录归安陆氏藏钞本，有征君公墨校，太仆公于卷末墓志有按语数则"，即甲本。《杭大目》著录为"清四库传钞本"。据《年谱》，同治九年（1870），与《刘给谏集》共二册为孙衣言得于陆心源处，为四库传抄本[15]。

另，同治五年（1866）孙衣言在杭州，即传抄丁氏藏文澜阁本永嘉诸儒著述，其中有传抄阁本二刘集，合四册，以为脱误改窜甚多，殊非善本[16]，于同治十年（1871）九月校毕，又于同年冬十二月二十七日（农历）从周星贻寄赠吴翌凤校写本之抄本[17]，即"吴本"。《出品答问》云周星贻本"迥胜文澜阁钞本，余家重刻时即据此以刊补阁本，凡得一千数百字，然亦有此本误而宜从阁本者数十处。其两本皆误者，则先征君间以己意订正之"[18]。《年谱》载《永嘉丛书》本《二刘文集》有同治十二年（1873）孙诒让跋云"家大人""命诒让以家本对勘，刊补颇夥"[19]。则乙本即"家本"，即清同治五年（1866）传抄丁氏藏文澜

阁四库本，孙诒让以周星诒藏"吴本"参校，又有墨笔校注则为以己意订正。而文中又有墨笔圈出并校改者，为誊录甲本之已补正之处，是为《永嘉丛书》底本之一。

四、《刘给谏文集》五卷，〔宋〕刘安上撰，清抄本，清孙衣言批校并题记，一册

是书半叶八行二十一字，无栏格，开本大小为高 29.1 厘米，宽 18.2 厘米。卷端钤"瑞安孙仲容珍藏书画文籍印"。前有留元刚《二刘文集序》、目录。正文依次为五言七言诗、弹事、奏议、劄子一卷，外制一卷，表、启一卷，策问、记、墓铭、颂铭偈、祝文、祭文一卷，经义、附录行状一卷。末录竹垞老人朱彝尊跋语。有孙衣言墨笔批校于行间及天头，所题有"旧抄本""旧藏本""三抄本皆同""新抄本"等语，衬叶为孙衣言署题："《刘给谏左史集》，同治庚午在金陵吴兴陆存斋购。"

浙江大学馆藏又有一部抄本，二册，有孙诒让批校。版式同前，而开本略小。卷端钤"瑞安孙仲容珍藏书画文籍印"。内容同前。孙诒让将格式校语与补录内容墨笔书于黏签上，各卷皆有。而上一部之孙衣言批校在此处也由其过录，且书眉可见有孙诒让题"卢本""家大人以意改""以家大人意改""家大人校改"等校语。

按：孙衣言批校本与前《刘左史集》甲本同为同治十年（1871）得于陆心源处。即《乡先哲目》中之"传录归安陆氏藏抄本"[20]。此书原有三种抄本：（1）清同治五年丙寅（1866）孙衣言传抄丁氏藏文澜阁四库本[21]，二册；（2）同治六年丁卯（1867）孙诒让在杭州购得卢氏抱经堂旧藏抄本，四册[22]；（3）同治九年（1870）孙衣言又从丰顺丁日昌处借抄本参校，即此册批校中提及之三种抄本[23]。

另据《永嘉丛书》本之孙诒让跋，则孙诒让批校本即与前《刘左史集》乙本同为清同治五年（1866）传抄丁氏藏文澜阁四库本，并据卢文弨旧藏抄本与孙衣言之校改，为《永嘉丛书》之底本。

五、《止斋先生文集》二十八卷,〔宋〕陈傅良撰,明嘉靖十年(1531)安正堂刻本,清孙衣言批校并题记,十册

是书版框高18.1厘米,宽13厘米,半叶十三行二十五字,小字双行同,粗黑口,双顺黑鱼尾,四周双边。卷端钤"经微室"朱印。前有王瓒序、目录,正文依次为歌辞、古诗为二卷,律诗二卷,挽诗、内制一卷,外制四卷,奏状劄子、附讲义故事庙议五卷,表、启三卷,手书二卷,记、序一卷,题序、题跋一卷、杂著一卷、祭文一卷,志铭二卷,行状一卷,附录二卷。末有林长繁后序。跋后有牌记镌"辛卯年孟冬月 安正堂新刊行",并朱笔题识云辛卯为嘉靖十年,安正堂为书肆,此即可称为"嘉靖本",安正堂为明嘉靖前后建阳刘氏开设的书肆。

陈傅良(1137—1203),字君举,号止斋,浙江瑞安人,乾道八年(1172)进士,永嘉学派著名学者。此集乃其门人曹叔远(1159—1234)所编,宋嘉定五年(1212)初刻于永嘉郡斋。明弘治十八年(1505),经筵国史官王瓒(1462—1524)将其从秘阁藏书中抄出的《止斋先生文集》送予浙江巡抚张琏(1466—1531),张琏又将它托付给温州同知林长繁(1455—?),由林长繁与其同僚共同捐资刊刻。浙江大学馆藏有此"正德本",即明正德元年(1506)莆田林长繁刻本,仅存卷一至五这一册。

"嘉靖本"目录"第一卷"下有朱笔小字题识:"目此至二十五卷皆据王宗伯本而约之,盖王本五十卷而此本二十五卷也。王宗伯本照阁本之旧,此则为坊本。"

第二十六卷下题"此即明阁本之五十一卷";第二十七卷下题"此即明阁本之五十二卷,《民论》以下八篇附其后者,盖张琏所缀,而此又分为一卷耳"。卷中朱笔校语有题"正德本""乾隆本""陈本"或"陈刻钱校",即指孙氏所据校雠者为家藏明正德元年林长繁刻本、清乾隆丙寅林上梓重编刊本、道光甲午陈用光重刻本[24]。

另,浙江大学馆藏有《止斋先生奥论》八卷,为方逢辰批点之明刻本,四册。版框高19.9厘米,宽14.0厘米,半叶十行二十二字,小字双行同,白口,单黑鱼尾,四周双边。钤"黄文华印""太冲父""质吾居士""辰卿""文华""经

微室"等印。卷前有明隆庆五年辛未（1571）申时行序与目录。正文依次为论六卷，奏一卷，序、记、书、状一卷。文中有孙衣言朱笔据《历代名臣奏议》《止斋先生文集》等补正卷七、卷八之奏议序记者一百多处，并有光绪四年戊寅（1878）孙衣言跋云："此刻错误殊甚，盖明时书肆俗本。其附刻二卷，今据本集略为补正。光绪戊寅逊学叟记，十月二十七日。"㉕

按：孙诒让《温州经籍志》有按语述各本之源流关系㉖。而据《永嘉丛书》本《止斋先生文集》后光绪五年（1879）孙诒让跋㉗可知，孙氏所刊即以明正德本为底本，以嘉靖本等其他版本参校。而《民论》《文章论》《守令论》《收民心论》四篇之评注皆来自方逢辰批点之《奥论》中。馆藏明正德本仅存五卷为残帙，而此嘉靖本则更可窥孙衣言雠刊之貌，与《永嘉丛书》有密切联系。

六、《水心文集》二十九卷，〔宋〕叶适撰，清乾隆二十年（1755）温州府学刻本，清孙衣言、孙诒让批校，十五册

浙江大学馆藏三部乾隆刻本《水心文集》，暂以甲、乙、丙本分述各书概况。

甲本

版框高19.0厘米，宽14.5厘米，半叶十行二十字，白口，单黑鱼尾，左右双边，十五册。钤"经微室"印。卷前有乾隆二十年浙江分巡温处道朱椿序，俞文漪跋，旧序（包括门人赵汝谠序、明正统十三年处州府推官章贡黎谅序、明景泰二年泰和王直序），宋史本传，目录。各卷内容依次为：奏劄一卷，状表一卷，奏议三卷，古诗、五言律诗、七言律诗、七言绝句共三卷，记三卷，序一卷，墓志铭十卷，行状、谥议、铭、青词、疏文共一卷，书一卷，祭文一卷，杂著一卷。

有孙衣言、孙诒让朱墨笔批校，且有孙衣言录孙锵鸣校语。（卷九叶十四《绩溪县新开塘记》卷端有孙诒让按语，又有孙衣言于其后题"诒让说是"。卷十四叶九天头即有"止叟云……"批语，止叟即孙锵鸣。另有如卷十八叶四天头题"止庵弟云……"，亦同此。）孙衣言朱笔题校阅日期于篇末或卷末，并分日记程。[卷一《上孝宗皇帝劄子》末有朱笔署"十二"、卷一末署"十五日"，卷三末题"二十日，是日雨，秋意甚凉"，卷五末题"廿五日"，卷八叶十九

《赠通川诗僧肇书记》末题"廿一日"、卷八末题"廿九日二鼓",卷十《留耕堂记》末题"九月初八日"、卷十末题"九月十九日校毕",卷十一末题"廿三",卷十三叶十三《周淳中墓志》末题"廿九日"、卷十三末题"十月朔　立冬",卷十四叶十一《忠翊郎蔡君墓志》末题"十月二日"、卷十四末题"初四日",卷十五末题"十月初八辰刻",卷十六末题"十一日",卷十七叶十二《陈叔向墓志铭》末题"十二",卷十八末题"二十四日午刻读毕此卷",卷十九叶十《朝奉郎致仕俞公墓志铭》末题"十月十八日"、卷十九末题"十九日",卷二十叶十二末题"廿日",卷二十一叶十八《林夫人陈氏墓志铭》末题"廿四日"(卷二十一末同),卷二十二末题"廿七日",卷二十七叶十八《奏荐滕贤良》末题"二月十三日……校至此篇"。正文所列之外其他日程,附列于此:卷二十五《母杜氏墓志铭》下题"十四,舟至安溪,读此篇,痛不可忍也",卷二十六叶二十《李丞相纲谥忠定议》末题"二十九日在周口行馆读至此",卷二十七《上赵选使》末题"十四日中初,至新乐县,校毕四首"、卷二十七末题"二十日至黄村少住半日读毕此卷",卷二十八末题"初六日校至此,舟抵宝应",卷二十九叶十八《题拙斋诗稿》末题"初六日,校至此,舟泊汜水,去高邮八十里"。]

卷二十末题:"二十五日读毕此卷,是日始见朝阳,已而阴,午后乃复出日。舟至太和以北,所见人民村落,宛然燕蓟也。"

卷二十二叶九《故知广州敷文阁待制薛公墓志铭》末有题:"廿六日,是日门人陆子香宗翰、陈兰州豪、董仁甫慎言、王菘溪麟书、张小虞为、高子蓉曾绶,招同谭仲修广文,饯予于湖上,日入始归。"

卷二十四末题:"十三日,栝溪舟中阅毕此卷。予以初七日由兰溪用篮舆行,昨晓登舟,始可复读书矣。"

卷二十六末有题:"正月晦日行抵西华,邑令孙平阶明府永治馆予于试院,饭后读毕此卷。"

卷二十七《寄王正言书》末有题:"二月朔,由西华行七十里,至扶沟,寓邑令杨仲和署中,读至此。"

卷二十八叶十六《祭黄尚书文》:"四月初五日读至此文,予以三月十七日□□出都门,□□齐鲁。初四日□□淮浦登舟,乃得复读《水心集》衣言又记。"

卷二十一首叶为《朝请大夫直龙图阁致仕沈公墓志铭》,天头有孙衣言

"庚辰正月四日"(光绪六年)按语,《年谱》有载,兹不转录。

乙本

版式同前,十三册。钤"经微室"印,无序跋目录,缺卷八。有孙衣言朱墨笔批校、孙锵鸣朱笔批校、孙诒让墨笔小字批校。(如卷二十二叶二《厉领卫墓志铭》有朱笔按语于"故步期君"条,末署"止叟",即孙锵鸣。又如在卷二《定山瓜步石跋三堡坞状》天头,有"让案"一段。)

卷二末有孙诒让墨笔录《景定建康志》三十五载之《定山瓜步石跋三堡坞状》后附五条,卷七末亦有孙诒让墨笔论吴子良《林下偶谈》所举叶适佚诗七联,并有按语,蝇头小字满纸。另有若干卷末亦有孙衣言朱笔题校阅日期:卷二末有题"十九日辰初刻,北风骤凉";卷三《资格》《任子》末有朱笔署"十九日";卷四《实谋》末署"廿一日",《财政总论二》"生民之困,未有已也"下署"廿二";卷五《纪纲四》末署"廿三日大雨"、《终论五》末署"廿四日";卷七《上滩》末署"八月五日",卷末署"八月十四日";卷九末墨笔题"同治辛未十月重校毕此卷",又朱笔署"廿九日"。则可知孙衣言在同治十年(1871)批校一过。

丙本

版式同前,十册。钤"经微室"印。卷前序跋、本传、目录及正文皆同甲本。存二十卷:卷一至十二、十六至二十一、二十四至二十五。

有孙衣言朱墨笔批校。文末亦记录有校阅日期。(朱笔题日期:卷二《蕲州到任谢表》末题"八月初四日"、卷二末题"八月六日"、卷六末题"十月二十日"、卷八末题"仲冬十一日"、卷九末题"十二月初六日校毕此卷"、卷十末题"十二月十七日校毕此卷"、卷十二末题"九月廿八日校毕此卷"、卷十六末"二十二日读毕此卷"、卷十八末"十月十七日"、卷二十末题"廿一日",卷二十四末题"二十八日未出,起读至此,在周家口约三十里所"。)

按:《乡先哲目》所著录有三部乾隆本,分别为十四册、十四册与十二册,未云有缺。至《简目》则分别为十五册、十三册与十册,即现有馆藏之甲、乙、丙共三部,仅甲本为完帙,而乙、丙皆有缺。据孙延钊《年谱》,孙衣言平生极爱水心文,而曾四校乾隆本:一同治丙寅丁卯;二同治辛未;三光绪乙亥;四光绪丁丑。所作批注,已有学者从温州市图书馆藏叶琮、张棡、刘绍宽所录孙氏批注本辑录[28]。馆藏三书中之批注,经与其比对,则尚有其未收者,如乙本之孙锵鸣批注。而书中批注所据之"黎本""丁抄本""大字本",及引用参订之其他诸书,皆可从孙衣言重刊《永嘉丛书》本《叶水心文集》跋知。

而据此次所录各本孙衣言校阅日期与记程跋语,则可考三种乾隆本之具体批校时间:(1)甲本卷三题"秋意甚凉"、卷十题"九月"、卷十三至二十二皆在"十月";且孙延钊《年谱》中所录同治五年丙寅(1866)乾隆本《水心集》孙衣言朱笔批注皆在甲本卷三至卷二十四;另日程所记"廿六日"于"湖上"践行诸人皆为孙衣言在杭州紫阳书院时交往者,而由兰溪登舟而行栝溪,与《年谱》中之"十一月初二日,衣言自杭归里,道中仍读《水心集》,所至有记"吻合,故甲本卷二十四前之批校当在同治丙寅;而卷二十六至二十九之记程与孙衣言《丙子瞻天日记》及《出都日记》之相关日期同,则又当为孙氏在光绪丙子间之批校本。(2)乙本据墨笔题记知为同治十年辛未批校本。(3)丙本之日期皆为八至十二月,则为光绪乙亥批校本。

七、《水心先生别集》十六卷,〔宋〕叶适撰,清抄本,清孙诒让校,八册

是书半叶九行十八字,小字双行字数不等,无栏格。开本高27厘米,宽18.1厘米。钤"乐意轩吴氏藏书""愻学斋收藏图籍""瑞安孙仲容珍藏书画文籍印"。卷前有目录,正文依次为进卷八卷、廷对一卷、外稿六卷、后总一卷。

有孙诒让朱笔校正格式,朱墨笔校字据书眉所题有如"陆本"或"陆钞本","龚抄本","黎本"或"黎刻本",校正误字多处,以及参考《左传》《史记》《吴越春秋》《文献通考》《五代史》诸文献,如卷十一皆以《文献通考》校字,并言及"陆抄本"之正误。而墨笔为覆校朱笔初校者,如卷十二叶五天头有朱笔校语"据黎本改",其后又墨笔云"……此余初校误",卷五叶三十一天头处题"熟字不误 今不改 覆校"等,并有按语以文意校字及考证,如卷四《进卷·兵权上》"崇礼信厚"叶一天头朱笔题:"惇,案惇,宋光宗讳,故此改作崇,此可证《进卷》单行本在别集之先。"

馆藏又一部,清抄本,四册。版式同上,开本略小。钤"观群书斋藏本""咏樵过眼""经微室"印。内容同前。有清许祖涝跋与龚显曾跋言抄书事。

按:《乡先哲目》所录"旧钞本"八册有"乐意轩"印,另有一部为"晋江龚显曾藏景写南安吴氏旧本",即馆藏此二部书。同治三年,孙诒让于杭州购得乐意轩本,为其收藏善本之始。而同治七年,龚显曾又以家藏抄本寄赠孙衣言。即乐意轩本中所据校改之"龚抄本"。另所据"陆本"或"陆抄本"与前之《二刘先生集》相似,显系陆心源藏之传钞本,而未见文字记载。"黎本"即明正统黎谅刻本,孙衣言于同治六、七年间所得者。馆藏龚抄本中无甚批校,而乐意轩本以诸本参校,校正误字有上千处之多,孙衣言即以此为底本,于同治九年刻入《永嘉丛书》。

附录:浙江大学图书馆藏瑞安孙氏赠温州乡先哲遗书简目

1 经部易类　干常侍易注疏证一卷集证一卷　〔清〕方成珪撰　清光绪七年(1881)孙氏玉海楼抄本　清孙诒让批校并跋　一册

2 经部小学类　集韵考正十卷　〔清〕方成珪撰　清光绪五年(1879)瑞安孙氏诒善祠塾刻永嘉丛书本　清孙诒让批校　一册　存卷九

3 史部传记类　明太师张文忠公世家四卷　〔明〕李思诚　〔明〕姜应麟辑　清道光二十四年(1844)刻本　二册

4 史部传记类　东嘉先哲录二十卷　〔明〕王朝佐撰　清影明抄本　清孙诒让批校　四册

5 史部政书类　列朝私纪三卷　〔清〕周天锡撰　清求益斋抄本　一册

6 史部地理类　〔崇祯〕泰顺县志八卷　〔明〕涂鼎鼐修　〔明〕包大方〔明〕周家俊纂　明崇祯六年(1633)刻本　二册　存卷一至五

7 史部地理类　〔道光〕瓯乘拾遗二卷　〔清〕洪守一纂　清道光三十年(1850)爱吾堂刻本　一册

8 史部地理类　雁山志稿二十五卷　〔清〕李象坤辑　稿本　四册　存卷一至十一

9 史部地理类　江心志十卷首一卷末一卷　〔清〕释元奇撰　清康熙四十六年(1707)刻本　五册　缺卷末

10 史部金石类　东瓯金石志十二卷　〔清〕戴咸弼撰　〔清〕孙诒让校补　清光绪九年(1883)刻本　清孙诒让校　孙延钊校　四册

11 史部政书类　补汉兵志一卷　〔宋〕钱文子撰　清乾隆三十四年(1769)般阳书院刻柚堂全集本　清孙诒让批校并题记　一册

12 子部儒家类　潜室陈先生木钟集十一卷　〔宋〕陈埴撰　明弘治十四年(1501)高宾、邓淮刻本　四册

13 子部儒家类　潜室陈先生木钟集十一卷　〔宋〕陈埴撰　明刻本　三册　缺卷一

14 子部兵家类　神器谱一卷续一卷或问一卷防虏车铳议一卷车铳图一卷倭情屯田议一卷中国朝鲜日本形势图略一卷　〔明〕赵士桢撰　明万历刻本　二册　存神器谱一卷续一卷

15 子部艺术类　望山堂琴学存书二卷　〔清〕林鹗撰　清同治十年(1871)孙锵鸣抄本　清孙锵鸣校并跋　一册

16 子部杂著类　存愚录一卷　〔明〕张纯撰　清同治十年(1871)孙诒让影明抄本　清孙诒让校并题记　一册

17 子部小说家类　岐海璅谭十六卷　〔明〕姜准譔辑　清同治永嘉孙锵鸣抄本　清孙锵鸣校并题记　四册

18 子部宗教类　禅宗永嘉集二卷　〔唐〕释玄觉撰　〔宋〕释镇澄注　明万历二十年(1592)释常绅募刻本　清孙诒让校　二册

19 集部别集类　李诗选注十三卷　〔唐〕李白撰　〔明〕朱谏辑注　李诗辩疑二卷　〔明〕朱谏撰　明隆庆六年(1572)朱守行刻本　九册　缺李诗选注卷一至二

20 集部别集类　浮沚集九卷　〔宋〕周行己撰　清乾隆福建刻武英殿聚珍版书本　清孙衣言批校并跋　清孙诒让批校　三册

21 集部别集类　横塘集二十卷　〔宋〕许景衡撰　清光绪孙氏述旧斋抄本　清孙衣言校并题记　清孙诒让校　孙延钊校　六册

22 集部别集类　刘左史集四卷　〔宋〕刘安节撰　清抄本　清孙衣言批校并跋　清孙诒让批校　一册

23 集部别集类　刘左史集四卷　〔宋〕刘安节撰　清抄本　清孙诒让批校　二册

24 集部别集类　刘给谏文集五卷　〔宋〕刘安上撰　清抄本　清孙衣言批校　一册

25 集部别集类　刘给谏文集五卷　〔宋〕刘安上撰　清抄本　清孙诒让批校　二册

26 集部别集类　梅溪先生廷试策一卷奏议四卷文集二十卷后集二十九卷　〔宋〕王十朋撰　附录宋龙图阁学士王公〔十朋〕墓志铭一卷　〔宋〕汪应辰撰　明正统五年(1440)刘谦、何潢刻天顺六年(1462)重修本　清沈周模批并跋、清孙衣言校　十四册　缺附录一卷

27 集部别集类　东坡先生诗集注三十二卷　〔宋〕苏轼撰　〔宋〕王十朋集注　明万历吴兴茅维刻明末王永积重修本　二十四册

28 集部别集类　涉斋集十八卷　〔宋〕许及之撰　清同治七年(1868)孙氏抄本　清孙衣言校并跋　二册

29 集部别集类　止斋先生文集五十二卷附录一卷　〔宋〕陈傅良撰　明正德元年(1506)莆田林长繁刻本　一册　存卷一至五

30 集部别集类　止斋先生文集二十八卷　〔宋〕陈傅良撰　明嘉靖十年(1531)安正堂刻本　清孙诒让批校并跋、孙衣言批校　十册

31 集部别集类　止斋先生奥论八卷　〔宋〕陈傅良撰　〔宋〕方逢辰批点　明刻本　清孙衣言校　四册

32 集部别集类　水心文集二十九卷　〔宋〕叶适撰　清乾隆二十年(1755)温州府学刻本　清孙衣言批校　十五册

33 集部别集类　水心文集二十九卷　〔宋〕叶适撰　清乾隆二十年(1755)温州府学刻本　清孙衣言校　十三册　缺卷十八

34 集部别集类　水心文集二十九卷　〔宋〕叶适撰　清乾隆二十年(1755)温州府学刻本　清孙衣言校　十册　存卷一至十二、十六至二十一、二十四至二十五

35 集部别集类　水心先生别集十六卷　〔宋〕叶适撰　清抄本　清孙诒让校　八册

36 集部别集类　水心先生别集十六卷　〔宋〕叶适撰　清龚显曾抄本　清许祖涝、清龚显曾跋　四册

37 集部别集类　西岩集一卷　〔宋〕翁卷撰　清抄本　一册

38 集部别集类　蒙川先生遗藁四卷　〔宋〕刘黻撰　清抄本　清孙诒让校　二册

39 集部别集类　蒙川遗稿四卷　〔宋〕刘黻撰　清抄本　二册

40 集部别集类　蒙川遗稿四卷　〔宋〕刘黻撰　刘蒙川公〔黻〕年谱一卷〔清〕林大椿撰　清咸丰七年(1857)刘永沛等木活字印本　清孙衣言批校、清孙诒让校并跋　二册

41 集部别集类　霁山先生集五卷首一卷拾遗一卷　〔宋〕林景熙撰〔元〕章祖程注　清孙氏述旧斋抄本　清孙诒让、清孙锵鸣校　二册

42 集部别集类　李五峰文集不分卷　〔元〕李孝光撰　清辨志书塾抄本清孙衣言、清孙诒让批校　一册

43 集部别集类　五峯集十卷　〔元〕李孝光撰　清同治九年(1870)孙锵鸣抄本　清孙锵鸣批校并跋　一册

44 集部别集类　云松巢集三卷　〔元〕朱希晦撰　清同治五年(1866)孙氏抄本　清孙衣言校并跋　一册

45 集部别集类　盘谷集五卷　〔明〕刘廌撰　清光绪九年(1883)刘凤仪抄本　清刘凤仪跋　一册

46 集部别集类　畏庵集十卷附录一卷　〔明〕周旋撰　明成化十九年(1483)刘逊永嘉刻本　二册

47 集部别集类　畏庵集十卷附录一卷　〔明〕周旋撰　明成化十九年(1483)刘逊永嘉刻本(卷七至十、附录配抄本)　三册

48 集部别集类　瓯东录十卷　〔明〕项乔撰　清孙氏玉海楼抄本　清孙衣言批校并跋　清孙诒让批　十册

49 集部别集类　瓯东私录六卷　〔明〕项乔撰　明嘉靖三十一年(1552)刻本　四册

50 集部别集类　瓯东私录十卷　〔明〕项乔撰　明嘉靖三十年(1551)刻本　五册　存卷一至二、五至七

51 集部别集类　二谷山人集二十四卷猴山侯氏谱二卷　〔明〕侯一元撰　明嘉靖刻本　十册

52 集部别集类　二谷山人诗集十卷　〔明〕侯一元撰　明嘉靖刻本　四册

53 集部别集类　汲古堂集二十八卷　〔明〕何白撰　明万历刻本　八册

54 集部别集类　汲古堂续集不分卷　〔明〕何白撰　清抄本　五册

55 集部总集类　永嘉四灵诗四卷　〔宋〕徐照　〔宋〕徐玑撰　清抄本　清孙诒让跋　一册

56 集部总集类　慎江文征六十一卷　〔清〕周天锡辑　清同治八年(1869)孙诒让述旧斋抄本　清孙诒让题记　十二册

57 集部诗文评类　雁荡诗话二卷　〔清〕梁章钜撰　清咸丰二年(1852)文华堂刻本　二册

参考文献

①②③⑪⑫⑭⑮⑯⑰⑲㉑㉒㉓㉕㉖㉗ 孙延钊:《孙衣言孙诒让父子年谱》,上海社会科学院出版社,2003年,第90、153、159—162、77、139、100、95、68、100、117、68、74、94、167、997—999、171—173页。

④⑬⑳ 孙延钊:《瑞安孙氏玉海楼藏温州乡先哲遗书目录》,《浙江省立图书馆馆刊》1953年第3期。

⑤ 陈训慈等编:《浙江省文献展览会文献叙录》,凤凰出版社,2020年,前言。

⑥⑱ 温州市图书馆《温州历史文献集刊》编辑部编:《温州历史文献集刊》第3辑,南京大学出版社,2013年,第246—273、247页。

⑦ 张宪文:《泽被上庠、惠及乡里——记玉海楼捐书浙大和籀园图书馆事》,《仰云楼文录》,香港天马图书有限公司,2000年,第199—201页。

⑧ 孙延钊:《浙江大学文学院收藏瑞安孙氏玉海楼寄存图书文物简目》,民国抄本,温州市图书馆藏。

⑨ 杨渭生:《孙诒让与玉海楼藏书》,黄建国、高跃新主编《中国古代藏书楼研究》,中华书局,1999年,第239、244—245页。

⑩ 《周行己集》,上海社会科学院出版社,2002年,前言。

㉔ 孙诒让编:《温州经籍志》三,《孙诒让全集》,中华书局,2011年,第985页。

㉘ 潘猛补:《〈水心文集〉孙衣言批注辑录》,温州市图书馆《温州历史文献集刊》编辑部编《温州历史文献集刊》第1辑,南京大学出版社,2010年。

孝悌之情：晚清瑞安孙氏家族的家礼与家风

侯俊丹[*]

诚如梁漱溟先生所论，中国文明是以伦理为本位的文明；"家"是这一"伦理本位"的基本单位。儒家传统中的"修齐治平"，在现代学术语境中被表述为"差序格局"，即依据人伦情感的亲疏远近，推己及人，形成如同水波纹那样的同心圆体系；而构成这套人伦秩序的基底便是"父子一体"之情。"父慈子孝"支撑起中国人的家庭观念，即便经历了近现代"家庭革命"的洗礼，它依然是每个中国人在过日子的过程中不断探寻的情感命题。除了小说、话本，卷帙浩繁的历史档案同样给我们留下了传统中国人过日子的那种心态和心境，唤起已然显得有些"现代"的我们的共鸣。本文希望从这历史长流中截取微小的片段，讲述一个家族、一对父子的故事，让今天的读者也能感受到古人的家礼理想与日常躬身实践的情境。

和胡林翼、曾国藩这类旷世大儒，或是李鸿章、沈葆桢这类事功名臣相比，温州瑞安的孙氏家族是相对暗淡，少为人知的，但只要人们稍加了解，孙衣言曾以入幕曾门成一代廉宦，孙锵鸣以李、沈座师声名士林，恐怕瑞安孙氏在晚清士人师承传统中的地位，便不言而喻了。有关孙氏兄弟学术事功的历史书写，近些年络绎不绝，限于篇幅，笔者不再赘言。这次重点谈一谈孙氏的"家事"——19世纪七八十年代，孙氏家族在戡平地方暴乱之后重振家风的作为。这一持续近二十年的努力，其影响不仅限于族内子嗣，同时随着孙氏兄弟游宦、讲学的践履而波及东南士风，余音不绝，直至清末民国之交。

---

[*] 侯俊丹，中国政法大学社会学院副教授。

近年随着孙氏家族相关档案文献整理和研究工作的推进,孙家历史的样貌逐步清晰地呈现在世人面前。本文将结合已有的研究成果,重点分析孙锵鸣的次子孙诒绩遗留的一份日记,这份手稿虽经初步整理,却尚未引发学界关注,一来因其体量不大,仅存1886—1887年近一年的信息,二来因墨污,内容折损不少。但如果结合上述历史背景,并对勘孙衣言、孙锵鸣遗留下来的其他文献,特别是将文集、书信、日记进行比读,我们会清晰地看到孙氏兄弟的经世观念在子嗣一代的展开和延续,那种以"父子一体"为精神内核的情感价值,对于维持世家门风、推动地方风气转移的意义。

一、《仲彤日记》的发现与价值

在进入正题前,先简要介绍下孙诒绩其人及其日记手稿的整理。孙诒绩,幼名德炜,字仲彤,号仲熙,是孙锵鸣的次子,为姜姜氏所出,生于同治四年(1865)八月。孙诒绩自幼天资聪慧,尤为父亲所钟爱,其科举功名也被家族寄予了极高的期望。孙诒绩亦不负众望,少年得志,未至弱冠之年,便在县试、府试中脱颖而出,入庠序。冠后,经伯父孙衣言做媒,娶李鸿章妹夫张绍棠之外孙女。两次乡试挫折后,于光绪十年(1884)因受知于浙江学政祁世长而得到乙酉科(1885)拔萃资格,由此入京参加拔贡朝考,以二等第六名的成绩进入殿试,被钦点七品小京官签分户部湖广司行走。光绪十四年孙诒绩在参加顺天府乡试时,恰逢姐夫杨晨监试,按例以亲回避,因此孙诒绩被取消了秋闱资格,由此郁郁而终,染疾暴亡,年仅二十四岁。孙诒绩的好友张棡为此不免感叹:"以君之才力聪明,宠眷优渥,倘使春秋闱联捷得意,定见翰苑裴声,继止庵先生步武赫然,光孙氏门闾。"[1]孙锵鸣由于次子英年早逝而哀痛不已,自此谢绝讲席,再不曾踏出乡里。[2]

孙诒绩生平著述无片纸遗留,除零星书信外,便是记于光绪十二年(1886)农历五月初六至光绪十三年(1887)农历五月十四日间的一本日记。1941年,张棡于亲属旧箧中得日记手稿,已为蠹虫墨污,首尾尚且完好,遂将之装订成册,孙诒绩的身世和他的日记才得以传世。经过识读不难发现,这份手稿应在孙诒绩生前出现了墨污,导致光绪十二年农历五月十五日至七月十八日的部分是残篇,但孙诒绩生前曾将部分内容重新誊录过,而张棡恰好混淆了这两部分内容而致编排错误。

虽然《仲彤日记》所记时间不长,但内容极其生动丰富,除涉及孙家内部事务,还旁及地方风俗乃至中法战争后重要的政局变动,尤其是后清流党和李鸿章幕府中复杂的人事关系,呈现了甲午战争前涌动的政治暗流。接下来笔者将结合孙衣言、孙锵鸣兄弟的礼学思想和经制实践,对孙诒绩日记中所展现的日常家礼和父子昆弟关系做一简要分析。

二、孙氏家族规约

光绪五年(1879),孙衣言由江宁布政使任上引退,偕二弟锵鸣返回老家瑞安。虽然朝廷以太仆寺卿召其还朝,但孙衣言因与上司两江总督沈葆桢在办理洋务上意见分歧,主张徐缓清简,量力而行,勿叨扰地方,而遭沈氏幕僚排挤,所以不愿居功恋战,奏明开缺。原禀云:

> 窃谓人臣之义,不敢避难。本司一介寒士,渥受国恩,糜捐不足言报,第念用人理财,关系至巨,苟才所弗任,即在壮盛之年,亦当知难思退,岂宜以老病屏躯,尸居繁要之职。……若犹瞻顾迟留,久妨贤路,则是志趣卑下,徒恋一官,并非真心为国,朝廷安所取而用之。伏祈奏明开缺调理……以余年于乡党之间,造就经制人才,亦足以报国恩于万一。③

应该说,孙衣言此番退隐是以退为进,回到地方,以兴教为进取之业,为国运保留读书种子。近代温州永嘉学之复兴离不开同光之交的这一历史大背景,孙衣言在逆睹世变存亡后,通过向经世之义回归而寻找内在学问路径,同时,也是他作为地方守土官员,本着对太平天国之后世风民隐的审慎判断而形成的治理理念,在此过程中,孙氏用"以学致道"匡正为士本义,以锻炼政治人格的方式承担济世之难的治世理想。这一内心隐曲,在《己卯七月蒙恩以太仆寺卿召还朝述怀感事》中表露无遗:

> 一纸除书下九天,风蝉蜕骨作飞仙。属车犹幸容臣朔,开阁何当吏

薛宣。鹅鸭比邻余火伴,凤皇池馆复华年。但愁致主仍无术,乡喆周官有旧编吾乡乾淳诸老多为《周礼》之学。④

那么,孙氏所理解的乡哲周官旧编中的精微之义是什么呢？或者说,孙氏从乾淳诸老中窥视的经制之义应以何种作为来体现,从而达至先贤所昭示的圣人之道呢？

洪杨戡乱后的第二年(1866),孙衣言在对永嘉学者叶适的《长州政事录》一文的注评中谈道:"必县治而后天下治,必能治县而后能治天下,今儒者往往鄙薄州县,而国家之用州县,又不能不尽出于儒者,则两失之矣。"⑤具体而言,在孙氏的理解中,以县治而天下治的路径体现在,士大夫以整顿宗族内部的团结和秩序,为乡里示范表率,并通过家学的艺文志教育培育富于治世见识的人才,将其输送进体制之内,为国家造就一批廉吏、能吏。

光绪元年(1875),时任湖北布政使的孙衣言自营新居"邵屿寓庐"于瑞安城北宋都桥西南之太平石,并于新居之西,建立支祠诒善祠,以"祀庵公以下四世祖弥",同时在祠堂西侧"筑书塾,延请经师、蒙师各一人,以课房族子弟,而兼收族外人之志愿就学者"⑥。至此,距洪杨之乱及温邑地方金钱会匪乱平息已去十年。孙家修门立户的举措不仅意味着在帝国内乱中流离失所的地方士绅重建家园,⑦同时,这一作为正体现了上述孙氏的礼学考量,以"县治"重塑帝国秩序的经世实践,其起点便落在了宗族和地方学统的重建上。

孙衣言的这一思路深受胡林翼、曾国藩的影响,他毫不讳言对湖湘学人知耻起行的政治气节的推崇,并认为家礼培育的孝义是士人能够将自然气禀发为忠信志节、忍辱负重、砥砺万难、成就功烈的根本:"予顷见善化胡氏弟子箴言,述其曾高以来累世笃行,知胡文忠公所得于父子兄弟间……湘乡相国亦为予言今日乡里后进,往往知崇风节,重廉耻。盖湖湘人士所以能以名业相见于当世者,其根底固若是。"⑧

为此,在几乎同时为孙氏房族撰写的族谱序言中,孙衣言详细阐发了守持宗法对巩固人心秩序的意义,在他看来,宗法为人提供了气禀自然起源的历史序列,人追根寻祖是在"气"的自然生成史上找到源流,以这种历史人格来生发亲义、敦睦等伦理情感:

> 人心之亡久矣,其私爱之所系恋,知有妻子而已矣。有父母而视若路人,而岂知自我而上溯之,虽百世以前,皆一气之所属也乎!有兄弟而视若仇雠,而岂知自我而下推之,虽百世以后,皆一体之所分也乎!现于此图,孝敬之心,敦睦之谊,可以怦怦动矣。⑨

此外,谱牒在世系和行第两个层面上确立了宗统,其功用在于明晰祭礼之中的昭穆之别。孙衣言指出,父子长幼之序不明不仅意味着庙行混乱,更表明人伦秩序的崩溃:"近来族姓繁衍而多不读书,取名尤无义类,甚有以兄弟叔侄而名讳相犯者。孔子曰'名不正则言不顺,言不顺则事不成,而礼乐无由兴'。然则行第不明,岂独世次之分无可辨别,其凌尊犯齿、背礼弃义以趋于禽兽之途者,甚易也。"⑩

除了用谱牒书写赋予"气禀"以历史伦理的内涵,孙氏家塾的规约则全面体现了艺文教育对于塑造节敛审慎的品格以及严谨史智精神的必要性。《诒善祠塾课约》中系统规定了研习法帖、经史、古文辞、永嘉文献等十个方面的内容。其中,法帖是第一条守则,课约不仅细致规定了习字的时间、数量和临法,且要求必以颜体入手,此后虞、欧、褚、柳皆可仿习,其目的在于习字伊始便以"平实有力"为基础,不能使心气落入"软滑"或"窘弱",因此像赵孟頫和董其昌的行草就被严禁模仿。⑪

此外,课约中规划的古文辞训练体现了孙氏早年受桐城文派的影响。"看古文条"规定了阅读目次,尤重桐城文派所划分的古文题材中的辩论体、传志体和杂记。古文辞之所以在课约中占有重要比例,主要与永嘉学重视策略的传统有关。⑫在经史方面,孙氏家学的学规规定了迁史、班史、范史、欧史等书目外,强调训诂考证在治史方法上的重要性:"《史》《汉》各表,吾乡人往往不一寓目,然具有精意,且可为考证,不宜忽也。"⑬

由此可见,孙氏家学教育以科举输送人才为目标,强调桐城派古文辞研习本身就蕴含着这一深意,因为桐城文体是提升时文文气的最佳途径,既保证了义理上尊崇理学的正统性,又以风格和雅醇洁提升制艺的神意气象。以功业提携后学,并为乡里示范以学成俗,将战乱后地方上弥漫的散漫意气重新固摄于宗族和政体内,在孙氏看来,这是以复兴南宋温州学术盛懿为志业,来改善地方习俗风尚、恢复政教一统的良法。⑭

三、家礼教育与孝悌之情

下面我们就通过孙锵鸣父子的日记、通信,进一步来检视孙氏家礼教育的具体实践。光绪四年(1878)、十一年孙锵鸣两度掌教东南经古书院,如南京钟山、惜阴、上海龙门、杭州求志,随着游历讲学,孙氏家族的治学和教育理念逐步扩散其影响。在光绪五年刊刻的《惜阴书院东斋课艺》序言中,孙锵鸣便指出了由文字训诂至诗赋杂体文的习文主旨大意:

> 盖圣人之立言垂教,其道莫著于经,然文字训诂之未明,曷由进而探性命精微之旨?而诗赋杂体文字,又所以去其专一固陋之习,使之旁搜遐览,铺章摛藻,以求为沈博绝丽之才,异日出而润色鸿业高文典册,以鸣国家之盛者也,其意岂不厚哉![15]

除了提振士子的经史学修养,孙锵鸣还极为开明地吸收西方科学技艺,他本人不仅对西方科技兴趣甚浓,甚至一度将自己的三子孙诒泽送入了刚刚开办的天津水师学堂学习。

光绪十二年(1886),当孙锵鸣再度掌教上海、南京的书院时,摆在他面前的是日益奔竞的东南士风,读书人为求晋身急功近利,甚至不惜曲折托请,这让他忧心不已:

> 初二日晴,书院出有肄业生三缺,定于次日面试考补,有托外国领事函托观察说情者,士习之奔竞营至此,可骇亦可叹也。[16]

可以说,孙锵鸣这一时期书院讲学事业和教子工作是紧密联系在一起的。他给书院生徒布置的课艺题目,也令其儿子们习作,并逐一耐心细致地进行圈点。比如丁亥年闰四月十一日记载,孙锵鸣是日所出文题为"诗曰周虽旧邦其命维新,是故君子无所不用其极",并"命儿辈即用书院题作文",[17]有意要求儿子体会品德高尚的君子无处不追求道德完善的信念。修身教诲从他写给长子孙诒钧和三子孙诒泽的信函中可见一斑:

> 字谕桢、澍两儿：……津卫地既繁华，切宜守身如玉，刻刻为保身读书、力求上进计，则不移于薄俗矣。……文案亦宜学习，总之，多见多闻，事事皆有长进。次公谕汝少出应酬，宜恪遵其训，此便是保身读书之根原。名心、利心，切不可太热，利心重，尤亏名节。按部就班做去，汝等皆英年，自由远大程途在。⑱

从信函中不难想见，孙锵鸣希望儿辈们收敛心性，安心学业本务，表现出世家子弟应有的安详守诚的气质，不能因为轻浮躁动而荐售于人，丧失读书人的教养体面。孙氏的教诲是循循善诱的，在致儿的信函中随处可见为人处世细节处的告诫，如不可随意应酬，受累托请，将来败坏官声，在津局做事不可冒领薪水，当知无功不受禄，与人取与之意，甚至对于儿子们写给尊长信函的字体也提醒他们只能用端楷书写，以示尊敬。

从孙诒绩的日记中，我们能清晰地看到这种家礼教育对自省修身的强调，一点一滴贯彻到子辈们的日常活动中。从日记行文格式来看，凡涉及父亲、生母，孙诒绩必恭敬地用端楷书写，且称"奉□□谕"；且"奉""禀"与"大人"或"生母"两字之间必会空格，即便在页眉的狭窄处也不例外。

这种对父母的恭顺之情亦扩展至对兄弟们的手足之情。光绪十三年（1887）闰四月间，孙诒泽在天津病危，二哥孙诒绩得知消息后悚然不已，迅疾向户署告假，前往天津探视，直至其脱离危险。日记中记录了孙诒绩为三弟病情焦灼起伏的心情：

> （四月）廿八乙酉。次丈（按：孙诒绩岳丈张士珩的大哥张席珍，字次韩，时任天津军械局总办）专弁来言，澍（按：孙诒泽，幼名德澍，字仲恺）抱疾颇危险，促余速出视。阅之悚然。命仆从赁车明早行。……
> 廿九丙戌。黎明登车，即发行三十里□□，晚宿河西务（共行百四十里）。
> 晦丁亥。夜钟三下后登车行，午抵津，先至军械局视三弟疾，疾已愈，心始释然。
> 阅朔戊子。接大人廿七日寄澍谕，午后往际澍恙。
> （闰四月）八日乙未。雨。澍弟病复作，叠人来告，冒雨往际，夜宿

蔚文(按:张霦,字蔚文,孙诒绩、孙诒泽的二姐夫)所。

　　九日丙申。澍汗出,热退,病稍愈。午后归寓,晚复往。

　　十日丁酉。晴。偕伯容至仲恺所,恺病初愈,归思甚迫,为慰劝,从之。

　　十八日乙巳。奉读大人初十日来谕,斥澍勿归。

　　眉注:发大人、伯父、张又丈禀,玉森函(附内致黄少奶与张太太函,交文报局寄钟山)。

在多半个月的时日里,孙诒绩不仅悉心照料三弟,且遵照父亲嘱托,委婉劝慰孙诒泽耐受暂时的困苦,留在津局做事。他料理家事极尽周道妥帖,特别体现在三弟甫一好转,便旋即拍电报,向家里汇报情况,安抚远在沪上的父亲、瑞安家乡的伯父以及三弟生母张氏(即眉注中的"张太太")的挂念之情。

这种父慈子孝、兄弟相亲的温情,在孙诒绩朝考的回乡之旅中体现得更为全面。这里仅以丁亥年正月前后的日记稍作说明。

　　除夕,戊子。祭祖。设位于老屋西轩。晚诸弟偕至世父所辞岁。还。……固思客腊在白下度岁,犹如昨夕,匆匆已暮年矣。献岁孟春,即图之曹供职一行,作宦南北分驰,复求如李太白《桃李园春宴》,群季毕集,序天伦之乐事,盖不可多得矣。

　　强圉大渊献。孟陬元旦己丑。黎明,□肃衣冠,拜谒神祠暨诸尊长,冒雨至世父(按:孙衣言)处贺年。

　　二日庚寅。大雨。出至各处贺岁。

　　四日壬辰。雨连日。在容兄(按:孙诒让,字仲容,衣言子,孙诒绩的堂兄)所与诸昆季、蔚文作擘张戏。

　　五日癸巳。雨后至容兄处与诸兄弟作手谈,大负而归。

　　六日甲午。晴。滂沱旬日,一旦开霁,顿觉眉飞色舞。午后偕陶兄、恺弟至洪家斗诗牌(以牌三百余张,分写三百余字。每人分廿八张,集成七绝一首,不连者叱换)。

　　眉注:是日,为大人秩晋一大庆。各戚友多来道贺者。

七日乙未。雨。诸兄弟仿为诗牌相聚以博,间得一、二佳句。[19]

这段记录鲜活地反映了孙氏家族祭祖以及春节期间族内亲属间的交往活动。从祭祖的行动轨迹来看,二房诸子弟聚集到伯父,也就是大房内参与祭祖,这特别体现了孙氏族规所规定的小宗与大宗同享祭祖,以始迁祖祭祀维系家族内历史谱系的原则。此外,此时孙诒绩因为科考已离家近一年,荣归故里后,在除夕夜这一天,这名游子无法抑制自己内心对家族的那份依恋,以至于引述李白的《桃李园春宴》,感慨与双亲、诸弟团聚的那份不可多得的天伦之乐。春节期间孙家大房、二房诸子弟与他们的亲友们(如洪家),多次举行了诗会、棋会活动,氛围活泼温馨,又极富文雅趣味,昆弟间同处一室的和悦之情溢于言表。

四、尾　声

光绪廿二年(1896),八十高龄的孙锵鸣写下了示儿的《家训随笔》,将家史与子辈们娓娓道来,远及高祖,下及大父,旁及与长兄科宦在外的甘苦生涯,一个勤勉耕读的儒宦之家的家门风尚如在目前。严正的父亲,手足相亲的昆弟,支撑起家业门庭,止庵老人以身示范,并在家训的末尾,意味深长地以其父沬堂公集《四书》联语的座右铭示儿道:"但愿润身不润屋,虽无恒产有恒心。"[20]他希望已坐享丰厚家业的儿孙们仍能奉持儒生本色不失,随时反观内省,加勉身心修养。

这一年仅距辛亥革命十五年,历史的洪流已朝向了这位老人不可预见,也无从看到的方向奔涌。在自由与革命的价值召唤下,《家训随笔》中的道德精神被扫落进历史尘埃。革命的激流勇进未尝消解梁漱溟所提出的"伦理本位"命题,甚至在今天中国人的日常处境下,反倒彰显其更深刻的价值和困顿,或许,那些遗留在历史记忆中的家庭人伦观念,不该再度沦为兴亡悲叹。在此意义上,孙氏家族的家礼教育提供了反思当下的历史镜鉴。

参考文献

① 《富春郡孙氏宗谱》,以及张楒为《仲彤日记》所作序言。

② 见《孙锵鸣年谱》,《孙锵鸣集》,上海社会科学院出版社,2003 年,第 754—757 页。

③⑤⑥⑧ 孙延钊:《孙衣言孙诒让父子年谱》,上海社会科学院出版社,2003 年,第 171、69、129—131、45 页。

④《孙衣言集》,浙江古籍出版社,2017 年,第 259—260 页。

⑦ 孙家在潘埭的祖宅集善堂于 1861 年毁于金钱会之手。

⑨⑩《盘古孙氏族谱》,温州市图书馆《温州历史文献集刊》编辑部编《温州历史文献集刊》第 1 辑,南京大学出版社,2010 年,第 241、278 页。

⑪⑬⑭《盘古孙氏艺文补编·诒善祠塾课约》,温州市图书馆《温州历史文献集刊》编辑部编《温州历史文献集刊》第 2 辑,南京大学出版社,2012 年,第 23、23、26 页。

⑫ 叶适的散文以政论为代表,尤重在经史基础上阐述教化功能;同时提出"德艺兼成"的文辞特点,为文者须"以文为华,以学为质,容而不为利,谦而不为福,宫廷堵堵,膏粱藜霍,宴然冲守,不可荣辱"。(见《水心文集·沈子寿文集序》,中华书局,2010 年,第 206 页)

⑮《惜阴书院东斋课艺》序,陈谷嘉、邓洪波主编《中国书院史资料》中册,浙江教育出版社,1998 年,第 1928 页。

⑯⑰ 孙锵鸣:《丙戌、丁亥沪游日记》,温州市图书馆编《温州市图书馆藏日记稿钞本丛刊》,中华书局,2017 年。

⑱ 见孙锵鸣致孙诒钧、孙诒泽函,谢作拳、陈伟欢编注《瑞安孙家往来信札集》,浙江大学出版社,2017 年,第 105 页。

⑲ 孙诒绩:《仲彤日记》,温州市图书馆藏。

⑳《家训随笔》,《孙锵鸣集》,第 261—266 页。

陈傅良政治思想研究

胡宪武　申爱君[*]

一、引　言

陈傅良(1137—1203),字君举,号止斋,后世称止斋先生,温州瑞安县帆游乡泗村里(今浙江瑞安塘下镇)人,南宋永嘉事功学派的主要代表人物之一。宋孝宗乾道八年(1172),陈傅良考中进士甲科,后历任太学录、福州通判、知桂阳军、湖南提举常平茶盐事、湖南转运判官、浙西提刑、吏部员外郎、起居舍人兼权中书舍人、中书舍人兼侍读、直学士院、同实录院修撰等官职。

在为官施政的实践中,陈傅良对中国古代封建社会的统治者与民众的关系、统治者权力以及法律制度等进行了深入的思考,逐渐形成了自己的政治思想。陈傅良的政治思想充分体现出了永嘉学派"以民为本、崇实事功、经世致用"等精神。他的政治主张不仅在理论上丰富了永嘉学派的思想内容,更是对中国古代封建社会政治理论的发展、法律制度的演进、社会民生的发展等产生了积极的影响。

在数十年的仕宦生涯中,陈傅良更是积极践行自己的政治理念,为改善地方民生、推动地方社会治理做出了积极贡献。目前,史学界对他的事功思想和宽民力说虽已有所论述,但未能将其提高到政治思想的高度来加以分析。因此,研究陈傅良的政治思想,不仅有助于我们进一步认识南宋永嘉事功学派的精神,还有利于理解中国古代封建社会的政治理念。

---

[*]　胡宪武,温州商学院管理学院院长、教授;申爱君,温州商学院马克思主义学院助教。

二、陈傅良政治思想的主要内容

陈傅良政治思想主要可以概括为民本思想、平衡权力的思想以及法治思想。而注重民众利益和社会公正、强调平衡权力以及重视法治则是陈傅良政治思想的鲜明特征。同时,陈傅良也希望统治者能够通过重视民生、建立一整套平衡权力的制度以及推行法治,来建设一个稳定、公平、法治的社会。

(一)民本思想

首先,陈傅良的民本思想重点体现在其对君主的责任和使命的强调中。在陈傅良看来,君主作为国家最高治理者,应当以救国为己任,应该全心全意为国家和人民谋福祉。进一步而言,在他看来,君主最关键在于他的德行和修养。他认为,君主应当以身作则,修身齐家治国平天下,以道德的力量来统治国家。于是他主张君主要具备仁爱之心,关心百姓的疾苦,推行公正合理的政策,以实现社会的和谐与稳定。他指出:"天下之事,有可畏之势者易图,而无可畏之形者难见也。易图者亦易应,难见者必难支,故明智之君,不畏夫方张之敌国,而深畏夫未见其隙之民心。盖民心之摇,操于敌国之变。其变之迟者其祸大,而患在于内者必不可以复为也。"[①]

其次,陈傅良很早就意识到"民心"是最大的政治。在为官期间,陈傅良曾多次向皇帝呈奏,并建议皇帝要发扬"深仁厚泽"的政策,对百姓轻徭薄赋,以收揽人心。他说:"臣恭惟艺祖受命,平定海内,凡所以创业垂统,莫非可传之法,而深仁厚泽,垂裕后人,则专以爱惜民力为本。"[②]同时,他还通过对大宋开国皇帝赵匡胤初年政治措施的评价,劝谕宋光宗贯彻爱惜民力,指出只有获得了民心,江山才能更稳固。他在奏对中指出:"且天之报艺祖者如此,而陛下以睿圣之资,宽仁之德,诞膺天眷,方当继体之始,伏维黄念高宗推本之意,钦承寿皇付托之训,以推行艺祖在任未泯之泽,为万世无疆之休,今其时也。"[③]他指出,太祖立国的很多举措都体现出三代理想政治中的仁爱厚泽,藏富天下,爱惜民力。此外,他还特别建议光宗要继承先祖"得民心而受天命"的思想,应当进一步推行改善民生的政策。

最后,陈傅良积极主张培育"民力"。南宋冗官、冗兵、冗费,百姓生活十分艰难,阶级矛盾十分尖锐。在此背景下,陈傅良认为外敌入侵并不是影响宋朝统治的根本原因,而解决民生问题才是解决王朝统治危机的关键。同时,他对当时百姓的生活现状进行了分析,建议朝廷要实施"宽民力"的做法,以救民穷为主要任务。于是,他指出:"方今之患,何但夷狄?盖天命之永不永,在民力之宽不宽耳。岂不甚可畏哉!岂不甚可畏哉!陛下知畏,则宜以救民穷为己任。陛下以救民穷为己任,则大臣不敢苟目前之安。"④此外,绍熙三年(1192),在留京任吏部员外郎后,他上书对内廷岁供额问题进行了分析,指出内廷岁供额比熙宁间增加十数倍,地方都统司还要以御前军马的名目加收钱粮,百姓困极,进一步建议朝廷切实施行"宽民力"。他的奏疏也得到光宗的嘉许与采纳,并升任秘书少监、实录院检讨官、嘉王府选读。

(二)平衡权力的思想

陈傅良十分注重权力的制衡,他的权力制衡思想一方面体现在重视对君主权力的制衡,另一方面也体现在对官员权力的制衡上。

首先,对皇权的制衡思想。陈傅良对孝宗轻视排斥儒者的做法进行了批评,强调"君臣共治、君臣相制",认为君主要与儒家士大夫共治共理,政治基础才会稳固夯实。1172年,陈傅良对孝宗政治进行了激烈批评,他说:"且夫中外谕建,非近臣面对,则远臣对事,皆所以通下情,裨治道也。"⑤同时,他也认为,官员要尽力对君主政治中出现的偏差进行纠正,要使其符合中和之道。因此,在任中书舍人等时,他多次抗拒缴奏。此外,除了强调用相应的制度约束皇权,陈傅良还将对皇权的约束寄托在了统治者德行修养上,即他寄希望于通过提升统治者的道德修养来提升自己的德行,从而提升对权力的敬畏,于是他十分重视君主与士大夫的德性修养,特别是强调兢畏、兢业精神中的自律与自强品质。

其次,大臣之间的相互制衡。陈傅良痛切于当时士大夫事功风气的颓唐,但是他认为,主要的问题并不在于人们的主观政治意志,而在于当时的国家体制抑制了人们的政治活力。陈傅良认为,在制度设计中一是要确保朝廷官僚系统中议论之臣与具体的治事之臣的平衡,二是要维持中央权力及其代理者与地方权力之间的平衡。他强调要通过这两个系统间权力的相互制衡,保证权力既不能失去平衡,又能保持官僚系统中的活力和留有一定的灵活性。为了达到这一目的,陈傅良主张要适当加强地方官员的权力,只有确保其能够专任责成,地方政治才会有发展,国家政权的基础才能更坚实。但在这一过程中,也要防范地方一者独大等现象。

(三) 法治思想

首先,强调法律的重要性。陈傅良认为,法律是治理国家的基础和根本。他强调法律的权威性和普遍适用性,主张依法治国,以法律作为治理国家的准则和工具。他曾经指出:"刑所以残民,亦所以厚民。刑所以虐民,亦所以安民。今之天下,惟严于用刑,而后可以言省刑,惟公于明刑,而后可以言恤刑。"⑥但是,他也认为,法治不能离不开德治。进一步而言,他认为,法律只是一种外在的约束力量,而道德是内在的自我约束力量,法律的制定和执行必须与道德原则相一致,才能真正实现社会的和谐与稳定。

其次,建立法律体系。陈傅良主张建立完善的法律体系,包括制定法典、明确法律规范和程序等。他认为,只有通过法律的规范和约束,才能实现社会秩序的稳定和公正。同时,他还认为,法律应当具有尊严和威严,不能被随意篡改和违背。陈傅良说:"凡统驭施设、制度号令,人不敢慢者,功过必行,明赏罚而已……太祖尝曰:'抚养士卒,不吝爵赏。苟犯吾法,惟有剑耳。'"⑦他主张依法行政,以法律作为治理国家和处理事务的基础,不以个人意志为准绳。

最后,法律的公正性和公平性。陈傅良认为法律应当对所有人平等适用,不分贵贱,不偏袒任何一方。他主张通过法律来保护人民的权益,维护社会的公平正义。陈傅良认为"用法公平则人无怨"⑧。法律的制定和执行必须与道德原则相一致,才能真正实现社会的和谐与稳定。

概而言之,陈傅良对于法治思想的提出和发展,强调了法律的重要性和权威性,主张建立完善的法律体系,强调法律的公正性和尊严,也强调法治与德治的结合。他的思想对于中国古代政治思想的发展产生了重要影响,并为后世的政治理论和法律制度的发展提供了重要的经验。

三、陈傅良政治思想的历史价值

陈傅良的政治思想对中国古代政治产生了积极的影响。他重视民本的思想、平衡权力的思想以及法治思想为政治改革、民生改善和法制建设提供了重要的理论支持和借鉴。

（一）对政治理论的贡献

陈傅良的政治思想也为中国古代政治文化的发展做出了积极贡献。在南宋末年，南宋王朝面临内忧外患，社会动荡不安的局势。面对这一现象，陈傅良认为"民心可畏"，并建言皇帝要通过实行民众赋税的宽、免、减的政策，培育民力，收获民心。因此，这一政治思想对减轻人民生活负担，缓解社会矛盾，推动社会稳定起到了积极作用。同时，在政治制度设计中，一方面，他主张在朝廷官僚系统中保持议论之臣与具体治事之臣的平衡，避免权力过于集中，有利于形成多元的决策机制和政策制定过程；另一方面，他强调维持中央权力与地方权力之间的平衡，以确保地方政权的稳定和中央政府的统一。这一思想有助于保持政治体系的稳定和权力的合理分配。

（二）对法律制度发展的认识

陈傅良认为法律是治理国家的根本依据。他主张法律应该公正、严明，并且法律的制定和执行应与道德原则相一致。这种强调法治的思想对中国古代法律制度的发展产生了积极的影响，推动了法律制度的完善和健全。同时，陈傅良还主张建立完善的法律体系，包括制定法典、明确法律规范和程序等。他认为，法典应该是全面、系统、具体的法律规范，能够对国家和社会的各个方面进行规范和约束。这种提倡法典的思想对中国古代法律制度的发展产生了积极的影响，促进了法律的规范化和集中化。此外，陈傅良认为法律应该公正，对所有人平等适用。他主张法律的实施应该遵循公正的原则，不偏袒任何特定的群体或个人。这种强调法律公正性的思想对中国古代法律制度的发展产生了积极的影响，推动了法律的公正和平等。

因此，从这一层面来看，陈傅良的政治思想对中国古代封建社会法律制度的不断完善和发展产生了重要影响。他强调法治的重要性、提倡法典的制定以及强调法律的公正性的思想，也为中国古代法律制度的完善和发展提供了重要的理论基础和指导。

（三）对社会稳定与和谐的思考

首先，对社会秩序的维护。陈傅良认为，社会秩序的维护是国家治理的重要任务之一。他主张要通过法律制度和政治组织来维护社会的正常运行,为了社会稳定有序的发展,他认为需要政府要进行有效管理和公正执法,以及公民的守法守纪。他的这一思想也对当时社会的稳定与和谐产生了积极的影响。

其次,对和谐社会关系建设的推进。他认为,和谐的社会关系是社会稳定和发展的基础,君臣关系、父子关系、夫妻关系和兄弟姐妹关系等的和谐,能够促进社会的和谐共处和互利共赢。这种倡导和谐社会关系的思想对中国古代社会稳定与和谐的推动产生了积极的影响。

最后,对公平正义的促进。陈傅良主张实现公平正义,消除社会不平等和不公正现象。他认为,社会的稳定和谐还需要公平正义来实现。他认为,每个人都应该享有平等的权利和机会。而这种强调公平正义的思想对中国古代社会稳定与和谐的推动产生了一定的积极影响。

四、结论与讨论

陈傅良作为上承薛季宣、下启叶适的永嘉学派主要代表人物之一,其政治思想是永嘉学派"经世致用"等精神特质的充分展现。他基于南宋社会发展状况,在政治制度建设层面、律法层面以及民生层面,提出的宽民力、权力制衡以及公平慎刑等一些契合时代特点的施政理念,对南宋社会产生了很大的影响,具有深远的历史意义。提出的平衡权力的思想更是在当时的新儒学思维中极为难得。这些思想理念也充分体现了永嘉学派以民为本、崇实事功、经世致用的思想精神。

总体来说,陈傅良政治思想内容丰富,他的一些政治主张对南宋时期的政治理论发展、法律制度的演进以及社会民生的成长都有积极的影响。他的政治思想主要体现在对法治重要性的强调,主张建立稳定的社会秩序,提倡法律的规范化和集中化,强调法律的公正性。他也倡导和谐的社会关系,强调公平正义的实现。这些思想为中国古代政治制度建设和社会稳定提供了重要的理论基础和指导。同时,陈傅良的政治思想也是中国古代政治思想的重要组成部分,对中国古代政治的发展产生了深远的影响。

参考文献

①②③④⑤《陈傅良先生文集》,浙江大学出版社,1999年,第652、282、283、284、287页。

⑥⑧《永嘉先生八面锋》,商务印书馆,1936年,第26、22页。

⑦ 陈傅良著、史丽君译注:《历代兵制》,中华书局,2017年,第263页。

"灭人欲"与"御人欲":程颐和叶适欲观念比较研究

冀晋才[*]

何俊言:"(叶适与程学)绝非一般问题上的有别,而是根本方向上的相异。"[①]此"相异"根源于两者对"欲"的不同认识,又最终指向了两者对"欲"的迥异处置。程颐(1033—1107)虽未全然否定"欲",却从"气"本体高度将"欲"排除在"性"之外,并将"欲"视为引诱人心向恶之罪魁,从而确立了其"去人心,存道心""灭人欲,存天理"的思想宗旨。叶适(1150—1223)亦认为人欲是万恶之源,但并未对"欲"作本体论诠释,而是将"欲"视为人性之固有内容,主张通过刑罚实政等手段"御人欲",从而确立了治实学、行实政以修实德的事功儒学宗旨。在"御"与"灭"的背后,潜藏着两人对"欲"概念怎样的认识差异?"御欲"与"灭欲"在修养论、治国论层面如何实现?致两人"欲"观念之分歧形成的深层原因是什么?本文旨在解答这三个问题。

一、对"欲"概念的认知分歧

在程颐思想概念体系中,"情"和"欲"是自然人性善、恶两端存在的证据,亦是论证"天理""天道"和"性"的现实依据。将"情"和"欲"从本体论层面进行分离,是程颐人性论建构的关键环节。程颐从"气本"层面分离了"情""欲"两个概念,将"情"纳入"天理"范畴内,作为"性"的外在呈现,代表人性之善。同时,强调从"气本"层面分辨"情"和"欲",将"欲"圈定在"气"范畴内,作为人性之恶的本源。

---

[*] 冀晋才,温州大学人文学院讲师,博士。

程颐的思想体系中存在善、恶两个性质的概念群体：善概念群体以"天理"为统，包含"天理""天命""天道""道心""性""情"；恶概念群体以"人欲"为统，包含"人欲""人心""私欲"。因此两个概念群体的对立，其实是"人欲"一个概念与善概念群体的对立。

两大概念群体内在逻辑和对立关系的确立概基于三。一是《中庸》"天命之谓性，率性之谓道"。二是孟子"四端"说："恻隐之心，人皆有之；羞恶之心，人皆有之；恭敬之心，人皆有之；是非之心，人皆有之。恻隐之心，仁也；羞恶之心，义也；恭敬之心，礼也；是非之心，智也。仁义礼智，非由外铄我也，我固有之也，弗思耳矣。"（《孟子·告子上》）三是《礼记·乐记》"人生而静，天之性也。感于物而动，性之欲也。物至知知，然后好恶形焉。好恶无节于内，知诱于外，不能反躬，天理灭矣。夫物之感人无穷，而人之好恶无节，则是物至而人化物也。人化物也者，灭天理而穷人欲者也"。《中庸》将"性"定论为人所禀受、必须遵从之"天命"。孟子从"四端之情"证说仁义礼智之性内在于人心，是人有别于禽兽之根本所在，是人性之"大体"，由此赋予"性"丰富的内涵。《礼记》则从心之动静两种状态阐述了人之恶念恶性的由来，并将逐欲无节定性为"人化物""灭天理"。程颐融会诸说，并以"气论"为根基建构了自己的概念体系。

程颐认为，"天理"为"天之理"，"性"是人所禀受之"天理"，而"情"是"性之动"。程颐言："才有生识，便有性，有性便有情。无性安得情？"[②]那么"情"事实上便是"天理""性"在人之生活日用中的体现。与"情"相对的"欲"，是人之肉体受外物诱导而生发，与"情"不同源。"天理""性""情"和"欲"并存于人体，且皆需通过人体体现出来。程颐言："若言涉于形声之类，则是气也。""人"是一个物质性概念，由气聚合而成，因而所谓的"性动"归根结底是体内之气动。"欲"则由人之肢体五官感外物而生，亦是体内之气动。"情"和"欲"是人之内在的道德理性和肢体欲求的外在呈现，两者结合起来便代表了"人"的现实存在。

程颐借鉴了周敦颐和张载的气论，并根据自己的理解进行了完善。周敦颐"五行之生也，各一其性。……二气交感、化生万物"[③]的观点为程颐之"五常之性"与"气"之关系的建构奠定了基础。张载"（气）浮而上者阳之清，降而下者阴之浊""阳明胜则德性用，阴浊胜则物欲行""太虚为清，清则无碍"④等观点为程颐沟通理、气、人、情、欲诸概念之间的关系提供了理论支持。程颐将谈论焦点集中于人身上，阴阳二气聚合而生成人体，体内存"清（阳）气"，故人能与天理、天命相通；体内存"浊（阴）气"，故人心易为外界之物欲所诱而嗜欲。程颐强调二气在人体内之泾渭分明，他将人体之气分为"真元之气"与"外气"两部分，言："真元之气，气之所由生，不与外气相杂，但以外气涵养而已。……所出之息，非所入之气，但真元自能生气，所入之气，止当阖时，随之而入，非假此气以助真元也。""真元之气"在人而言是"元气"，在天地而言是"阳气"，等同于程颢、张载所言之"清气"。从品质上论，"真元之气"是无纤毫杂质的清明之气，"外气"则是含有杂质的浑浊之气。"真元之气"需要"外气"滋养，但两者始终泾渭分明、不可融合。"真元之气"能自我生长，并永葆其纯洁性。程颐言："元气会则生圣贤。""圣人无梦，气清也。""阳气发处，却是情也。心譬如谷种，生之性便是仁也。"他基本上在"元气""清气""阳气"之间画上了等号，并将它们引申为"五常之性"、"圣人"存在的物质依托。"真元之气"沟通了"性"与"人"，从物质的角度解释了人性何以本善，进而解释了人情之善。

虽然程颐并未明言，却已将人性之恶归根于"外气"了。他进一步说，"外气"与大地万物之气同质，故而能够感通外物。在人而言，体现为五官肢体等对物欲之追逐。程颐言："甚矣欲之害人也。人之为不善，欲诱之也。""口目耳鼻四支"容易被外界之物欲所引诱而产生"欲"，肢体追逐欲望失度，遂使"心（性）"失去了对人身的控制、对内在本性的向往，导致思虑言行失度，这便是"气质之性"中之不善。当然，程颐并不认为"外气"是恶的，只是强调"外气"能沟通外物，使人产生"欲"，且因"外气"的强盛常致使人心为物欲所操控而致人为恶。

对"欲"之表象的认识，叶适与程颐并无二致。从内容上说，"欲"是人的种种肉体或精神欲望。从特点上说，欲能操控人心，导人向恶。但叶适摒弃程学"理气论"，认为"欲"是"性中之物""更多的是对自然存在的人欲的总结"⑤。叶适强调人之"物性"，言："人之所甚患者，以其自为物而远物。夫物之于我，几若是之相去也，是故古之君子……喜为物喜，怒为物怒，哀为物哀，乐为物乐。"⑥即人只是物，能够主宰或影响人的也只有物，人之情感是肉体感物而发，这种情感异于程颐思想概念体系中的"情"而等同于其"欲"。

叶适的欲观念与薛季宣"六情之发,是皆源于天性者也"[⑦]和陈傅良"凡有血气者,皆有争心"[⑧]的观点一脉相承,倾向于将"物性(情和欲)"直视为人之本性。但对"欲"之本质的认识,叶适和程颐存在根本分歧。基于这种分歧,二人在修身论和治国论层面呈现出截然不同的思想旨趣。

二、修身论与治国论的分歧

在修身论层面,程颐主张"内修",即通过穷理、养气来修养德性,最终达乎圣贤之境。而叶适则更主张"内外双修",即不仅重视内在的道德修养,更强调在实践中修养实德。

程颐主张"内修",基于其"理气论"。从"天理"层面言,"天之理"至善,且为人之"性"的本源,那么修身的本质便是"穷理,尽性,至于命"。从"气论"层面言,便是涵养"真元之气",使之充实于人心、遍布于人体。具体在工夫论层面,便是清空己心中一切情感思虑,于知、行两端虔诚向圣贤学习。

首先,在知的方面,使学问"纯是天理",不存"纤毫人欲"。程颢言:"有人胸中常若有两人焉,欲为善,如有恶以为之间;欲为不善,又若有羞恶之心者。本无二人,此正交战之验也。"即人心之主宰为"天理"或"人欲",二者分别导人为善与为恶。使人之所学的内容纯是"天理",不存纤毫"人欲",那么"天理"便会成为人之思虑言行的唯一指引。

所谓的"穷天理",基本可释为穷究圣贤之遗教,即孔子、曾子、子思、孟子一脉相承之学,不得有丝毫杂学,从中体会"仁、义、礼、智、信"。程颐主张穷经悟"理",即平静心气、放弃私意,纯以义理为旨去研读圣贤经典,从圣贤经典中探寻义理之内涵。程颐云"敬以直内",即敬天、敬圣贤、敬圣人之道,使之成为"心"之主宰,在圣贤遗书遗言的指引下去感悟"天理"和"性",久之便会形成思维定式或习惯,做到此心全是义理、不存纤毫人欲。

其次,在行的方面,使人之视听言动循"性"。圣人禀气至清,视听言动尽皆合乎"天理","五常之性"又为圣人所发明,故循"性"而行亦是修身之要途。具体而言,程颐认为"循理"便是"循礼"。"礼"即尧、舜、周公等圣王创立的礼乐制度,为圣王们顺天命而创,符合"天理"的基本原则。程颐显然对大多数人穷尽"天理"并无信心,因为受到文化水平、经济条件、社会环境等多方因素制约,大部分人根本做不到如程颐般悠闲地读圣贤书"穷天理"。他说:"尧、舜之世不能无小人……只是以礼乐法度驱而之善。"即便在程颐向往的尧、舜之时,也不能保证让所有人都能穷尽"天理",圣王们最多能做到的也就是用礼乐法度去规范人们的行为、教化人们向善。故而他认为,如果人人都能"循礼"而行,即便没有去"穷天理",其行为也不违背"天理"了。从"人欲"的角度看,无论是"循理""循性"还是"循礼",结果都一样,即有效地克制了"人欲",不使其泛滥。

总之,程颐认为使人们的思想意识中"纯是天理"、视听言动皆"循性(礼)",便可实现"存天理、灭人欲"的修身目标。而在治国论层面,程颐对实际的治国举措构思甚少,更多地认为只要执政者能做到他所提倡的修身功夫,自然能德化万方、平治天下。

叶适则坚决反对程颐"一切以修身为先"的说法,批评孟子之学"揠义理就血气","(程学)专以心性为宗主,致虚意多,实力少……尧舜以来内外交相成之道废矣"。⑨叶适认为,圣王之道是"内外交相成",而程学过分强调穷天理、去人欲致使儒学内圣、外王两个部分内容脱节,这背离了儒家的王道。当然,叶适对程学的反对并不意味着他不主张人们修身立德,而是不主张人们将毕生之主要精力用于修身,以致忽略了齐家治国平天下等事业。因此叶适主张"内外双修",即不仅重视内在的道德修养,更强调在实践中修养实德,在修身的知行两端修实学、行实政,最终成就实德。修身与治国贯通,修的是治世之实学,行的是治世实政,又在施政治世中成就实德。

实学,即有助于治国平天下之学,以"皇极""大学"和"中庸"为主要内容。叶适言:"在唐、虞、三代之世者,上之治谓之皇极,下之教谓之大学,行天下谓之中庸,此道之合而可明者也。"即通过感悟"皇极""大学"和"中庸"三个概念,方能真正悟得儒家"道"之真意。

叶适阐述"皇极"为:"极之于天下,无不有也。耳目聪明,血气和平,饮食嗜好,能壮能老,一身之极也……至于士农工贾,族性殊异,亦各自以为极而不能相通,其间爱恶相攻,偏党相害,而失其所以为极;是故圣人作焉,执大道以冒之,使之有以为异而无以害异,是之谓皇极。""极"是个人、家庭、行业群体、国家各自美好向往实现的最佳状态。"皇极"则是圣王用以实现各种"极"且使人与人、家与家、国与国不相侵夺、和谐共生的顶层设计。

叶适通过重新阐述"大学""中庸"两个概念,将圣人之道定位为"内外交相成"的实学、实政,这与程颐强调《大学》中"修身、齐家、治国、平天下"的次序迥然不同。程颐认为,《中庸》是"反本"之学,"故君子贵乎反本。……惟循本以趣之,是乃入德之要。……反本之要,吾心诚然而已"。此"本"即人之"本性"或"天理","反本"即"穷理复性"。叶适则认为,圣王之道是内圣和外王的合一。如陈锐所言:"(叶适)反对那种'各执其一以自遂'的态度,但他却不是要在两个极端之间选取中道,而是强调两者的不可分离或'相合',义与利、形而上与形而下、内和外都是如此,'仁智皆道之偏也'。"⑩

实政分两方面内容,一是保障百姓实现合理生存欲求之仁政,二是节制人们欲望泛滥之法制。叶适言"先王之政,以养人为大","天子以保民为职",便是强调为政当以保障百姓实现其生存欲求为要。叶适在其"道统"中以尧、舜、禹、皋陶四人为首,将皋陶置于周文王、周武王等程颐所推崇的圣王之前,"故考德者必先四人(尧、舜、禹和皋陶),其次伊尹,又次文、武、周公"。对于尧、舜、禹三帝,叶适推崇的是他们保民、养民的实政。叶适言舜之实政:"在璇玑玉衡,以齐七政。"此"七政"名目不详,《礼记·王制》中有载"八政",即"饮食、衣服、事为、异别、度、量、数、制"。《礼记·礼运》中又有云:"饮食男女,人之大欲存焉。"可见叶适十分推崇帝舜养民之实政。而帝舜任用皋陶作刑法,以节制人欲泛滥,这是其实政之另一重内容。《尚书》载,皋陶受命作五刑,舜、禹皆有训示。舜训曰:"皋陶,蛮夷猾夏,寇贼奸宄,汝作士。五刑有服,五服三就。"(《舜典》)禹训曰:"俾予从欲以治,四方风动,惟乃之休。"(《大禹谟》)叶适将皋陶作刑节欲之功置于周公制礼作乐之前,显然他认为法制是圣王实政中不可或缺的内容。

实德,即为政者通过行实政所成之德。与程学所言之圣人生而气清、德性天成的说法不同,叶适认为,圣人之德成就于他们补足天德缺陷的实政中。叶适言:"天德虽偏,必以人德补之……若后世治偏尽性,必至于圣而后用者……枉其才,弃其德者也。""训人德以补天德,观天道以开人治,能教天下之多材,自皋陶始。"即天德并非完美无缺,倘若人人皆放任本心,逐其所欲,社会必将陷入混乱。因此,人应当清醒地认识到天德之偏缺,积极地通过实际行动去弥补纠正,实德正体现在其中。

同时,叶适也积极地在修身治学和为政治国两端践行了其思想。《水心文集》和《水心别集》中有大量叶适对解决当时社会问题的主张和举措,内容涵盖政治、经济、军事、教育等各个方面。这些主张举措皆是叶适深入考察社会现实后,以自己所学和治理地方经验为基础,广泛向当世贤能请教,并旁征经史所得,时人皆以为可行。即便对"永嘉之学"颇有不满的朱熹,亦不得不承认"(永嘉之学)学者习之,便可见效"[⑪]。譬如在军事领域,叶适是力主富国强兵收复失地者之一,因而对金国国情军情有深入之了解,并有系统的对敌方略。在开禧二年(1206)夏,面对南宋大军北伐失利后金军反扑的危急形势,临危受命任宝谟阁待制、知建康府、兼沿江制置使、兼节制江北诸州的叶适冷静临敌、迅捷决断。他知人善任、用兵如神,指挥宋军灵活出击,击溃了来犯的各路金军,力挽狂澜于既倒。开禧三年(1207),叶适主持江北防务。面对日渐昏暗的朝局、不思进取的君臣、不断衰败的国力,叶适渐知北伐复国无望,只能退而求其次,构想巩固江北防线、护佑百姓的长久之计。他在江淮之间措置屯田,教导军民战守之策,大力提升军民的御敌自保能力。同时,他又上书朝廷,提出"坞堡之议",即在江北广筑坞堡,赋予江北军民抗敌的自主权,并给予他们最大限度的财力物力支持,由此既能在金军骤然南侵时起到迟滞、袭扰的作用,也能最大限度避免因朝廷决断失误而致沿边军民任人宰割局面的出现。而后来的历史也证明,在抵抗金军和蒙古军队南侵的战争中,叶适的"坞堡之议"都发挥了巨大的作用。叶适躬身践行了修实学、行实政、成实德的"内外双修"思想,将"御人欲"理念贯彻到了学行两端,对南宋中期学风、仕风、官风的改善发挥了积极作用。

三、分歧形成的社会背景

程朱理学与永嘉学派在思想上分歧鲜明,关于两派思想之是非短长自南宋起便聚讼不已。南宋时期,程学传人批判永嘉学派之学说"专是功利",永嘉学派学者则批评程学"虚无"。后世学者或立足于程而言叶短于内圣,或立足于叶而批评程短于外王,莫衷一是。拙见以为,若欲客观评判两派思想,还应跳出思想体系,深入历史文化环境中分析思想形成的经济社会原因。

程颐是宋代理学的主要开创者之一,其欲观念形成的原因应纳入北宋理学的兴起的历史背景中进行探讨。关于宋代理学兴起的历史文化背景，学界已多有论述，主要观点有：唐以来经济、科技大发展下，对思想文化进一步发展的要求；隋唐以来科举制下，社会阶层的流动、文人士大夫群体的不断壮大，推动了儒学研究的深入和儒学思想的发展；汉唐以来佛道势涨、儒学式微形势下，儒学自身求生存、求复兴的要求，儒、释、道思想的融合；宋代儒家学者对中唐以来社会道德体系的崩溃和制度律令失效的反思。综合来看，最后一种观点似与程颐欲观念的形成关系更紧密。

宋人对中唐以来军阀割据混战历史的反思，一般归因于社会道德体系的崩溃及制度律令的失效。重建社会道德体系、构建共同价值观和完善制度律令便成为宋代学术的主要课题。张立文认为："唐末藩镇割据、黄巢起义，以及五代十国的长期混战，造成了社会的动乱和分裂……为了稳定社会秩序，加强社会凝聚力，宋明理学家必须担当起重整伦理纲常、道德规范，重建价值理想、精神家园的责任。"[12] 沟口雄三称之为"对新体制的探索与新儒学的胎动"[13]。贾德讷(Daniel K. Gardner)认为："建立一个以儒家为本质的强大秩序国家，是宋人全心致力的目标，而宋人也深信这些古代经书中的道理，可以成为建立这强大秩序的基础。"[14] 蔡方鹿言："(二程)总结历史教训，明于天理人欲之分……体现了新形势下宋学学者复兴儒学、重振纲常、纠正前代纲常失序、人无廉耻的价值取向。"[15] 朱汉民言："(宋代士大夫)强调以'道统'驾驭'政统'，建立一个道治合一的政治理想。"[16] 葛兆光认为到北宋中期"从太祖到真宗，经过大约六十年的时间，国家及权利的合法性得到了普遍的认同。……但是知识、思想与信仰世界的危机依然存在……旧的知识、思想与信仰世界已失去了约束力"[17]。北宋儒家面对中唐以来社会道德体系的崩溃、制度律令的失效，以及当时社会阶层的丰富、多元价值理念的交会、多民族如何和谐共存等一系列问题，需要提出一套既能维护纲常伦理秩序，又适合于不同民族、阶层和价值理念和谐共存的共同价值观。诚然，知识、思想与信仰的重建，是社会道德体系或共同价值观形成的基础。但这些观点对论证北宋前六七十年(1040年之前)的儒学发展动向作用更大些，用以作为形成于11世纪后期的程学的起因却仍显不足。从程颐认为"孔子没，传孔子之道者，曾子而已。曾子传之子思，子思传之孟子，孟子死，不得其传"的说法来看，他对之前宋代儒家所构建之"共同价值观"是不甚认可的。包弼德(Peter Bol)言:"理学家于公元 11 世纪后期……宣称他们发现了唯一能够让所有人建立共同价值观,并引导所有人对一切事务做出正确选择的学说。"⑱这说明在 11 世纪后期,二程基本否定了前说,重构了所谓的"共同价值观"。

11 世纪中后期北宋面临的时局,尤其是王安石变法的兴起是程颐欲观念形成的直接诱因。澶渊之盟(1004)后,宋辽边境稳定,且辽国逐渐走向衰落,已无力发动大规模的侵宋战争。庆历和议(1044)后,宋、西夏也停息了大规模的战争,虽有小的边境冲突,西夏也一直处于守势。虽然此时北宋国内仍然存在很多隐患,如史家们一直强调的"三冗(冗官、冗兵、冗费)"问题,但不能否认的是这是中国古代史上最和平、繁荣的历史时期之一。维持国泰民安的大好形势应是当时大多数宋人的愿望,然而王安石(1021—1086)掀起的变法运动却使之出现了危机。王安石推行变法是为了富国强兵,解决内外隐藏危机,他通过激发宋神宗及士大夫们的奋发图强、建功立业之心来实现其意图。其在嘉祐三年(1058)上神宗之《本朝百年无事札子》中言:"盖累圣相继,仰畏天,俯畏人,宽仁恭俭,忠恕诚悫,此其所以获天助也。……伏惟陛下躬上圣之质,承无穷之绪,知天助之不可常恃,知人事之不可怠终,则大有为之时,正在今日。"⑲即北宋的长期和平安宁来自"天助",但天不可能永远助宋,因此宋人应当奋起,变法图强,使安宁和谐的局面更加稳固。"熙宁变法"之所以推进艰难、王安石之所以被两次罢相,正在于其违背了大多数人欲维持和平安宁的意愿。二程便是反对者的代表,他们反对王安石要远甚于佛老。其语录有:

> 然在今日,释氏却未消理会,大患者却是介甫之学。……如今日,却要先整顿介甫之学,坏了后生学者。

> 以介甫才辩,遽施之学者,谁能出其右? 始则且以利而从其说,久而遂安其学。……其学化革了人心,为害最甚,其如之何! ……今日西事要已,亦有甚难? 前事亦何足耻? 只朝廷推一宽大天地之量,许之自新,莫须相从。……但夏人更重有所要,以坚吾约,则边患未已也。

> 今日西师,正惟事本不正……如从军者之行,必竟是为利禄,为功名。由今之举,便使得人一城一国,又是甚功名? 君子耻之。

> 介甫今日亦不诛杀,人人靡然自从,盖只消除尽在朝异己者。

王安石被二程痛恨的原因在于:其博学雄辩,被皇帝仰慕,在士人中声望极高,其功利思想革化了君心、民心;其变法主张以理财、治军和培养有为人才为中心,最终必然将北宋君臣引向开疆拓土、建立如汉唐般的功业,安宁和谐的局面必然难以维持。可以说熙宁四年(1071)宋神宗对西夏用兵是二程反对王安石的重要开端,在王安石的一再鼓动和熙宁变法后剧增的国力的支持下,宋神宗撕毁宋夏和约举兵伐夏,却以失败告终。程颐将战争失利的原因归结为"事本不正"和"从军者皆为利禄",矛头直指王安石,甚至有诛杀王安石的激烈想法。反王势力在朝廷上谏言罢黜王安石及其新法、停止违约用兵无效后,程颐方意识到只有从根本上消除王安石功利之学对社会人心的影响,方能平息君臣之利欲心,使社会重归安宁。因此,他转而致力于以心性论为中心阐发圣人之道,旨在平息君臣之利欲心。此时程颐年方三十九,正是其思想走向成熟之时,明天理、去人欲遂成为其终生的思想宗旨。而作为当时西京洛阳显赫的仕宦家族,程家丰厚的家底也为程颐潜心问学、穷理复性提供了良好的物质基础。

程颐欲观念的主要内容有二:一是从宇宙论、本体论、人性论层面认清人欲之本体为气,其生成为人体内之浊气动,非天命之性;二是主张人心自觉地放弃人欲,服从天理或本性。由此,便革除了儒学中的功利思想,为世人研习儒学和修身治国提供了新的思想指引。

叶适生于宋高宗绍兴五十年(1150),历仕孝宗、光宗、宁宗三朝。此时的国家形势与程颐所处时代正好相反,邓广铭先生描述道:"民族大敌当前,战祸旦夕难免,民族之劫难,国祚之存亡,全都值得担心和忧虑。"[20] 国力屡弱,北方强邻环伺,发动战争的主动权在金不在宋。虽然此时宋金和议已定,但金国不讲信义宋人皆知。绍兴八年(1138)宋金签订和约,不久金便废约侵宋。绍兴十一年(1141)签订和约,绍兴三十一年(1161),金再度背约侵宋。虽此后金国衰落,但军事实力仍强于宋。孝宗隆兴元年(1163)曾起兵北伐,此时的国力军力均为整个南宋时期最强盛期,却仍以失败告终。因此,和约不可恃、必须富国强军以备不虞是南宋君臣之共识,即便如"保守"的朱熹也认为"修攘之计不可以不早定"。此时正应当是君臣奋起、整顿革新的时候,但把控学术话语权和政治话语权的程学继承者们却依然鼓吹格正君心、穷理去欲、修身养性。朱熹上书孝宗:"帝王之学,必先格物致知,以极夫事物之变,使义理所存,纤悉毕照,则自然意诚心正,而可以应天下之务。"[21]即皇帝应当摒弃功利之心,将修身养性视为为政之头等大事、强国之道的根本,方法策略方面只提出了选贤任能等空洞的主张。士大夫们也以此为借口,纷纷消极避世,意图苟且偷安。刘子健批评其"穿着不合时宜的衣服,怀着不合时宜的心情,讨论着天理人欲、理气先后、格物致知、义利之辨等超越的话题"。事实上当时的学者们已经对程学的不合时宜提出了尖锐的批评。陈亮(1143—1194)言其:"自以为得正心诚意之学者,皆风痹不知痛痒之人也。"[22]薛季宣言其:"言道而不及物,躬行君子,又多昧于一贯,不行之叹,圣人既知之矣。"[23]叶适批评其:"迂阔之议,犹不绝于世。君以此消其臣,臣以此病其君,上下相戾而治功不立。"

因此叶适反对程颐对于"欲"概念的诠释及其以穷理去欲为中心的修养论、治国论主张,他绕开了程学以理定性、以气论欲的思想建构途径,在陈傅良"(君主)当负其保民、养民之责"思想基础上,依托《尚书》从治欲的角度重新定义了圣人之道。叶适之"道"以实政保民养民、从实政中修养实德为核心,致力于鼓舞君王及士大夫群体的除弊革新、锐意进取之心,提出更多符合实际的战守之策。为了尽快实现其理想,甚至主张以利欲鼓动人心。其言"天下之患,莫甚于纵;救患之术,不过于抑。……夫天下所以听命于上而上所以能制其命者,以利之所在,非我则无以得焉耳。……盖富人之所以善役使贫弱者,操其衣食之柄也",也大概出于这个原因。所以"永嘉之学"被朱熹批评为"功利之学"。

四、小　结

思想的传承发展从来都是也应当与时俱进。无论程颐或叶适,其欲观念都不是对前人思想的全盘照搬,而是他们为解决所处时代急迫问题对前人思想的发展转化。程颐聚焦中唐以来社会道德体系的崩塌，以及王安石变法对宋神宗和士大夫群体利欲之心的鼓动，故而强烈呼吁"穷天理""去人欲"。叶适则心忧南宋长期面临的内外危机，及与此危局极不适宜的苟且偷安君臣、空谈心性的士大夫群体，坚决反对程学穷理灭欲主张，主张"内外交相成"以"御人欲"，积极提倡修实学、行实政、成实德的事功思想。从历史的角度看，两人欲观念的提出皆具有积极的时代意义。

就两人欲观念本身而言，虽分歧鲜明，但也存在诸多的共性。分歧在于两人对"欲"概念本质的迥异认知，及基于这种认知差异所建构的截然不同的本体论、人性论、修养论和治国论。但这些分歧只是儒学内部不同流派间的见解冲突，因此将两人欲观念置于宏观儒学话语体系内，则存在的共性也同样鲜明。首先，两人都肯定了人之基本生存欲望，也都认识到了人欲是致人为恶的主因，故无论修身、治国皆以治欲为根本指归。其次，两人欲观念的主观意图皆为劝人行善修德、促进社会和谐和实现天下太平。最后，因为两人欲观念最直接的特点便是强烈要求抑制当权者之欲望泛滥，所以为当权者所忌惮或排斥，两人之思想举措最终难以真正行世。总之，无论"灭人欲"，抑或是"御人欲"，皆是传统儒家思想中的重要内容，对历代以来中国人德性修养和中国社会治理皆发挥过重要作用，对当下中国人及中国经济社会发展仍有积极意义。

参考文献

① 何俊：《叶适与道统》，张义德、李明友、洪振宁主编《叶适与永嘉学派论集》，光明日报出版社，2000年，第223页。
② 程颢、程颐：《二程集》，中华书局，1981年，第204页。
③《周敦颐集》，中华书局，1990年，第5页。
④《张载集》，中华书局，1987年，第9页。
⑤ 冀晋才、吴妮妮：《朱熹与永嘉学派关于"欲"的思想之分歧》，《温州大学学报（社会科学版）》2020年第1期。
⑥《叶适集》，中华书局，2010年，第731页。
⑦㉓《薛季宣集》，上海社会科学院出版社，2003年，第360、279页。
⑧ 黄宗羲著、全祖望补修：《宋元学案》，中华书局，1986年，第1712页。
⑨ 叶适：《习学记言序目》，中华书局，1977年，第207页。
⑩ 陈锐：《叶适对〈中庸〉的批评及其对儒学的阐释》，吴光、洪振宁主编《叶适与永嘉学派》，浙江人民出版社，2012年，第216页。

⑪ 黎靖德编:《朱子语类》,中华书局,1986年,第2967页。
⑫ 张立文:《宋明理学研究》,人民出版社,2002年,第3页。
⑬ [日]沟口雄三:《中国思想史——宋代至近代》,龚颖、赵士林等译,生活·读书·新知三联书店,2014年,第1页。
⑭ [美]贾德讷:《朱熹与大学:新儒学对儒家经典之反思》,杨惠君译,万卷楼图书股份有限公司,2015年,第12页。
⑮ 蔡方鹿:《二程的人性修养思想与价值观》,《道德与文明》2014年第2期。
⑯ 朱汉民:《道者有其序,治者有所本——宋代士大夫追求的学术与政治》,《中国哲学史》2020年第2期。
⑰ 葛兆光:《中国思想史》,复旦大学出版社,2013年,第157页。
⑱ [美]包弼德:《历史上的理学》,王昌伟译,浙江大学出版社,2009年,第6页。
⑲ 王安石:《临川先生文集》,中华书局,1959年,第446页。
⑳ 邓广铭:《陈亮反儒问题探析》,《邓广铭自选集》,首都师范大学出版社,2008年,第488页。
㉑ 《宋史》,中华书局,1977年,第12752页。
㉒ 《陈亮集》,中华书局,1974年,第8页。

永嘉学派之集大成者
——叶适的学术思想探析

梁珂维[*]

永嘉学派是兴起于南宋浙东永嘉(今浙江温州)的一个重要的学术流派,南宋中期一度与朱熹理学、陆九渊心学成鼎足之势。在朱子理学的传统学术语境中,永嘉之学被打上"功利之学"的烙印,事实上同作为二程之学的传承者,朱熹和陆九渊是将事功之学寓于性理之学中,而永嘉学人则关注将性理之学落实到事功之学上。本文从梳理永嘉学派学术传承发端,通过回应理学一派的责难,力图揭示两者的思想分歧,同时通过概论永嘉学派集大成者叶适的思想特征,彰显永嘉学派思想的独特价值。

一、永嘉学派学术传承概述

永嘉学派是宋代新儒学运动影响下诞生的新儒家流派,他们大多以儒者身份传承儒家经典,却于思想主张上有别于尊奉程朱理学的理学家。此一学派虽成名于南宋,但永嘉之学实发轫于北宋。

《宋元学案》称:"庆历之际,学统四起。"[①]在新儒学运动勃兴的文化契机下,宋初三先生之一的胡瑗于宋仁宗庆历二年(1042)受邀到湖州讲学,这对两浙地区学风的转变及儒者的培养产生了深远的影响。仝祖望说当时儒学之盛,"齐、鲁则有士建中、刘颜夹辅泰山而兴。浙东则有明州杨、杜五子,永嘉之儒志、经行二子。浙西则有杭之吴存仁,皆与安定湖学相应"[②]。这里提

---

[*] 梁珂维,温州商学院马克思主义学院副教授,北京师范大学历史学博士。

到永嘉有"儒志、经行二子",分别是指王开祖和丁昌期,此外林石同时在温州讲学,三人被合称为"皇祐三先生"。三人中唯王开祖有著作传世,也因他对永嘉之学影响最大,所以南宋永嘉学人陈谦、明人苏伯衡及清人全祖望均将其视作永嘉学术之端始。此时二程尚未崭露头角。

时至宋神宗元丰年间和宋哲宗元祐年间,众多温州学子在开封太学学习,其中以周行己为代表的九人(周行己、许景衡、刘安节、刘安上、蒋元中、沈躬行、戴述、赵霄、张辉)后被统称为"元丰九先生"。周行己曾赴洛阳向程颐问学,宋人陈振孙认为其乃"永嘉学问所从出也"[3],四库馆臣更冠以"实开永嘉学"[4]的评价,可见周氏对永嘉学派的形成和发展起到了直接的奠基作用。但如前所述,永嘉学人并不是纯粹的理学家,九先生在京城问学期间还受到张载经制之学的影响。全祖望说:"世知永嘉诸子之传洛学,不知其兼传关学。"[5]这既彰显永嘉之学兼容并蓄的气度,也使得永嘉学派走上一条致力融通性理之学与经世之道的道路,并最终自成一派。

南宋初,正逢北国沦丧,又值秦桧专权,二程之学遭到禁绝和摧残,此一阶段程学呈现衰微之势,但仍有永嘉学人郑伯熊、郑伯英等奋力传播二程之学。郑伯熊是周行己的私淑弟子,郑氏兄弟的行为从学统和道统两个维度来看,都对二程之学的传承起到了承前启后的作用。山河陷落使得有识之士开始反思性理之学的现实价值,永嘉学派兼重二程性命之学与张载礼制之学的独特知识结构使其能够从内部反思道德性命与经世致用的内在关联,循着这一思路并使永嘉之学从性理之学转向事功之学的关键性人物则是薛季宣。

薛季宣从家学渊源看,其父薛徽言是二程私淑弟子胡安国的高徒,他又与郑伯熊、吕祖谦等交游问学,故二程之学对他的影响不可谓不深。同时,从师承学脉来看,薛季宣师事于二程弟子袁溉,溉虽师从程颐,却于《易》《礼》尤为擅长,《宋史·薛季宣传》说"季宣既得溉学,于古封建、井田、司马法之制,靡不研究讲画,皆可行于时"[6]。薛氏的这种注重礼制和事功的思想倾向在其继任者陈傅良和叶适处得以进一步加强,他们对六经本义的考辨,尤其是对《周易》文本真伪及其主旨的探讨工作,既是对一味穷究天人性命之理的程朱理学的一种修正,亦是其欲借助发掘儒学经典永恒价值从而实现经世致用目的的一种尝试。

二、永嘉学派思想史地位厘定

谈及永嘉学派时不可回避的一个话题即其思想宗旨,而与之伴随的则是"功利之学"的标签,这其实是来自朱熹的评判。朱熹说:"江西之学只是禅,浙学却专是功利。禅学后来学者摸索一上,无可摸索,自会转去。若功利,则学者习之,便可见效,此意甚可忧!"⑦此处的江西之学是指陆九渊心学,而浙学则指的是永嘉事功之学。在朱熹看来陆九渊的学问实质上是禅学,它虽然有害,但从习者只要往上摸索,久而久之就会发现其空洞不实之处,自然也就会弃如敝屣。相较之下,浙学中的永嘉之学专教人功利之途,这些都是可以立马落实并获得利益的,因此败坏人心的危害更为深远,也更令人忧虑。这是站在程朱理学道德修养的立场去评判其他学术流派的判教之语,其论断公正与否是值得商榷的,但将陆学、永嘉学与程朱学并立为三,则显示出永嘉之学在历史地位和学术宗旨上的确有可与其他两派鼎足而立的价值和必要性。

于此需要辨析朱熹对永嘉学人责难的理由是否充分,继而揭示永嘉学派学术宗旨在何种程度上对程朱理学造成冲击。宋代理学有别于先秦诸子之学和汉唐考据之学的独特理论特征在于其对万事万物背后形上依据的高度抽象凝练,即是"理";同时依据儒家经典中的道德修养内容,针对修身成德提出一套系统的工夫理论。而这两点也正是理学家对永嘉学人进行批判的主要落脚点。

首先,朱熹说道:"近见永嘉有一两相识,只管去考制度,却都不曾理会个根本。一旦临利害,那个都未有用处,却都不将事。"⑧"不曾理会个根本",这明显是批评永嘉学人没有认识到"理"才是事物存在之终极依据,虽然他未对"考制度"表示反对,但两者相较,明显后者才是学者为学精进之方,这体现出理学家对理的重视。循着朱熹的依据,永嘉学人是否"只管去考制度"呢? 在王开祖所作《儒志编》中,他说儒家所推崇的君臣、父子、兄弟、夫妇等礼仪制度正是依靠孔子删述"六经"得以保留后世,并给后世统治者提供了规范社会秩序的依据。"六经"中的典章制度、道德训诫如同水火养育生物一样,对人类生存繁衍发挥了巨大的作用。所以他高度重视《周礼》中礼制典章的价值,而对先秦时期非礼的现象也多做批判。后来的"元丰九先生"从张载学经制之学,南宋时薛季宣、叶适等注重典章名物考辨与此可谓一脉相承。

其次,朱熹对永嘉学派正大光明推崇事功的行为予以批评。宋代理学家高扬"正其谊不谋其利,明其道不计其功"的超道德主义立场,义与利的关系变成了君子与小人的选择题,朱熹认为正确的做法应该是"正其谊,则利自在;明其道,则功自在。专去计较利害,定未必有利,未必有功"⑨。也就是有德则福之自来,永嘉学人主动"计较利害"最后可能适得其反。这个观点必须辩证看待,事物的发展具有前进性和曲折性,这个过程需要发挥主观能动性,但主要还是遵循客观规律办事,所以过度发挥主观能动性有时可能导致无功而返。但如果一味听任自流,而碌碌无为,又可能落入《老子》"柔弱胜刚强"的虚无主义观点。结合两宋时期的时局来看,朝廷对外战争屡屡失利,一部分学人走上内圣外王的道路,另一部分人则提倡经世致用,后者在现实生活中的表现即是发扬《易》之忧患意识,要求改革时弊、建功立业。

最后,朱熹对永嘉学派的认识并不全面。朱熹于宋宁宗庆元六年(1200)逝世,两年前还与弟子周佃论学批评永嘉学派,但永嘉学派思想之集大成者叶适的思想定型之作《习学记言序目》直至宁宗开禧三年(1207)才开始撰写,因此朱熹的评判未必适用于永嘉学派鼎盛期的思想价值,更不能作今人批判永嘉学派的定谳之语。

据上所述,永嘉学派与程朱理学虽于思想主张上存在巨大分歧,但它们并不是绝对相互对立的关系。实际上,两宋时期发展起来的事功之学与性理之学,它们一起共同构成了儒家思想完整的理论体系,并发展了儒家思想内部二元对立的范式结构。

三、叶适学术思想举隅

叶适(1150—1223),字正则,号水心居士,温州永嘉(今浙江温州)人,南宋思想家、政治家、文学家。于瑞安出生,后迁徙于永嘉水心村,世称水心先生。叶适在永嘉学派中的地位自不必多言,此处重在辨析其对永嘉之学系统化所发挥的独特和重大作用。

据全祖望所述:"水心较止斋又稍晚出,其学始同而终异。永嘉功利之说,至水心始一洗之。然水心天资高,放言砭古人多过情,其自曾子、子思而下皆不免,不仅如象山之诋伊川也。要亦有卓然不经人道者,未可以方隅之见弃之。乾、淳诸老既没,学术之会,总为朱、陆二派,而水心斷斷其间,遂称鼎足。"此处说叶适与薛季宣、陈傅良"其学始同而终异",这是符合永嘉学派的学术传承的。同时全氏提出"永嘉功利之说,至水心始一洗之",但张义德则认为此说不符合事实,"因为叶适并不排斥功利之说,相反,正是叶适对永嘉功利之说作了系统的论证,为其提供了更深的理论基础,从而把永嘉功利之学推向前进了"[⑩]。不论二者谁更切于事实,但不可否认的是永嘉之学经叶适的继承和改造,最终发展成为与程朱理学和象山心学并立而三的思想流派,并对南宋学术思想及后世经世之学的勃兴均产生了深远的影响。

鉴于叶适学术思想的广博与深刻,此处就永嘉事功思想与儒家性理之学的主要矛盾分歧为引,略举叶适哲学思想中对理学的驳斥与修正,以体现叶适学术思想之特色。

(一)道器观

如前所述,朱熹批评永嘉学人"不曾理会个根本",这个根本即是"理",与之相对应的便是"器"。相较于理学思想体系中存在一个超越万事万物而独立存在的"理/道",叶适秉持了永嘉学派"道不离器"的一贯观点,他说:

> 古之治足以为经,不待经以为治;后世待经以为治,而治未能出于经。其事宏大广远,非一人之故,一日之力,而儒者欲以一二而言之,此其所以漫然而莫得其纪者也。上古圣人之治天下,至矣。其道在于器数,其通变在于事物。

这段文字展示了叶适对待经典的态度,他认为上古时期圣贤治理天下的经验本身就足以作为经典而为后人资鉴,圣贤也不是等待前人创制经书来提供治理的举措。后世的统治者往往因循经书上的条目来治理天下,实际上其手段并没有突破经书的范围,因此并未真正做到通权达变。治理天下是一件极其宏大、涉及极其深远的事情,不是一个人就能完成的,也不能在短时间内见效。而性理之学的儒生要用一两句话就概括国家治理,这就是其言语空泛漫谈,而从来不能点中实际要害的原因。叶适认为上古的治理已经达到了最高的水平,其治理的规律在于具体物质世界的器物与象数,而其治理的通权达变也体现于具体的事物之中。

"道在器中"的观点相比"道器分殊"的理学观念更加契合于事功主义者对现实改造的需要。有学人指出"两宋功利思想家之中,只有薛季宣与陈亮的论证涉及了打破'道器分殊'的关于'道'高于'器''道'优于'器'的评断,具有了较高层面的哲学突破,其他大多数功利思想家的哲学也只是停留在'道不离器'的层面"⑪。如是,单纯从道器问题来看叶适的解释未必是最高明的,却是给这个问题做了一个总结。

(二) 伦理观

性理之学与功利之学的重要区别之一即在于是否允许以功利对道德进行权变,相比大多数理学家秉持超道德主义原则,叶适则认为道德具有相对性。

> 风俗之难同也,以其陋而远,虽道德大备之世,莫或齐焉。……(楚国)君臣暴诈之行,著于《春秋》。……(孙卿、屈原)楚之文词尝盛矣。是其昔之和平专一,秉内性之理义,有合于风雅者,或不自知其善也;而悲愤刻约,琢外巧之卉木,遂变风雅为丽淫者,亦不自悟其失也。

叶适认为,道德风气之所以很难相同,是因为不同的地区远近不同,即便是道德治理十分完备的治世,各地的风俗也不甚相同,无法统一。历史上,楚国君主与大臣之间的残暴与钩心斗角,布满了《春秋》的史册。根据孙卿与屈原的文学成就,可以看出楚国的文化辞章曾经是非常繁荣的。可见,楚地昔日还是有和谐平正、信用专一的风俗的,这些风俗秉承符合人性的道德动机,有很多是合乎诗经中风雅的规范的,而很多楚人并没有明确认识到这些是善德。至于悲怆愤慨、刻薄尖锐,通过雕琢外在的技巧,以花卉与树木作为装饰,从而使风雅的雍重精神变成华丽放荡的风俗,也是因为楚国人没有意识到自身的失误。

可以从上述内容窥见叶适学术中权变和折中的思想特征,这可以视作中国传统文化对传统文人士大夫文化熏染的结果,但结合叶适及永嘉学派与理学论战的思想史背景,他的这种表现无疑是受到《周易》文化的濡染所致。

四、叶适易学特色

永嘉学派集大成者叶适将永嘉之学发展至与朱熹和陆九渊并立为三,其主张以《周礼》代替思孟之学,考证《周易》"十翼"唯《彖》《象》为孔子所作,以此来驳斥程朱理学赖以言说的性理依据。此外叶适易学注重经世之"用",主张崇阳黜阴,这些对推进认识南宋易学与社会政治的互动都具有借鉴意义。

相比薛季宣,叶适对《周易》有更加全面的解释和评论。在其思想的代表作《习学记言序目》中,论经共有九卷,其中首四卷皆是论《易》。在这一部分,他对六十四卦的大义逐一作了讨论,并且写了"上下经总论"阐明自己的易学观点。此外,在叶适的文集中有题为《易》的文章,探讨了《周易》的起源与性质。以下择要予以介绍。

叶适对《周易》的地位作出了很高的评价,他说:"学者诚有志于道,以是为经,而他书特纬之可也。"⑫这与薛季宣的说法是一致的,也可以视作永嘉学派的易学基本观点。但他对宋代理学家的解《易》理路不满,针对理学家宣扬的"十翼"唯孔子所作的观点,叶适提出疑问。他说:"其余文言、上下系、说卦诸篇,所著之人,或在孔子前,或在孔子后,或与孔子同时,习《易》者汇为一书。后世不深考,以为皆孔子作,故《彖》《象》掩郁未振,而十翼讲诵独多。"这是质疑易传部分并非全都是孔子所作,其中只有《彖传》和《象传》才是孔子的作品。叶适给出理由:"《论语》既为群弟子分别君子小人无所不尽,而《易》之《象》为君子设者五十有四焉。《彖》《象》辞意劲厉,截然著明,正与《论语》相出入,然后信其为孔氏作无疑。至所谓上下系、文言、序卦,文义复重,浅深失中,与《彖》《象》异,而亦附之孔氏者,妄也。"《论语》教人进德修业之道,而《大象传》皆有"君子以",从精神内核上看,两者具有共通性。此外从文风的角度推断,《彖传》《象传》与《论语》都具有"劲厉"、崇尚阳刚的特点。据此,叶适批评理学家"大抵欲抑浮屠之锋锐,而示吾所有之道若此。然不悟十翼非孔子作,则道之本统尚晦。不知夷狄之学,本与中国异,而徒以新说奇端辟之,则子思孟子之失遂彰"。因佛老在宇宙论和死后世界的理论较儒家更为系统,儒者为抗衡佛道理论而借《易》构造一套天人相通的学说,但他们不知道这其实已经落入佛老的言说方式之中,原本是想抵御辟除异端邪说,最后因不知道之本统,又邯郸学步,而导致思孟之学无法彰显其价值。这是批评理学家一味力求阐发思孟学说之新义,而导致尧舜周孔之道晦而不明。此处可以看出叶适所欲阐明和发扬的是周文王和孔子的易理,从根本上祛除佛老对儒学的不良影响,从而恢复儒学的正统学说,这也就要求对经典的释读不能一味追求其中蕴含的艰深义理,而应以发掘其中所具有的经世致用内容为首要目的,所以针对"正其谊不谋其利"的观点,叶适批评道"既无功利,则道义乃无用之虚语"。关于朱熹将《周易》视作"卜筮之书"的观点,叶适认为"《周易》者,知道者所为,而周有司所用也",这实际上是将作为卜筮之用的《易》转换成为有司治理国政的宝典,削弱了其中神秘主义和不可知论为成分,更多代之以唯物主义的立场。同时也是针对宋代学人过度关注发掘《易》之玄理,而不知《易》之实用价值发出的一种批评。他说:"夫两者所以明变,而六者所以为两也。因是四者而求之,而圣人之道与《易》之书,未知其敦离也。然后其所以用是道者。可复见矣。"两为阴阳,六为六画卦,四为辞象占变,圣人教人开物成务之道及蕴藏在《易》之中,只有明白这些才能运用易理解决实际问题。他还援引孔子五十学《易》的说法,论证学《易》并非仅仅学卜筮之法,更多是提升自己的道德修养。近年出土的《马王堆帛书》记载孔子辨析自己与巫觋的区别在于"观其德义也"[13],可以看出叶适对于孔子的思想是有深刻和准确的领悟的。

  叶适经世的易学思想在社会生活领域的体现则是其崇阳黜阴的主张。理学家据《系辞传》"一阴一阳之谓道"的说法,认为道之存在与流行应是阴阳交济的状态,于是道便与阴阳成了形上与形下的关系,更直接是道器的二元结构。如前所述,叶适认为"十翼"中唯有《彖》《象》是孔子所作,因二传皆具"劲厉"的阳刚之道,于是他提出"道者,阳而不阴之谓也。一阴一阳,非所以谓道也"[14]。这与理学家推崇阴阳消息的天道思想形成了鲜明的对比。叶适为此解释道"《易》于乾坤不并言,盖因乾而后有坤也。天地则并言之矣,盖有天则必有地也"[15]。此处叶适不认同易传中乾坤并列的说法,他从卦象推演的角度解释先有乾而后才有坤,而天地则是共生共存的关系。叶适崇阳黜阴的思想落实在社会生活领域则是要求统治者摒除待时、谦退的思想,而采取积极进取的方略。他在给宋孝宗的奏疏中批评了投降派苟且偷安的政策,主张"时自我为""机自我发",这对当时的时局一定程度上起到了警醒的作用,也彰显了永嘉学派的《周易》研究具有强烈的忧患意识和现实价值。

五、小　　结

从永嘉之学的勃兴和传承谱系,及其推崇经制、事功的思想主张来看,无处不体现《易》之"开物成务"的精神[16],而这也正彰显了浙学崇实黜虚、经世致用的学术风格和品质。而叶适对《周易》的研究和解释为我们深入理解宋代疑经辨古思潮提供了一个绝佳的案例,同时叶适某些创见也在有意或无意影响着后人的易学探索。如朱伯崑所言:"在《习学记言》中对六十四卦的解释,皆采取二卦对立为一组的形式。这表明其对卦序的解释,同样闪烁着辩证思维的光芒,是对孔疏'二二相偶'说的阐发,对后来的易学家如来知德、方以智等人的易学哲学起了深刻的影响。"[17]如是,对叶适及永嘉学派的研究势必有助于我们在新时代文化背景下深入思考义利关系等时代课题。

参考文献

①② 黄宗羲著、全祖望补修:《宋元学案》卷六《士刘诸儒学案》,中华书局,1986年,第251页。

③ 陈振孙:《直斋书录解题》下,上海古籍出版社,2015年,第515页。

④ 永瑢等:《四库全书总目》卷一百五十五集部八"浮沚集"条,中华书局影印本,1965年,第1341页。

⑤ 黄宗羲著、全祖望补修:《宋元学案》卷三十二《周许诸儒学案》,中华书局,1986年,第1131页。

⑥《宋史·薛季宣传》,中华书局,1977年,第12883页。

⑦ 黎靖德编:《朱子语类》卷一百二十三,中华书局,1986年,第2967页。

⑧ 黎靖德编:《朱子语类》卷四十五,中华书局,1986年,第1149页。

⑨ 黎靖德编:《朱子语类》卷三十七,中华书局,1986年,第988页。

⑩ 张义德:《叶适评传》,南京大学出版社,2011年,第122页。

⑪ 王浦劬、赵滕:《两宋功利思想研究》,中国社会科学出版社,2020年,第223页。

⑫ 叶适:《习学记言序目》卷三《周易三》,中华书局,1977年,第35页。

⑬ 裘锡圭主编:《长沙马王堆汉墓简帛集成》叁,中华书局,2014年,第118页。

⑭⑮ 叶适:《习学记言序目》卷四《周易四》,中华书局,1977年,第42页。

⑯ "永嘉之学,教人就事上理会,步步著实,言之必使可行,足以开物成务。"(黄宗羲著、全祖望补修:《宋元学案》卷五十二《艮斋学案》,中华书局,1986年,第1696页)

⑰ 朱伯崑:《易学哲学史》第二卷,华夏出版社,1995年,第589页。

叶适事功思想与墨家功利思想之比较

雷思鹏*

　　功利思想无论在中国还是在西方都有比较久远的历史。西方功利思想最早可以追溯到晚希腊时期的伊壁鸠鲁派与斯多噶派。中国古代先贤管子、墨子、荀子、韩非等就有了"功""利""功利"等用语,但中国思想史上并无"功利主义"这一概念。国内学界借用了"功利主义"解释中国的功利思想,尽管有许多学者认为中国古代的功利观与西方功利主义并无不同,但在中西方不同的文化语境中,两者相距甚远。因而,本文不用"主义"这一语词,而用"思想"这一称谓,以与西方相区别。

　　墨子是中国功利思想的开创者,叶适是南宋永嘉学派功利思想的集大成者。作为产生于不同时代的功利思想的代表人物,其思想与行为都对他们所处的时代产生了相当大的影响。两人的学说虽同属于功利思想,但又分属墨学与儒学,比较两者之异同不仅具有学理的意义,更可以为中国式现代化提供有用资源。

一、功利与事功概念辨微

　　在中国传统文化中,"义利之辩"是各派思想的核心问题之一,几乎伴随中国思想文化发展的全过程。对这个问题的不同回答成为区分不同派别的重要标志。一般而言,主张重义轻利的为儒家,重利轻义的为法家,义利同一的为墨家,绝仁弃智的为道家。当然,同一派别因取舍不同可能也会对这

---

* 雷思鹏,温州商学院马克思主义学院副教授。

一问题做出不一致的回答,但也只是在基本取向相同的情况下的观点分野,不会从根本上改变其理论倾向。

"功""利"作为语词或概念在中国文化中出现较早,根据甲骨文资料,"利"字出现的要比"功"字要早。从字形上看,"利"有以刀割禾之意,体现了"利"字的原初含义为锋利、利益,引申为物质利益(禾);"功"在《说文解字》中的解释是:"功,以劳定国也。"①包含有功绩、功劳、业绩之义,与国家生活有关,因此也可以引申为"公",为"公"做事取得好的结果就是"功"。吾淳认为:"'功'与政治生活密切相关,'利'则与宗教或日常生活相关。"②

"功利"作为组合词最早出现在《管子》中:"有不合于令之所谓者,虽有功利,则谓之专制,罪死不赦。"③"'功利'一词含义并没有发生根本性的变化,只是'功'字中'公'的含义隐退了"④,其基本含义为功绩、战功、利益。

作为中国功利思想的开创人物,墨子是如何定义"功""利"的呢?

(一)墨家"功利"概念分析

1. 客体对主体的效用

墨家云:"利,所得而喜也。"这里不难发现,"利"与个人的主观体验直接相关,与所得之物的多寡没有必然联系,表达了客体对主体的效用,即只有能够给主体带来愉悦感受的客体才是"利",才符合"利"的要求。因此,这儿的"利"似乎有双重含义:利益,有利。与此相对应的是他对"害"的定义:"害,所得而恶也。"同样充满主观色彩。从这个意义上而言,墨子的"利"的范围相当宽泛,甚至包括了主体的某种精神感受在内,也包括稳定的社会秩序、和平的国际环境、人口的增长等。

但是作为利益的本体肯定不能只是主观的感受,它必然要落实到具体的事物上,这就是"利"的第二层含义。

2. 物质利益

"今天下之士君子,将犹多皆疑惑厚葬久丧之为中是非利害也。"⑤墨子出儒反儒的主要原因就是儒家以"礼"治天下,而繁文缛节消耗了大量的物质财富,因此他高呼节用、节葬,主要目的就是保存社会财富,减少对百姓的经济掠夺,实行"众民"政策。

在确定了客体后,我们不禁会问:客体对应的主体为何? 本人、他人、社会? 这就涉及"利"的第三重含义。

3. 他利与公利

就"利"的主体而言,墨子最看重的是"兴天下之利,除去天下之害"。显然,墨子在这里把"天下之利"作为"利"的最高目标,使"利"具有了某种道德意味,所以,他又说"义,利也"。当然,墨子并没有完全否定个人的利益,他补充道:"爱人不外己,己在所爱中。"合理私利是人性使然,不证自明,正如自己就属于"人"的范畴,为人类之一员一样。

此外,"利"还有利润、锋利、便利等意义,比如,"则士之计利,不若商人之察也";"其为舟车,全固轻利,可以任重致远"⑥。

墨子又是如何理解"功"呢?"功,利民也。""功"显然意为"效果",即产生对人民有利的效果,就是"功"。从墨子整体思想倾向及其行为看,墨子对个人是否有"功绩"的名声似乎不是太重视,大有"功成不必在我,功成必定有我"的气势与胸襟。"民"与"官""贵"是相对而言的,主要是指庶民,墨子把庶民的利益作为评判事物功效的标准。在墨子看来,不管个人是否会有青史留名的光辉功绩,只要对"人民"有利的即可做,所以蔡尚思说:"以公利为正义,不重个人的名利。与儒家的求名不求利,道家的反对名利相反。"⑦这显示了墨子功利思想的人民性。

一般而言,学术界称墨家为功利思想,而称以叶适为代表的浙东学派为事功思想,"功利"与"事功"并无本质区别,但称呼的变化似乎可以反映他们功利思想的些微差异。

(二)叶适"事功"概念分析

"事功"一词在《尚书》等古代著作中就多次出现,但被陈亮、叶适为代表的永康、永嘉学派赋予了哲学或伦理学的内涵,并成为思想的核心概念。"事"当然指事情,但在叶适这里不是普通之"事",而是专指经世致用之"事",是与理学进行论辩中形成的与"心性修养之事"相对应的"事"。在中国文化语境中,"事"往往与"物"相对照,所谓"事物"也,但"物"对于人而言是对象性的存在,是客观的东西,没有价值取向。"事"往往是主体的活动,是主体向外的探求,要受到主体既有观念的影响。"'事'本身对于人来说总是有一定目的指向,包含某种价值的意味。人之'做事',旨在实现人的价值理想或解决具体的问题、满足人的多方面需要。就此而言,'事'体现了价值层面的追求。"⑧

叶适既然非常注重"事"，那么做事的结果就是主体的追求的目标，这就是"功"。如果主体的活动没有结果或结果没有达到预期，就是没有"功"，做事无功何来功德？所以，叶适为代表的功利学派说"功到成处便是有德，事到济处便是有理"⑨。何为"功"？"功"是指外在事功，主要是指物质利益有关的东西，其事功思想主要是围绕理财、商业活动、农业生产、土地问题乃至富民强国政策等展开。正如黄宗羲所言："永嘉之学，教人就事上理会，步步着实，言之必使可行。足以开物成务，盖亦鉴一种闭眉合目朦胧精神自附道学者，于古今事物之变，不知为何等也。"⑩

叶适一派之所以称事功学派而不是功利学派，一方面是因为"功利"一词在千年的论辩中已经被披上了贬义的色彩，与主流的道德至上论直接对立，朱熹就批评叶适："禅学后来学者摸索一下，无可摸索，自会转去。若功利则学者习之，便可见效，此意甚可忧。"⑪而"事功"一词基本上属于中性词，更容易为道学家所接收，为了避免这种激烈对抗使其思想可以在理学的夹缝中生存而使用"事功"。另一方面，尽管墨家与叶适都主张"天下大利"，并把它作为自己毕生的追求目标，但显然，墨家的"功"更多地与"利"相连，而叶适的"功"更多地与"事"联系在一起。在叶适看来"功"指的是实事、实功，有具体的实施目标，他非常重视如收复失地、理财、官员选拔、商业发展等实际问题的解决，一直主张要"力行今日之实事"。

墨子与叶适之思想在本质上都属于功利思想，但在对"功""利"概念理解的异同昭示着两人功利观上的异同。

二、墨子与叶适功利思想异同

在儒家道德本体论成为时代主流的背景下，功利思想宛如一条激流奔腾的小溪，时而冲击着道德理想主义者筑就的坚固堡垒。纵观中国历史，功利思想总是在特殊的历史条件下产生、接续，并成为当时思想界的耀眼明星。墨子与叶适的功利思想产生于相似而又不同的时代，既有对传统功利的接续，又有时代的创新。

（一）时代背景

任何思想都是时代的产物，是时代精神在文化上的反映。墨子的功利主张与叶适的事功学说的产生都不是偶然的,而是有着历史的必然性的。

两人都生活在危机四伏、社会动荡的时代,人民群众对混乱局面的不满、对富足生活的渴望、新兴产业的兴起都需要在文化上有所反映。墨子生活在春秋向战国转变的历史时刻,新兴地主阶级与手工业者逐渐成长为重要的社会力量,他们渴望打破原有的政治制度;叶适生活在南宋商品经济比较发达的浙东地区,商人在政治上也渴望能够走上历史舞台。墨子与叶适之功利思想都应历史召唤而生。

墨子时代,诸侯们希望"士"们能够提出帮助他们争霸的理论与策略,以便在战争中取得胜利,因而对思想的创造持宽容态度,为"百家争鸣"提供了相对良好的政治环境。叶适生活的南宋尽管封建专制主义日盛,但有宋以来"重文轻武"的政治环境为文人提供了一个比较宽松的文化土壤,再加以自隋唐以来佛、道兴起,儒学在国家政治生活中的地位大大下降,理学与心学尚未取得正统地位,从而为功利思想的产生提供了可能。

墨子所生活的时代战争几乎成为时代的主题,连年的战争给生产带来了极大的破坏,给人民的生命安全带来极大的危害,而统治者却过着奢靡的生活。出于对下层人民的深切同情与建立大同世界的崇高理想,墨子主张"兼爱交利"的功利主张,同时附以节葬、节用,希望把本就不多的物质资料保存在社会中。可以说,墨子功利思想的产生一方面是出于对下层人民的同情,另一方面是手工业者对自身地位的诉求在思想上的反映。

叶适生活的时代虽然社会危机四伏,南宋与北方少数民族政权矛盾冲突,但整体上南宋朝廷的苟安政策使国家保持着一种相对和平与稳定的状态。浙东地区商品经济的发展与繁荣催生着重利思想的产生,要求对千余年来的重本抑末、重农轻商思想进行了某种程度的矫正。出于快速解决国家富强、收复失地等问题的急切愿望,叶适们希望通过功利思想的引导与实践,改变长期以来与北方少数民族政权对峙中的劣势局面,甚至可以北出中原实现国家统一,实现儒家"内圣外王"的梦想。

(二)哲学基础

在中国传统文化中,不同学派哲学基础的差异主要是通过"道器"之辩展开,但在两者何为第一性何者为第二性的问题上不同学者却有不同回答。

墨子尽管没有明确对"道器"关系这一命题进行回答,但从整体上看,其思想具有朴素唯物主义倾向。他高度重视"耳目之实"在人类认识中的重要作用,指出认识世界的方法是从感性认识到理性认识,"知,接也",认为知识必须通过感觉器官接触外部世界才能获。但是"墨子的唯物主义,也正表现其有严重的经验主义倾向的唯物主义"[12]。

墨子在"十论"中采用了"三段论"的论证方式,通过"三表法"来进行确证,尽管其论证因逻辑的参与显得极为有力,但因"三表法"本身的经验性知识的不可靠性,使得墨子的论证有明显的漏洞,比如关于鬼、天的证据。直到后期墨家,形式逻辑达到了比较高的水平,对理性认识达到了比较高的程度,才逐步摆脱经验主义认识论的色彩。"虑,求也。"虑即思考、探求,在后期墨家看来,仅仅依靠感觉器官得到的知识是不够的,必须进行思考才能提高认识的可靠性:"虑,虑也者以其知有求也,而不必得之,若睨。"[13]但是思考的结果是否一定可以达到真理性认识则是两可的,可能会得到真正的知识,也可能不会。"恕,明也。""恕,恕也者以其知论物,而其知之也著,若明。"[14]人的认识是一个"知—虑—恕,接—求—明"的过程,说明后期墨家看到了只有理性思维才可能达到知识一般,感觉知识是不可靠的,表明墨家的认识论从传统的经验主义开始转向重视理性思维。

当然,墨子本人的思想充满着复杂性与矛盾性,《墨子》中存在的"天志""明鬼"等内容似乎不足以证明其思想的唯心倾向。因为墨子"十论"其实都是围绕"功利"展开,为"功利"服务,"天""鬼"等只是用来佐证其核心思想的工具与手段,整体上看,墨子思想具有朴素唯物主义认识论特征。

叶适对"道器"关系进行了明确的回答,主张"道在器中",批判了程朱的"理在气先"的唯心主义:"按古诗作者,无不以一物立义,物之所在,道则在焉。物有止,道无止也。非知道者不能该物,非知物者不能至道;道虽广大,理备事足,而终归之于物,不使散流,此圣贤经世之业,非习为文词者所能知也。"[15]"道"虽然具有某种超越于具体事物的特性,但它最终必然要通过"器"(物)表现出来,离开了"物","道"即失去了存在的寄托,弃"物"而言"道"必流于空疏。

叶适一反程朱陆把"理"或"心"看作万物本源的"心性"说,指出:"夫形于天地之间者,物也;皆一而有不同者,物之情也;因其不同而听之,不失其所以一者,物之理也;坚凝纷错,逃遁诡伏,无不释然而解,油然而遇者,由其理之不可乱也。"[16]在叶适看来,世界是物质的,物质世界具有多样性,因而是不同的,但又有同一个道理在其中,这个"理"就是隐藏在纷然世界中的规律。叶适能够认识到物质世界是"一而不同"的,可见他对世界的看法比以往的思想家都要深刻。他认为,物质世界是由"气"构成的,正是"气"的"相摩相荡,鼓舞阖辟",产生了世界万物,这一点似与张载的"气一元论"一脉相承。

从这一唯物主义观点出发,叶适认为,人的知识不是"天理"的自然展现,而是来源于客观的物质世界,是主观对客观的反映,主观是否能够正确地反映客观的判断依据是"夫欲折中天下之义理,必尽考详天下之事物而后不谬"[17]。要认真考察、细致思索,找出符合事物的规律性的东西,然后才不会犯错误,由此,叶适提出了"内外交相成"的认识论:"耳目之官不思而为聪明,自外入以成其内也;思曰睿,自内出以成其外也……古人未有不内外交相成而至于圣贤。"[18]叶适认为,耳目接收外部信息不会自动产生正确知识,必须经过人的思考,去掉杂乱、表面的东西,才能达到对"理"的认识;而得到的知识也需要外部事物的检验才能确证其正确性。这个过程就是"内外交相成",也就感性认识与理性认识相综合,唯如此,才能得到对事物的全面的认识。

叶适极为重视实践,他说:"观众器者为良匠,观众病者为良医。尽观而后自为之,故无泥古之失,而有合道之功。"[19]"尽观"是为了认识事物之理,通过"理"指导自己的实践,只有通过这样的实践,才能有"合道之功"。叶适在批判"心、性、理"的同时,提出"尽观而后自为之",以耳目感觉器官作为认识的开端,并希望通过实践活动检验,这样,他的知识就停留在经验世界的范围内,不承认超出经验范围内的东西的正确性,先验的纯粹知识与一般信仰在他那里难以驻足,"他排除了超越的、非经验的、信仰的对象,而只将经验世界本身作为知识及其效用转换的基本场所"[20]。

可以说,叶适与墨子无论在知识论还是认识论上都具有鲜明的经验主义色彩,都注意实践的重要性,他们不仅是实践的倡导者,更是实践的积极践行者。这种特点决定了他们的思想充满了实用主义倾向。

现代墨学研究已经证明,墨家思想其实并未"中绝",其合理思想内核早已被儒、法、道等各派吸收,一部分下沉到民间,成为平民文化的一部分。叶适的事功思想本来就属于儒家学派的支流,其思想的形成更是商品经济发展的产物,同时又影响与推进着商品经济的发展,自然与平民文化有天然的联系。中国民间有天然的实用主义倾向,这种倾向反映在思想中就是功利思想,反映在物质生产中就是重视手工业的发展与农业机械的改进,反映在信仰中,祖先崇拜、信奉道佛大多情况下只是一种求财求福求平安的手段。墨子和叶适作为出身相对比较贫困、从社会下层走上历史舞台的思想家,受"实用主义"倾向影响是可能的,也是必然的。

（三）人性论

自先秦时代,人性问题就成为中国思想核心问题之一。"人性善"历来是儒家思想的基本主张,"仁、孝、义、信、忠"等都是以"善"为基础展开。墨子"非儒"但没有对人性善恶进行专门的讨论,总体来看,墨子在人性问题上持自然人性论。"天地也,则曰上下;四时也,则曰阴阳;人情也,则曰男女;禽兽也,则曰牡牝也。真天壤之情,虽有先王不能更也。"[21]墨子认为饮食、男女、住行是人的基本需要,他称为"欲",这种"欲念"是人的自然本性,也是人得以生存下去的基础,无所谓善恶。

墨子又说:"染于苍则苍,染于黄则黄。所入者变,其色亦变……故染不可不慎也。非独染丝然也,国亦有染……非独国有染也,士亦有染。"[22]墨子通过染丝的类比,指出人的善恶受外在环境的影响,是外在环境的产物,在不同的环境下,人有不同的善恶表现,故人性无所谓善恶,一切皆是自然。

墨子特别强调与重视"欲",有人统计《墨子》一书中"欲"字出现了226次,说明墨子对满足人们基本的"欲望"的执着,他"非儒"的目的也是要满足人们的"欲",尤其是口腹之欲,这样,"欲"与"利"就建立了联系。可以说"欲"是墨子思想展开的逻辑起点,其他主张都是围绕"欲"展开,墨子虽然认为"欲"无所谓善恶,但认为任意扩充"欲"的范围就会出现善恶。首先,"欲"必须是合理的,不合理的、过多的"欲"是恶的;其次,满足"欲"的手段必须是合理的,否则就是"不义"或"恶",如此,"欲"又与"义"相关。这样,中国哲学中两对核心概念"义利"与"善恶"通过"欲"建立了联系。

叶适指出:"君子不以须臾离物。"[23]人是不能离开"物"存在,同时人也是"物"的一种,从这一唯物主义立场出发,叶适看到追求物质利益的合理性:"就利远害乃众人之同心。""'人生而静,天之性也,感物之动,性之欲也。'但不生耳,生即动,何有于静？以性为静,以物为欲,尊性而贱欲,相去几何？"[24]在这里,叶适与墨子一样,通过人性与欲念之间建立联系的方式确立了自然人性论,批判了程朱的"尊性而贱欲"极端贬低人的物质欲望的人性论。当然,叶适认为人的欲望不能无限放纵,必须以"义"进行控制,否则就会带来秩序的混乱。

总之,"宋代思想家之所以要强调人性自然,其目的不仅是要还人性一个本原,还在于要为中国功利主义政治哲学的产生与发展,找到一个合理的逻辑起点。这并不意味着,功利主义在建构自己新的思想体系时,要完全否定前人的思想"[25]。可以说,自然人性论的确立,成为浙东事功学派鼓励功利的逻辑起点。

墨子与叶适虽然在人性论上有共同的认识,基本上都属于自然人性论,但在本体论方面却有着较大差异。墨子的本体论的超越性最终没有停留在道德本身,而是以"天志"作为其内在依据。叶适尽管对理学及其道统进行了猛烈抨击,反对理学空言道德,奢谈人性的虚妄,主张"以义和利",但在其实质和最终落脚点上依然是天下之大利的"义",因而在本体论上依然没有完全摆脱儒学自孔子时代就已经设定的"道德本体"的传统。

在人性善恶路向上,两人尽管整体上是自然人性,但又似乎有人性"恶"执着。在墨家看来,"利"就是"义","害"就是"恶"。墨子认为社会混乱源自于"不相爱",说明他认为"不相爱"是人的自然本性之一,古者圣王尽管能够成就伟业,带来社会稳定,"保民富民",但这并不就说明人性就是善的,相反,这种稳定的社会秩序是"天下一义""贤者治国"的结果,一旦国家治理出现混乱,人人之间"不相爱"的本性就会暴露。

墨子"兼爱交利"隐含着性恶的担忧,社会"纷纷然如禽兽"是人性的真实写照,墨子提倡道德但对道德又有某种天然的不信任,因为道德说教并没有改变"强劫弱,众暴寡,诈欺愚,贵傲贱"混乱局面,而"尚同"思想更进一步说明他要通过"贤者"的"天下一义"对人性的"恶"进行约束。

叶适否定孟子的"人性善",对"性恶论"也持怀疑态度。他说:"孟子'性善',荀卿'性恶',皆切物理,皆关世教,未易重轻也。夫知其为善,则固损夫恶矣;知其为恶,则固进夫善矣。"[26]叶适尽管否定人性的善恶,但他并未否定人性,他认为人有"常心":"天有常道,地有常事,人有常心。何谓常心？父母之于子也,无不用其情,言不意索而传,事不逆虑而知,竭力而不为赐,有不以语其人者,必以告其子,此之谓常心。"[27]在这里叶适认为,"常心"与"常道""常事"一样,都是自然产生的,他以父母与子女的关系为例说明"常心"无所谓善恶,由"常心"也无法推导出人性的善恶。尽管如此,叶适对人性"善"还是抱有极大的期待。

墨子与叶适都看到了单纯的道德说教无法实现功利目标,也看到了"贤者""君子"在现实中可能因张力而人格分离。"君子""贤者"依托于"道德"具有相当的不确定性,一是贤者、君子的标准尽管存在,但是否具有普适性?二是贤者与君子有没有向"不贤""小人"转变的可能?如果有,如何避免并把其危害降到最低?这些问题依靠"心性"的修养功夫与道德理想无法解决,因而标准相对稳定的法律就成为外部约束的最佳选择。

墨子与叶适都主张利用"法"对人性之弱点进行约束,但在他们的思想深处,似乎对道德本体又有着某种天然的信任。在他们那里,"法"相对于"义"是永远处于从属地位的,提倡法律的作用并不是否定德治,更不是否定乃至取代君主的人治,"而是在肯定君权的前提下,用'法'来弥补、修正'人治'的不足,并把保证法令施行的希望寄托在官吏的'贤能'上,还没有从本质上跳出中国传统法治观的局限"[28]。

两人所说之"法"又不同于法家之"法"。法家认为人类有趋利避害的本性,需要用严厉的手段进行管理,因而法家主张以奖罚为手段,驱动人民进行耕战,这种"法"带有血淋淋的杀气。墨子主张兼爱、交利、非攻,"摩顶放踵以利天下"[29];叶适认为"法"中有情,立法要坚持"礼臣"和"恤刑",两人的"法"中都有着"人的温情",充满着人文关怀。

(四)义利关系

在中国思想史上,"义利"之辩经历两个高潮:一是先秦时期,儒墨法道分别从各自的立场进行的论战。但随着秦汉大一统的形成,董仲舒的"正其谊不谋其道,明其义不计其功",把义利关系绝对对立起来,确立了"道义论"的绝对统治地位,功利思想在其后千年的历史进程中几乎没有进入主流思想与政治治理的理念之中。二是在南宋时期,一部分知识分子开始对董仲舒以来,尤其是对程朱理学空谈心性导致的虚伪人性进行了批判,在思想上与理学进行论战,在实践上躬行功利。

墨子说："义,利也。"他把"义"与"利"等同起来,只要能够给主体带来"利"的东西就是"义",也只有能够给主体带来"利"的事物才符合"义"的要求。墨子把"利"作为衡量行为是否为"义"的标准,墨子同时又把"义"作为"利"的衡量标准。认为只有符合"义"的要求的"利"才是正当的、道德的,这说明,"义"与"利"在实际内容上是有差异的。墨子说"万事莫贵于义",在论述"义"时,墨子总是以"利"作为论证依据,以"利"充实"义"的内容,如此会不会导致人的物化?

在《贵义》篇中,墨子把"义利"与"仁、圣"联系在一起,他说:"必去喜、去怒、去乐、去悲、去爱,而用仁义,手足口鼻耳,从事于义,必为圣人。"[30]在此,墨子的"义"显然蜕去了"利"的内容,披上了道德的外衣。这样,一方面墨子承认了"义"的崇高性与超越性,使自己的功利思想具有了某种超越性的品质;另一方面,又给"义"注入了"利"的内容,这样的"义"不再空泛甚至迂阔,而是可以通过"兼爱""交利"实现的实实在在的"义"。这种充满了物质内容的"义"更容易被下层人民所接受,这也是墨家思想能够在非常短的时间内与儒学并称为"显学"的原因。

墨子出身儒家,在"非儒"的过程中与儒家进行论辩,逐渐完成了对儒家的超越。他用"天志"论证"义"的价值,而不是用"礼"进行衡量。他认为,"义自天出""天欲义而恶不义",这样就赋予了"人们对利益的追求以一种超功利价值,既保障了'义'的崇高地位不受损害,又使得'利'的实现总能获得一种伦理道德的支援"[31]。随着墨子思想的发展,他逐渐摆脱了儒家设定的"义"的道德本体论色彩,赋予"义"以更多功利内容,甚至后期墨家直接高呼"义,利也",建立了义利同一的义利观。

叶适对程朱理学空谈心性持极力批判态度,认为"仁人正谊(义)不谋利,明道不计功,此语初看极好,细看全疏阔。古人以利与人,而不自居其功,故道义光明。后世儒者行仲舒之论,既无功利,则道义者乃无用之虚语尔"[32]。道义与功利是统一的,空谈道义是"无用之虚语",仅仅靠内圣的修养功夫不可能实现王道,必须用事功去充实道德实现"内圣外王"。他认为即使是圣人也不会压抑人们获得的正常欲望,但是叶适又认为,不能把事功仅仅局限于个人的正常私利上,只有注重公利与他利才能成为一个有德性的人。

叶适对"义利"关系的看法经历了"崇义以养利,隆礼以致力"[33]至"以义和利""成其利,致其义"的发展过程,可以说后者比前者更为清晰地表明叶适在"义利"关系上的态度。"崇义以养利"说明在他的思想深处"利"是为"义"服务的,尽管此时他所认为的义利关系已经比理学的义利对立有了很大的改变,但依然没有摆脱"义为第一性,利为第二性"的传统理念。而"以义和利"思想则摆脱了义利何者为第一性、何者为第二性的矛盾与纠缠,实现了义利的统一与协调。"叶适既不主张取义舍利,也不提倡逐利舍义,而是注重利的社会功效的同时,也强调义的道德动机。"[34]

尽管叶适与墨子两人总体上是重利重义、义利并举,但差异也显而易见。墨子将"义"作为一种衡量"利"的价值标准,这种价值标准不同于叶适代表的儒家事功学派。

首先,这种价值标准相对于儒家而言不具有特别强的形而上的性质。尽管"义"具有道德属性,但在墨子那里似乎没有上升到道德本体的高度,它与"利"紧密联系,与人的生活日用直接相关,使"形而上"的本体有了更多的"形而下"色彩。

其次,由"义"构建的社会结构不同。墨子的"义"尽管在总体上没有脱离中国传统的重整体、轻个体的价值取向,但"义"作为"天下之大利"是以"兼爱交利"为标准与实现手段,"爱无差等""官无常贵而民无终贱"的平等思想造就了一种等序结构的利益分布格局。儒家的"公利"是以"仁爱"(差等之爱)为前提的,其目的是用"礼"来维护血缘宗法等级制度,在"公利"上表现为一种差序结构的利益分配格局。尽管墨子思想具有相当的空想成分,但显然比叶适代表的儒家思想更为先进。

(五)功利内容

从各自的人性论出发,墨子与叶适都认为"利"包括四种:个人合理私利、他利、公利及亏人之利。他们都承认合理的个人私利,批判亏人之利,鼓励与提倡"天下之利"与他利,合理私利不具有道德性,是人性的自然伸展,无所为义与不义;亏人之利无论就其动机还是行为都是要极力反对的,因为它违反了"义"的要求,必须对这种逐"利"行为进行约束与规范;只有"公利""他利"拒斥人性之私,彰显人性之美善,符合"义"的要求,因而需要极力呼唤。

似乎受到老子"五色令人目盲,五音令人耳聋"[35]的影响,精神享受因需要耗费较多物质资料则被墨子剔除出"利"的范围,因而,墨子的功利范围主要被限定为物质性利益,这可以从两个方面得到印证。

一是墨子学儒后又反对儒学的原因。对这一点《淮南子·要略训》讲得非常清楚:"墨子学儒者之业,受孔子之术,以为其礼烦扰而不说,厚葬靡财而贫民,久服伤生而害事,故背周道而用夏政。"[36]"久服"会影响农业生产,厚葬会过多消耗家庭本就不多的物质财产,可见,对待物质财富的态度是墨子反对儒学的最主要原因。

二是墨子反对儒家学说,主要通过《墨子》"十论"进行。其中"节用""节葬"两论直接指向物质财富,他要求"去无用之费",所谓"无用之费"即超出正常合理的开支,他列举圣人饮食、服装、宫室建造、丧葬等方面的做法,指出"诸加费不加于民利者,圣王弗为"[37]。"非乐"表面上看是反对音乐的,但是墨子是清楚地知道音乐的积极作用的,他"非以大钟、鸣鼓、琴瑟、竽笙之声以为不乐"[38],而是认为享受音乐是以过度消耗物质财富为前提的,无论是制造乐器、建造奏乐的亭台,还是配合音乐进行表演者穿的华美服装,都是"亏夺民衣食之财"。

但墨子的"义"绝不单纯地指物质利益。"利,所得而喜也",凡是得到以后能给主体带来喜悦的主观感受的东西都是"利",这里,墨子的"利"似乎与"快乐"联系在一起,有着与西方功利主义相通之处。能够引发精神享受的东西只要不过分消耗物质财富,也属于"利"的范围,所以,墨子得出一个结论:"义,利也。"因为主体在合"义"的行为中会得到"快乐"。"孝"也是"利",因为在"孝"的过程中可以感受到亲情的伟大,所以"孝,利亲也"。沿着这个思路出发,为创造物质利益所必需的安定的社会环境,人口增加、谈辩、说书等思想创造也属于"利"的范围。在墨子看来,只要有利于物质财富的创造的一切都是"利"。对墨子而言,利与义与善等值,甚至道德本身似乎都具有了功利的性质,因此,墨子的功利思想存在"泛利"主义的思想倾向。也许这就是近年部分学者主张墨子思想不属于功利思想的原因之一吧!(国内学者郝长墀、胡星铭等就持此论)

叶适的事功思想是在与程朱的心性之学论战的过程中形成的,其功利的对象比较具体,范围也比较狭窄,在他那里,道德(义)与事功(利)是对立统一的,两者不可等同。因而其事功主要被限定在物质利益方面,理财、重农重商等无不与物质利益相关。同时叶适对南宋朝廷苟且偷安导致的国土分裂、内部危机深重深表不满,希望通过富国强兵的政策实现国家统一,打通“内圣”而“外王”的环节,建立不世功业。

（六）实现手段

为实现“兴天下之利,除天下之害”的宏伟目标,墨子以“兼爱”的道德感化中和人们在追逐利益中的物化的可能,以“交利”改变逐利过程中人的单向度发展。“兼”“交”这种充满平等理念与道德理想主义的手段成为墨子实现“功利”宏大叙事的主要方法,尽管具有相当的空想性,但墨子本人对此深信不疑,“以裘褐为衣,以跂蹻为服,日夜不休”㊴。“兼爱”自然要关注民众生命,主张“非攻”,反对战争,保卫和平;“交利”自然要重视民众利益,主张上要怀民、爱民,反对横征暴敛,民众之间要做到“有力者疾以助人,有财者勉以分人,有道者劝以教人”㊵。

墨子与叶适作为经验主义者都极为重视实践,重视生产劳动在物质创造中的作用,认为社会发展应该发挥各行各业的才能。墨子甚至提出了“赖其力者生,不赖其力者不生”的主张,把“劳动”作为人与动物的重大区别,这一思想即使放在300年前也是令人惊异的灼见。“列德而尚贤,虽在农与工肆之人,有能择举之人”㊶,要求打破等级制度,使得社会每个人都“能谈辨者谈辨,能说书者说书,能从事者从事”㊷。叶适则提出“夫四民交致其用,而后治化兴”㊸,他们都看到了农业、手工业甚至商业对社会生产活动的重大作用。

如果说“劳动”是开源的话,节俭就是节流。在墨子生活的时代,即使通过人们艰苦的劳动,所创造的社会财富也难以满足所有人的物质生活需要,造成“贫者不得食”的局面。因而节流就成为获利的第二种手段,主要方式有节用、节葬、非乐,从而减少物质财富的过度消耗。节葬是对全体社会成员及家庭提出的要求,同时批判儒家“厚葬靡财”的“贫民”后果;非乐与节用主要是针对统治者提出的要求。在这里,墨子显然没有看到消费对生产发展的积极作用。

与墨子出于当时的生产条件所限采取的相对直接而又简单粗暴的方法相比,叶适的经济手段丰富而又有建设性。

叶适在反对统治阶级奢靡生活的同时，主张富人要多消费甚至超常消费，以扩大社会需要，促进生产的发展。他认为富人是"为天子养小民，又供上用"，主张提高富人的政治地位，反对重农抑商的传统，甚至反对抑制兼并。他认为对"利"追求"可通而不可塞"，主张农商并举，反对官府垄断，主张自由经济。

在叶适看来，理财是富民的一个重要手段。他批判"士人耻言利"的腐儒主张，认为那样会造成"小人"猖狂，导致人民生活困苦和社会动荡。他区分了"理财"与"聚财"："取之巧而民不知，上有余而下不困，斯其为理财而已。古之人，未有不善理财而为圣君贤臣者。"[44]

墨子与叶适都看到了人口数量对发展的重要影响，主张采取手段增长人口。墨子批判儒家的厚葬久丧制度时指出，这种制度"败男女之交多也"，最终会造成"贫民寡众"的局面，从而影响生产及其他活动。他认为"唯人为难倍"的原因是"今天下为政者，其所以寡人之道多"[45]，但也不是没有办法，那就是实行圣人之法，提倡生育。

叶适与墨子一样，秉持"人多国强"的传统认识："为国之要，在于得民。民多则田垦而税增，役众而兵强。"[46]但是，叶适比墨子看得深远之处在于，他看到了人口生产的两面性，一方面人是生产者，人口的增加可以增加总体劳动量，从而创造更多的社会财富；另一方面，叶适也看到了人作为消费者可以增加社会总需求，从而刺激生产的发展。同时，叶适认识到要充分发挥人多的优势，必须把人口转化为生产力，人口多"而不知所以用之，直听其自生自死而已"就可能给社会带来动乱。因此提出了"分闽浙以实荆楚"和"使之以事而效其食"的方法，看到了人口分布的不平衡性及过多的人口超出了土地与经济的承载力，反而会限制生产。这是墨子没有看到，也无法想象的，当然这与两人所处时代的生产力发展水平有关。

三、墨子与叶适功利思想的启示与当代价值

（一）墨子功利思想与叶适事功思想比较之启示

第一，墨子本来出身于儒家，在长期的实践中逐步发现了儒家思想与社会现实的格格不入，尤其是"厚葬""礼乐"等观念，加重了下层民众的负担，

引起墨子的反感,开始对儒家学说进行批判,他从十个方面否定了儒家思想的合理性,并超越了儒家的仁爱思想,提出了兼爱理论,用交利的功利思想否定了儒家的道德理想主义,得到了下层人民的热烈欢迎,很快就与儒学并称为"显学"。

而叶适尽管对理学从多个方面进行了否定,尤其对理学家引以为傲的"道统"进行否定,但从根本上讲,叶适反对的是理学与心学,并不是反对儒学。因而以叶适为代表的事功学派从本质上讲是儒学内部不同路线的斗争与分歧,在当时儒学已经成为正统甚至成为官方政治思想的大背景下,在没有出现社会大变革、大动荡的时代,他不可能跳出儒学否定儒学,对叶适而言,儒学是其安身立命之本。

总之,叶适的功利思想是在儒家思想范畴内进行的,朱熹对天理的无上吹捧从某种意义上已经背离了孔子所说的"道"的原始内涵。通过对董仲舒以来尤其是程朱理学"存天理,灭人欲"的空谈道德的反动,叶适的事功思想实现了对孔子功利思想的回归。墨子的功利思想则是在对儒家繁文缛节、滥事贫民的反击,是在全面批判儒家的基础上建立自己的思想体系的。

第二,就社会理想而言,墨子的功利主义具有一定的空想性,一方面这种以兼爱交利为基本原则的功利主张具有前所未有的超前性,是对等级制度的彻底否定,自然不为统治阶层所接受;另一方面,墨子把兼爱交利作为每个人的天性之一,认为人会不自觉地选择兼爱互利,但现实却给了墨子狠狠一击。广大下层人民尽管对其思想附和称赞,支持拥护,但这种支持的目的仅仅是对统治阶级无情的压迫与盘剥的一种反抗,在武器的批判无法成功,批判的武器就为群众所渴望。因此,墨家思想应时而生,成为广大下层人民尤其是小生产者(手工业者、小商人、有地的农民等)借以反抗上层社会压榨的一种思想工具。现实生活中,他们长期受宗法思想的束缚,反抗意识不强,造成他们思想上的坚决拥护而实际行动中却难以执行的双难局面。

墨子尽管有死不旋踵的勇气,却没有利用武力推翻宗法等级制度的想法,一方面说明他对社会现实的无奈,另一方面说明他在骨子里对等级制度的认同,他的大同世界的理想只能寄托于统治阶级的善良,存在于自己的学说中。

叶适的事功思想立足于社会现实,既是社会经济文化的反映,又反馈经济文化发展,其功利目标的实现存在相当的可能性。叶适积前人之余功,成为事功学派的代表人物,但他并没有推倒儒学,创立全新思想体系的想法,他在批判程朱理学的同时也受程朱理学的影响,在许多方面同意程朱的观点。他看到了程朱理学与传统儒学的差异,认为程朱理学是对原始儒学的背叛,其一生的理论建构及行动都是为了回到真正的儒学——孔学。

第三,墨子功利思想充满平等观念,"兼爱交利""官无常贵而民无终贱""任人唯贤,不问出身"就是要彻底打破血缘与宗法等级制度的限制,甚至要突破地域限制,按照这个思路发展下去,在社会治理结构上,墨子思想更能打破中国传统"熟人社会"对生产发展和商业活动的制约。

叶适的事功思想是在儒学内部另一条路线上进行的阐发。他并不反对血缘宗法制度,而是反对对商人的抑制,支持土地兼并。由于实现事功的急切性过于强烈,在政治上遭到失败,思想上随着程朱理学成为官方正统而逐渐沉寂。在叶适那里,缺乏"平等"观念,没有形成以"公平"与"平等"为核心的商业伦理,严重限制了商业活动的进行。因而,相较于叶适的功利主义,墨子的功利思想与当代社会有更多的契合性。

第四,叶适的功利与墨家的功利思想都因其忙于功利的实践,缺乏细致的理论加工,显得过于粗糙,以"利"充实"义"做法也降低了"义"的本体意义,使其思想的超越性不足。同时,两者在语言上追求简洁明快、通俗易懂,"这在一定程度上使他们不追求理论浓度和逻辑推理,妨碍了其理论的精致化程度,从而削弱了功利主义思想在理论上的影响力与周延性"[47]。墨家尽管有逻辑思维,攻辩中理性十足,但一方面逻辑思想形式化不够,存在许多不足乃至错误,降低了逻辑的威力;另一方面墨家为了让普通群众尽快理解其思想,用语过于简洁,体系的精妙性不足。

墨子与叶适功利思想兴起后又很快湮灭在思想的历史中,是多种原因综合的结果,但他们思想的超越性不足是主要原因之一。随着儒学与理学心学成为官方正统,他们的思想分别被掌握话语权的所谓正统思想家逐出思想界,"只能在思想界之外默默推动中国社会的发展,这种'文化遮蔽'的后果直到千年之后以中华民族的'百年耻辱'的形式显现"[48],他们的价值才被重新审视与挖掘。

（二）墨子功利思想与叶适事功思想的当代价值

自秦汉以来,中国传统文化逐渐分成以儒家道义论为代表的精英文化与以功利思想为代表的平民文化。平民文化注重的功利、平等思想为精英文化所不容,精英文化的空谈道德又被平民文化视为不接地气。长期以来,这两种文化形态平行运转,一旦出现运转不灵或文化碰撞,社会可能就陷入混乱,"历史周期率"由此形成。

当今社会,打通中国文化自在的精英文化与平民文化的隔膜,实现两者的有机对接,形成共识而不是对立,对于社会经济文化发展极为重要。自叶适提出"士"也要重视理财,也可以经商以后,儒家门生从事商业活动或者商人学儒在明清时期成为潮流,"儒商"一词成为那个时代的鲜明特征。改革开放后,新功利主义兴起,追逐经济利益成为时代潮流,出现了一大批的时代精英,但也带来了相当程度的贫富对立,导致了社会关系的紧张。"如何消除对立"成为摆在党、国家与社会大众面前的一道难题,墨子的功利思想与叶适的事功思想或许能够给我们提供某种帮助。

当前我们正行进在建设社会主义现代化强国进程中,按照墨家与叶适功利思想,"五位一体"其实都属于"利"的范畴,都是社会之"公利"。这样,平民文化与精英文化在"利"的问题上、在实现民族伟大复兴的中国梦中找到了共同点,拉近了平民与精英的距离,在一定程度上可以消除或减轻阶层对立。

千年来,墨学中绝似乎已经成为思想界的主流看法,但自清末以降,越来越多的学者其实已经认识到,墨家思想的合理成分早在先秦时期就开始并逐渐为儒、法、道各家所吸收,融入中华民族文化的血脉之中。在这个意义上,墨学不仅没有中绝,反而超越了学派之争,在深层文化结构中塑造着中华民族的民族品格,这样的民族品格在中国共产党人的精神谱系中、在千千万万普通劳动者身上时刻闪烁光芒。

墨子功利思想的湮灭的原因就在于他尽管强调"爱人不外己",但在实际操作中过分倡导弟子们为实现兼爱奉献乃至献身,"其生也勤,其死也薄,其道大觳。使人忧,使人悲,其行难为也。恐其不可以为圣人之道,反天下之心。天下不堪,墨子虽独能任,奈天下何! 离于天下,其去王也远矣"[49]。墨家因过分强调利人而忽视了利己,没有打通人己之间的融合通道,导致墨家所谓"中绝"。这要求我们在社会主义建设过程中,既要大力提倡社会主义道德,以社会主义核心价值观引导人民,又要密切关注人民的实际利益,要让社会主义道德接地气,不要总是用那些无法企及的道德模范作为学习的对象;要保护普通人的合理利益诉求,在不危及社会整体利益的前提下尊重其选择权,避免出现道德绑架。在批判与解构传统的道德理想主义的同时,要吸收功利思想的合理因素,与当今时代特征相结合,重构社会主义价值体系。

现代社会应积极吸收叶适、墨子关于功利思想注重实效的合理成分,扬弃他们思想中的不合理因素,如过分强调公利,对个人合理的私利重视不够,鼓励人民大声主张个人利益,鼓励人民通过合法途径、运用合法手段发家致富,并在国家层面予以保护。要注重"义"在社会主义精神文明建设中的导向作用,但要避免出现儒家道德理想主义及道德政治化的倾向,培育以平等、公平、诚信为核心的商业伦理。

在行为的评判方面,坚持动机与效果的统一,在无法统一的前提下要注重以效果为判断标准。再好的动机也需要效果来衡量,况且动机是人内心的主观表达,外人很难明确看到与把握,极易陷入公说公有理、婆说婆有理的无穷争辩中。动机的真实性如何认定是现实中的难题,也是道德至上者千年来无法解决而一直规避的话题。更何况动机(道德)的标准还可能成为推卸责任的手段和明哲保身者自命清高的借口,或成为庸官、懒官的华丽外衣。程朱的"存天理,灭人欲"尽管主观目的是要高扬道德价值理性,但在客观上却造成了伪道学的结果:道德是对别人的要求,而自己却是可以戴着假道学的面具,扔掉道德对自己的束缚,心安理得地追求物质利益,难怪鲁迅先生说满纸写着"吃人"二字。因此,社会主义道德的重建必须重视群众的功利性诉求,避免空言道德对道德的伤害。

对物质利益的追求符合人的自然属性,用道德规范约束人的本性就是要人摆脱兽性走向人性。没有对利的追求,人类自然会失去前进的动力,甚至造成人类的灭亡;没有义的追求,社会秩序就会陷入混乱。墨家用兼爱的道德取向扼住了功利倾向可能发生的人的物化问题,并用"法仪"制约人们对物质的过度无序的追逐。叶适主张对功利进行约束,使"利"纳于"法律"的规约之下。社会主义市场经济的有序性需要两个规则:一是法律,二是道德。市场规则需要法律的规范与保护,它不相信人在经济行为中的道德性,而宁愿假设人性为恶,因此更相信法律对于市场正义的规约与保护。但是一切用法律手段解决问题,带来的巨大的交易成本可能会使当事人不堪重负,以诚信、公平为核心的市场伦理就显得相当重要,因此,在社会主义市场经济构建与运行中,必须坚持法治第一、道德第二的原则。

古代中国,受生产条件、交通与地理条件的限制,没有比商业活动更艰苦而利润更大的产业了。条件的艰苦要求商人要比农民更能忍受自然条件与人为环境的恶劣,而利润的丰厚又不断吸引人从事商业活动。即使"重农抑商"成为自秦汉以后历代统治者的基本国策,也没有阻断商人们前进的步伐。商人们不仅促进了国内与国际的物资交流,而且增进了文化在国际的交流与借鉴。墨子"自苦为极"的实干精神,叶适"备物致用,立功成器,以为天下利"的实践功夫在功利者身上表现得淋漓尽致,并代代相传。

改革开放初期,温州人敢为天下先,率先在全国进行经济发展的探索,形成了富有特色的温州模式。温州商人的"四千"精神是古代商业精神在当代的延伸,他们身上体现出的实践品格是中国传统功利思想的反映。尽管没有直接证据证明温商精神与墨子或叶适有直接关系,但很多学者的研究已经证明,无论是墨子还是叶适的思想,早就下沉到民间,成为中国"平民文化"的重要组成部分,转化为中华民族的民族品格。温州商人的"抱团""互助"行为不正是墨子提倡的"兼相爱、交相利"的思想反映与行为延伸吗?

参考文献

① 许慎著、段玉裁注:《说文解字注》,上海古籍出版社,1981年,第699页。
② 吾淳:《中国哲学的起源:前诸子时期观念、概念、思想发生发展与成型的历史》,上海人民出版社,2010年,第489—490页。
③《线装中华国粹——管子》,二十一世纪出版社,2016年,第35页。
④ 李雪辰:《"功利"概念的源流考辨》,《广西社会科学》2010年第11期。
⑤⑥⑬⑭㉑㉒㉚㊱㊴㊵㊷㊺ 孙诒让:《墨子间诂》,中华书局,2001年,第171、36、333、334、37、11—12、442—443、164、251、70、46、427、162页。
⑦ 蔡尚思:《十家论墨》,上海人民出版社,2004年,第330页。
⑧ 杨国荣:《永嘉学派略论——以叶适为中心》,《管子学刊》2021年第1期。
⑨《陈亮集》,中华书局,1974年,第331页。
⑩ 黄宗羲著、缪天绶选注:《宋元学案》,商务印书馆,1928年,第321页。

⑪ 黎靖德编:《朱子语类》,中华书局,1994年,第2965页。
⑫ 吕振羽:《中国政治思想史》上册,人民出版社,2008年,第102页。
⑮⑱㉓㉔㉖㉜㊸ 叶适:《习学记言序目》,中华书局,1977年,第702、207、50、106、653、324、218页。
⑯⑰⑲㉗㉝㊹㊻《叶适集》,中华书局,1961年,第696、614、653、697、674、657、657页。
⑳ 董平:《叶适对道统的批判及其知识论》,《孔子研究》1993年第1期。
㉕㉘㊼ 李继富:《叶适功利思想述评》,西南大学博士论文,2011年。
㉙ 杨伯峻:《孟子译注》,中华书局,2021年,第267页。
㉛ 胡忠雄:《正其谊以谋其利——中国古代功利主义经济伦理思想研究》,湖南师范大学博士论文,2003年。
㉞ 麻桑:《叶适功利儒家伦理观管窥——以"义""利""害"范畴之解析为进路兼以朱学为基本参照》,《浙江社会科学》2005年第5期。
㉟《老子》,岳麓书社,2018年,第52页。
㊱ 刘安:《淮南子》,上海古籍出版社,2016年,第535页。
㊴㊾《庄子》,三秦出版社,2018年,第145页。
㊽ 雷思鹏:《墨家"中绝"原因探析》,《阜阳职业技术学院学报》2020年第3期。

杨晨对南宋叶适事功之学的传承

彭武胜[*]

清代著名学者全祖望《宋元学案·水心学案》按语说:"乾淳诸老既殁,学术之会,总为朱、陆二派,而水心(叶适)断断其间,遂称鼎足。"[①]可见,以叶适为代表的永嘉学派,与朱熹为首的道学派,和陆九渊为首的心学派,被后世公认为宋时全国的三大学派。

永嘉学派的学术思想有下列三个特点:一是明"夷夏之别",有强烈的爱国主义思想;二是重视史学研究;三是重视实际问题,研究实用之学。[②]但是,永嘉学派事功之学在宋代即遭受摧折,庆元二年(1196),叶适被监察御史胡纮参劾,降职回老家居住。同年八月,知贡举吏部尚书叶翥上言:"士狃于伪学,专习语录诡诞之说,《中庸》《大学》之书,以文其非。有叶适《进卷》、陈傅良《待遇集》,士人传诵其文,每用辄效。"[③]奏请毁板。后来,又开列"伪学党籍",温州人士就有八人之多。[④]

清朝初期,为了加强统治大兴文字狱,广大文人学士不敢研究实际问题,只能转向训诂考证之学。直到道光年间,外国侵略者入侵,国家开始越来越走向衰弱,严峻的事实让人不得不将目光转向现实问题,永嘉学派也在这时开始复兴,以张振夔、孙希旦、孙衣言、孙锵鸣、黄体芳、孙诒让、宋恕、陈虬、陈黻宸等人为代表的永嘉学派知识分子开始思考区域文化衰落不振的原因,这意味着永嘉学派可能重光。路桥人杨晨也夹杂在永嘉学派中,顺应着时代的需求,努力实践着永嘉学派事功之学,企图将其发扬光大。

---

[*] 彭武胜,浙江省台州市路桥实验中学教师。

一、杨晨与叶适的师承关系

要想证明杨晨与叶适的师承关系,我们应该分三步论证:杨晨是谁?叶适是谁?他们的学术承续过程如何?

杨晨是晚清时期台州路桥人,光绪三年(1877)以浙江省第一名考取进士,后来官至刑科掌印给事中,致仕后回家乡创办实业,是路桥工商业创始代表人物之一。

叶适是南宋永嘉人,是永嘉学派的集大成者。

宋朝叶适的永嘉之学怎么传承给清朝路桥的杨晨的?叶适的永嘉事功之学,"至国朝嘉、道间,而我外舅止庵先生(孙锵鸣)与先外伯舅琴西先生(孙衣言)起瑞安孙氏学。经史百家,师陈(陈傅良)、叶(叶适),为文雄秀朴茂,语不后宋。识者谓逼陈、叶"⑤。这些晚清永嘉派代表人物与杨晨都有千丝万缕的联系。

孙衣言(1815—1894),清代官吏、学者、藏书家。字绍闻,号琴西,晚号遁披,斋名逊学,浙江瑞安人。道光三十年(1850)进士,授编修。光绪间,官至太仆寺卿。生平努力搜辑乡邦文献,刻《永嘉丛书》,筑"玉海楼"以藏书,有《逊学斋诗文钞》。他是杨晨的老师,同治四年(1865)开始,他出任杭州紫阳书院山长一职。1867年,杨晨在杭州西湖崇文书院短暂求学。当听说崇文书院的山长薛慰农很想把自己的侄女介绍给杨晨,孙衣言赶紧把自己的侄女许配给了杨晨。

后来,他又多次亲自带着杨晨实践永嘉经制之学。杨晨自订的年谱中这样记载:"(1868年)二月至金陵从琴西师学。入治城书局校刊经史,同事张啸山(文虎)、戴子高(望)、唐端夫(仁寿)、刘恭甫(寿曾)、王子庄(棻)、孙仲颂内弟皆博学高材,相与甚厚,因遍游秦淮、桃叶诸胜。"⑥1873年冬天,杨晨又被孙衣言叫到了安徽去校对《永嘉丛书》。

1877年,杨晨进士及第后又入了翰林院,孙衣言欣然赠诗给他:《喜杨蓉初(晨)留馆寄诗为勖》:"馆阁于今宰相储,蓬瀛真接列仙居。如何鞭镫纷埃壒,亦或腰尻妙走趋。南服财空供虎旅,西征师老梦狼胥。水心文法笘窗得,不但蒐罗鲁壁书。"⑦这首诗的大意是杨晨现在入了翰林院,那是储备宰相的地方,现在国家正处在危难之中,而世上的人多喜趋炎附势,希望杨晨要有所作为。这种勉励,非常符合正统的永嘉学派事功学说的一贯主张。最有意思的是诗最后两句:水心,指的就是叶适,笃窗就是台州人陈耆卿,字寿老。"水心先生晚得笃窗陈寿老,即倾倒付嘱之。今才十数年,世上文字日益衰落,而笃窗卓然为学者所宗。"⑧ 孙衣言也许自比叶适,而将杨晨比作陈耆卿,并带开玩笑地说:我可把永嘉之学全传给你了,你可不仅要继承我们永嘉学派搜罗刊刻乡邦文献的传统(杨晨有此爱好),也要把我们的"文法"(事功学说的精髓)发扬光大。

孙锵鸣(1817—1901),字韶甫,号蕖田,晚号止庵。孙衣言弟。浙江瑞安人。道光二十一年(1841)进士,官翰林院侍读学士,以重宴鹿鸣加侍郎衔。他是李鸿章的房师,著有《止庵读书记》《东瓯大事记》《海日楼遗集》。他是杨晨的岳父,也是杨晨的永嘉经制之学的老师。同治八年(1869),"三月就婚瑞安孙氏,孙止庵授以永嘉经制之学,始通训诂"⑨。九月份回到路桥后,他又投入永嘉经制之学的实践中,跟随黄岩人王棻(孙衣言的学生)校刻杜范的《杜清献集》。当时王棻请来做总校的是蔡仲吹、王咏霓,杨晨和黄卣芗、黄漱兰兄弟也担任了分校工作。这大概是杨晨作为永嘉学派学人所进行的第一次学术工作。

晚清永嘉学派的另外几个代表性人物——孙诒让、黄体芳、宋恕,也或多或少与杨晨有所联系。

孙诒让(1848—1908),幼名效洙,又名德涵,字仲容,别号籀庼,浙江瑞安人。孙衣言之子,中国晚清经学大师,有"晚清经学后殿""朴学大师"之誉。孙诒让不仅为浙南初等师范事业做出巨大贡献,而且积极发展农工商业,以实业救国,曾多次被提名、担任一些近代企业的管理者。章太炎称他"三百年绝等无双"的人才。他是杨晨的内弟,两人关系非常好,在学问和事业上相互砥砺提携。"紫阳院长瑞安孙琴西先生(衣言)乃以其弟止庵先生(锵鸣)女妻余,与仲颂内弟(诒让)论学,甚相得。冬,北上,在京口舟中度岁。"⑩ 两人成了亲戚后,一起学习,一起入治城书局校刊经史,一起游览金山焦山,一起访求乡贤著作,他们曾经三次结伴北上参加会试,杨晨写《三国会要》时,著作体例也是两个人一起商定的。我估计,杨晨创办实业时,也一定没有少听取孙诒让的意见。

永嘉学派的黄体芳点评过杨晨的会试朱卷,宋恕是杨晨的连襟,两人多有书信往来。可以说,杨晨是泡在永嘉学术圈里的路桥人,要说他与永嘉学派没有师承关系,我想谁都不会相信。

二、杨晨对叶适的直接致敬

杨晨与叶适,一个清朝,一个宋朝,相隔近六百年,杨晨通过自己的文字向这位永嘉前辈表达自己的敬意。1913年,杨晨开始创作《路桥志略》,这是路桥第一部志书。后来,由他的孙子杨绍翰续写,成六卷本。

在《路桥志略·叙地》中记载了叶适在路桥的踪迹:"毓英庙在罗洋街,祀永嘉叶水心。先生适,宋淳熙进士,官至宝文阁待制,卒谥忠定。曾讲学于此,后人即其地立庙祀之。"⑪

"叶适墓,在大峚山之麓。适字正则,门人称曰:水心先生。永嘉人。"⑫

这两处记载了叶适三方面内容:叶适曾在路桥的罗洋(螺洋)讲过学,叶适之墓在大峚山之麓,路桥人建有毓英庙祭祀叶适。这些内容的真实性还有待考证,但至少有一点是可以肯定的,杨晨对叶适这位先贤的崇敬是真实的,这是他对叶适的直接致敬。

杨晨对叶适情有独钟,可能还有另外一种原因。《路桥志略·叙人》:"刘允济,字全之,宋淳熙五年戊戌进士,赠正议大夫、显谟阁待制。新渎人,退休后始居路桥南栅。叶水心为其母钱夫人志,称其信道执德,始终不回。"⑬叶水心就是叶适,他也是宋淳熙五年(1178)的进士,而且是榜眼。两个人是同年,而且是很好的朋友,否则刘允济也不会请叶水心为其母写墓志铭。《路桥志略·叙文上》也收录了这篇文章。文章开头的第一句话就是"同年刘使君与余素旧"⑭。路桥的进士并不太多,所以杨晨对乡贤及他的这位好朋友,永嘉学派的集大成者——叶适的感情也是可以理解的。

杨晨对叶适的直接致敬,还有一处。在他与孙仲容(诒让)的一封信中,有这样一段文字:"来示又谓王子庄修台州学案与修地志不同,当严别流派独尊乡先生,持论自不可易。然敝郡与贵郡不同,实难立派。永嘉诸公当时与新安东阳鼎立,故能别立一帜,若敝郡则二徐罗陈私淑安定,赵杜诸儒受业朱子,元之车氏黄氏导源于鲁齐,明之王氏(宗沐)黄氏(绾)挹勺于姚江,又如赵咏道先事象山,陈筼窗受法水心,陈敬初尝师晋卿,方正学从学文宪,金一所淑艾白沙。其传授他邦者,惟戴帅初尝学于舒阆风,袁清容尝从事刘正仲,吴幼清尝学礼于盛圣泉,王常宗学于孟长文。外此未多觏焉。既未辟乎径畦,难强举为标志。"⑮

从这段话中,我们可以直接看出:杨晨对永嘉学派是赞许有加的,"永嘉诸公当时与新安东阳鼎立","别立一帜",实在难能可贵。台州学子所承既杂,而能"传授他邦者"更是寥寥无几、五花八门,故"难强举为标志",没有办法像永嘉学派那样"严别流派而独尊乡先生"。在传入台州的学派中,杨晨也指出"陈筼窗受法水心",点明了永嘉学派在台州的传承。所以,我们也有理由理解为这是杨晨对叶适的直接致敬。

三、杨晨对叶适事功之学的继承与发扬

杨晨对叶适事功之学的承继,更主要的是思想上一脉相承——"经世致用,义利并举"。用清朝大学问家黄宗羲的话来说:"永嘉之学,教人就事上理会,步步着实,言之必使可行。"⑯为了更深入细致地了解两个人的相同点,我们有必要对叶适的事功之学进行理论梳理。

叶适的政治道德观是行实德,将仁义道德落实在民利上。叶适认为,仁义道德当落实到"民利"上,"本仁义而周民利"(《习学记言序目》卷十四)。他说:"仁者,人之所以为实也,不求仁而失其所以为人,求仁而不得其所以仁,不可以止也。"仁之"实"即"就其民而利之"的行为。所谓"实德"乃以老百姓的利益为核心,因为道德不是抽象的,而是体现于人的行为上。⑰

叶适的历史观是整理历史,借古治今。南宋浙江学派的学者非常重视史学的研究,而其研究的目的则是"治今"。叶适曾说过:"永嘉之学,必弥纶以通世变者,薛(季宣)经其始而陈(傅良)纬其终也。"⑱陈傅良曾对薛季宣这样评论说:"公自六经之外,历代史、天官、地理、兵、刑、农,末至于隐书小说,靡不搜研采获,不以百代故废,尤辽于古封建、井田、分遂、司马之制,务通于今。"⑲这说明薛季宣注意从经史百家之分中探索出"务通于今"的经验教训。⑳

叶适的教育观是取士而用,必先养之。叶适总结了我国古代培养人才

的经验,指出:"天下之物,养之者必取之。"[21]"古者将欲取士而用之,则必先养之。故族、党、州、乡皆为之学,在诸侯者达于国学,在天子者达于太学。"[22]培养造就这种人才的重要途径,就是办好教育。[23]

叶适的经济观是斥"厚本抑末",赞通商惠工。叶适于《史记·平准书》按曰:"《书》'懋迁有无化居',周'讥而不征',春秋'通商惠工',皆以国家之力扶持商贾,流通货币……夫四民交致其用,而后治化兴。抑末厚本,非正论也。"[24]这是叶适对封建社会"重义轻利"等伦理观念与经济思想进行质疑。他认为,"抑末厚本"是"非正论"的,春秋以前不仅不"抑末",反而是提倡"通商惠工"的。[25]

杨晨的很多观点就脱胎于此,他的一生也在践行着这些观点,无论从他的思想还是行为来看,他都是一个完完全全的永嘉学派的继承和发扬者。

第一,杨晨注重对老百姓行实德。他是御史,主要工作就是对国家的方针大计提出自己的意见。他所上奏折中的主要内容,很大一部分是谈民生的。他的《崇雅堂稿》卷一是精选的十篇奏疏,几乎都是要求对老百姓行实德的。

《请禁预征滥刑疏》第一句就是"民为邦本,政在养民。治乱之由其端甚微,要在得民心而已"[26]。他的《为台州水灾请振疏》,更是直接为台州百姓谋福利:"是年杭嘉湖各府水灾均重,浙抚奏请懿旨颁发帑银十万赈恤,既而奏给三府贫民未及吾郡。乃为此奏。查勘后,奉特旨分给台府银一万两,买米赈荒。"[27]浙江巡抚奉旨赈灾,台州没有分到银钱,杨晨再上奏折,为台州争取到了一万两的救灾款。

在《请减卫屯钱粮疏》中,他指出:"惟事在减赋之后,偏远未及周知,各卫蠹胥仍多按照旧额征收,报解外悉充私囊。"[28]优惠政策没有传达到偏远百姓,他们没有得到实利,因此要求各知府严肃核查,落实政策,同时为了减轻百姓负担,还要裁撤冗兵,奏减军粮。

第二,杨晨注重整理历史。杨晨参与主撰、参编的历史著作不少:光绪十四年(1888)撰修过《定兴县志》,光绪二十四年(1898)参与过《临海县志》的编撰,光绪三十年(1904),他编撰的《三国会要》出版。1913年他开始创作《路桥志略》,并于1915年定稿出版。这些都是在整理一个朝代或一个地方的历史。

杨晨整理历史,固然是为了记载沿革,保存史实,但更重要的目的是借古鉴今、古为今用。

他这样写道:"闻之师曰:'历代史书,莫尚乎志,因革损益,朝章系焉'。"[29]史书中最重要的是志书,因为根据它可革除弊端,增加有益的措施,这是关系到当今朝廷规章制度的大事。这种整理历史所带来的众多好处,他在《路桥志略》中写得更加清楚:"草创成编,略存规劝,所愿孝友睦姻,书之党正,德行道艺,考之乡师,则不独康成表通德之乡,中郎碑库里之社,为千古之美谈也。兴利而除弊,务实而去伪,又吾党所矜矜也。"他认为,好的志书,从小的方面来讲,能"孝友睦姻",能"德行道艺";从大的方面来讲,能"康成表通德之乡,中郎碑库里之社",成为千古美谈;对当今社会而言,可以起到兴利除弊、务实去伪的作用。

第三,杨晨也非常重视发展教育,他的教育真正做到了"取士而用,必先养之"。

他十分重视教育,充分意识到教育对国家兴盛的重要性:"当群言淆乱之时,以大道昌明为志,非学校无以修其教。"[30]当国家面临危急之时,尤其要把昌明大道作为首要任务,而学校承担了这种重任,没有学校就无法实施这种教化。在《三学书院记》中,他再次阐明自己的教育观:"顾尝窃念,政治之隆替视人才之盛衰,而人才之盛衰实由学业之兴废。"政治的隆兴靠人才,人才靠教育。

杨晨热心捐资助学。"纵观杨晨一生,他独办、参办或助办各类学校十余所。大略统计了一下,杨晨独办的学校有:文达小学,河西小学,高桥小学,二徐祠私塾,鉴湖桑蚕学校;他参办的有文达书院,筠美学校,椒江实业学堂;他助办的四仓小学,赤城公学;此外,杨晨还参与创立了教育辅助机构,像路桥宾兴祠,明文祠等。"[31]这也符合杨晨的一贯主张——要多办学校,只有学校多了,才能养成更多的人才。

杨晨所提倡的教育不仅仅是儒家的修身养德,他还非常重视发展各级各类职业教育,教给百姓各种实学,培养他们从事实业的才能。

他认为西方国家"凡天文之地舆、算法、兵、农、技艺之属莫不设为专科……国之富强殆由于此"[32]。他所创建参办的学校中就有"鉴湖桑蚕学校""椒江实业学堂",这就是专门培养实业人才的专科学校。

杨晨办学,是真正做到了"取士而用,必先养之"。他既用正统的思想培养学生,他也用专业技术培养他们,使学子们拥有从事实际工作的技能,这是对叶适教育观的直接继承。

第四,杨晨大力提倡通商惠工,发展实业。中国封建社会历来有"重义轻利"和"厚本抑末"的伦理观念和经济思想。生活在东南沿海商品经济比较发达地区的杨晨,对此提出了不同的看法,阐发了适应商品经济发展需要的一些新观念。"为商务宜兴,冗费宜除,以策富强而裕国计事。"[33]杨晨不认为重视利益会有损社会道德,反而认为发展商务是使国家富裕强盛的大事。他也不认为为了"厚本"而需要"抑末",两者之间不但不互相排斥,反而应该是共同发展的。"士农工商,谓之四民。四民安业,则天下治。"只有四民都安心自己的职业,才能达到天下大治的繁荣局面。

在他进献给光绪皇帝的《裕国计疏》中,为了达到为国家财政开源的目的,他还具体指出了要发展哪些重要的工商业:"铁路为通商惠工要务。""如开矿一事,既许四川商民开采,各省五金煤矿甚多,应并招商开办。""轮船一事。未通商各海口皆许。……内地江河皆许。""机器一事。如缫丝织布制造轮船各种货物,皆许集资立局开办畅销。""如能创造新式或仿洋货外销,量予奖励。"[34]

他在《裕国计疏》中指出了发展工商业的具体措施。厘捐繁多,层层抽捐,不利此类工商业的发展;官督商办,往往造成官员欺压商人的事实,以致招不来股份。应该由国家有关部门议定章程,只准许照章抽捐,政府官员要为商民保驾护航,不准多抽捐税。"如此破除积弊,实惠工商,必于国计民生两有裨益。"[35]

杨晨也身体力行,大力发展工商业。他从官场告退之后,转而投身实业。光绪二十三年(1897),杨晨和当地几名富商共同集资入股,成立了"越东轮船公司",杨晨任总办,先后购买了三艘轮船,开辟了台州到宁波、台州到上海、台州到温州等多条航线,既方便了当地群众,也有力地抵制了帝国主义的经济侵略,发展壮大了民族航运业。1914年十月,杨晨以七十岁的高龄参与了海门振市公司的创建,他和其他创建者共同出资从法国天主教手中收回了海门轮埠,建造了振市第一、二、三浮码头,发展了房地产业,月总收入达到1 200万元,对海门的商业繁荣起了促进作用。杨晨还教当地百姓在鉴洋湖堤上种桑养蚕,准备发展纺织业,后来参股了朱劼成和王仲淮在黄岩成立的东兴织布公司。光绪三十三年(1907)正月,他还亲自到玉环楚门探视砒山矿苗,可能准备开办采矿企业。他还关注民族的铁路运输业,他说:"中国欲造铁路,须自己集款,若借外债或与外人合办,恐路成而国亦随之亡矣。"㊱

永嘉学派强调功利,注重事功。杨晨在官场上做不出事功,转而希望在实业上做出一番事功。杨晨亲自参与各种工商实业活动,正是深受永嘉学派思想影响的结果。

杨晨生在台州,与温州相距不过 100 千米左右,地缘相近;台州、温州都属沿海,都是最早接受资本主义启蒙的地区,商品经济最早得到发展,经济形势相似;而杨晨与晚清永嘉学派核心人物或为亲戚,或为师友,来往接触多,学术交流频繁。相似的历史条件,相近相亲的良好关系,杨晨继承、发展并践行永嘉学派学说也是自然而然的事。

参考文献

① 黄宗羲著、全祖望补修:《宋元学案·水心学案》,中华书局,1989 年,第 625 页。
②④ 周梦江:《叶适与永嘉学派》,浙江古籍出版社,2005 年,第 298—300、167 页。
③《宋史》,中华书局,1977 年,第 3635 页。
⑤ 宋恕:《外舅夫子瑞安孙止庵先生八十寿诗序》,《孙锵鸣集》下,上海社会科学院出版社,2003 年,第 696 页。
⑥⑩ 杨晨:《河西杨氏家谱(下)·月河渔隐自订年谱》,黄岩杨氏崇雅堂丛书,民国铅印本,第 85 页。
⑦ 杨晨、杨绍翰:《路桥志略》,线装书局,2009 年,第 169 页。
⑧ 吴子良:《荆溪林下偶谈》卷二,钦定四库全书·集部·诗文评类。
⑨㉛ 彭武胜:《御史杨晨》,研究出版社,2021 年,第 253、180 页。
⑪⑫ 杨晨、杨绍翰:《路桥志略·叙地》,线装书局,2009 年,第 23、44 页。
⑬ 杨晨、杨绍翰:《路桥志略·叙人》,线装书局,2009 年,第 65 页。
⑭ 杨晨、杨绍翰:《路桥志略·叙文上》,线装书局,2009 年,第 104 页。
⑮ 杨晨:《崇雅堂稿·答孙仲容书》,黄岩杨氏崇雅堂丛书,民国铅印本,第 67 页。
⑯ 黄宗羲著、全祖望补修:《宋元学案·艮斋学案》,中华书局,1989 年,第 608 页。
⑰⑳ 潘富恩:《论叶适与浙江学派的事功之学》,光明日报出版社,2000 年,第 29 页。
⑱《叶适集》,中华书局,1961 年,第 178 页。
⑲ 陈傅良:《右奉议郎新权发遣常州借紫薛公行状》,四部丛刊集部《止斋文集》,上海涵芬楼借印,明弘治刊本板,第八册,第 51 卷行状,第 71 页,吴兴刘氏嘉业堂藏。

㉑㉒ 叶适:《进卷·士学》下,《叶适集》,中华书局,1961 年,第 676 页。
㉓ 王凤贤:《评叶适以功利主义为特点的伦理思想》,光明日报出版社,2000 年,第 297 页。
㉔ 叶适:《习学记言序目》上册,中华书局,1977 年,第 273 页。
㉕ 徐宏图:《南戏里的永嘉学派思想:通商惠工 性与道合》,《温州日报》2014 年 8 月 7 日。
㉖ 杨晨:《崇雅堂稿·请禁预征滥刑疏》,黄岩杨氏崇雅堂丛书,民国铅印本,第 1 页。
㉗ 杨晨:《崇雅堂稿·为台州水灾请振疏》,黄岩杨氏崇雅堂丛书,民国铅印本,第 10 页。
㉘ 杨晨:《崇雅堂稿·请减卫屯钱粮疏》,黄岩杨氏崇雅堂丛书,民国铅印本,第 9 页。
㉙ 杨晨:《三国会要·叙例》,中华书局,1956 年,第 1 页。
㉚ 杨晨:《崇雅堂疏稿续编·十月庚子筠美学堂释菜祝文》,民国石印本,第 25 页。
㉜ 杨晨:《崇雅堂稿·三学书院记》,黄岩杨氏崇雅堂丛书,民国铅印本,第 22 页。
㉝㉞㉟ 杨晨:《崇雅堂稿·裕国计疏》,黄岩杨氏崇雅堂丛书,民国铅印本,第 16 页。
㊱ 杨晨:《崇雅堂稿·徐兆章"编后记"》,黄岩杨氏崇雅堂丛书,民国铅印本,第 120 页。

永嘉学派对诗经学研究的贡献
——以叶适为中心

宋雪玲[*]

诗经学自汉至唐,基本上由《毛诗序》《毛传》《郑笺》以及《孔疏》所构建的汉学典范支配。进入两宋,在疑古惑经思潮的推动下,学者对待《诗经》不再盲从汉唐训诂之学,质疑订误成绩十分显著,不再迷信《诗序》,进一步承认了《诗经》文本自身的独立性,围绕着传统诗经学命题如《诗序》、删诗说、正变、淫诗、"六义"等进行了多元阐释,促进了诗经学的宋代革新。宋代诗经学呈现了与汉唐义疏风格迥异的研究风貌,一般认为是可以和汉唐诗经学和清代诗经学并提的一个重要研究高峰。

以叶适为代表的南宋永嘉学派,在诗经学领域亦有涉及,虽然他们很少有诗经学研究的专门著作,在璀璨夺目的宋代诗经学史上很难被注意,但是对宋代诗经学的重要论题如尊序与废序之争、对"孔子删诗说"的讨论,等等,永嘉学者都有参与;在经说理念、具体的解经方法和具体的问题上,永嘉学者不盲从权威、不随时翻覆,皆有自己鲜明的观点,以下分别论之。

一、永嘉学者对《诗序》的态度

南宋之初,延续北宋欧阳修与二程的争论,诗经学领域存在着宗《序》和废《序》之争,对《诗序》的接受度是观察宋代学者解释立场的一个重要指标。南宋前期以范处义《诗补传》和郑樵《诗辩妄》为代表;继之而起的是吕祖谦

---
[*] 宋雪玲,浙江省社会科学院文化研究所副所长、副研究员。

和朱熹的争论,朱熹由信《序》、疑《序》转变为废《序》,其思想经历了一个动态变化的过程;吕祖谦尊重诗《序》,重视前人的传注训诂。南宋初期的这些论争都对永嘉学派产生了较大的影响。

叶适(1150—1223),字正则,自号水心居士,浙江永嘉人。叶适是南宋永嘉学派的代表人物,在思想史和文学史上都有颇高的建树,《习学记言序目》是叶适的读书札记,体例自由,篇章短小,蕴含了叶适对政治、经济、历史、文学诸多方面的观点。《习学记言序目》卷六记载了叶适对《诗序》的看法,他说:

> 作诗者必有所指,故集诗者必有所系;无所系,无以诗为也。其余随文发明,或记本事,或释诗意,皆在秦汉之前,虽浅深不能尽当,读诗者以其时考之,以其义断之,惟是之从可也。专溺旧文,因而推衍,固不能得诗意;欲尽去本序,自为之说,失诗意愈多矣。①

叶适认为,无论是作诗者还是集诗者,即无论是作者还是选家,都应"有所指""有所系",即一个标准。在这个问题上,叶适大体上可以归为"尊序派",但是叶适对《诗序》又不是一概地肯定或否定,而是认为《诗序》中具体的诗意发明、字词解释,在秦汉之前,固然有不"尽当"之处,后世学者可以择善而从;但对《诗序》一概遵从,可能无法获知诗意,而如果抛弃《诗序》,那就会谬以千里。

永嘉学派的另一位代表人物陈傅良,大致也可以归于"尊序"一派。陈傅良(1137—1203),字君举,号止斋,南宋瑞安人。他著有《诗解诂》,今已不传。蔡幼学《宝谟阁待制致仕赠通议大夫陈公行状》记载"公有《毛氏诗解诂》二十卷"。他的论诗观点与朱熹有较大的分歧,叶绍翁《四朝见闻录》载:

> 考亭先生晚注《毛诗》,尽去《序》文,以彤管为淫奔之具,以城阙为偷期之所。止斋陈氏得其说而病之,谓以千七百年女史之彤管与三代之学校,以为淫奔之具、偷期之所,窃有所未安。独藏其说,不与考亭先生辩。考亭微知其然,尝移书求其《诗说》。②

这段记载指出,陈傅良对朱熹弃《序》解《诗》、揭举"淫诗"说,提出了不同意见。朱熹《诗集传》认为,国风大多为"里巷歌谣之作,所谓男女相与咏歌,各言其情者也"。他解释《邶风·静女》曰:"此淫奔期会之诗也,彤管,未详何物,盖相赠以结殷勤之意耳。"解释《郑风·子衿》曰:"此亦淫奔之诗。"朱熹指称《诗经》中为"淫诗"的数量前无古人,其中数量最多的要数《郑风》和《卫风》,认为"郑卫之乐,皆为淫声"。但是朱熹想要与之论辩,陈傅良却"独藏其说",以相关论述只是"与门人为举子讲义"为由,回避与朱熹的争论。朱熹很重视不同的诗学意见,曾致信陈傅良,欲切磋《诗经》相关问题,期待能够听取陈傅良详陈己见,陈傅良《与朱元晦(一)》的书信中委婉地批评了朱熹这些年屡屡与人争辩的做法:"念长者前有长乐之争,后有临川之辩,他如永康往还,动数千言。更相切磋,未见其益。"③陈傅良认为朱熹此前与林栗、陆九渊等人的论战动辄千言,却毫无增益之处,比较委婉地表达"不与争论"的意思。在《与朱元晦(二)》的回信则更为直接:

　　……来征《诗说》,甚何□包,所见何稿? 岂乡时聚徒所为讲义之类,则削稿久矣。年来时时讽诵,偶有兴发,或与士友言之,未尝落笔,诚有之,当与长者有隐耶? 区区愚见,但以雅颂之音,箫勺群慝,训故章句,付之诸生。④

这里陈傅良几乎是以"自贬"的姿态,回避了与朱熹的争论。清人夏炘因此认为陈傅良"傲然自大",有"不可一世之概";"其不欲与朱熹辩,乃不屑辩也"。⑤
另,陈傅良《答张端士弟第三书》云:

　　《毛氏诗传》泄汩有年,久欲为发明之,因附己见其下,且以补《吕塾》之缺。自今夏落笔,近缘过客,废矣,未期其成就也。有暇见过,略观纲目为佳。⑥

又《答张端士弟第四书》曰:

　　《诗说》尽《豳风》,《雅》《颂》亦未落笔,此书又看天命如何耳。⑦

可见,陈傅良大致是恪守《诗序》的,而且确实著有专门的诗经学著作,《答张端士弟第四书》似乎作于其卒年,可见陈氏很重视自己的诗经学研究,惜乎这些著作今均已不存。在思想上他与朱熹多有不合,在学术上的彼此误解也比较深,但是朱熹诗经学的诸多观点,对永嘉学者产生了影响。永嘉学者也实际上参与了论争,今天我们未见陈傅良关于《诗经》的专门论述,但是陈、朱二人此次沟通,有文字确载,证明了陈傅良确曾对朱熹的"淫诗说"提出过不同意见,并且在当时有专门的诗经学著作,且引起了朱熹的注意。

戴溪(1144—1216),字肖望,或作少望,号岷隐,学者称岷隐先生,浙江永嘉人。戴溪的学术成绩很少被关注,目前除台湾学者黄忠慎《戴溪〈续吕氏家塾读诗记〉的解经特质及其在诗经学史上的地位》一文有专论外,目前比较重要的经学著作如皮锡瑞的《经学历史》、章权才的《宋明经学史》均未论及戴溪。淳熙五年(1178)戴溪夺得省试第一,之后屡任各部官职,升迁颇快。比较特殊的职位是开禧年间(1205—1208)担任太子詹事兼秘书监,曾为太子讲学。戴氏《续吕氏家塾读诗记》(以下简称《续读诗记》)是专门的诗经学著作。全书三卷,不列诗文,不录《诗序》,直接论述各诗,有学者认为此书的原始体式可能是讲章体。因《宋史·儒林传》云:"景献太子命溪讲《中庸》《大学》,溪辞以讲读,非詹事职,惧侵官。太子曰:'讲退便服说书,非公礼,毋嫌也。'复命类《易》《诗》《书》《春秋》《论语》《孟子》《资治通鉴》,各为说以进。"⑧这里也提到了《诗》,其讲稿或是《续读诗记》的雏形。《宋元学案》将其列入《止斋学案》,引《谢山札记》,还录其《诗说续》三卷,⑨根据书名推测可能也是诗经学著作,学者一般认为此书和《续读诗记》为同一著作,或认为《诗说》是《续读诗记》的前身。⑩关于诗《序》,陈振孙《直斋书录解题》评价戴溪:"自述己意,亦多不用小序。"⑪戴溪承认《诗序》的某些解释的确"有效",但是并不盲从。《诗序》在戴溪心目中并不具神圣性与权威性,最多只算是"一家之言",因此他对《诗序》采取的是择善而从,是一种具体问题具体分析的态度,并不全盘否定,更不立意攻讦。有学者指出,戴氏面对《诗序》的解释,比较能够接受的是作序者追寻诗意的用心,但是他不太认同作序者标明的历史时代,而是淡化历史背景,用一种更为宽广的视野来解释诗文。⑫戴氏《续读诗记》乃是续吕祖谦的《吕氏家塾读诗记》,吕氏是遵序派的代表,但是戴氏续作的内容与吕氏却缺少明显的连续性,可以作为一部独立的学术著作来对待。孙诒让评价戴溪:"其书虽云'赓续《吕记》',然体例与彼迥异,逐篇各自为说,不复胪列旧训,持论醇正,于枝言曲说芟除殆尽,而反复阐明,多得诗旨。"⑬"反复阐明",从文本出发,不泥守旧说,这是戴氏解诗的方式。从尊序的程度上说,戴溪甚至不及叶适,其共同点在于都能够跳出《诗序》的束缚和拘泥,将《诗经》的研究、阐释方向朝着更广阔的方向推进了一步。

二、永嘉学者对"孔子删诗说"的反驳

关于《诗经》的编订成书,历史上有广泛影响的"献诗""采诗"和孔子"删诗"之说。汉代司马迁提出孔子"删诗"说,《史记·孔子世家》:"古者《诗》三千余篇,及至孔子,去其重,趣可施于礼义,上采契,后稷,中述殷、周之盛,至幽、厉之缺。始于衽席,故曰:'《关雎》之乱以为风始,《鹿鸣》为小雅始,《文王》为大雅始,《清庙》为颂始。'三百五篇孔子皆弦歌之,以求合《韶》《武》雅颂之音。"⑭至唐孔颖达始明确质疑,其后学者或赞成或反对,至今仍争论不休。汉初儒生继承先秦儒家对《诗经》的看法,更明确指出所谓"圣人之道"就是"孔子之道",于是说《诗经》是由孔子选诗定篇的。宋代欧阳修《诗本义》遵从"孔子删诗说":"司马迁谓古诗三千余篇,孔子删之,存者三百。郑学之徒皆以迁说为谬言,古诗虽多,不容十分去九。以予考之,迁说然也。何以知之?今书传所载逸诗何可数焉,以图推之,有更十君而取其一篇者,又有二十余君而取其一篇者。由是言之,何啻乎三千诗?"欧阳修作为宋诗经学研究的重要人物,在"孔子删诗说"的问题上,旗帜鲜明地认可"孔子删诗说",但是其理由实在是牵强。

叶适《习学记言序目》中也直接涉及了这个问题,他说:

《史记》"古诗三千余篇,孔子取三百篇",孔安国亦言"删诗为三百篇"。按诗,周及诸侯用为乐章,今载于左氏者,皆史官先所采定,就有逸诗,殊少矣,疑不待孔子而后删十取一也。又《论语》称"诗三百",本谓古人已具之诗,不应指其自删者言之也。余于《尚书》,既辨百篇非出于孔氏,复疑诗不因孔氏而后删,非故异于诸儒也,盖将推孔氏之学于

古圣贤者求之,视后世之学自孔氏而始者则为有间,亦次第之义当然尔。[15]

一般来说,学者根据《史记》记载"古诗三千余篇,孔子取三百篇",基本认为《诗》是孔子删定的。叶适认为,诗是"周及诸侯用为乐章""今载于左氏者,皆史官先所采定",没有入选的诗又得以流传的情况很少。因此似乎不能说是孔子删定的,而且《论语》中已经记载了孔子自己提到"诗三百"了——这应该是孔子在提及古人的《诗》,而不是自己删定的《诗》。由此可见《诗》不是孔子删定的。接着叶适又举出《尚书》的例子加以佐证,既然《尚书》也有百篇不出于孔子,那么也可以合理地怀疑《诗》也是这样,所以不认同"孔子删诗说"。叶适申明自己不是故意要与其他诸儒"唱反调",不是故意标榜不同,而是因为把孔子之学和古圣贤的学说放在一起考量,这和那些将孔子视为古圣贤学说之起点的人,还是有区别的。叶适有理有据地表明了自己的观点,他反对"孔子删诗说",但是与欧阳修所谓"今书传所载逸诗何可数焉,以图推之,有更十君而取其一篇者,又有二十余君而取其一篇者"这样敷衍的理由相比较,确实更为稳妥一些。当然,欧阳修认同"孔子删诗说",是其诗经学的逻辑起点,这是另外一个问题。

三、永嘉学者对《诗经》的多元阐释

宋代诗经学还有一个明显的特色,就是呈现了浓厚的理学化倾向。《国风》中的男女表露心迹、私约期会的作品,汉唐学者将这些打上"淫奔"的烙印,到了宋代,这些诗篇被直接视为"淫诗",显示了理学化的色彩。二程、张载、欧阳修、朱熹等重要学者论诗,都反映出了不同的理学化的倾向,王柏提出"删淫诗"之说,更是将《诗经》阐释推向了理学的极端。永嘉学者在这样的学术氛围里,体现了讲求实证、具体分析的治学态度,以下选取薛季宣和叶适的部分诗经学论点加以说明。

(一)薛季宣的"反古诗说""诗性情说"

薛季宣(1134—1173),字士龙,号艮斋,学者称艮斋先生,南宋永嘉人。他是永嘉学派的代表人物之一和永嘉学派制度新学的开创者,对永嘉学派的形成有很大的贡献。叶适评价薛季宣曰:"永嘉之学,必弥纶以通世变者,薛经其始而陈纬其终也。"[16]四库馆臣称其"学问淹雅,持论明晰,考古详核,立说精确,卓然自成一家"[17],对薛季宣在永嘉学派的形成及其学术贡献都给予了很高的评价。薛季宣《浪语集》载其《序〈反古诗说〉》《书〈诗性情说〉后》两篇,集中表现了薛季宣的诗经学思想。朱彝尊《经义考》亦存薛季宣《反古诗说》条目,并录《序〈反古诗说〉》,却未录其《书〈诗性情说〉后》,清人孙诒让认为可能是因为朱氏所见并非《浪语集》全本。[18]由于原作已佚,难见其诗经学思想全貌,但是我们从这两则序文里,亦可知薛季宣的主要观点。

一般认为薛季宣在文学上为"复古派",但又不是单纯的复古,而重视"今",指出古今在"性情"上的相通之处。其《序〈反古诗说〉》专宗《小序》:

人之性情古犹今也,可以今不如古乎,求之于心,本之于序,是犹古之道也。先儒于此何加焉?弃序而概之先儒,宜今之不如古也。反古之说于是以戾然,则反古之道又何疑为?庄姜之诗不云乎:"我思古人,实获我心。"言志同也。志同而事一,则古今一道尔。天命之谓性,庸有二理哉?是则反古诗说未为戾已。《记》有之曰:"人莫不知苗之硕,莫知子之恶。"言蔽物也。有已而蔽于物,则古之性情与今、先儒之说,未知其孰通?信能复性之初,得心之正,豁蔽以明物,因《诗》以求《序》则反古之说,其殆庶几乎?[19]

其《书〈诗性情说〉后》云:

夫人者中和之萃,性情之所钟也,遂古方来,其道一而已矣。修其性,见其情,振古如斯,何反古之云说。项规吾过,不亦宜乎!更以性情名篇,而书其后曰:情生乎性,性本于天。凡人之情,乐得其欲,六情之发,是皆原于天性者也。先王有礼乐仁义养之于内,庆赏刑威笃之于外,君子各得其性,小人各得其欲。……雅颂之作,不过写心戒劝,告厥成功而已。后王灭德,而后怨慕兴焉。……于《诗》,豳颂雅南皆是物也。言之不足,至于形容歌咏,有不可以单浅求者,此《二南》之风为先王之高旨。上失其道,监谤既设,道路以目,雅风世变,触物见志,往往托之鸟兽草木虫鱼,有为为之也。其发乎情止乎礼义,吟咏以讽,怨慕之道存焉。……周士赋诗见意,骚人远取诸物,汉之乐府托闺情以语君臣之际,流风余俗犹有存者。诗家之说,变风变雅,一诸雅正。……用情正性,古犹今也,然则反古之说,未若性情之近也。曰性情说,古人其舍诸![20]

这则材料指出了《诗反古说》"更以性情名篇"的过程,可见其与《诗性情说》乃同一著作,只是更名而已。作者的思想观点与前亦略有出入,《序〈反古诗说〉》应作于《书〈诗性情说〉后》之前,作者的思想倾向也有所改变,后者几乎可以认为是对前者的"自我否定"。前者重在"崇古""返古",以复古为重;后者重在"性情",认为古今相通。他认为,《诗》之"豳颂雅南"皆是抒发性情的"怨慕"之作,可为后世文学继承,体现了比较通达的诗学观点。可见薛季宣对《诗经》的理解,正如四库馆臣所说,"不必依傍儒仙余绪,而立说精确",考训经典,皆有自己的见解。他对文学的态度,对《诗经》的态度,显示了与当时一般理学家不同的通达和包容的态度。

(二)叶适对若干传统诗经学问题的检讨

1. 淫诗说

关于"淫诗说",叶适在其《习学记言序目》中有一段关于《雄雉》《匏有苦叶》二首的解释比较值得关注。

《序》:"雄雉,卫宣公淫乱不恤国事,大夫久役,男女怨旷,国人患之。""匏有苦叶,公与夫人并为淫乱。"按卫宣公及夫人淫乱,史家具之矣。然历考诸诗,凡刺怨旷,刺淫乱,必直指事实,未有泛为微词以示其意者也。今系之以刺而已,而继之者必曰淫乱,是徒以宣公之事实之尔,非是诗之本然也。二篇风寄深远,指意正平,惜乎以淫乱没之也,故别为解:

初章言雉飞扬自适,而我怀抱不舒,曾是雉之不若也;言自诒者,诗人自叹其不遇而不以怨其君也。次不特自叹,又为众君子之不遇者惜之也。又次思见是君子而不可得也。卒章厉之以自安于靖退而无所忮,自甘于穷约而无所求,则何为而不可也。可谓能知义且知命矣。孔

子美"山梁雌雉,时哉时哉",而以是诗为男女怨旷欤?(《雄雉》)

"匏有苦叶",不可食也;"济有深涉",不可不渡也;深则当厉,浅则当揭,各惟其宜也。济虽盈,不可使濡轨;雉之鸣,自求其牡也;雁之鸣,日始旦也;士归妻,及冰未泮也;舟之招招,岂以人涉而我亦涉乎?我之不涉,盖有故也。物情之不齐,事会之有由,不可以一律求,不可以一端尽。泛而观之,反而推之,是诗也,可谓明理而达变矣。立乎乱世而事昏主,应物不伦,揆事失当,上为国患,下为民病,徒可刺而不可谏也。(《匏有苦叶》)[21]

《诗序》认为二诗都是"刺淫乱",又以"丈夫久役、男女怨旷"点明此是妇人思念远戍丈夫的诗。朱熹《诗集传》:"妇人以其君子从役于外,故言雄雉于飞,舒绘自得如此,而我之所思者,乃从役于外,而自遗阻隔也。"[22]叶适认为此诗久被置于"刺淫乱"的解说怪圈,而淹没了其诗旨,认为"风寄深远",是时人作诗感慨不遇,最后"自甘于穷约而无所求……可谓能知义且知命矣"。他进一步指出,孔子和子路在山间行走,看到自由飞翔的母鸡,他感到山谷里的野鸡能够自由飞翔,自由落下,这是"得其时",暗指自己却不得其时,东奔西走,却没有获得普遍响应。孔子当时的感慨,也正是自己不得其时,不遇明君,所以所咏之物有一定的关联,这就跳出了"淫诗说"的束缚,可备一说。《匏有苦叶》一诗,叶适的解释也跳出了历来解诗者关于"女子等候情人"之说,而是从诗中描写进一步引申出事物的普遍规律——"物情之不齐,事会之有由,不可以一律求,不可以一端尽",亦可备一说。这也进一步表明,叶适虽然整体上承认《诗序》的价值,但在具体问题上对《诗序》的接受度,是有限的,是具体的。

同样是关于"淫诗说",永嘉学者戴溪说《邶风·燕燕》"睹物兴怀,人情然也。相勉以正,非贤者不能也";说《鄘风·桑中》"惟郑与卫多淫风,《桑中》《溱洧》是也,古人所以恶郑卫之声,有以也夫……今之乐府,道闺阃之情,未必有是事也,《桑中》之诗亦然"[23],则体现了秉承着"古今之情一也"的原则,以人情来衡量和重新释义,这种解诗方法有一定的道理,但是也有其弊端。

2. 正变说

"正变说"是《诗经》学的重要命题,《毛诗序》最先提出了"变风""变雅"

的概念,并将区分正、变的标准锁定为时代政治盛衰。朱熹虽有废序的主张,却未对"正变说"进行根本性的质疑,反而发展了相关说法。叶适也论及"变风"问题:

> 言诗者自邶鄘而下皆为变风,其正者二南而已。二南,王者所以正天下,教则当然,未必其风之然也。《行露》之不从,《野有死麕》之恶,虽正于此而变于彼矣。若是,则诗无非变,将何以存?季札听诗论其得失,未尝及变,孔子教小子以可群可怨,亦未尝及变。夫为言之旨,其发也殊,要以归于正尔。美而非谄,刺而非讦,怨而非愤,哀而非私,何不正之有!后之学诗者,不顺其义之所出而于情性轻别之,不极其志之所至而于正变强分之,守虚会而迷实得,以薄意而疑雅言,则有蔽而无获矣。二南以家道为风,自后妃、王女、夫人、大夫妻、士庶妾媵,皆备着之,以明其若是者,风之正也。其妻能若是,则其夫子可知也已。[24]

叶适反对机械地以时代王朝治乱作为正变分类依据,反对固化地把时代与诗风相联系。认为应从诗意、文本出发,认为"美而非谄,刺而非讦,怨而非愤,哀而非私"的作品,也可以视为"正"。后世学诗者,以正变说强分作品,"有蔽而无获",是得不偿失的。叶适对单纯强调时代外因的传统"正变说"有了一定的改良与突破,体现了对传统"正变说"的继承和超越。

3. 具体篇章的诗意理解

《雅》一般认为是为朝廷礼乐政事而作,叶适通过具体篇章的考察指出:

> 雅为朝廷礼乐政事而作,今考《南陔》《白华》《何人斯》《蓼莪》《无将大车》《都人士》《采绿》《緜蛮》,往往其人自言一身及一家之事,不必关朝廷。盖雅者,周人所为诗亦下兼风土,如豳人之风固上兼朝廷也。[25]

他通过诗意的考察,认为《南陔》《白华》《何人斯》《蓼莪》《无将大车》《都人士》《采绿》《緜蛮》,多是写个人一己悲欢,而不是事关朝廷国家大事,作者的地位可能并不太高。叶适认为,周人作诗亦下"兼风土","豳人之风固上兼朝廷",并不是完全的非黑即白的关系。

再比如《召南·行露》一诗,诗意历来聚讼纷纭,《毛诗序》联系《甘棠》而理解为召伯之时,强暴之男不能欺凌贞女;宋人王柏《诗疑》断言是别诗断章错入。叶适评此诗曰:"行露,狱词也。"断语直截了当,叶适在纷纭的说法中,能够不被左右,提出自己鲜明的论断。

四、永嘉学者对诗经学研究的贡献

宋代理学的形成与盛行,推动着《诗经》学的发展,开始推动经学与文学双向互动的发展轨迹。种村和史说:"每个时代的诗经学固然是围绕着对前代学术的批判而形成的,但他们彼此间并非完全割裂,二世各自从其所批判和反拨的前代学术那里充分吸取了营养,融入了自己的学术之中。"㉖永嘉学者在众星璀璨、大家林立的宋代诗经学研究语境下,整体上呈现出不宗一派、从文本出发,以己意说诗的求真理念。后世学者往往依据宋人论争的主要命题,将诗经学者分为攻"序"和宗"序"派、革新派和守旧派。比如前此朱熹和吕祖谦的论争就是比较激烈的,他们立场明确,观点针锋相对。而永嘉学者在这样的学术氛围中却显得特立独行,我们很难简单地将叶适、陈傅良和戴溪等人归入某个阵营。陈傅良回避了与朱熹的争论,他们对《诗序》的态度,不盲从权威也不盲从《诗序》,将他们视为革新或者守旧似乎都不甚恰当,比如戴溪《续读诗记》就可被视为宋代诗经学新、旧两派争辩风潮下的融合作品。因此,永嘉学派的学者,在诗经学研究上,体现了论学论文追求独立思考、不随时翻覆、不盲从权威、超越所谓宗派、实事求是的学术精神。

《四库全书总目提要》说:"宋人学不逮古,而欲以识胜之,遂各以新意说《诗》。"大抵概括了宋诗经学的基本特征,且举出最流行的解《诗》方法:"盖文士之说《诗》,多求其意;讲学者之说《诗》,则务绳以理。"只论诗旨大意,不加训诂。当然,永嘉学派学者在研治诗经的过程中,也存在不少瑕疵。比如他们不重"训诂",而且不宗前人,在重大的训诂问题上出现了不少纰漏,有些甚至曲解伤害了诗意,带有很大的主观臆断的随意,由于知识的局限,有时缺少严谨性,这也是需要承认的。

参考文献

① ⑮ ㉑ ㉔ ㉕ 叶适:《习学记言序目》,中华书局,1977 年,第 61、61—62、65、64、62 页。

② 叶绍翁:《四朝闻见录》卷一,清乾隆文渊阁四库全书钞江苏巡抚采进本,第 63 页。

③ ④ ⑥ ⑦ 《陈傅良先生文集》,浙江大学出版社,1999 年,第 483、483、488、488 页。

⑤ 洪湛侯:《诗经学史》,中华书局,2002 年,第 361 页。

⑧ 《宋史》,中华书局,1977 年,第 12895 页。

⑨ 黄宗羲著、全祖望补修:《宋元学案》,中华书局,1986 年,第 1723 页。

⑩ 岷隐《诗说》,嘉定初应景献太子命所作,见《宋史》本传。万历《温州府志·艺文门》载其卷数与《续读诗记》同,则疑《诗记》乃就《诗说》稿本重为刊定者,惜《诗记》原序今已不存,无可考核也。(《经义考》不载《诗说》,盖朱氏意,亦以《诗记》《诗说》为一书。)黄忠慎以为"戴溪嗜读《吕氏家塾读诗记》,有感于《读诗记》在某些方面的犹有不足,于是他推出了《续读诗记》,而这本《续读诗记》有可能正是当年戴溪为太子讲授《诗经》的讲本之改订本"(黄忠慎:《戴溪〈续吕氏家塾读诗记〉的解经特质及其在诗经学史上的地位》,《东华汉学》2009 年第 9 期)。

⑪ 陈振孙:《直斋书录解题》,上海古籍出版社,1987 年,第 101 页。

⑫ 黄忠慎:《戴溪〈续吕氏家塾读诗记〉的解经特质及其在诗经学史上的地位》,《东华汉学》2009 年第 9 期。

⑬ ⑱ 孙诒让:《温州经籍志》,上海社会科学院出版社,2005 年,第 75、65 页。

⑭ 《史记》,中华书局,1959 年,第 1936 页。

⑯ 叶适:《水心集》,四部丛刊景明刻黑口本,第 153 页。

⑰ 纪昀:《四库全书总目提要》,河北人民出版社,2000 年,第 4127 页。

⑲ ⑳ 《薛季宣集》,上海社会科学院出版社,2003 年,第 431、360 页。

㉒ 朱熹:《诗集传》,上海古籍出版社,1987 年,第 14 页。

㉓ 戴溪:《续吕氏家塾读诗记》,丛书集成初编本,第 12 页。

㉖ [日]种村和史:《宋代〈诗经〉学的继承与演变》,上海古籍出版社,2017 年,第 28 页。

刘绍宽的科举人生及转向

——从情感史的视角分析

王 配[*]

刘绍宽(1867—1942),字次饶,号厚庄。浙江温州平阳人。他毕生致力于发展近代浙江温州的教育和文化事业,是该地区著名的教育家、文史学者、社会活动者。本文以近代大变革时代为背景,基于刘绍宽的日记、文钞、诗钞、诗文续集、地方文史资料、县志、纪念文集等史料,从情感史的视角,运用叙述式的语言,从人物所经历事情的历史脉络,来呈现刘绍宽参加科考、为学治学、思想转变、教育实践等方面背后的情感变化。

一、厌"无用之学":"不在乎戋戋之科举"

刘绍宽,生于1867年。这一年距离科举考试制度被正式废除(1905)只有38年,这也注定了他与科举制度缘分的时限。此时的大清国,已经历经了两次鸦片战争,在各国列强的侵略下,国门被迫打开,中国此后便开启了一个动荡、变革、转型的新时局。但这似乎并没有给地方老百姓造成多大的影响,农耕社会依然如旧,广大读书人也依然如从前一样,启蒙受学,学习"四书五经",通过治举业为学以入仕途。刘绍宽亦如其他的读书人,六岁启蒙,至十七岁中秀才,十多年来皆是埋头于这一类的学问。而不得不说他是一个幸运者,早早就迈入了进身之阶的门槛,当然也与他自身的勤勉与天赋等有关联。但那个时代很多读书人,也许努力了一辈子都没能入得了这个门。

---

[*] 王配,教育学博士,现任职于杭州师范大学经亨颐教育学院、中国教育现代化研究院。

由于家庭情况比较特殊,其家里只有一位寡母,又不甚宽裕,刘绍宽二十岁即开始从事坐馆授徒之业,以求得自立。其寡母"始色喜,以为汝能自立,吾无忧矣"①。可见其母亲对他很是放心。刘绍宽对于一边授徒、一边自学备科考的生活,亦感到知足。但近代的大环境已经悄悄地改变了一些人,而处于青少年时期的刘绍宽又因缘际会地与这些先行者相遇相知,从而他的人生轨迹亦发生着变化。这虽不是立马激烈地转变,却埋下了一颗亟待萌芽的种子。

最早改变刘绍宽人生转向的人,当属其师,名金晦。民国《平阳县志》载:

> 金晦,原名鸣昌,字志曾,一字稚莲,号遯斋,瑞安人。少有志操,矜名节,慎交游,严取与,习经史、古文词,兼通训诂、家言。壮岁以后慨世多故,益留心经世之务。凡天算地舆、兵谋武备、掌故律例诸书,靡不讲求贯串。最服膺颜元、李塨之学,谓直接数千年君师学校之传。自中外通商后,各国政艺诸书渐多翻译,晦博览兼综,自信其学益坚。著有《治平述略》……大致溯源《周官》,而参以欧美政学,兼采会稽章学诚政教合一之说,而学为实学,用为实用,一以颜元为归。……时所与游者有瑞安许启畴、陈国桢、陈虬、陈黻宸、平阳宋衡辈十余人,皆慨然有经世志。②

光绪十四年(1888)正月,《刘绍宽日记》载:"与杨子闿、春波同谒见金先生(本年同从学金稚莲师)。"③"戊子之岁,夫子设教吾平,予与杨君子闿从之游。"④这一年刘绍宽二十二岁,思想未定型,视野待开阔,金晦的到来给他带来了革新的学风,刘绍宽深受其影响。金晦"讲求经济之学,尝为宽言:有清之儒,以顾亭林、黄梨洲、颜习斋三先生为大宗,而颜氏之学尤为醇正。顾其学躬行实践,学者恒苦之,近世通儒或比之墨翟"⑤。"瑞安金遯斋师授子闿及余以分治《诗》《礼》,兼倡颜习斋之学。"⑥

受金晦的教诲,刘绍宽从此亦倾向于经世致用之学,提倡躬行实践,从而也影响了其在授徒中偏向教学内容的实用性,即注重所教授知识的实学实用。同时,师金晦对他的初步影响,也奠定了刘绍宽以后的交往圈,如此后与被誉为"温州三杰"的陈虬、陈黻宸、宋衡的交往,进一步开阔了他的视野,将他从科举帖括之学中解放出来。

其学生王理孚回忆道:"先生自受金先生之教,即无意于举业。"⑦ 他的自传稿亦云:"是时局势日变,新学萌生,吾乡宋平子衡(即宋恕)在上海大倡广兴西学之说,黄源初(即庆澄)与之游,屡有信与稚师(金晦),师辄出以相示。于是知经世之务,不在乎戈戈之科举,而思想益为变迁。盖余自志学以来,至此始一转乎。"⑧

随着时局的发展变化,刘绍宽愈发觉得治举业之学无用。他先是从自身的角度表达了无意于科举,"自思素无经师世之才,徒欲博尺寸科名,以夸耀闾里,而先人咸已不在,谁为娱乐? 念及此,而利禄之心灰矣"⑨,后是直接批判了中国科举制度下的教育是"利禄之途开,士为仕而学,其不为士者,举为无教之民矣,即其为士者亦只以学戈利禄而已,而无所谓教育"。所以"欲讲真实有用之学问,而定教育之方针,决自废弃科举始"⑩。

二、喜"实用之学":"专肆力于有用之学"

刘绍宽一生言行皆以"实用"为准,倡导践行实学实用的学问。这些我们可以见之于他的为学、教学、办学的实践活动中。而追溯他喜"实用之学"的渊源,则是早年跟随金晦研习习斋之学所受到的影响。1888年他在日记中写道:"阅《颜氏学记》。金先生谓国初三大儒顾亭林、黄梨洲、颜习斋,而推习斋之学最切实有用,余于是始知有习斋之学。"⑪从学金晦使其始知有习斋之学,读颜氏著作,进而知道其所推崇的"实学"。习斋,即指颜元,是明末清初的教育家,颜李学派的创始人,提倡实学,主张教育应该培养文武兼备、经世致用的人才,反对、批判自汉以来重文轻实的教育传统,特别是宋明理学教育,主张以实学代替理学。国学大师钱穆关于颜习斋有高度评价:

> 习斋北方之学者也,早年为学,亦尝出入程朱陆王,笃信力行者有年,一日幡然悔悟,乃并宋明相传六百年理学,一壁推翻,其气魄之深沉,识解之毅决,盖有非南方学者如梨洲船山亭林诸人所及者。

> 以言夫近三百年学术思想之大师,习斋要为巨擘矣。岂仅于三百

年!上之为宋元明,其言心性义理,习斋一壁推倒;下之为有清一代,其言训诂考据,习斋亦一壁推倒。开二千年不能开之口,下二千年不敢下之笔。(王昆绳语,见《居业堂集》卷八《与塽梁仙来书》)遥遥斯世,"前不见古人,后不见来者,念天地之悠悠,独怆然而涕下",可以为习斋咏矣。⑫

金晦"最服膺颜元、李塨之学",一生研习颜氏之学,讲求实学实用,强调习行,并以此为宗旨教授其门下的弟子。《刘绍宽日记》记载求学时金晦师对其说:

> 稚师讲《论语》"君子怀德"章,谓怀德、怀土乃对待语。君子怀德不怀土,故千里从师求学,如孔门子游自吴来是也。小人则怀土不怀德,故不能远出求学矣。⑬

> 金稚莲师谓宽:"学问不患不实,惟患不阔大。须多读有用之书,境地自然宽阔。"宽病习礼家言,所得甚琐碎,曰:"读经须求其有用处,方无琐碎之病。若只讲求文义,便有是弊。"⑭

刘绍宽后面也认为实行对于书斋治学的重要性:"为文,必须读万卷书行万里路。太史公遍游名山大川,能绌金匮石室之书,故其文冠绝古今。试观乡曲老师宿儒,其于文致功非不深也,然无丰功伟业以实其纪载,无高文典册以闳其论议,所言皆家人筐箧物,其将何藉以传乎?"⑮他做事方面亦非常强调行动的重要性:

> 吾人作事,总在一步一步做将去,过则勿贰,失则补救。总在当前慎敏,自立于不败之地。随机肆应,自然四通八达,无挂无碍。若脱却目前之实地作为,而追咎已往,想望将来,犹之希望货殖之人,不去实地经营,徒诿咎于先无遗业,豫计后日之广营金穴,实则一场空话。点儿做不去,亦何益哉?⑯

1906年,他写道"求实用者,穷经之本"⑰,非常赞同研求经学应以实用为根本。习斋之学影响着刘绍宽一生的言行。在他的日记中多可见其以

"用"的标准来衡量做学问、修身、办理教育等。同时,他也以此为自己的行为准则,且以此教导自己的学生。1889年,他在日记中即开始反思学习与实际脱节的情况:

>瑞安孙太仆云,今人校考明堂,方向尺寸甚辨,然使之筑三间小厅,将茫然束手矣。泰顺周丽辰先生焕枢讥其乡人某,动言古音,而生长温州,且不能作温州通常语,此可见纸上研求,与实用多不相涉。池云珊先生名志澂,瑞安人,云:"吾读《逊学斋文集》,令吾不敢信叶水心、陈止斋为何等人物?"盖亦谓文行来能相符之故也。⑱

他认为,所学的知识要与实践相结合,才是真正有用的知识。"道理于心上悟出,于书中勘出,于口头说出,而不于行习间做出,终是虚悬无薄,此古人所以博学而近思,言顾行,行顾言也。"⑲强调"习行",认为"学问,书史上靠不住,言语上靠不住,记注上靠不住,静默上靠不住,惟于事为上熟思审处,诚诚实实忍耐做去,方靠得住"⑳。若是著书立说和做事对实际意义不大的话,则是无用的。"著书而无所发明,作事而无所补救,虽能醇谨不失,亦无用之流耳。无用,则书为废书、人为废人矣。"㉑1902年他进一步阐释了其实学、习行的观点:

>夫古人之书烂熟于胸,必身体力行,始触发而知其语之妙。设知之不熟,熟而不行,则终身与书背驰,昧然罔觉,其所诵之书,不过供口头空语耳。况所触发者,又未必即古人真谛。何以言之?汉唐以来,诸儒谈经说理,亦欲见之施行。自宋儒出,而其说尽变,然其说亦莫不根据印证于六经。至有明学开别派,其说又变,其说亦莫不根据印证于六经。至国朝实学一派,禅学一派,经学一派,说又数变,又莫不根据印证于六经。康、梁张三世之说,及近人骛泰西天演之学,亦未尝不可,反而印证于六经,则孔孟六经诸书真如世传之七巧图,任人如何凑合,皆可成式。然言孔孟立意真皆如是哉?亦后人牵就以附之耳。夫牵就古人以会其说,终于诬古而蔑古,曷若勿泥古训,径求实学之为得哉?㉒

他针对当时学习西方的大趋势,以所学要与实际紧密相连才为有用的标准指出:"购西书,讲西学,必须兼购仪器,联学会,随看随学,方有所得。否则纸上研求,徒资口耳涉猎之用,则不若勿购之为愈也。"[23]1895年,他注意到"文芸阁学士廷式请假修墓,回籍欲将豫章各书院分为数科,课以有用之学:一文学科,一政事科,一言语科,一格致科,一杂学科,一陆军科,一海军科"[24]。他将此视为中国学制变更之始,其中最重要的变化便是书院所教授内容与当时实际需要紧密相连。

1898年,他对于编订用作儿童学习识字的教材,亦发表了其实用主义的看法。他写道:"夜作致源初函,云:《训蒙捷径》一书,编次未协,且多挂漏,诚如序例所云。鄙意此种书,《凡将》《急就》已导先路,但当取其书,删却古奥无用之字,增人近今切用之字,仍以七字编成韵语,以便童蒙诵读。"[25]他认为,编订儿童用书时,应依据现实用字的情况,把古奥无用字删去,增添时人用字以贴合实际使用需要。

1899年,他认为,求实用学问的根本首先在于学问与主体自己的紧密联系。"一切学问必要出其自己见识,此为实在根本。凡学由自己悟出者,较之他人指授,尤为明澈。若心虽明,而口不能道,则所知之理,仍未详尽。"[26]1900年,他在读书时,还以实用为旨归,摘录其所读之书。他写道:"此年所定读书,遇有实用者,分类纂录,名曰《瞥录》,此法最好,惜不能常为之。"[27]1901年,面对当时趋向新学的大趋势,他还非常激烈地批判了顽固派代表倭仁:"倭公立身行己,原无可议,而不达时务,迂疏无用,致后人奉其学,终于误国,为可恨耳。"[28]

1903年,他以"实用"原则指摘治经史的方法而说道:"治中文之法,有以经史为经,事类为纬者,如读某史某经,得悉内容若干事。有以事类为经,经史为纬者,如习舆地,习掌故,习兵谋,习农田水利,而因读过某经某史。此二法者,以后一条为佳,如仅将某经某史挨部读过,而不分别事类以稽求之,则泛滥无主,看似无事不知,实则一事不知,甚无用也。"[29]

他十分强调学习的重要性,认为要学好,首先立志非常重要。1906年,他提出"立志者,有为之本"[30],不仅强调立志,而且强调学以致用:

物不自尽其责,不能自遂其生。人之生事益繁于物,而求尽其责更难,所以必须于学。学贵立志,谋生在业。学以扩其业,而立志所以策为学之力也。人之智力、精神、时日皆有限,惟择性之所近,与势之所急,确定其目的为一科之专门以求之。世之经营伟业者,不在泛滥,而在专精。学以求用,取书之精液而活用之,非取书之智识而死藏之。㉛

办教育,亦首先应该立定宗旨,才能有所造就:"凡任教育,总须立定惟一宗旨……教育不立宗旨,无全神以赴其目的之所在,则寻枝求叶,而本原未澈焉,乌睹其所造就也?"1909年,他的实用观点进一步与日常言行相结合,并且在反对"虚"的同时,使其所主张的"实"与更大的主题结合起来,上升到身心修养和国家社会的层面。他写道:"一日之间,必使言无虚发,目无虚视,耳无虚听,手无虚动,足无虚行。所发、所视、所听、所动、所行必期有益于身心,有济于社会。"㉜

他给学生出题考试,也都紧紧联系当时的形势,如《办理民教善后事宜议》《俄租旅顺英租威海卫德租胶州湾于中国前途之利害若何》《吾国东濒海军商要港半为外人侵占试确举而详论之》《问西藏为西徼屏藩筹边之策孔急今欲却悍英北上之师绝强俄南下之路固圉之方端在扼要能备述其边隅形势欤》。㉝他举办学生演说也紧贴当时时事,秉承"所议皆国家政要,令诸生知有国事,以动其爱国之心",如演说《西人公德致富强之由与兼筹效法之策》㉞《日俄开战如何结局?于中国将来大局当何如?》㉟,还组织学生预议与当时学校教育密切相关的"学制"问题。㊱

在生活中,他还反思了用费的实用原则:"今人购有用之物,如书籍器具等,银钱一圆五角,便觉歉然。若用之无益之事什百,于此且不觉,不知用之无益之一二,不若用之有益之十百。盖书籍器具等虽丢品有限,且其物有益于人,常存而可用。若无益之费,用之无著,而娱乐一过,了无存矣。能将无益之费施之有用,谓之善用财。"㊲甚至后来在经历图书馆事业之时,他也以此为董理的准则,指出:藏书无论新旧,只以有用为贵,物质之学日新月盛,而旧者即为新者之所迭嬗而出。其迭嬗之迹,即为历史之关系。以上,我们可见其实用思想已经渗透于他一生所从事事业的方方面面。

三、余 论

在传统文化教育的熏陶下成长起来的刘绍宽,六岁入私塾从杨琴舟师启蒙,年仅十七岁即以县试"案首"考取秀才,成为县学附生,可谓少年得志。但生长于那样的年代,科举给他带来荣耀,亦给他带来一生牵绊。他身上始终带有科举时代读书人的惯性,多次参加科举考试。

他一生参加的科考及结果有:1894 年赴省城应乡试,不第。1896 年参加"拔贡"选拔试,获拔贡名额。1897 年至杭州参加乡试,落第。1898 年赴京应拔贡朝考,保和殿复试后落第。1903 年往杭州应乡试,落选。他最终还是没有登顶科场,科举亦在 1905 年终结。科举废除后,还于 1910 年赴北京应举贡考试,依然未中选。

1930 年他回忆说:"此行后,无复有觚棱之可梦见矣。"㊳"觚棱"借指宫阙,又借指京城,意思是说再也没有机会赴京城应科考了。每个人都是时代的产物,刘绍宽亦不例外,科举制度深深地影响着他,使他不愿意放弃任何朝廷的考试,但这并不影响他在教育事业上的作为以及对当地教育发展所做的贡献。

参考文献

① 刘绍宽:《先妣事略》,《厚庄文钞》卷二,1919 年刊印本。
② 符璋、刘绍宽等:民国《平阳县志》,台湾成文出版社有限公司,1970 年,第 422—423 页。
③⑨⑩⑪⑬⑭⑯⑰⑱⑲⑳㉑㉒㉓㉔㉕㉖㉗㉘㉙㉚㉛㉜㉝㉞㉟㊱㊲㊳《刘绍宽日记》,中华书局,2018 年,第 3、135—136、367、7、4、84、390、428、14、21—22、193、47、328、94、123、179、235、312、318、344、428、448、345、362、350、483、525 页。
④⑤ 刘绍宽:《朱文学慕云传》,《厚庄文钞》卷二,1919 年刊印本。
⑥ 刘绍宽:《鲍竹君传》,《厚庄诗文续集》卷五,1937 年刊印本。
⑦ 《王理孚集》,上海社会科学院出版社,2006 年,第 174 页。
⑧ 林勇主编:《永怀集——刘绍宽纪念文集》,华东师范大学出版社,2001 年,第 294 页。
⑫ 钱穆:《中国近三百年学术史》,商务印书馆,1937 年,第 159、179 页。
⑮ 刘绍宽:《半霞居文稿序》,《厚庄诗文续集》卷三,1937 年刊印本。
㉜ 《刘绍宽日记》,第 367—368、488 页。
㉝ 《刘绍宽日记》,第 315、453、458、483 页。

陈傅良民生思想及其现代价值

王兴文　张志超[*]

一、陈傅良民生思想形成的背景

陈傅良,字君举,号止斋,后世又称他止斋先生,温州瑞安人。生于宋高宗绍兴七年(1137),逝于宋宁宗嘉泰三年(1203),享年六十七岁,是南宋前期著名学者、政治家、思想家、教育家。

陈傅良自幼家庭贫困,但在读书上却十分有天赋,早年以科举时文著称于世,后跟随薛季宣进行经制研究,为学注重经世致用,是南宋之际永嘉事功学派(也称"永嘉学派")的主要代表人物之一。陈傅良民生思想的形成与当时的社会情况有着密切联系。

(一)社会背景

靖康二年(1127),金朝军队攻入开封,掳走宋徽宗、宋钦宗两位皇帝以及后妃、皇室、贵族等三千多人,这一事件标志着北宋灭亡。随后不久,在这场亡国的战争中幸免于难的康王赵构在南京应天府称帝,国号仍旧为"宋",改元"建炎",历史上称之为南宋。

和北宋相比,南宋的国土面积缩小了一半左右,而且偏安江南,时刻面临着金朝军队的威胁,有被颠覆的危险。面对这种时刻有着亡国危险的严峻状况,南宋从皇帝到大臣,有着举棋不定的模棱两可态度。最终,以宋高宗为首的主和派占据了上风,采取了妥协投降的政策。孝宗即位之后有志

---

　　[*] 王兴文,温州大学人文学院历史系教授、硕士生导师;张志超,温州大学中国史专业硕士研究生毕业,现供职于中国石油陕西销售公司。

于恢复故国领土,于隆兴元年(1163)发动了北伐战争,但是出于主帅张浚的原因,失败而归,孝宗随后也灰心丧气,放弃了之前的想法。终南宋一朝,在对金的关系中整体上处于弱势地位,由金带来的外患危机始终不能消除。

除了政治上的严峻情况,"三冗"问题也成为困扰南宋政府的一大顽疾。"三冗"是指"冗官""冗兵""冗费",前两个是现象,后一个则是导致的结果。在北宋时期,政府一年的财政收入,百分之六七十都用在了军队的费用支出上,真正用到国计民生的费用却是少之又少。到了南宋,军队的费用支出更是占到了财政支出的百分之八十左右,它们已经成为南宋最大的经济负担。

虽然"三冗"问题突出,南宋统治者并未想加以改变,而只是想方设法搜刮民脂民膏,借以维护其统治和骄奢的生活,导致老百姓贫困不已。如陈傅良在《赴桂阳军拟奏事札子》中说:"大中祥符元年,三司奏立诸路岁额。熙宁新政,增额一倍。崇宁重修上供格,颁之天下,率一路增至十数倍,至今为额。其他杂敛,皆起熙宁,于是有免役钱、常平宽剩钱。至于元丰,则以坊场税钱、盐酒增价钱……凡十数色,合而为无额上供,至今为额。至于宣和,则以赡学钱、籴本钱、应奉司诸无名之敛,凡十数色,合而为经制,至今为额。至于绍兴,则又始以税契七分……凡二十余色,合为总制,至今为额。最后则以系省不细绳经制,有额无额上供、赡军、酒息等钱,钧拨为月桩,又至今为额。至所谓凑额……供给吏禄之类,令项起发者不可胜数。"

本来各路上缴给中央政府的岁额是固定的,但是每隔一段时间就会实行改革,就有新的政策实行,而经过改革,各路的岁额非但没有减轻,反而越来越重。这个最终也只能压倒在百姓身上,其结果就是国内矛盾扩大,统治危机日益加深。

(二)学术背景

陈傅良的民生思想首先来自儒家思想的传承。在春秋战国时期,儒家的民生思想理论逐渐形成了相对比较完整的体系。如在孔子时期,鲁哀公和子贡都曾问政于孔子,孔子告诉他们,要想维护好自己的地位,最重要的就是把百姓最关心的民生问题解决好,让百姓吃得饱、穿得暖。由此可见,在孔子的观念中,民生的问题不仅仅是重要的,更是紧迫的。

民生问题是传统儒家的重要问题之一,历朝历代政府和官员都十分重视。其主旨主要包含以下几个方面。

首先,民生是当政者最重要最紧急的事情。国家管理和运行的事务庞大而又繁杂,但只有民生是最紧迫、最紧急的事情,正因为如此,儒家常常将民生置于优先的位置来考虑和对待。

其次,民生是治国安邦最重要的前提。在任何时期任何朝代,百姓的安定都是整个社会稳定的基础。儒家认为现实的经济利益决定人们的意识,即所谓恒产决定恒心,没有恒产而有恒心者,只有士才能达到的境界,很明显,作为普通百姓,他们是很难达到这个思想境界的。

再次,政府的天职就是保证民生。按儒家的理解,天生民而树之君,"治人者"对人民负有无可推卸的政治义务和责任,要教民养民。用儒家的说法即"思天下之民匹夫匹妇有不被尧舜之泽者,若己推而内之沟中,其自任以天下之重如此"。意思就是,天下百姓之中,只要有一个人,没有被尧舜之道教化,他就要把这个重担挑在自己肩上。可见儒家对社会对人民有着很重的责任感。

最后,民生的好坏也是衡量一个统治者治理国家能力的重要标志。在儒家传统政治观念中,判定一个政权的善恶,一个社会的好坏,重要标准就是人民生活是否富足而安康。换句话说,一个人民安居乐业、人民富裕的社会,就是一个好社会,甚至是一个理想的社会,这样的社会不仅是一个王道乐土,更是王的开始。

陈傅良的民生思想除了受到传统文化的浸润,也受到他的老师薛季宣的深刻影响。

薛季宣(1134—1173),字士龙,又被称为艮斋先生,永嘉(今属浙江温州)人。薛季宣出身于一个官宦家庭,他父亲兄弟几人都在朝廷出任不同的官职。根据《右奉议郎新权发遣常州借紫薛公行状》记载,薛季宣传承了袁溉等人的学术思想,为其事功思想奠定了基础。

陈傅良本来在温州城南以教授学生科举考试的时文为业,借以谋求衣食之资。在遇到薛季宣之后才转而致力于古代经制的研究。"我昔自喜,壁立倚天,见兄梅潭,忽若坠渊"就描述了陈傅良见到薛季宣之后对其学识、思想一见倾心的感触。陈傅良跟随薛季宣学习以前朝代的治国制度,其目的就是要通过对古代政治体制与当时的时代背景之间的关系进行研究,借鉴古代的典章制度而为南宋所面临的现实政治问题的寻找出路,同时借对古代经制的研究而制定出切合于南宋的治国方略,而增进百姓福祉,在全社会实现普遍性的福利。

陈傅良继承了薛季宣主张治国务为民利,反对与民争利,强调义、利统一的思想,将其经世致用的思想追求真正落实到了对现实民生的关切上。在他看来,"所贵于儒者,谓其能通世物务,以其所学见之事功"。陈傅良在为官过程中清正廉洁,有着不错的为官政绩和名声。最重要的是,他非常关心民间疾苦,对事关百姓的"民生"问题常常有多方面的思考和探索,提出了一系列主张并在为官当地进行实践。

二、陈傅良民生思想和实践

因为出身关系,陈傅良与社会下层民众有长久而深入的交往,对百姓和民间的疾苦有着亲身的体会和真切的感受。故此,为官期间特别关注和百姓生活息息相关的法律、经济、教育、民政等事务,能够时刻为百姓着想,从多方面为百姓的民生问题而采取实实在在的措施,进而实现"宽民力,救民穷"的民生发展目标。

(一)公平慎刑的法律思想

陈傅良有很多关于法制法律等内容的论述。在为官过程中,颁布并施行相关政策,从制度层面来保障民生。法律的精髓在于公平,虽然以权压法、以言代法屡禁不止,法律的不平等之处随处可见,但公平作为法律最本质的特点,陈傅良在施政过程中可以说一直遵守并竭力实行。

公平则是他追求的目标之一,也是其法律思想的重要内容。法律的公平首先体现在执行上,即如有违反者则严惩不贷。陈傅良认为:"凡统驭施设、制度号令,人不敢慢者,功过必行,明赏罚而已。……太祖尝曰:'抚养士卒,不吝爵赏。苟犯吾法,惟有剑耳。'"功过必行、赏罚分明正是执法必严的基础,而宋太祖对犯法者就是用剑对待了,这也正是违法必究的典型。

慎刑则是他法律思想的另一个方面,意思就是在执法过程中用刑要慎之又慎,以减少对百姓的处罚为办案宗旨。即不能时时刻刻把刑罚加以实施,成为严刑峻法的社会,这样就不利于社会的发展,不利于人民的休养生息。所以陈傅良在为官过程中,对于一些轻微的过错或者明显不符合法律精神的案子敢于仗义执言,以慎之又慎的态度使用法律刑罚。

能体现陈傅良慎刑少罚法律思想的有两个案子,一个是《缴奏饶州奏勘程廷倚断案状》,另一个是《缴奏刑部大理寺鄢大为断案状》。

《缴奏饶州奏勘程廷倚断案状》说的是程廷倚因为与僧人发生经济纠纷而被判"徒二年半"的案子。本来程廷倚是官宦世家出身,所以这个罪也可以拿"铜五十斤"来赎的,但是被某些人给阻止了。陈傅良据此而上奏说:"徇一僧之欲,而辱两制之顾家者,是州司不平也。从一州之请,而废千载之荫法者,是刑部不审也。"意思就是不能因为一个和尚的个人私欲和一个地方官的个人意志,而废弃施行了千年的荫法。否则一旦这个案子定下来,那么那些恣意枉法的郡守之类的人将以此为例,对社会产生非常不利的影响。

虽然陈傅良并未记载这个案子的最终结果,但是我们从中却可以看到陈傅良对慎刑少罚的主张。如果说程廷倚案还是针对士大夫阶层,那么针对普通百姓鄢大为的案件,则更加能够说明陈傅良的这种法治精神。

鄢大为一案并不复杂,大致案情是鄢大为几人抢劫朱三家谷物粮食,结果被大理寺依法判为绞刑,上奏皇上之后被改为重杖处死。但是陈傅良在起草诏书的过程中发现此案在法律的适用和事实的认定上存在有疑问,经过对法律详细审慎的考证,陈傅良根据嘉祐年间的法律以及鄢大为等人的抢劫事实,断定鄢大为等人罪不至死,而只是做了"贷命断遣"的处罚。

无论是追求法律的公平公正,还是主张在法律实行过程中要慎刑少罚,抑或是通过法律的实行来达到让百姓生活便利的目的,陈傅良所有的行为方式都是以其事功主义的思想为基础的。陈傅良的公平公正、慎刑少罚的法治思想是我国古代社会法治文化的重要遗产之一,不仅在当时,即便在后世也发挥着重要影响。陈傅良的法治思想闪耀着智慧和理性的光芒,他的精神是非常值得我们后人学习和继承的。

(二)利国利民的经济思想

陈傅良在地方为官的过程中,逐渐形成了一种利国利民的经济民生思想,这种思想首先要利于国家,这是陈傅良经济思想的出发点。只有保证了赋税,国家机器才能够正常运转,社会才能够正常发展。其次要有利于百姓,这是陈傅良经济思想的落脚点。维护百姓的利益实质上就是维护国家的利益,因为只有统治基础的百姓安稳了,国家才能安稳。

在桂阳施政期间,陈傅良颁布《桂阳军告谕纳税榜文》,一方面告知百姓要按时缴纳前几年欠下的税费钱粮,另一方面也对百姓采取宽容政策。这主要体现在两个方面:其一,对百姓设立宽限时间,不准官差人员下乡骚扰百姓;其二就是对不同的钱粮科目采取不同的减免政策和减免税额。这样的政策保证了国家的赋税收入,使得国家不会因为没有赋税收入而瘫痪甚至灭亡,是利国的行为。陈傅良认为造成民困的罪魁祸首是政府没有节制地向民众索取,进而导致民不聊生。

宋政府根据各路经济发展情况不同,设立了不同的每年上供岁额,但是,每到政府改革的时候,这种岁额不仅没有减少以使百姓得到实惠,反而增加了不少,不仅仅是数目上,在范围上也有所扩大,几乎包含了百姓生活的方方面面,这就给百姓带来了沉重的负担。

作为一个体恤百姓、有着强烈事功精神的官员,陈傅良自然不忍心看到百姓生活日渐凋敝,民不聊生,所以在地方为官时,尽量减免百姓赋税负担,为百姓争取最大的利益。

宋朝旧制,新皇帝登基,全国各路需要上供"登极银"。光宗继位,桂阳就需要按照以往的规定进贡三千两"登极银",但是陈傅良根据本郡实际情况,上奏陈述了桂阳正处于"属方救荒,力不能办"的事实,最终该项上供银两被减免三分之二,虽没有破例全免,也让桂阳的百姓得到了实实在在的利益。

绍熙元年(1190),陈傅良被任命为湖南路转运判官,总管该路转运司庶务,也就是掌管湖南路的财赋,并监督督察下属属吏。虽然他在这个任上仅仅待了一年左右,但尽心尽力做了很多为百姓谋福利的实事。如解决了当地百姓的续嗣问题:"湖湘民无子孙者,率以异姓为后,吏利其赀,辄没入之。公曰:'使人绝祀,非政也,况养遗弃固有法。'存其后者几两千家。"杜绝了官府小吏对无后之民惨无人道的敲诈勒索,让大约两千个家庭能够延续香火。又如把潭州等地的常平粟"移多益寡",解决地区之间粮食不均问题,有效预防了灾荒之年对百姓生活的影响。陈傅良的这些经济措施,不仅受到百姓的拥护,同样缓和了社会矛盾,对国家也产生了有利的影响。

(三) 平等全面的教育思想

作为从社会底层出身的思想家,陈傅良也积极主张并贯彻他平等的民生教育思想理念,尽最大的努力把教育惠及每一个需要的人。平等全面则是他教育思想的精华。早年的经历和贫困的家庭背景,使得他在教育的思想上更加关注普通百姓、更加关注贫苦人民,形成了平等而全面的教育思想。他不仅在入仕之前积极开展教育活动,在为官的过程中仍然不忘发展当地教育事业,推动了百姓教育水平的提升。

陈傅良开展教育活动很早,在参加科举之前,他就在温州城南茶院讲学,这个时期所讲授的内容基本上以科举文为主,很受欢迎,毕竟如何应付科举才是青年学子们学习的最重要的目的,甚至是最终的目的。这也是陈傅良教育思想的起源,不论什么样的学生,只要来跟他学习,他都会耐心教导,一律平等对待。后来接触到薛季宣等人之后,陈傅良的思想逐渐开始转变,开始往侧重实际、注重事功的方向上转变。正如他的学生曹叔远和朱熹交谈时说的那样:"少时好读伊洛诸书,后来见陈先生,却说就见事上理会,较着实。若只管去理会道理,少间恐流于空虚。"意思是年轻时读二程的书,学的二程的思想,后来跟着陈傅良以后,才知道任何道理都要落实到生活中实实在在的事情之上。不然如果光讲大道理,就很容易陷入空虚的地步。这种思想的转变和陈傅良之前的思想转变轨迹相近,可见他的实用主义教育思想对学生的深远影响。由于陈傅良的教育水平实在太高,以至于远播千里,连皇帝都知道在永嘉跟随他学习的人常常都有数百人之多。

在桂阳任职期间,陈傅良仍然没有忘记他的教育理念并积极地加以推行。考虑到桂阳是偏远小县,人民的识字能力、文化水平,甚至开化程度都相对比较低,对此,陈傅良建立县学,一方面让皇帝的恩德洒向全国各地,另一方面才是最重要的,也就是让百姓知书达理,摆脱之前的那种目不识丁的蒙昧状态。而且无论是"义社豪民"子弟还是"边峒子弟孙侄",都可以"入学听读",也体现了他那种有教无类、求学不分贵贱的平民教育思想。

我国古代社会自古就有夷夏之防的社会思想和政治基础,但是在陈傅良看来,这并不能成为少数民族教育机会受到剥夺的理由。他在桂阳任上兴办学校,不仅允许汉人子弟入校学习,对于少数民族子弟也是一视同仁:"至于瑶人,实同省地,久来往还,何分彼此。"意思就是这里的瑶族人民和汉人经常交往,也就不要再加以区分了。这种在教育思想中蕴含的朴素的民族平等思想,对我们今天的教育事业来说,仍然具有十分有益的借鉴意义。

除了在为官之地兴办学校,外出讲学也是陈傅良传播其教育思想的一个重要途径。在湖南任职期间,陈傅良多次去到岳麓书院进行讲学,和张栻相互进行交流探讨,不仅使湖南学风为之一振,也对湖湘学派产生巨大影响。

陈傅良对教育的重视不仅增加了人们的文化素养,提升了人们的知识水平,培养了众多经国之才,也提高了事功之学的知名度,进而弘扬了事功之学,使永嘉学派得以进一步发展,为叶适的集大成奠定了坚实的基础。

(四)保民养民的民政思想

陈傅良为官十分重视保民养民。

淳熙十一年(1184),陈傅良被任命为知湖南桂阳军,但是因为候缺,在家赋闲了三年,一直等到淳熙十四年才有缺赴任。

在桂阳军任上,陈傅良在这里的所见所闻,对他的思想产生了很大的触动。这里百姓艰苦的生活使他更加深刻地体会到无论是在江湖之远做学问还是在庙堂之上执政一方,最重要的事情就是为百姓谋福利,减轻他们的痛苦。可以说这段经历对其坚定事功主义的治学方向有着很大的影响。

到了桂阳之后,陈傅良连续发布《桂阳军告谕百姓榜文》《桂阳军告谕纳税榜文》和《桂阳军劝农文》三篇告示,对百姓在生产生活问题做出规定和引导,以达到促进当地发展,同时安抚民心的目的。陈傅良虽然在桂阳任职不到两年,但"力讲荒政,所及者广","实惠遂及一方",可以说很大程度上实践了他的民生和民本思想。

在桂阳任上,陈傅良曾经做过《桂阳劝农》一诗:"雨褥风耕病汝多,谁将一一手摩挲。幸因奉令来循垄,恨不分劳去荷蓑。凉德未知年熟不,微官其奈月椿何。殷勤父老曾无补,待放腰镰与醉歌。"诗句描写了陈傅良对农民生计困难的感同身受,然而又无奈于自己官职卑微,不能真正给百姓带来好的政策,最后无补于事,也只好和乡村父老在田亩垄头高歌一曲,以表心情。陈傅良在重阳节去户外活动时仍不忘百姓田里的庄稼:"小雨廉纤仅滑泥,强随年少更攀跻。欲凭最上浮屠望,晚稻如今齐未齐。"可以说他眼中除了想着百姓就基本上没有其他的东西了。

除此之外,桂阳天若干旱,陈傅良还会作《桂阳军祷雨文》,祈求上苍天降甘霖,把不下雨的责任归结到自己的身上。若是下雪,更会作诗庆祝,以期待来年百姓安居乐业:"亘古岭旁冬不到,从今湖外岁无饥。"一个对百姓含有拳拳之情的父母官的形象跃然于纸上。

陈傅良实践自己的民生理论并不是盲目的,而是根据实际情况制定相应的有针对性的措施来实施的。

在桂阳任上,陈傅良积极推行各项惠农政策,颁布了《桂阳军劝农文》(以下简称《劝农文》),从农田水利、邻里关系、完租纳税、典卖产业以及粮食种子租借等八个方面对百姓生活的方方面面进行了安排。最能体现陈傅良务实精神的,就是他到任桂阳之后颁布的《劝农文》当中第一条的规定:

> 闽浙之土,最是瘠薄,必有锄耙数番,加以粪溉,方为良田。此间不待施粪,锄耙亦稀,所种禾麦自然秀茂,则知其土膏腴胜如闽浙。然闽浙上田收米三石,次等二石,此间所收却无此数,当是人力不到,子课遂减。奉劝自今更加勤勉,勿为惰农,坐视丰歉。

意思就是说福建和浙江两个地方的耕地非常贫瘠,当地农民只有加以辛勤耕作,该施肥的时候施肥,该锄地的时候锄地,做到不违农时,耕地才能最终成为良田。桂阳当地的土地本身条件比福建、浙江要好很多,土地肥沃,但是这么好的土地的收成却不如福建、浙江贫瘠土地的收成,主要原因就是桂阳当地人太懒,不辛勤耕作。所以陈傅良就劝当地百姓不要懒惰,坐等丰收与否,要积极勤快,这样庄稼才能得到丰收。

如果陈傅良是一个只知道坐在衙门里的"大老爷",那么他肯定不会知道两地的土壤差别,更不会知道不同的地方、不同等级的田地所产粮食的差别。也正是这种实事求是、求真务实的精神,才帮助他制定出切实可行的政策,帮助百姓发展生产。

桂阳地处偏僻,农业生产非常落后。除了发布一系列宽民心的措施,陈傅良还在当地推广他的家乡瑞安一带在农业生产过程中经常用到的先进的灌溉工具龙骨水车、牛耕等,并以身作则亲自指导本地百姓如何使用这些农业技术,以求改变当地农业的落后面貌。这些实实在在的措施,不仅使当地农业生产力有较大的提高,农民生活相应得到改善,更是让他的为民形象深入人心。这些都他经世致用思想的直接体现。

不仅在自己管辖地实施利民政策,陈傅良还积极和附近州县的官员沟通协调,对双方在遇到灾害之时如何应对都做出了很好的规划,防止出现百姓流离失所的局面。在《与王谦仲参政荐郴守丁端叔》一文中,陈傅良就详细记载了这样的情形:桂阳和郴州两地毗邻,因为桂阳多山地,每年的粮食都要仰仗郴州的帮助,而郴州的官员不仅没有关闭双方的市场,还在桂阳庄稼收成不好的年份施以援手,"移苗米输之桂阳,由此省费而又及期"。

三、陈傅良民生思想的现代价值

党的十八大以来,习近平总书记站在全局的高度对于民生问题做出了一系列重要论述,提出了"以人民为中心"的国家发展思想:"人民对美好生活的向往,就是我们的奋斗目标。"这不仅体现了中国共产党在治理国家中坚持人民主体地位,更凸显了人民至上的发展理念,成为中国特色社会主义建设进入新时期以来的一个重要思想。它不仅是中国共产党坚持人民主体地位的体现,更是对中国优秀传统文化的继承和发展。党的十九大报告明确提出中国共产党必须始终坚持以"人民为中心"的发展思想,促进人的全面发展。这一表述是中国共产党结合当前国际国内实际情况,以人民群众各方面利益诉求为出发点,为实现人的全面自由的发展而提出的。它不仅吸收了我们国家传统文化中的合理成分,更是新时期新型社会关系的一种体现,有着丰富的理论意义和实践意义。

(一)从"注重民生"到"共同富裕"

南宋时期,内外交困,陈傅良结合当时社会实际,提出了"结民心、宽民力、救民穷"的民生思想,认为百姓是国家存在的基础,是王朝政治稳定的前提,只有维护好百姓的利益,才能够使国家稳定。

习近平总书记在党的十九大报告中指出,中国共产党必须始终坚持以人民为中心的发展思想,不断促进人的全面发展,实现共同富裕。"共同富裕"这一思想可以看作对以陈傅良为代表的思想家的民生思想的继承和发展,但两者也有着本质区别。

陈傅良的民生思想以儒家思想为基础,而"共同富裕"的思想以马克思主义为基础,以辩证唯物主义和历史唯物主义为方法论,具有科学的理论性,是与新时代中国特色社会主义相符合,与全面建成社会主义现代化强国相对应的。它是依靠中国特色社会主义道路、理论体系及制度来实现的,有其丰富的理论内涵和实践价值。

在这一思想的指引下,各级党组织和各级人民政府需要不断完善中国特色社会主义民主政治,加快推进政府职能转变进程,提高政府的行政水平,真正做到权为民所用,利为民所谋。始终以人民的需求为党和政府办事的根本出发点,始终以人民群众对美好生活的追求为党和政府的根本目标,不断持续加大对教育、科学、医疗等领域的投入,坚持"房子是用来住的,不是用来炒的"的根本原则,让百姓居者有其屋。

(二)大力发展社会主义民生政治

陈傅良民生思想的核心是"宽民力、救民穷",就是要让百姓感受到统治者的宽民之政,这对我们当下国家大政方针政策的制定仍然有现实的借鉴意义。

各级党委和政府应拓宽眼界和思路,充分利用不同地区的区位优势,因地制宜发展经济项目,激发人民群众的创造活力和创新动力。更要强化各部门的责任意识、服务意识,多举措、多渠道实现富民惠民,让百姓真正享受到全面小康的成果。

在发展经济的同时,要加大精神文明建设的投入,开展公共文化服务项目,做好非物质文化项目的传承等。新时期,我国社会主要矛盾已经转化为人民日益增长的美好生活需要和不平衡不充分的发展之间的矛盾,为满足人民美好生活需要,要加快公共文化建设,如加大对公立图书馆、博物馆以及科学技术场馆等的投入。积极开展乡村文化礼堂,在推动乡村经济发展的同时,促进乡村精神文明建设。

四、结　　语

陈傅良的民生思想是我国优秀传统文化的组成部分,有重要的历史意义和现实意义。陈傅良秉承永嘉学派事功思想精神,坚持务实的为官态度,发展了传统儒学的民生思想,并把它运用到了实践中。他在朝为官期间坚持为民请命,宦游地方期间为百姓做实事,提升了当地的农业发展、文化教育和经济发展水平。

陈傅良继承并发展了薛季宣的思想,丰富了永嘉学派的思想内容,使得永嘉学派的影响力走出浙东,扩散到湖湘大地,更提升了学派的理论高度。作为永嘉学派的中坚人物,陈傅良把薛季宣开创的这一学派在南宋发扬光大,给后来者叶适提供了广阔的发展空间。陈傅良的民生思想充分展现了永嘉之学"事功""经世""崇实""民本"的思想特质。陈傅良反对脱离社会实际问题的空洞理论和枯燥说教,认为无论为学还是当政,都必须要立足现实,为社会现实服务,为国家的强盛而尽心尽力,立实功、见实效、修实德。

陈傅良主张"宽民力、救民穷",认为只有改善民生,国家才能富强,故土才有恢复的希望。他的这一思想可以说正是"空谈误国,实干兴邦"的最好注脚。尤其是在我们全面建设社会主义现代化国家的过程中,只有人民得到了充分而全面的发展,我们国家才能够在人民踏实努力干事创业的过程中强大起来,从而尽早实现中华民族伟大复兴。陈傅良的民生思想不仅闪耀着时代的光芒,更给后世留下了宝贵的思想财富。

参考文献

《蔡襄集》,上海古籍出版社,1996年。
《陈傅良先生文集》,浙江大学出版社,1999年。
杨伯峻:《论语译注》,中华书局,2012年。
《孟子》,上海古籍出版社,2013年。
陈安金:《薛季宣思想研究》,浙江大学出版社,2011年。
陈傅良:《历代兵制》,中华书局,2017年。
黎靖德编:《朱子语类》,岳麓书社,1997年。
蔡瑞霞:《陈傅良与湖湘学派》,《求索》2001年第4期。
《习近平谈治国理政》第一卷,外文出版社,2014年。

"东浙风声早,音书顷刻通"
——晚清温州地方的信息与知识传播

徐佳贵*

近代信息与知识传播方式的变化对于地方有重要影响,对于这类影响,须结合地方自身视角做细致的评估。晚清温州通常作为"沿海地区"或"口岸城市",被纳入概括或延伸性的讨论,但"沿海"或"口岸"之类的定性对地方而言具体意味着什么,尚须深入探讨。晚清温州的信息知识传播之变,与其成为"口岸"前后的历程息息相关,这一变化并参与形塑了地方读书人对于包括"中国"在内的世界的认知,及其相应的限度。

一

清代温州在较大区域内所处的位置,大致可以两重"边缘性"概括。一是在行政意义上,温州系府城距浙江省城最远的府级地区,可以说位处"浙省边缘";二是在文教意义上,明、清两代的大部分时期,温州属于主要由江、浙两省构成的华东区域的"边缘"。有学者论及"近世"浙江省内的"文化地理"(主要讨论明清两代),指出在文教指标上,省内偏北的杭州、嘉兴、湖州、宁波、绍兴五府通常可以归为一类,温州则与总体偏南的金华、衢州、严州、台州、处州归为一类,前五府的科举成绩远高于后六府,学风、文风也更著于后者。[①] 这两重的边缘性,一定程度上也是交通困难所致。时人曾述及温州人的晋省之路,称:"(永嘉)距省千有余里,必下瓯江,逾桃花岭,历婺、睦二

---

* 徐佳贵,上海社会科学院历史研究所副研究员。

州境,鼓棹以达于钱唐。其由乐清一路至省,则经雁荡、天姥、沃洲、崿嵊、会稽诸山水,然后由固陵渡江,跋涉崎岖,行李供亿,尤非贫乏者所能。"② 同理,由省会杭州至温的路线亦颇艰苦:"舟舆屡换,诚为周折,由东路则须越严州、金华、处州三府,由西路则须越绍兴、台州二府,极边之郡,千里而遥,无怪英俊者之裹足不前。"③ 当然,浙江本身面积不大,浙南虽然多山,但总体属于丘陵地貌,并非高险得绝难通行,且常有水路可用。之前的南宋时期,温州举业极盛,地理及交通问题在彼时也未构成根本性的妨碍。晚清开埠之前,交通问题应是与地方在行政与文教上既有的边缘地位形成叠加效果,而非造成地方"学风""文风"较逊的决定性因素。

地方读书人在科场表现不佳,并不意味着温州地方不重视科举教育。恰恰相反,19世纪中期以前温州地方之"学",大致始终为科举"制"所框定。除却府县官学,在书院一面,温州似乎也鲜有以与科举相关度较低的书籍阅读与学术研究为倡者。通过官府对书院事务的介入,清代温州地方书院与国内其他府县的多数书院一样走向"官学化",由此"沦为科举附庸"。④ 据平阳县人宋恕后来称,19世纪初年阮元抚浙期间,奖掖学术,"悯温之荒,殷殷诱焉而不能破"⑤。平阳人刘绍宽后来也说,温州在道光、咸丰以前文风凋敝,正是因"科目不振",致使士人"习于帖括之学,遂皓首矻矻,不能自舍无暇,再治他业"⑥。大多地方士人仅对科举所框定的知识资源投注精力,虽事倍功半,仍专意于此,别无他求。

而到晚清,另一个地理要素,即温州"濒海"的特征得以凸显。清康熙年间开放海禁后,温州即设海关,为宁波浙海关下属关口。浙海关于19世纪60年代改称浙海常关,而常关温州口,也于1865年改为瓯海常关,温处道兼任常关监督。只是,清初至近代之前温州发展商贸的范围,主要是在国内东南沿海各地之间,偶有与日本、东南亚等地的商贸往来。复因乾隆年间确定的广州一口通商政策,外国船只不得再入浙江海口,而温州似仅是因贸易额较小,且对外(国)贸易额本不占重要地位,本港贸易未受此政令的显著影响。⑦ 及至晚清,西方列强(主要是英国)欲辟温州为口岸,则起初是由于不满鸦片战争后所开五埠中宁波、福州二埠在商贸上的表现。温州大致位于此二埠的中点处,同时位于上海及厦门两个相对"成功"的口岸的中点处,若能开埠,就能实现英国人在苏、浙、闽、粤四省都至少有一个"良港"的规划。⑧ 太平天国战争时期，不少国籍的船只已到过温州港。[9]同时，温州一度被视为牛庄、琼州等口的替代口岸。至1876年中英《烟台条约》，才议定其为通商口岸，而新关的建立则在1877年4月1日。

据目前所见材料，温州的开埠过程似较顺利，未曾受到本地何种势力的强烈抵制。之后，驻瓯西人领事的报告对民教冲突之类的中外纠纷多有报道，但在西人看来似乎更大的问题在于，温州在贸易上的表现在相当长的时间内难以令人满意。至19、20世纪之交，瓯海关报告依然认为本地商贸进展迟滞，而温州本地也从未能够形成租界。要之，计划用以"取代"宁波、福州两个原初表现不佳的口岸的温州，结果却只能从宁波与福州港那里分去一小部分腹地与贸易量。口岸贸易以国内埠际贸易为主，直接对外贸易发展甚为缓慢，在商贸上的总体表现还要差于前述两个口岸，这一点约在20世纪20年代以后，才有些许改观。[10]晚清温州虽被谋划已久的西人通过不平等条约辟为商埠，但在东南沿海的贸易网络中却长期居于相当次要的地位，与宁波等口尚有差距，和上海之类的东南巨埠更不在一个档次。

进一步讲，可能也是交通变化本身而非可观的商贸指标，才深刻地影响到了地方士人的日常生活与思想观念。据瓯海关报告，早在开埠当月（1877年4月），即有外国轮船在温州府城外驻泊。英国怡和洋行所属客货轮"征服号"（Conquest）在从上海至福州途中停靠温州，航线尚不固定，大致为两周来温一次。[11]1878年4月，上海轮船招商局客货轮"永宁号"首航来瓯，在中断数月后，自1879年起即常川行驶温沪线，且中途时常停靠宁波[12]，班次大致为十天一趟。[13]不过，这条航线货运的潜力十分有限，其时西人称，"永宁号""其貌不扬，如果与别的标致汽船在一起还招徕不到生意，但速度快、吨位大、航行费用低，因此与本口当前的寒碜状况非常般配"。[14]由于赚头不大，招商局轮船对这条航线很快形成垄断，"由于没有竞争，全年的运费都很高"[15]。1886年10月，"永宁号"轮船因维修暂时退出该线，由招商局"江表号"轮船代替。次年8月，重新代之以改修完成的"永宁号"——此时更名"海昌号"。[16]1894年，"海昌号"因年久报废，为"普济号"所取代（1898年12月至1899年1月，一度由"海琛号"往来温、甬之间）。[17]整体来看，至上海（中途或停靠宁波）的航线是此期温州对外最重要的定期航线，当时亦曾开辟温州向南至福州、香港的航线，但都因赚头小而旋起旋停，这一情况至20世纪初年才有改观。⑱

在瓯海关报告的叙述中,这一建立在低贸易水平基础上的航运垄断,大致被视为一种消极现象。但招商局轮船担负货运之外,亦会担负客运。轮船载客从温州去宁波只需约26小时,且费用不会比陆路高多少,后者且"需要沉闷漫长的八九天翻山越岭、车马劳顿,除了死顽固,可能没人再愿意了"⑲。

笔者据各年瓯海关报告,将清末温州港往来沿海通商口岸(主要是上海、宁波、福州)人次数列为表1。

表1　1877—1911年温州口岸到离港人次数

年份	离港 轮船 洋人	离港 轮船 华人	离港 帆船 洋人	离港 帆船 华人	到港 轮船 洋人	到港 轮船 华人	到港 帆船 洋人	到港 帆船 华人
1877	17	312	4	73	23	297	9	59
1878	10	138	3	153	5	136	6	177
1879(i)	20	1 543	2	24	21	847	3	20
1880	12	1 703		6	17	1 425		3
1881	36	1 425			38	1 357		
1882	19	2 086			20	1 658		
1883	12	1 362			16	1 487		
1884	24	1 835		15	20	1 595		
1885	9	2 352		1	14	1 334		6
1886	29	1 738		55	14	1 489		7
1887	15	1 276		89	17	1 217		10
1888	22	2 322		22	21	1 894		7
1889	20	2 117		1	21	1 420		
1890(ii)	35	1 232				1 089		
1891(ii)	25	1 790				1 176		
1892	38	1 655				1 939		55
1893	35	2 384				2 243		
1894	42	1 870				1 425		
1895	29	1 594		10	25	1 452		

(续表)

年份	离港 轮船 洋人	离港 轮船 华人	离港 帆船 洋人	离港 帆船 华人	到港 轮船 洋人	到港 轮船 华人	到港 帆船 洋人	到港 帆船 华人
1896	38	2 408			46	2 067		
1897	34	2 264			34	2 032		
1898	40	2 012			41	1 881		
1899	41	1 552			47	1 476		
1900	63	2 021			68	1 997		
1901	49	2 161			76	2 103		
1902	46	1 792				2 279		
1903	53	2 727			54	2 246		
1904	62	1 728			62	3 138		
1905(iii)	49	2 497			57	2 807		
1906	57	3 520			43	3 359		
1907	49	3 239			53	3 741		
1908	43	2 346			50	2 409		
1909	37	2 070			44	2 102		
1910	58	2 377			45	2 122		
1911	29	3 674			28	3 140		

(i) 报告原表数据中的到港人次数、离港人次数与上表相反。据《1879年瓯海关贸易报告》正文(赵肖为译编《近代温州社会经济发展概况——瓯海关贸易报告与十年报告译编》，第64页)，该年温州到港旅客总数为843人次，其中轮船820人次(洋人18，华人802)，夹板船23人次(洋人3，华人20)；离港总数为1 637人次，其中轮船1 611人次(洋人23，华人1 588)，夹板船26人次(洋人2，华人24)。记录不同，但离港人数明显多于到港人数。故在此将原表中的"到港"与"离港"栏互换，至于互换后数据仍与正文所述有出入的原因，笔者目前限于材料，未能详考。

(ii) 这两年报告原表数据中的到港人次数、离港人次数均与上表相反。今据《1891年瓯海关报告》正文("Trade Reports and Returns, 1891, WENCHOW"，《中国旧海关史料(1859—1948)》第17册，第337页)所述，将原表中的"到港"与"离港"栏中的"轮船—华人"一列互换，其他列由于正文并未述及，姑保持原貌。

(iii) 本年开始海关报表不再分"轮船"与"帆船"，因"帆船"一栏之前已多年留白，姑将1905—1911年数据全记在"轮船"一栏下。[20]

横向比较，同期同样位处东南的其他口岸，如宁波、厦门、淡水等客流量往往增长迅速,相比之下可见温州港客流量之小、增长之缓慢(在华洋两面均是如此),与其他多数东南商埠的差距且有持续拉大之势。而来往温州的轮船乘客中相当一部分应是华商,只是在晚清温州市面,"客商"可能更占优势,中以宁波商人势力最大,福建人次之。[21]不过,不时出现客流陡增的年份,则多半是地方读书人,而非"商人"的集体行动所致。虽然温州港客流总量较低,但因各府学额差距相对不大,生员总数差别亦不甚大,故温州士人成规模地进港离港,统计上便会有相对明显的反映。

地方读书人成规模地外出,往往是生员赴省乡试,另有举贡赴京会试朝考,但相比之下只是少数,对统计影响不大。前已道及,因距离颇远,且浙南多山区,温郡士子晋省路途较为艰难;而在此方面,19世纪以来的地方士人实也动过一些脑筋,如永嘉、瑞安、乐清、平阳多地均有资助士子外出科考的"文成会"成立。自19世纪70年代起规模更大的、利用地方款项帮助同乡士人分摊外出考试成本的举动,便在时段上与温州开埠后的交通变化发生了重合。瓯海关报告也曾明言,客流增加人数集中在第三季度,这是士子秋季晋省乡试所致。[22]查温州开埠后浙省乡试年份,为1879年、1882年、1885年、1888年、1889年(恩科)、1891年、1893年(恩科)、1894年、1897年、1902年(补行1900年、1901年恩正并科)、1903年(恩科),参照表1,除20世纪初的最后两次外,这些年份华人进出港人次数都有了明显的增长。

多数温州地方读书人对这一新式交通工具带来的便捷性,似也没有太大抵触。其中部分当是基于士绅作为"地方精英"对于地方事务的关注,如1886年夏秋之际,"永宁号"轮船改修,暂代以"江表号"轮船,似即始自温州士绅的倡议。据称该年七月间,"永宁号"轮船往温途中遭遇台风,"几酿巨祸",瑞安名绅孙锵鸣于是函商李鸿章,拟将该轮调往长江内河航线,改以"江表号"轮船往来温沪,其子孙诒绩评论称:"此议如成,吾温民之福也。"[23]当时亦有报道称,温州商户因"永宁号"行驶已久,"船身不甚坚固",遂集资公举永嘉士绅吕渭英[光绪十一年(1885)举人]出面,赴上海租赁新船。[24]

相应地,乘轮船赴甬或赴沪,再转水路(浙东运河或沪杭内河)赴杭,似乎也很快成为许多士子晋省乡试的首选。今人研究表明,轮运开通后,由温至杭可从原来的十天半月减至三四天。[25]而参加朝考会试的地方士人亦往往先乘轮船到上海,再换乘其他轮船北上从天津登陆(或因他故走耗时更长的陆路),转至京师。1882年,据称"有一艘比其他小型船只更适合于客运的汽船(不知是否"永宁号"轮船——引者注)4次接送集合去杭州参加乡试的学生到宁波和上海"。[26]1888年,瑞安县士人张棡便乘"海昌号"至宁波,再改租乌梭船一只,晋省乡试。[27]同年中文报纸记录的情形则要更为热烈,因海况不佳,"海昌号"延误数日方才抵温,而温属"乡试诸生在招商局填写船票者约有三百号,恐不免拥挤矣"。一些等不下去的考生遂"改由陆路晋省",致使"连日西门外之处州梭船生意为之陡旺",但据称此次附搭轮船的考生"仍有六七百人"(考生总数约八九百人)。[28]此时传统晋省之路的客源似已被分流多年,客流一旦有所恢复,便出现大涨价,"往年一轿一担过山,舆夫挑夫三名,价定三千六百文,今年竟每轿每担加至八千左右,各考生惟有隐忍吞声,任其勒索而已"[29]。

乡试年运量猛增,一直运力有限的招商局温甬沪航线便会感觉吃力。1888年,招商局增开一趟轮船——"福佑号"接送温州考生到宁波。[30]1889年又有恩科乡试,温州士子中"赋槐黄而踏省门者约共五六百人之谱"。"海昌号"运力不足,招商局人员"遂饬'美富'轮船从广东迁道来瓯,代为装载,船身宽大,可容千人"。该轮"并无实物搭装",这一趟是专送应试士子往宁波或上海去的。[31]张棡与同县士人许黻宸即于该年搭乘"美富号"至沪,再转至杭州参加考试。[32]

同样充当运力的还有兵轮。兵轮载客数一般不会计入海关统计,但对应试士子而言,兵轮与商轮似无多少差别。如1891年乡试,除"海昌号"运载考生外,又由温处道台出面,雇得"超武号""元凯号"两兵轮送士子乡试,票价仅为"海昌号"的一半。[33]1893年,温处道允准永嘉士人陈祖纶(字经郚,永嘉进士陈祖绶之弟)等所请,"因温郡距省窎远,寒畯艰于资斧不赴秋试,拟请拨饬兵轮送试两期"。"超武号""元凯号"两艘常在温州驻泊的兵轮又被调来运送士子赴甬,两舰大约各送一次,据称其时"踏槐黄者欢声雷动"[34]。张棡于1891年亦是搭乘"超武号"至甬,再换乘"宜昌号"至上海,折返杭州参加考试;[35]1897年乡试,同样是乘"超武号"兵轮抵达上海。[36]另在1902年,浙江巡抚并未批准兵轮送试,结果温处道童兆蓉自雇商轮送温州士人至宁波,共计三趟,其时超过七百名应试士子,每人出资3元,另由温处道"自贴"2元。[37]至1903年,招商局轮特地为考生打折,到上海的票价从6元降至4.2元。[38]

后来永嘉士人吕渭英曾总结说:"海通以来,瓯人士稍为远游,转而之杭,往来既便,无跋涉之劳。"[39]瑞安士人洪炳文后来也说:"俗谚昔云温不出,至今游历遍重洋。"[40]只是如前所述,清季温州港的实际商贸水平,与该地读书人的外出情形并无重大关联。而且,科举考试在此主要是提供了离乡外出的"原动力",而其"副产品"——较之前更易获得的"见世面"的机会,对一些地方读书人而言才是更为重要的。

二

多数地方士人乘轮外出考试,应是在考前较短时间内,而考后通常直接坐轮船或走费用较省的传统水陆道路回乡。但也有一部分士人,考后一时不明去取,或不甘直接返乡,遂在杭或杭州周边某地逗留一段时间,规划自己的下一步去向。如前所述,宁波是此期温州士人赴杭常见的中转站,但上海亦成为温籍士子考前考后的一大去处,乃至成为其中部分读书人较长期的居留地。

据今人考证,早在1825年,瑞安籍官员林培厚(进士)、许松年(武举)等曾在京师设立浙瓯会馆,后荒废,至黄体芳中进士后在京为官,复设温州会馆,其子黄绍箕、永嘉进士徐定超后亦参与管理。[41]而在东南都会,亦有温州同乡会组织出现,只是通常不甚稳定。如温州旅沪同乡会到1917年才正式成立[42];另据称,清末孙诒让、曹文昇、陈黻宸、项崧、徐定超、王理孚等温籍士人曾在杭州筹设会馆,但维持艰难,较稳定的同乡会组织则在1924年前后方才设立。[43]据笔者所见,晚清温籍商人似乎常与宁波同乡组织一同活动(有时还有台州人);而晚清维新时期之前地方"士人"出外,则多以个人或几个同乡士人组成的"小圈子"为单位。

乐清人陈虬便是其中的一人。早在1879年,他因赴省乡试之故途经上海,已有过一些为当地人诊疗的记录。1889年复作《温州出口土产宜设公司议》,其中称,温州"一切出口货物皆分设公司,郡城、上海各设一局",专门标出上海在商贸上的重要性。[44]1890年又作诗称:"我所思兮乃在春申之浦、粤王之城、新嘉坡。颇闻彼处盛夷舶,洋房如栉高嵯峨。"唯称自己系"颇闻",

经上海时曾否亲临租界详加体察,似有疑问。[45]

在个体活动之外,尚有"圈子化"的趋势。如瑞安县人池志澂后来自述,他于壬辰年(1892)"秋试报罢",即"自杭转申,寄居于洋场泥城桥之北"。在上海生活条件并不算好,但"心甚乐焉",原因便在"日与同州宋平子(恕)、周丽宸(焕枢,又名周观、周素,泰顺县人——引者注)、黄愚初(庆澄,平阳县人——引者注)谈论于品泉楼,临流于黄浦滩"。其后,黄庆澄往游日本,周去台湾,宋则赴天津李鸿章之幕,独池氏一人,"萍飘海上,阅时十月,闻见遂多"。[46]该文提及的"闻见"多为戏馆、书场、酒楼之类,亦提及西人(幻灯)影戏,及东洋戏、马戏等,总的来看,展现的是对一个新崛起的繁华都市的直观印象,而其开展描绘的措辞,与之前文人对传统"江南"都会的一般描绘亦出于同一路数。但还有一些与娱乐不甚相关的内容,如对租界的管理,曾评论称"以地方所捐之数,应地方所为之事,而即以还我地方谋食之人,其立法若何美备。设我中国为之,未有不染指侵蚀于其间也"[47]。对其间体现的西人"治术之善",给予了明确的肯定。

此类肯定还可能涉及"学"的层面,池氏在文中即明言:"若夫广见闻,证学问,则当观夫制造局之机器,而知用功之巧拙;观于招商局之轮船,而知商贾之盈虚;观于巡捕房会审公堂,则知中外交涉之多;观于方言馆、《万国公报》,则知英法各国文字之异。此外《申报》馆、电报馆、石印书局、自来水、自来火各公司,以及博物院、蜡人院、格致书院,亦当一一亲历目见,以穷其理而致其知,如是则不负所游矣。"[48]只是具体如何"穷理致知",此处未作展开。后池氏随友人从上海乘轮往台湾游历,至甲午中日战争爆发始内渡。[49]

而池氏之友宋恕,且曾以游览上海租界,"乘西式之车、行西式之路之乐莫能名"与在中国北方乘两轮车、行不平路之苦作比,末了得出结论:"民不游历则愚,民多游历则智。"[50]自1887年起,宋氏多少依托其在上海等处任书院山长的岳父孙锵鸣的关系,长年游走于沪、津等地,而相对天津,他对上海似乎更有好感。[51]至1895年初,他又加入浙江钱塘人孙宝瑄等寓沪的各地青年士人组成的活动圈子,与圈中夏曾佑、章炳麟等纵谈时局,交流学术,并曾向圈中人推介同乡陈黻宸等。[52]这种士林交往自然涉及许多传统学术内容,而与此同时,他亦开始泛览西学书籍、与友人交流西学,后来乃至与傅兰雅(John Fryer)等西人有过接触[53],只是由于"未识西字、猎西籍",仅能据"亚洲所译汉字西史"及其他书籍论次西人西学。[54]他尝自称二十岁后得阅李善兰作序的《德国学略》、日本冈本监辅的《万国史记》，及郭嵩焘、冈鹿门之绪论[55]，地点可能都在天津、上海等海内新兴大埠。

这种建立在士林交往基础上的对西学的认知，也使得关乎西学的出路，成为温籍士人在科举"正途"之外一种可能的人生选择。如1889年底，宋恕曾致信时任天津军械局提调的李鸿章外甥张士珩，称："上海为通商大埠，一切见闻之所萃聚，可以讨究时务，涉猎西学"，希望张氏联络龚照瑗，"托挂贱名于洋务局"[56]。三年后，宋恕终在李关照下，成为天津北洋水师学堂汉文教习。[57]而孙锵鸣的三子孙诒泽"不喜八股"，仅为诸生，1887年随平阳人张霨（孙锵鸣二女婿）至天津[58]，亦打通关节，得充水师学堂汉文教习。[59]两年后锵鸣长子孙诒钧［光绪十四年（1888）拔贡］充水师学堂教习，孙诒泽另派军械局帮办文案。[60]时在上海掌教书院的孙锵鸣，与轮船招商局中人如马建忠、龚照瑗等多有往来[61]；对在天津的儿辈在西学上的进展，他亦颇关心，曾在家信中称："西学择其易于入门者，亦宜究心。津门师友多，便于求教"，只是中学西学当齐头并进，"总不宜厌故喜新，半途而废"。孙诒泽充教习后，又写信叮嘱："到局后日与诸生交接西学，日久亦必有领会。"[62]此外长期在沪、津等地活动的宋恕等人，也和他的岳父一样成为某些乡人请托的对象，如瑞安金晦便曾与宋联系，安排其子金恒照到上海学习西学（化学），与之同学的还有金恒照的老师、后来瑞安学计馆的首任馆长林调梅。[63]

除走李鸿章、孙锵鸣的门路，直接走长期在外做官的瑞安黄家子弟的门路亦是一种选择。当然其背后可能还有张之洞的助力，因黄体芳与张为同榜进士，又同为京师清流干将。黄体芳并未像张之洞那样，后来又以兴办洋务维系声名，但他早年奏请开去李鸿章北洋水师兼职，别简曾纪泽治海军，便显示他并不激烈反对洋务本身。[64]黄体芳因此遭降职处分，其子黄绍箕则于1884年成为张之洞的侄婿，成为张的重要幕僚，黄家遂与张氏继续保持密切的联系。而孙诒让1867年中举，亦出张之洞门下，故19世纪80年代起一些地方士子走这条门路，往往是托孙诒让与长期在外的黄绍箕、黄绍第联络，争取合适的外出机会。

实际上，至19世纪90年代初，对温籍士子而言此类机会已不限于到津、沪等国内通都大邑谋职，还包括出洋游历。如平阳人黄庆澄，1886年因平阳杨宅闹考案被革去生员资格,后赖瑞安孙诒让、黄绍箕及周琥、周璪兄弟之力开复。⑥黄庆澄曾从金晦治经,"于汉宋途径,皆能讨核",后又移居上海,任沪上梅溪书院教习,"近治西学,亦有心得"。1890年孙写信给黄绍箕,称宋恕已由张之洞荐充幕僚(后事未成——引者注),黄庆澄"意欲附骥",随驻俄、德、奥、荷四国公使许景澄到欧洲"一扩闻见",随时咨讨"彼中政学",因孙虽与许同年中举(许是浙江嘉兴人),却已十年未见,只能请黄绍箕"代为推挽"。⑥⑥而宋恕此时也在设法通过上海梅溪书院创办者张焕纶的关系,联络随许景澄出洋的事宜,但这份差使因"外间人要者极多"(且宋因事延搁未能及时赴沪),终被别人抢去。⑥⑦当时官绅对于出国游历的一般认知已有所改变(当然出洋对于仕途有益也是一重要原因),出洋名额变得抢手,即是一证。而宋恕因事未成(加以与弟宋存法的冲突),亦在家信中发牢骚:"越发被人看不起,奈之何哉!"⑥⑧

同样地,黄庆澄由此困于上海,"无钱无米,"陷入窘境⑥⑨;困窘之时,还曾至瑞安籍进士、安徽潜山知县王岳崧处襄校课卷谋生。⑦⑩好在1893年,他终于等到新的机会,经安徽巡抚沈秉成修书推荐(其间或有王岳崧的运动),改西游欧洲为东游日本,同时获得驻日公使汪凤藻的解囊资助。⑦①黄庆澄五月十八日到东⑦②,"数旬之间,遍历彼国东西京以归",但回国时只带回"佛氏密部佚经数十册",及孙诒让托购的日本"所刊善本经籍数种"。对这一到经历变法之外邦"淘旧书"的举动,孙氏亦觉不甚好听,声称"皆非其初意也"。好在黄庆澄"又出日记一小册"相示,"识其游历所至甚悉",虽只是"粗犷之迹",却可被视为"遍游五大洲以扩其闻见"的"权舆"。⑦③

又如孙锵鸣三女婿、瑞安人周琥,仅是诸生,科考生涯不甚顺利,孙诒让亦曾写信联系黄绍箕,希望黄能为其"觅一西槎差遣"。⑦④后周琥成为驻英、法、比、意四国公使龚照瑗的随员⑦⑤,然旋于1895年病故于伦敦使馆。对这些乡人的经历,平阳士人刘绍宽曾评论称:"现时以出使参赞随员为终南径捷也。"⑦⑥而困于场屋的温州地方士子,对此也曾明示羡慕之意,如宋恕的表弟陈京,几番乡试不售,负债累累,"锥处于囊,不能学毛遂",因是"益无读书之乐"。黄庆澄归国后得中甲午科顺天乡试举人⑦⑦,周琥得以出洋,他"均甚欣羡不置",并慨叹道:"如走愚昧,不知见天日于何年也!"⑦⑧

总之,由温州开埠衍生的交通上的新局面,使得地方读书人有了较前更多的机会(不是说本来没有机会)途经或居留通商大埠,进而以大埠为中转站,再往他处寻觅用武之地,乃至随使出洋,扩大闻见。从这个意义上讲,温州作为"口岸"的商贸水平如何倒是次要的,重要的是口岸之间的通路提升的与外界往来的便捷程度,结合既有的社会资本运作形式,在多大程度上进一步淡化了某一非通都大邑的地方的"边缘性"。

当然,此期出外的温籍士人通常并未在外"生根",仍须频繁地返乡,仅是游历、入幕或在通都大邑谋得一份暂时教职的士人尤其如此。上述诸位温籍士人此后在乡,也确曾投身于地方文教改革,只是程度深浅有别。[79]与之同等重要的还有新知的物质载体——西学读物向地方的流动及在地接受情况。

至迟在鸦片战争期间,居乡的温州读书人已能接触到一些有关西国西人的信息乃至读物,并作有记录。其间提及介绍西国西学的中文读物,或系早先西国船舰在沿海散发,或是从宁波传来。[80]一些书籍可能是美国长老会所办宁波华花圣经书房的出版物,1860年底该机构迁往上海,更名"美华书馆"。由是观之,不能说只有到开埠后的轮运兴起,温州地方士人才接触到包含西国信息与西学知识的书籍,只能说开埠以后,关涉温州的书籍流通变得更为迅捷。具体说来,除却温籍士人"走出去"接触西学读物,还有通往地方的邮路的改善。

在近代意义上的邮局未设之时,浙省府县已有一些民信局,托沿海或内河航船转递书函货物。[81]1879年,瓯海关报告记录称温州本地有3家信局,开埠后"借助于汽船运送邮件,因此减少了发班次数"。[82]据时在上海任书院山长的孙锵鸣的记录,途经温州的"永宁号"等便兼有捎带家信的功能。[83]1882—1891年的海关十年报告中则称:

> 本城有9家信局,总部在宁波。它们集体运作,费率一致,每年底按比例分红。……寄往上海或上海寄来,每封信100文,量多则每封70文;寄往宁波或宁波寄来,每封信70文,量多则每封50文。以上信件若内含提货单,收费200文;内含支票、钞票或硬币,按其金额的1.5%—3.5%收费。包裹按体积大小收费30—500文。寄往其他地方和通商口岸或从那里寄来的信件,由宁波总部处理(宁波总部是本省南部地区的

分发中心)。除了温州与宁波或上海之间的邮资以外,另加上述两地之一与寄达地之间的邮资。如果本口与宁波或上海之间的汽船交通暂停时间稍长,且寄信人出价足够高,信局就派出信差经陆路送信往宁波。全程720里,步行约需6天。1884年,一名信差日夜兼程,3天半到达,乃最快记录。[84]

1888年《申报》一则记录与此大同小异,称:"温郡信局,共计八家,均系宁波人开设。"[85]这一点应与宁波商人在温州的优势地位有关。

至1896年初,大清邮政官局设立;同年九月,原瓯海关寄信官局首先改为大清温州邮政局(同年十二月宁波继之,次年杭州继之),但仍由瓯海关领事管理。[86]据海关总税务司文件称,民间信局经在官局注册认可,即可照常营业。[87]1892—1901年的海关十年报告称:

> 本城有7家总部设在宁波的信局,递送寄往宁波、上海和其他口岸或这些地方寄来的信件和包裹,费率根据路程远近和交通难易而定。信件或包裹寄往宁波的邮资70文,上海100文,天津200文,北京400文。内含提货单的信件每封200文;若内含钱币,寄往宁波每百元收取300—500文,寄往上海600—800文。寄往比上海更远地区的邮件则由当地信局转递。官府和商家的邮寄量大时,通过协议给邮资打折扣。邮资可以由寄件人或者收件人支付,但寄件人要在邮封上写明邮费全额预付还是部分预付抑或分文未付。由于通过大清邮政官局递送信件,本地信局现在比过去更赚钱。以前,它们不得不向每艘汽船支付每邮袋2—4元的运费。[88]

不过,邮递中的延宕、丢失信件的问题可能依然存在。官局归并民局业务后,地方读书人收受物件与订购书籍,仍多有委托亲友从沪、杭等地集中捎带回温者。[89]也即之前通过传统方式发展出的士林人脉与亲谊网络,结合士人出行的便利化,亦能产生与邮路相近的作用,被部分居乡士人借以增广见闻、摄取新知。

瑞安士人孙诒让,便是此一变化的受益者之一。孙诒让早年随父衣言在外,已有在上海等通商大埠购书的经历,可大体上是"在新世界淘旧书",以珍本古籍为搜罗重点。1879年,孙衣言辞官还乡,诒让大部时间便随父在瑞安或温州,同时居家读书,着手学术研究,在外搜书的记录转较少见。至1884—1885年中法战争期间,孙衣言曾与浙江提督欧阳利见通书,探知宁波镇海抗击法军情形,并通过瑞安右营都司阎麟趾获知外间及本地战守情形。[90]而沿海戒严,孙诒让作为瑞邑望族子弟,在乡筹办团防,则已开始阅读徐继畬《瀛寰志略》(大字刊本)、魏源《海国图志》(古微堂重刊本),以及外人新译的《地理备考》(海山仙馆刊本)、《海道图说》、《长江图说》(江南制造局刊本)等书[91],大体上是一些可作为筹防之参考的著作。这一带有一定功利性的阅读,后遂波及相类的书籍,如冯桂芬《校邠庐抗议》,孙氏称其"所论与余同者大致十得七八",此后又"续购新印本读之,再就最近时事见闻所及,加缀按语数条",以申前说。[92]他还曾集中交代自己"尝览涉者,如安吴包氏(世臣)、邵阳魏氏(源)、善化孙氏(鼎臣)、吴县冯氏(桂芬)诸家之书,其尤著者也。魏、冯之书,恢奇闳深,善言外交,多采摭西政之善,欲以更张今法"[93]。这些著作或有部分是随父在外时购得、此时才开始阅读的,但亦可能是新近获得的,获得的方式可能是邮购或邮寄,也可能是友人捎带。与之相应,在上海出版的各大报刊,亦在购读之列,如《格致汇编》(1886年起)、《申报》、《万国公报》(1887年起)、《新闻报》(1894年起)等,在阅读中孙氏屡有朱墨笔圈点、笺记。[94]而长期在外、与诒让书札往来讨论"旧学"的黄绍箕,1887年亦曾抄录薛福成倡言铁路建设的一篇奏疏寄示,诒让在其后详作批语。1890年其赴鄂与张之洞商讨《周礼正义》稿的刊刻事宜[95],且趁机"力言筑路为救国急务"[96]。往大处说,孙、黄两家也大致构成了一"内"一"外"的格局,同邑望族子弟之间不时分享知识信息、互通有无,于是张之洞与黄绍箕、绍第堂兄弟长期活动的鄂省与京师,便对之后温州的地方文教产生了很可能仅次于上海与浙省省内地区的影响。

除孙诒让外,同县的项芳兰(此时尚未中举,中举在1889年)亦于光绪丙戌年(1886)即已得阅沪报,并于该年七月初二在府城购阅冯桂芬《显志堂稿》等。[97]同县廪生张棡,其《杜隐园日记》始于戊子年(1888)正月,而该月张氏已有阅读《申报》的记录。[98]还有平阳刘绍宽,据其日记反映,1890—1891年间,他已开始在乡阅读一些时新书刊,中有艾约瑟(Joseph Edkins)译《身理启蒙》及《申报》等,且曾提及"伦敦新刊"的《第十二次环游地球记》《康长素学记》(似即《长兴学记》)等,可能是通过报中广告得知书名,记下一笔提醒自己购阅。[99]同乡黄庆澄归自日本,刘亦得阅其所著《东游日记》,并对黄所谓日人"学会甚多,甚为有益"一节表示赞同,后又受黄之托,向"诸知好"分赠该书。[100]在同一年,他又得阅陈虬所刊《治平通议》。[101]由此,温州作为非通都大邑的"地方",与通都大邑的官场士林共享一个中文阅读世界,在此世界中新旧杂陈,读者各取所需,进而根据自己对中西新旧的理解,成为士林新知的传播者。

三

及至20世纪初的"新政"阶段,国家大政方针发生变化,求新求变成为朝野官绅的共识。而与温州相关的邮路与交通,也变得更为通畅。邮路方面,1902—1911年间,温、处两州的邮局从2所猛增至35所,其中温州城区与瑞安县设邮政分局(branch offices),平阳、乐清县设内地局(inland offices),此外两州共设立27家内地代办所(inland agencies),覆盖温属全部五县一厅。1903年初且有海关通令,简化了邮递包裹程序。1910年8月5日起,温州邮政脱离海关权限,归由杭州的浙省邮政部门管理。1911年5月28日,邮政业务正式归中央邮传部管理。此外,尽管据称曾受到民众的抵制,1902年12月23日,通往温州地区的电报亦得开通。[102]此系沪粤线的支线,沪粤线主线行经浙省西部,该支线则自金华兰溪、处州青田东拐至温州永嘉县。[103]

交通方面,主要是海运频次更高、出行更显便捷。如1904年海关报告记录,已有由台州海门至宁波及上海的小轮船,费用更省,从温州算起分别为2.2元与3.2元,而同期招商局轮船船票又分别降到4元和5元。[104]只是20世纪初十年,依然只有轮船招商局的"广济号""普济号"等与外海商轮三公司的船只(似为英商老公茂洋行的"宝华号"、外海轮船局的"海门号"、永宁轮船局的"永宁号")定期停靠温州港。[105]而温州所属县厅,亦有通过蒸汽轮船与外部,或在内部彼此间实现的联结。如据称1905年,瑞安项湘藻等集资创设大新轮船公司,购置"湖广号"客货轮,开通了瑞安县与宁波之间的航线,唯半年后即停航[106];次年项氏又办永瑞轮船公司(后改通济公司),购置一艘拖轮拖带两艘装载客货的驳船,沟通瑞安至永嘉的内河(应即温瑞塘河),至1907年该线又添拖轮一艘。1910年,永嘉士人吕渭英购置"鸿发"小火轮,开通了温州府城至乐清(或玉环)的航运。[107]总的来看,温州内部亦有较明确的中心与边缘之分,知识信息交流理论上的频密程度从永嘉(主要是温州府城)、瑞安向外递减,内地山区明显低于濒海地区,而以西南山区的泰顺最为"边缘"。

通过这样更为立体的知识讯息传播网络的建设,温州与宁波等处近似的沿海"口岸"特征得以进一步凸显。地方士人亦由是感知世界各地之距离在缩小,如张棡后来在论及西人石印"缩本"时即曾感叹:"今日世界,一缩本之世界也。乘汽轮渡海,不数日即达重洋,视旧日之帆舡何如? 坐火车驰铁轨,则千里顷刻可到,视昔时之人力车何如? 至于登氢气球、飞行机,虽万仞高山,可以一蹴至焉,其为快且便又何如?"[108]另有人作诗称:"会昌湖上屡经过,来往轮舟疾似梭。七十水程朝夕返,交通□胜昔时多。"[109]单论邮政或邮务局,则称:"邮路于今世界通,天涯莫漫怨飘蓬。料应一纸相思字,寄到郎前泪尚红。"[110]关于电报,同样有人叹称:"电学原将造化穷,倏然来去夺天工。漫言东浙风声早,赖有音书顷刻通。"[111]

恰如这些旧瓶新酒式的诗词所追述,在某些"硬件"变化基础上,清季十年温州地方士人接触时新书刊信息,已然更形便利。如据西人统计,1903年《万国公报》在温每月可以售出70份(唯因后来涨价,次年萎缩至月25份)。[112]以往研究往往强调这些书刊对各地青年学子观念的形塑作用,但若细察书刊的受众面,当可发现较老辈的地方士人亦在其中,在"新学"或"时务"一面的阅读喜好与晚辈学子相比,也很难说有什么本质的区别。

瑞安士绅孙诒让,是此方面表现尤为突出的一位。自19世纪80年代起即对时新书刊有所接触的孙氏,"新政"期间又开始阅读多种报刊,包括《新民丛报》《教育世界》《外交报》《杭州白话报》《政艺通报》《浙江潮》《东方杂志》《图书月报》等。[113]另自壬寅年五月起,定有研习新旧之学的日程表,于"每日上午,专作阅览新书及报刊文字时间;下午,先以一二小时料理有关地方公事及外来友朋函札,其余时间连至晚上,作为整理旧稿及进行新著时间"。同时,他已觉"仅看译本为不足,意欲略识外国文字,使可直接看原书"。瑞安普通学堂英文教习上海人蔡华卿寄寓孙家,诒让"因乘便请其教读英文,即用普通学堂课本,蔡君口讲之后,诒让随手在课本上以朱笔细楷附注读音于英字旁,如是者学习两三月"。只是孙氏尚须兼顾著述旧业及地方事务,遂"不能专心研读,复以脑力渐就衰退,深有得一遗十之感",亲友力劝,乃告辍学。[114]

之后,孙诒让以阅读中土人士的译作为主,其中包括一些士林名译,如严复所译的《天演论》《原富》《法意》《群己权界论》《群学肄言》《社会通诠》等。[115]据称孙氏曾于其玉海楼楼下辟专室插架,安置西学书刊[116]。辛亥年其子曝晒玉海楼遗藏,中有"新书"2 643册,杂志29种1 477册,报纸11种,有数种合订一册者,有一种分订若干册者,计305册。[117]此类书刊之阅读,曾被其不无愤激地视为自保乡隅的不得不然之举:"时事至此,百无一望。新政亦万不及事,只好急图自立之计,多买报章,以广闻见。"[118]只是对于流行的报章文体,孙氏亦有微词,以为近于龚自珍,"盖以哀音促节,义资儆俗,而体仄气浮,究非文家正轨"。[119]乙巳年四月,他又得阅处州青田籍留学生陈琪所作的美国圣路易万国博览会游记,并为其作叙[120];还曾向同乡士人杨绍廉、蔡念萱等赠送《申报》,并提示"内载张南皮定学堂章程极详",唯"其轻医学,禁哲学,则不无可议耳"。[121]担任温处学务分处总理后,他还曾向分处英文教员陈守庸求教"从外文书报得来之新知"(同时孙向陈传授"旧学")。陈守庸告以近有新出版蔡尔康译《欧洲十九世纪史略》一书(似即《泰西新史揽要》新版),孙即函沪购到,"嗣阅此书遇有疑义,辄以下问"[122]。

其他一些地方士人,或不如孙氏这般"活到老学到老",可对时新书刊的观感亦颇为积极正面。如平阳刘绍宽在日记中称,壬寅年五月,他得阅节本《泰西新史揽要》,及严复《原强》,摘录《原强》中数语,称"极精",并申论称:"康梁张三世之说,及近人骛泰西天演之学。""反而印证于六经,则孔孟六经诸书真如世传之七巧图,任人如何凑合,皆可成式。然言孔孟立意真皆如是哉? 亦后人牵就以附之耳。夫牵就古人以会其说,终于诬古而蔑古,曷若勿泥古训,径求实学之为得哉?"在此时的刘氏看来,中土古学已无须如康梁所强调的那般时刻"在场",以印证所谓"实学"的合法性。[123]

癸卯年十一月,刘还与同乡友人陈慕琳论及严译《群学肄言》,陈称该书"理不甚新,惟多用科学语,故觉其新耳"。刘则谓:"不觉其新者,以所言皆切理餍心也。夫切理餍心,皆为人人心中应有之言,而不觉其生厌者,正为其新耳。"[124]对于阅读书报的重要性,刘也有深切体认,称:"人居于一乡,即为一乡之地理、历史所囿,除多看书、多阅报、多交通人外,实无开通法子。"只是在"读"的同时,尚须保持自己的主体性,即"须时时有提拔自己之心,考察现前之行为、现心所蕲向,处处警醒,勿令沉迷,然后看书、阅报、择交得有归宿处"[125]。

还有功名相对更低的瑞安廪生林骏、张棡。辛丑年,林骏门人叶兰坨为林氏寄来《杭州白话报》,似是林受吴之翰之托代购[126];反之,壬寅至癸卯年,吴之翰又与上海《新世界学报》主笔陈黻宸联系,代林骏购得该报。[127]壬寅年二月初,林骏接到孙诒棫自上海寄来的《新民丛报》二册,认为"此书体例甚精,洵四千年来未有之奇书也"。癸卯年六月,他又从孙诒泽处获得"旧年所缺《新民丛报》第十六册,赵璧之完,心为志喜"[128]。后来他主要从友人叶耕经处获得此报。癸卯年四月,林氏往访叶耕经,为张棡代购《清议报》全编,结果"叶君又付余一部,余以囊涩金尽,辞姑暂留之,耕经曰:书价缓急不妨,陆续付楚。心喜得此异书,即时取二部携归,而不觉腕力之疲也"[129]。就日记所反映的情况看,林氏阅读记录以梁启超编著者为最多,除上述报刊外,尚有单行本《李鸿章》(门人叶兰坨从孙诒泽处购来,壬寅二月廿四日)、《新大陆游记》(叶云村姻兄送到,甲辰四月十一日)、《近世中国秘史》(此系"扪虱谈虎客"韩文举所辑,梁仅作序,林误记为梁氏"手辑")、《中国之武士道》(以上两书自杨仁大纸铺购来,乙巳二月十四日)等。其时科举未废,林氏的趋新阅读客观上诚然有助于策论练习,但阅读获得的独立于科考之外的愉悦感,亦是显而易见的。不仅如此,对于开通风气的士林"名流",他也产生了某种"钦慕"之情,如壬寅年八月初记:"馆中女仆论丁酉之岁,曾随宋平子衡(即宋恕——引者注)客居申江,四方诸名士均来访宋君,如康南海、梁任公、谭浏阳、汪穰卿、章枚叔声名藉藉者流,都为识面。余闻而心羡之,柔弱女人,犹能随主出游,亲见群贤,习聆论议;吾辈书生,徒自呫唔窗下,拘等井蛙,守如屈蠖,古云巾帼易为须眉,我本丈夫,反同巾帼,贻笑女流,真足鄙也。"回想丁酉年赴省乡试,林氏途经上海仅买了"时样花鞋并铜鱼钥二枚",未能抓住"亲见群贤"的机会,他可能也的确感到了些许后悔。[130]

而张棡对于梁启超的文字,亦颇为喜爱。如他曾在林骏处看《新民丛报》第1—2册,称梁氏"洵中国近来报界中巨擘","细阅为之爱不释手"。当日即托人往买《新民丛报》。㉛后读梁氏《现今世界大势论》《灭国新法论》,认为两书系"痛切之谈",可让"石人下泪"。㉜又曾至乡里后生林文潜处看《新小说》杂志,在日记中称:"盖此书亦梁任公笔墨,其《中国未来记》一种尤有无穷新理,不得与寻常小说一例观也。"㉝梁氏之《新民说》等,亦成为张氏在乡授学之教材。㉞

又如乐清郑良治,亦喜读梁启超及《新民丛报》的文章㉟;但他也不尽是阅读梁氏介引新学的文字,如乙巳年初"读饮冰《自由书》养心语录",觉某段与自己数日前所记"数语意颇合",便"急录之,以自励"。㊱甲辰年八月廿六日,记录称在家读《天演论》数页,"殊有味,"晚间又读数页,然以其母外出,"再三嘱夜中当醒宿防贼窃,故不敢久坐,乃就寝"。㊲后在温州府城观摩学务期间,尚于府城周边"东山精舍书报公会"取阅《警钟日报》等。㊳而当家母责其热心公务、"好事变更",他便在日记中援引"天演""进化"之理,为自己的所为辩护。㊴总之,林骏、张棡等人在甲午、戊戌年间开始较多接触了解"时务"与"新学",梁启超等人的"舆论界骄子"形象,也便从维新时期一直顺延到了"新政"阶段。只是与一些青年学子尤为喜爱梁氏气势磅礴之"新民体"有异,这些已届中年的地方士人感受更深的,似反而是梁的说理"实在"、讲求逻辑、"不事钓奇"。

除却阅读,尚有个别地方读书人被这些时新书刊勾起了写作欲;而长期居乡的经历,也并不妨碍这些士人进行以新学内容为基底的创作。如永嘉廪贡生王毓英,年龄只比孙诒让小4岁(生于1852年),却曾在1902年,供稿给编撰者多为青年学生(陈黻宸弟子)的《新世界学报》,于第3、7期分别登载《论英日联盟保护中韩》《辨惑》两文:一以天演进化之理论外交形势;一结合中外知识资源,申论不可迷信鬼神。㊵瑞安士人洪炳文,曾于1906年在乡作《电球游》一部(又名《信香重梦》),将新学内容以近于"科幻"的形式融入传统戏剧。该剧叙写洪本人与仆人一同乘"电球"至金华访友,利用催眠术造梦,梦中游历友人所画之园林图景,与园中两位"女史"吟诗唱和。后仆人报称邮局通知,天气骤变,已刮起西北风,这才匆匆乘球归去,不料一觉醒来,竟是南柯一梦。㊶文中的核心发明"电球",固出于作者之"臆想",却也是有所本的,如洪自己所云:

主人(洪自称花信楼主人——引者注)素喜格致制造之事,凡有新法,每思推究。有友吟香居士,在千里之外,远莫能致,结想而成梦也。然则梦境甚虚,何以知其可制而为此说也？曰:梦境虽虚而理境则实。理实若何？以为人身有空气压力百五十磅,故不能升空。乃以气球上升之力亦百五十磅与之相抵,凡物重力以相抵而相定,球中之气,能托百五十磅,则人身可以托浮在空际而不坠。多一人则加球中之气,力多寡相配有比例。

接着细述"电球"运作之"科学原理":

　　安球之法,则于现有电柱之上,加设一电线,有瓷叉以架之,球之下用伞以遮雨,伞之下用篮以盛人,篮之下有瓷圈以贯电线。球至柱边,线略升,既过,则仍架于叉。用瓷者,取其不传电也。欲行此球,彼此发电,一推一吸,与电报同理而可以乘人,与电车同用而不用造路。遇不能造车路之处,用之甚便。多球则可以乘多人,形如联珠,鱼贯而行,不虞凌躐。球之行也,如流星,如炮弹,循线以行,瞬息千里。或遇逆风,则球欹而篮正,不虞偏侧。凡有电杆之处,皆可为之。两头有台有梯,以便人上下。

　　据文中描述,除书本外,洪炳文可能还曾从对电报相关设施的观察中摄取灵感,且此期温州的电报线路,正是从其友所在的金华东向而来。他且认为,这套方法是有可操作性的,可惜"主人之力不能备球,是以但有其说而不闻庀材;主人之巧又不能制球,是以但有其理而不见其用",若真有人能"因是说而研究之,改良之",则"未始非制器前民之一助也"。[142]至1910年夏,时为绍兴府余姚县教谕的他,更是参照1910年初上海商务印书馆出版的留欧(比利时)学生高鲁所著《空中航行术》,作《空中飞行原理》一书,并将书稿送交闽浙总督与浙江巡抚,希望由浙江官书局印行(事似未成)。[143]

　　综括言之,此期老辈的温州地方士人在新学一面的阅读情况,与晚辈学子或有"程度"之别,但谈不上有"质"的不同。虽不能入学堂系统受训,他们对时新书刊的阅读、对西学新知的接受依然是不乏积极性的。当然,由于一方面只能自行揣摩，难以"入其堂奥"，另一方面颇强调阅读中的主体性、不可对新潮一味信从，当体量持续膨胀的"新学"膨胀到超乎某些地方士人的预计，以至挤压到"旧学"的生存空间时，他们的相关态度便将发生微妙而终至剧烈的变化。此方面的讨论，可参见笔者另文，兹不展开。

最后需要补充说明的一点是，温州虽在晚清以降受到西力显著影响，但信息与知识向地方的传播速度不一定等同于地方对于外界风潮的"反应"速度。如在辛亥革命期间，浙江省会杭州于1911年11月4日、5日光复，5日晚，温州府城即已通过电报知晓省城消息，之后不久，温州全境已告光复。然而在五四爱国运动时期，及至1919年5月底6月初，温州本地才发生成规模的学生爱国运动。这并不是说，温州在北京五四事件发生半个月至一个月之后方才"知晓"这一运动，而是信息在地方有一个"消化"的阶段，相对"边缘"的地方对于要不要做出反应、做出多大强度的反应，需要评估的时间。信息如此，知识与观念亦然。换言之，强调物质性的传播技术与媒介之变，绝非否认地方社会结构、观念与风习等其他要素的重要性，考察这些要素及要素间的动态关系，才能充分揭示近代转型历程中地方的"能动性"及其限度。

参考文献

① 朱海滨：《近世浙江文化地理研究》，复旦大学出版社，2011年。

② 阮元：《永嘉陈遇春文成会序一》，陈遇春辑、戴咸弼续《文成纪事》，光绪八年刻本；王妍：《温州清代文成会史料四种》，温州市图书馆《温州历史文献集刊》编辑部编《温州历史文献集刊》第1辑，南京大学出版社，2010年，第359页。

③ 梁章钜：《浪迹丛谈续谈三谈》，中华书局，1981年，第256页。

④ 多洛肯：《清代浙江进士群体研究》，中国社会科学出版社，2010年，第130—132页。

⑤ 《宋恕集》上册，中华书局，1993年，第325页。

⑥ 刘绍宽：《蘉园文钞序》，《厚庄诗文续集》，1937年，温州市图书馆藏。

⑦⑫⑬ 参见周厚才：《温州港史》，人民交通出版社，1990年，第34—36、50—51、51—54页。

⑧ 参见[英]德庇时：《战时与缔和后的中国》，中华书局，1983年，第241页。

⑨ 赵肖为译编：《近代温州社会经济发展概况——瓯海关贸易报告与十年报告译编》，上海三联书店，2014年，第49—50页。笔者据《中国旧海关史料（1859—1948）》（京华出版社，2001年）所载英文原文，对译文略有调整，下同。

⑩ 周厚才:《温州港史》,第 66—68、90—94 页。

⑪⑬⑭⑮⑲㉖㉚㉜㉝㉞ 赵肖为译编:《近代温州社会经济发展概况——瓯海关贸易报告与十年报告译编》,第 7、172、62、154、63、148、186、63、218、240—241 页。

⑯ 赵肖为译编:《近代温州社会经济发展概况——瓯海关贸易报告与十年报告译编》,第 172—173、179 页。

⑰ [日]松浦章:《温州海上交通史研究》,杨蕾等译,人民出版社,2016 年,第 113—114 页。

⑳ 按丁贤勇《温州近代交通史研究》(人民出版社,2017 年,第 86—88 页)对 1877—1919 年温州港客流量的统计,1908—1919 年的数字与周厚才及笔者显著不同,疑似存在误植。

㉑ 参见朱烈:《温州市历史地理》,《温州市地理学会第一、二届年会论文选集》,1964 年,第 63 页。

㉒ 赵肖为译编:《近代温州社会经济发展概况——瓯海关贸易报告与十年报告译编》,第 63、171 页。

㉓ 孙诒绩:《仲彤日记》,光绪丙戌八月二十日眉注,温州市图书馆藏。

㉔《温州杂录》,《申报》1886 年 9 月 30 日。

㉕ 丁贤勇:《晋省之旅:晚清民国时期温杭行程述考》,《华东师范大学学报(哲学社会科学版)》2016 年第 6 期。

㉗ 张棡:《杜隐园日记》,光绪戊子七月十五日,温州市图书馆藏。

㉘《东瓯秋爽》,《申报》1888 年 8 月 19 日。

㉙《温州志小》,《申报》1888 年 9 月 16 日。

㉛《瓯海凉涛》,《申报》1889 年 8 月 21 日。

㉜ 张棡:《杜隐园日记》,光绪己丑七月十八、十九日,温州市图书馆藏。

㉝ "Trade Reports and Returns, 1891, WENCHOW",《中国旧海关史料(1859—1948)》第 17 册,第 337 页。

㉞《瓯海秋涛》,《申报》1893 年 9 月 5 日。

㉟ 张棡:《杜隐园日记》,光绪辛卯八月初三,温州市图书馆藏。

㊱ 张棡:《杜隐园日记》,光绪丁酉七月初七,温州市图书馆藏。

㊲ 张棡:《杜隐园日记》,光绪壬寅七月初一,温州市图书馆藏。

㊳ "Trade Reports and Returns, 1903, WENCHOW",《中国旧海关史料(1859—1948)》第 37 册,第 598 页。

㊴㊸《吕渭英集》,香港天马图书有限公司,2001 年,第 17、17—18 页。

㊵ 洪炳文:《东嘉新竹枝词》,沈不沉编《洪炳文集》,上海社会科学院出版社,2004 年,第 442 页。

㊶ 林培厚:《浙瓯会馆记》,金柏东主编《温州历代碑刻集》,上海社会科学院出版社,2002 年,第 337—338 页。

㊷ 参见《温州文史资料第 22 辑·温州旅沪同乡会史料》,2007 年。

㊹ 陈虬:《温州出口土产宜设公司议》,胡珠生编《温州文史资料第 8 辑·陈虬集》,浙江人民出版社,1992 年,第 183 页。

㊹陈虬：《行路难》，胡珠生编《温州文史资料第8辑·陈虬集》，第374页。后来陈虬在其《利济教经》中专设"租界章"，对租界风貌有所描绘，但这究系亲见，还是仍系风闻，尚不得而知。

㊻㊼㊽㊾池志澂：《沪游梦影录》，瑞安市地方志办公室编《池志澂诗文书法集》，中国文史出版社，2008年，第24、26、36、38—50页。

㊿52⃝53⃝55⃝56⃝《宋恕集》上册，第71、559、569、117、489页。

51⃝57⃝68⃝69⃝75⃝《宋恕集》下册，第676、932、663、662、797页。

54⃝《宋恕集》上册，第57、64页。宋恕亦曾托上海梅溪书院创办者张焕纶购买外国字典，并向张学英语(可能同时向张请教英语的还有在沪掌教院的宋氏岳父孙锵鸣)。

58⃝60⃝《孙锵鸣集》上册，上海社会科学院出版社，2003年，第229、324页。

59⃝孙诒绩：《仲彤日记》，光绪丁亥闰四月十九日，温州市图书馆藏。

61⃝孙锵鸣：《丙戌沪游日记》，光绪丙戌四月廿二日，八月十六、十九、廿二日；孙锵鸣：《丁亥江沪游记》，光绪丁亥四月初四，《孙衣言、锵鸣日记四种》，温州市图书馆藏。

62⃝《孙锵鸣集》上册，第292、307页。

63⃝《宋恕亲友函札·金晦》第四通，胡珠生编《东瓯三先生集补编》，第262页；《宋恕亲友函札·赵诒琛》第二通，胡珠生编《东瓯三先生集补编》，第269页。

64⃝《黄体芳集》上册，中华书局，2018年，第60—62页。

65⃝孙诒让：《致浙江学政禀》，张宪文辑、温州市政协文史资料委员会编《温州文史资料第5辑·孙诒让遗文辑存》，浙江人民出版社，1990年，第224页。

66⃝孙诒让：《与黄仲弢书》，张宪文辑、温州市政协文史资料委员会编《温州文史资料第5辑·孙诒让遗文辑存》，第74页；刘绍宽：《厚庄日记》，光绪庚寅六月十六日、八月廿四日，辛卯四月廿三日。

67⃝《宋恕集》下册，第661页；胡珠生编《东瓯三先生集补编》，第155页。

70⃝刘绍宽：《厚庄日记》，光绪壬辰二月廿二日。

71⃝刘绍宽：《厚庄日记》，光绪癸巳三月三十日、四月初三。

72⃝刘绍宽：《厚庄日记》，光绪癸巳七月初一。

73⃝黄庆澄：《东游日记》，罗森等《早期日本游记五种》，湖南人民出版社，1983年，第219—220页。

74⃝孙诒让：《与黄仲弢书》，张宪文辑、温州市政协文史资料委员会编《温州文史资料第5辑·孙诒让遗文辑存》，第77页。

76⃝刘绍宽：《厚庄日记》，光绪甲午二月初九。

77⃝按黄庆澄从台湾回大陆后再赴顺天府乡试，乡试似亦有黄绍箕关照；且之后"仍欲为海外之游"，孙诒让遂作信给黄绍箕，请其代为设法，见《孙诒让致黄绍箕·四》，温州博物馆编《黄绍箕往来函札》，浙江摄影出版社，2012年，第145—146、341页。

78⃝《宋恕亲友函札·陈京》第二、三通，胡珠生编《东瓯三先生集补编》，第219—221页。

79⃝如平阳刘绍宽即曾忆称，早期平阳长期在外活动的士人主要是宋恕与黄庆澄，相对而言，宋恕"高掌远跖，虑不措于一邑"，而黄庆澄"则汲汲输外来之风气以播于邑中，遇有后进隽异之士，诱掖奖劝，不遗余力"。(见刘绍宽：《林椿庭五十寿序》，《厚庄诗文续

集》,文外卷二,温州市图书馆藏)

⑧⓪ 参见周梦江整理:《赵钧〈过来语〉辑录》,《近代史资料》1979年第4期,第188页。

⑧① 参见《重修浙江通志稿(标点本)》第12册,方志出版社,2010年,第8094页。

⑧③ 孙锵鸣:《丙戌沪游日记》,光绪丙戌七月廿二日、八月初五。

⑧⑤ 《东瓯琐纪》,《申报》1888年5月1日。

⑧⑥ 《海关总税务司通令第709号(第二辑)》(1896年4月30日),《旧中国海关总税务司署通令选编》第1卷,中国海关出版社,2003年,第361页。

⑧⑦ 《海关总税务司通令第776号(第二辑)》(1897年3月30日),《旧中国海关总税务司署通令选编》第1卷,第381—382页。

⑧⑨ 参见林炜然:《九十年来(续前)》,《瑞安文史资料》第8辑,1990年,第42页。

⑨⓪⑭⑮⑰ 孙延钊:《孙衣言孙诒让父子年谱》,上海社会科学院出版社,2003年,第213—214、304、331、364页。

⑨① 孙延钊:《孙衣言孙诒让父子年谱》,第210、214—215页。

⑨② 孙延钊:《孙衣言孙诒让父子年谱》,第221、252页。

⑨③ 孙诒让:《沈俪崑〈富强刍议〉叙》,《孙诒让全集·籀庼述林》,中华书局,2010年,第351页。

⑨④ 孙延钊:《孙衣言孙诒让父子年谱》,第228、233、262页。按《格致汇编》与《万国公报》在19世纪80年代中期均处于停刊状态,若《年谱》所云肇始时间不误,则诒让此时应是阅读之前的"过刊"。

⑨⑤ 按孙诒让此行或有张之洞为之在会试落榜后作安顿的意思,如孙锵鸣在该年致宋恕的信中即称:"阿涵(孙诒让本名德涵——引者注)下第,兴致更减。惟南皮尚约其榜后再往西,果尔则亦贤一助也。"(见《孙锵鸣集》上册,第325页)

⑨⑥ 孙延钊:《孙衣言孙诒让父子年谱》,第230—231、241页。

⑨⑦ 按温州市图书馆藏《项申甫日记》共2册,一册年份标为光绪丙申、丁酉年(1896—1897),应无误;另一册标为光绪丙申(1896)七至九月,但据学者考证,文中提及项氏阅报获悉长崎岛事件的情形,该事件发生于1886年,故本册日记应为1886年作(见陈瑞赞:《温州市图书馆藏抄稿本日记叙录》,《文献》2008年第4期),今从此说。

⑨⑧ 张棡:《杜隐园日记》,光绪戊子正月廿四日,温州市图书馆藏。

⑨⑨ 刘绍宽:《厚庄日记》,光绪庚寅七月初九,辛卯六月初一、癸巳三月初六、八月十八日,甲午二月十六日、三月廿二日。

⑩⓪ 刘绍宽:《厚庄日记》,光绪癸巳七月廿七日,甲午正月初三、二月十一日。

⑩① 刘绍宽:《厚庄日记》,光绪甲午正月廿七日、三月初五。

⑩② 《瓯郡振兴》,《浙江新政交儆报》,壬寅年(1902)春;《海关总税务司通令第1062号(第二辑)》(1903年1月24日),《旧中国海关总税务司署通令选编》第1卷,第488—489页;"Trade Reports and Returns,1902,WENCHOW",《中国旧海关史料(1859—1948)》第35册,第544页;赵肖为译编:《近代温州社会经济发展概况——瓯海关贸易报告与十年报告译编》,第254—255页。

⑩③ 《重修浙江通志稿》(标点本),第12册,第8130页。

⑩④ "Trade Reports and Returns,1904,WENCHOW",《中国旧海关史料(1859—

1948)》第 39 册,第 667 页。

⑩⑤ 赵肖为译编:《近代温州社会经济发展概况——瓯海关贸易报告与十年报告译编》,第 248—249 页。此"永宁号"恐非前已报废的招商局"海昌号"。

⑩⑥ 参见《温州市交通志》,海洋出版社,1994 年,第 66 页。按对于上述交通变化,孙诒让可能也曾居间联络(见孙延钊:《孙衣言孙诒让父子年谱》,第 319—320 页)。

⑩⑦ 项廷珍:《瑞安创设汽船公司碑记》,吴明哲编《温州历代碑刻二集》下册,上海社会科学院出版社,2006 年,第 812 页。按关于"鸿发号"轮船,《支那省别全志》称系到玉环,而《温州港史》与《吕渭英集》称系到乐清,未详孰是。

⑩⑧ 张棡:《杜隐园日记》,宣统庚戌六月十七日至廿一日眉注,温州市图书馆藏。

⑩⑨ 《东嘉新竹枝词披露:蕢门外史二十首、仲宽四首》,《瓯海潮》第 13 期。

⑩⑩ 《东嘉新竹枝词披露:芙蓉吟馆主人八首》,《瓯海潮》第 13 期。

⑪⑪ 《东嘉新竹枝词披露:章安潜庵五首》,《瓯海潮》第 13 期。

⑪⑫ "A Plea for the 'Wan Kuo Kung Pao'", *The North-China Herald and Supreme Court & Consular Gazette*, Mar. 5, 1903.

⑪⑬ 孙延钊:《孙衣言孙诒让父子年谱》,第 300、305、314、316、342 页。

⑪⑭ 张宪文:《瑞安孙氏玉海楼书藏考》,《文献》1988 年第 3 期,第 192 页。

⑪⑮ 孙诒让:《复刘祝群书二通》,张宪文辑,温州市政协文史资料委员会编《温州文史资料第 5 辑·孙诒让遗文辑存》,第 118 页。

⑪⑯ 孙诒让:《跋某君书》,《籀庼遗文》下册,中华书局,2013 年,第 640 页。

⑪⑰ 孙诒让:《美利坚国观会记叙》,《籀庼遗文》下册,第 478—480 页。

⑪⑱ 孙诒让:《致杨志林便条》第五纸,《籀庼遗文》下册,第 571 页。

⑪⑲ 陈守庸:《我所认识的孙诒让先生》,中国人民政治协商会议浙江省温州市委员会文史资料研究委员会编《温州文史资料》创刊号,1985 年,第 39 页。

⑫⑳ 刘绍宽:《厚庄日记》,光绪壬寅五月初七。

⑫㉔ 刘绍宽:《厚庄日记》,光绪癸卯十一月初十。

⑫㉕ 刘绍宽:《厚庄日记》,光绪乙巳十月廿六日。

⑫㉖ 林骏:《颇宜茨室日记》,光绪辛丑八月初七、十七日,温州市图书馆藏。

⑫㉗ 林骏:《颇宜茨室日记》,光绪壬寅九月十一日、癸卯二月初五,温州市图书馆藏。

⑫㉘ 林骏:《颇宜茨室日记》,光绪壬寅二月初七、癸卯六月十四日,温州市图书馆藏。

⑫㉙ 林骏:《颇宜茨室日记》,光绪癸卯四月廿七日,温州市图书馆藏。

⑬㉚ 林骏:《颇宜茨室日记》,光绪丁酉七月廿七日、壬寅八月初二,温州市图书馆藏。

⑬㉛ 张棡:《杜隐园日记》,光绪壬寅三月初七,温州市图书馆藏。

⑬㉜ 张棡:《杜隐园日记》,光绪壬寅七月廿三日,温州市图书馆藏。

⑬㉝ 张棡:《杜隐园日记》,光绪癸卯正月十九日,温州市图书馆藏。

⑬㉞ 张棡:《杜隐园日记》,光绪丙午三月廿一日,温州市图书馆藏。

⑬㉟ 郑良治:《百甓斋日记》,光绪甲辰八月廿二日、九月初二、九月初四、十二月十六日,乙巳四月初七。

⑬㊱ 郑良治:《百甓斋日记》,光绪乙巳正月廿二日。

⑬㊲ 郑良治:《百甓斋日记》,光绪甲辰八月廿六日。

⑬⑧ 郑良治:《百甓斋日记》,光绪甲辰十月初二、十一月廿三日。
⑬⑨ 郑良治:《百甓斋日记》,光绪乙巳二月廿二日。
⑭⓪ 王毓英:《论英日联盟保护中韩》,《新世界学报》壬寅第 3 期,1902 年 10 月 2 日(光绪壬寅九月初一);王毓英:《辨惑》,《新世界学报》壬寅第 7 期,1902 年 11 月 30 日(壬寅十一月初一)。
⑭①⑭② 《洪炳文集》,第 316、316—317 页。
⑭③ 参见《洪炳文集》,第 648—656 页。该书稿据称现藏天津市图书馆,笔者尚未见及。另据称洪氏尚有《飞艇丛谈》等著作,仅见书目,下落不明(见潘猛补:《洪炳文著述考》,《图书馆研究与工作》1988 年第 3 期)。

论叶适的学习观及其启示

张鹤翔[*]

叶适,字正则,号水心居士,是南宋时期著名的政治家、思想家、教育家,他对永嘉学派的思想进行了集大成式的体系化。叶适基于自己的经历总结出了丰富的教育思想,并且在人生的不同阶段都积极实践,这些思想对当代教育仍有重要的启示。

一、教 育 生 平

叶适一生重教兴学,强调"造士使之俊秀",他对优秀人才的选拔及培养都十分重视。在乾道年间的乐清白石村塾任教,叶适开始了他最早的教学活动,之后的十几年间,先后在金华、义乌一带游学,还曾在永嘉近郊南湖茶院寺学塾执教。淳熙三年(1176)回到乐清雁山寺授课,直至次年参加漕试中试。[①]

在二十多年的任官生涯中,叶适会在闲暇时讲学授徒。宋宁宗嘉定元年(1208),叶适开始了治学诲人的晚年生活,将其一生的思想凝结为《习学记言序目》,此时教学有"学、文并传"的特点,他不但传授自己总结的永嘉之学的精髓,而且传授自己诗文创作的经验。[②]

可见,叶适有着丰富的教育实践活动与思想,其核心为"经世致用"的事功思想,极具现实意义。

---

[*] 张鹤翔,杭州师范大学教育硕士在读。

二、学 习 观

同时期,教育家朱熹关于如何学习有许多独到的见解,程端礼的《集庆路江东书院讲义》将"朱子读书法"归纳为"循序渐进""熟读精思""虚心涵泳""切己体察""著紧用力""居敬持志"等六条。③朱熹主张"半日静坐,半日读书"④,可见,他所提倡的读书方法偏重书本知识的学习,强调潜心读书、思考。

叶适则反对只停留在心智层面上的学习,反对"传习诵习,坐论圣贤",他说:"近世尤偏堕太甚,谓独自内出,不由外入,往往以为一念之功,圣贤可招而致,不知此心之良莠,未可遽以嘉荞自名也。"⑤基于事功思想,叶适主张"内外交相明"的工夫论。在学习上,主要体现在"思学兼进"与"学以致用"等方面。

(一)思学兼进

叶适在《习学记言序目·告子》中写道:"古人未有不内外交相成而至于圣贤,故尧舜皆各诸德,而以聪明为首。"⑥他提出"内外交相明"的工夫论,将"学"作为核心,认为"学"是主体对客体的认识和学习,"思"是主体内在的反思和直觉,两者需兼进。⑦他强调五官的"闻见之知"与心官的"德性之知"是并重的,即认为人心的先天功能是有限的,后天对客观世界的探索与学习也必不可少。⑧

叶适认为,我们应当高度重视两大认知途径:一是通过五官所获得的"闻见之知",它代表了人类对外部世界直接感知与经验积累的能力;二是心官所独具的"德性之知",这关乎内在的道德品质、智慧与精神的觉悟,体现了人心对更高层次价值、意义及伦理规范的深刻理解和追求。这一观念也深刻揭示了人性的多维性:一方面,人心虽拥有与生俱来的先天功能,这些功能虽为认知与情感的基础,但其范围与深度终究有限;另一方面,强调后天努力与学习的不可或缺性,即通过五官不断地探索与感知外界,积累经验,增长知识。同时,心官亦需不断修养,提升德性,以达至更高层次的精神境界。两者相辅相成,共同构成了人类完整而丰富的认知体系与道德人格。

孔子最早提出"学而不思则罔,思而不学则殆"的学思结合的学习方法。

叶适也说:"《洪范》言九畴天所锡,而作圣实本于思,其他誓、谋、肃、乂,随时类而应,则思之所通,诚一身之主宰,非他德可并而云也。然傅说谓'惟学逊志''道积于厥躬';孔子称'学而不思则罔,思而不学则殆',是思学兼进者为圣。"⑨可见,叶适全面推崇孔子的儒学思想,基于工夫论,推崇思学兼进的方法,认为兼顾学与思的人才能成为圣人。

叶适在"道无内外,学则内外交相明"的基础上,提出了"自外而入"与"自内而出"的学习方法。前者是指从外界获取知识的过程,后者是指通过内心的思考感悟进而获取知识的过程。两者既相互联系又相互独立,学习之道就在于通过外部吸取达到内部充实,是主客观的统一,是动机与效果的统一,也是思学兼进的过程。

(二)学以致用

叶适基于"功利之学"所强调的"学以致用",并不是单一线性的学习过程,而是一种从实践到理论再到实践的螺旋上升式的迭代过程。

首先,学习要以实践作为基础,学者修身应务实。叶适认为学习要基于实际生活,反对静坐体悟。叶适十分推崇孔子的思想,针对孔子提出的"克己复礼",他认为:"今世说此,游词甚多,而无克复之实,盖理本不虚立尔。"⑩可见,学习要结合实际,而不是空谈义理。

其次,以"学"为核心。在学习的材料上,要从古典典籍入手,认为"古今成材者其高有至于圣,以是书也""材之高下,固书之浅深系焉"⑪。在求学过程中,主张"师虽有传,说虽有本,然而学者必自善,自善则聪明有开也",认为学者要有自己的思考和独立见解,学习是自身的奋进,而非依赖外界,反对"师云亦云"。在学习的过程中,要勤奋、要日积月累。《习学记言序目》中说:"傅说'始终典于学',《颂》'学有缉熙于光明',言学之功用大矣,然未有如此其急;如此其急自孔子始也。时习,节也;如不及,节之峻疾者也;非如不及不足以得之也。"⑫在叶适看来,学习有一定的急切性,需潜心学习理解知识,有一定量的积累才能有所质变。

最后,"无功利则道义者乃无用之虚语耳",要将所学运用到实际中。"孔子之志,'老者安之,朋友信之,少者怀之',少抑于二子矣。夫高其所愿者,终或不能从也。而近世之学者,乃以为如此则于天地同量。且天地虽大也,亦乌能安老怀少哉?"叶适充分肯定孔子所提倡的"入世",主张要积极解决实际问题,反对避世。

叶适基于"内外交相明"的工夫论,所提倡的"思学兼进""学以致用"等学习观,强调通过外在改造进行内在完善,体现了学习的思辨性与实践性。其思想对明清朝时期黄宗羲等人所提倡的"经世致用"的学风产生了非常大的影响,叶适的门生弟子也在积极提倡与实践这一点。

三、启　　示

（一）学习当立志与勤奋

叶适认为,学习有一定的紧迫性,需要着紧用力,许多教育家都非常强调学习目标与志向的设定。在学期初期,学者应有虚心求学的心向,不断激发自己的内部动机,有学习的目标,并将学习计划付诸实践。基于此,在学习的全程,坚持与勤奋等也是必不可少的。正如叶适认为,人的才智是长期积累的结果,不是一蹴而就的。学习是求长效的,教育者与学习者都应该意识到这一点,注重潜移默化与隐性教育的重要性。

（二）注重知识的实践

叶适的教育思想中处处体现着"功利之学"的思想,强调要"积累实学,历练实事"。近现代教育也非常重视学习的实践,杜威提出"做中学"、陈鹤琴"做中教、做中学、做中求进步"的思想、陶行知的"教学做合一",都印证了这一点。学习不应该是"纸上谈兵",理论要与实践联系,更要进行知识的纵、横迁移,需主动将所学知识进行运用与输出。

（三）关注深度学习

叶适所提倡的学习并不是单一线性的。他所说的"除之又除""尽之又尽之",是一种从实践到理论再到实践的螺旋上升式的学习过程。可见,叶适强调的学习观遵循的是一种迭代逻辑,在前进过程中要不断回头反观,走向更高层次。无论是学习还是育人,都绝不是浅层功夫,要透过本质看到其本身。

（四）培养自学与思考能力

除了强调对客观世界的探索与实践,叶适还结合自己的求学经历,主张作为学生要有独立思考的能力,有自己的见解,不轻信,不盲从。培养自学能力一直是儿童成长过程中不可或缺的话题之一,且教育教学是复杂多样的。作为教师,在教学中要留有空间供学生"呼吸",增加教育的"弹性",针对不同学生的特点采用不同的教学方法。作为学生,需意识到学习的急切性,发挥主动性与创造性来促进自身发展,从而形成独立完整的人格。

(五)注重思维方法

叶适肯定"心"的功能,"思"的作用,认为只要能打开思维、独立思考,即使没有老师的引路,也能达到最高的境界。叶适同时强调要避免只为获得知识而学习,应当把知识的学习与道德的完善结合起来。所以,在求学过程中,要有自己的独立见解与思考,而不是一味照搬别人的观点。

参考文献

①② 朱迎平:《永嘉巨子——叶适传》,浙江人民出版社,2006年,第159、160页。
③ 黄宗羲著、全祖望补修:《宋元学案》,中华书局,1986年,第2914页。
④ 李道传:《朱子语录》,上海古籍出版社,2016年。
⑤⑥⑨⑩⑫ 叶适:《习学记言序目》,中华书局,1977年,第155—165、206、186、155—165、189页。
⑦⑧ 王宇:《永嘉学派研究》,商务印书馆,2021年。
⑪ 叶适:《水心先生文集》卷十,四部丛刊初编本。

儒佛之争与文化权威

——元丰九先生入洛背景再考察

郑 鹏*

元丰九先生是指北宋元丰、元祐年间,从国家边陲之地前往政治、文化中心求学的九位温州士大夫。九先生之一的周行己最早对这个学术团体作了概览式介绍:

> 元丰作新太学,四方游士岁常数千百人。温海郡去京师阻远,居太学不满十人,然而学行修明,颇为学官先生称道。一时士大夫语其子弟,以为矜式,四方学者皆所服从而师友焉。蒋元中、沈彬老不幸早死,不及禄;刘元承今为监察御史,元礼为中书舍人,许少伊今为敕令删定官,方进未艾,戴明仲为临江军教授,赵彦昭为辟雍正以卒。张子充最早有闻,每举不利,今以八行荐于朝。凡此吾乡之士皆能自立于学校,见用于当世。①

这段话提到了八位永嘉学者,分别是蒋元中、沈躬行(字彬老)、刘安节(字元承)、刘安上(字元礼)、许景衡(字少伊)、戴述(字明仲)、赵霄(字彦昭)、张煇(字子充),连同周行己九人,即后世所谓"元丰九先生"。

九先生虽然均为亲炙或私淑的二程门人,但他们不仅传承了永嘉地区"无所谓理气心性"②的学术传统,还在太学中学习了荆公新学,又"尝从蓝田吕氏游"③,为张载之再传。复杂的求学经历注定了他们的学术无法保持纯

---

* 郑鹏,山西农业大学马克思主义学院讲师。

粹,有时甚至与"与程氏之说相背"④。因此,"立不住""靠不得""未尽醇""未有根"等成为二程嫡系门生赋予元丰九先生的群体标签。不过,学术上的驳杂并不影响洛学在他们学术体系中的核心地位。北宋末年至两宋之际,每当洛学遭遇学禁,九先生还是会被道学家寄予"吾党"的角色期待。在洛学向全国散播的过程中,九先生也承担了江浙一脉,如全祖望所说:"其入浙也,以永嘉周、刘、许、鲍数君。"⑤正是得益于九先生的学术传导,"邦人始知有伊洛之学"⑥。他们不仅构筑了早期永嘉学派的思想根柢,还影响了学派后来的思想演进。

前人对元丰九先生已经有了一些研究,不过这些研究大多带有明显的"以个人为中心的学案体的痕迹"⑦。如葛兆光所说:"大的思想家一章,小的思想家一节,仍不够等级的话可以几个人合伙占上一节,再不济的话也可以占上一段……思想的历史也就自然成了思想家的博物馆……一半仿佛编花名册,一半仿佛挂光荣榜。"⑧虽然能清晰展现出思想者的思想体系,但这种研究范式过多注意了思想"内"的一面,思想的孕育环境等"外"之维度被割裂。20世纪60年代,昆廷·斯金纳提出了"语境中的观念"(ideas in context)的说法,主张思想史的研究不仅仅是去研究经典文本,而必须从产生经典文本的社会和知识的背景下去考察,只有通过对文本意涵(meaning)与语境(context)的结合才能真正理解观念。⑨基于此,笔者试图将元丰九先生被"抽离"的思想重新整合到社会与历史的语境中,重新探究九先生入洛的历史背景。

一、北宋温州儒佛斗争之微观考察:以九先生墓志书写为中心

前人对元丰九先生赴洛求学的背景已经做了较为细致的探讨,不过研究的侧重点是北宋时期科举制度变革所引发的士人群体流动,如太学法、三舍法的改革为士人提供了比本地更充裕的解额与更加便利的仕宦途径,这无疑是九先生千里奔赴政治中心的重要因素。⑩不过,九先生赴洛应该是内外因相交作用下的结果。这种制度的刺激仅仅是一种外部诱因,只有观察温州本地在当时的社会风气变迁,才能够对九先生赴洛的内部环境有所认识。

质言之,温州地区的社会风气在唐宋之际经历了由崇佛到崇儒的转变。关于这个变化,在元丰九先生为族人、师友等人撰写的墓志铭中有十分鲜明的表征。在以往对元丰九先生的研究中,奏疏、对策、经解等类型的文本被更多的利用,而墓志类文献相较之下还有较大的开发空间。这也是现如今宋史研究的一个普遍现象,正如有学者指出,宋代的史料,虽不及明清时期的史料多,但也足够丰富,传下来的宋朝史料远远超过唐代。⑪或许正是由于充足的传世文献,宋代的墓志文献在各领域研究中没有受到足够的重视。而此处笔者将试图采用九先生撰写的墓志铭这样一种相对"边缘"的材料来揭示温州社会文化变迁的这一面相。

请铭作为一种社会行为,实质就是丧家利用自己的社会关系,寻求有一定社会地位的士人作为撰铭者,借助撰铭者的声望、地位,使丧主流芳百世。请铭与撰铭也是丧家与撰铭者建立士人网络的重要途径,撰铭者的声望越高,无疑更有助于提升丧家的社会影响力。如赵冬梅在阐释宋代"年久立碑"现象时说:"'年久立碑'现象,一方面突出了碑志文字对抗遗忘、为死者传不朽的目标,另一方面,也更加直白地表露出碑志书写服务生者(死者后代)的意图,所谓'扬公后世之美以慰其子孙'。"⑫陆扬也指出:"从东汉到隋唐,墓志……甚至有时表面上是在对死者做'盖棺论定',实际上是为了表彰死者的家人。"⑬因此,墓志的出现需要一定的社会文化基础,如该地区出现一定规模的儒家士大夫群体,具有一定的官阶或社会地位的士人,具有一定的社会财富等。由于宋代以前,温州地区的儒家文化发展几近空白,因此,直至宋初,温州地区的墓志都是稀有的。

唐五代时期,温州地区较为兴盛的是佛学。此时温州出现了一批知名的僧人,如"永嘉大师"玄觉、僧道怤、僧汇征、僧永安、僧羲寂等。反观儒家文化,则处于寂寥的状态,整个唐代只有吴畦一个进士。⑭直至980年以后,温州出现了两篇墓志铭,一篇是吴越国王室钱俨(钱俶弟)撰写的《建传教院碑铭》,⑮一篇是义寂门人澄彧撰写的《净光大师塔铭》。⑯这两篇都是为五台山高僧义寂撰写的墓志。此后近百年,温州地区一直没有出现墓志铭。直至神宋朝,秦观为温州籍僧人写了《圆通禅师行状》,⑰余杭僧人元照为温州僧人灵玩与契褒撰写了行状。从墓志保留的情况来看,温州最早的五篇墓志全部为佛教人士撰写或为佛教人士撰写的,从此处也能折射出唐宋之际温州人士对于佛学的尊崇。

元丰太学法改革后,温州士人迎来了第一次科举高潮。在 1010 年至 1080 年,温州每十年进士为 1—5 人,1190 年至 1210 年达到了 10—30 人。此时,温州本地儒家士人的墓志撰写也迎来第一次高潮,而这次高潮正是以周行己、刘安节、刘安上、许景衡等元丰九先生为中心的,他们撰写的墓志铭达到了 28 篇,可谓规模空前。可以说,元丰九先生不仅是温州最早的士大夫群体代表,还开启了温州地区墓志铭撰写的时代,这在温州区域文化发展过程中无疑是具有里程碑式意义的。更重要的是,在九先生撰写的墓志铭中,十分鲜明地展现出温州地区人士由崇佛到崇儒的社会风气变迁,以及两种文化在日常生活与学术领域中的博弈、碰撞,为我们了解温州社会变迁提供了难得的材料。

周行己是学术上的折中主义者,具有很强的包容心态,不主一家,而在他所撰写的墓志铭中,亦能看出明显的重儒轻佛的态度。他曾为皇祐三先生之一的丁昌期祖父丁世元撰写墓志,称赞了丁家以儒学治家的优良家风:"至其家一切,饰以儒者法度。常曰男女婚嫁,必于儒家,庶可训以善而责以义。使子孙学儒,犹坐嘉荫之下,自有清风。至于他术,譬如置之荆棘,动辄见伤,况足庇身乎!故于丁氏之家无他业,而君子长者之风,子如其父,弟如其兄,乡党莫不推重以取法焉,则其为善之效益可见矣。"[18]周行己将当地传统分为"儒学"与"他术"两个范畴,佛学自然包括在"他术"之中。从事"他术"如置之荆棘,动辄见伤,可以反映出丁家以儒施家以及对佛学的排斥。正是受丁世元影响,丁昌期亦能守"儒术"而排"他术",他的学生刘安节在墓志中称:"嗟我逢辰,名家以儒,不诡方士,不师浮屠。独抱《六经》,以恢圣谟,曰异此者,则非我徒。"[19]而元丰九先生之一的戴述,也积极履行儒家丧葬文化。戴述初举广文馆进士,正遇其父之丧,乡人"将于此乎观礼",纷纷前来观礼,说明儒家式丧葬在当时并不多见。而戴述"不惑于老释阴阳之说,居丧哀毁,不食菜果。既葬,庐于墓侧,无一不如礼者,乡人翕然称之"[20]。戴述不用佛家与阴阳家之说,完全以儒家礼仪为其父执丧,受到了乡人的称赞。为了践行儒家丧礼,戴述甚至付出生命代价:"丁母忧,得疾于倚庐。医曰:'是疾也,不可以风,盍迁诸内?'明仲不可,曰:'畴昔之夜,吾梦焉,有告以生死之说,吾其止于此乎!'居六日而卒。"[21]

从周行己所撰写的墓志中,亦能看到以"儒风"对抗"巫风"的情况。温州地区在唐宋时期巫风炽盛,受到巫祝禁忌的影响,遇到瘟疫时,邻里亲戚不相问讯,"死亟置棺他室,密封固弃去,百日乃启,为丧事。谓不尔且相传以死。有司不知禁,民习莫敢犯"。这种巫祝禁忌与儒家倡导的礼义是相悖的。熙宁初,永嘉遇大疫。九先生之一的沈躬行之祖母病死,族人多被瘟疫感染,家族陷入巫说的惶恐之中。而沈度不顾巫祝禁忌,"具棺敛为服,朝夕哭泣,荐奠如礼,卒无他"㉒。正是出于对儒学的推崇,沈度对于后代"男必遣就学,女必归进士",可谓以儒学传家。对于这些以儒风传家的,周行己往往不吝啬赞美之词,在为他的学生叶渐之父叶芳撰写的墓志中,称赞道:"夫人有子,择业儒术,义方孰大于是!"㉓

周行己虽然推崇儒学,抑制佛学在内的其余学术,但又不至于狭隘、偏执的程度。如周行己的从祖父周豫为集贤校理司封员外郎,其长子周彦通本来能以荫补的方式入仕,但在周豫死后,周彦通选择隐居,每日与僧人交游:"萧然独结庐于谢公山之侧,治园居闲,未尝交俗。岁常蔬食,日从佛者希净游。乡里亲戚,推其忠信笃敬。"㉔周行己对此行为也是赞赏的。

可见,周行己在倡导儒风时,并未将佛学完全置于对立面。相较于周行己的涵容,许景衡所撰写的墓志中则展现出儒佛之间直接的斗争与更多的张力,从这些墓志中,能更明显体察到温州地区从崇佛到崇儒的社会变迁。首先,这些墓志常会涉及丧家的丧葬礼仪问题,在礼仪选择上,佛儒冲突十分明显。许景衡笔下的士大夫往往排斥佛家礼仪,采取儒家葬礼,并一定程度上起到了移风易俗的作用。丁刚选为丁昌期第四子,在丧祭礼仪方面尽力推行儒家文化,排斥佛事:"公天性至孝,常叹礼学缺绝,俗习卑陋,而丧祭为缺。比执亲丧,皆如古制,而哭泣之哀,人不忍闻。斥佛事不用,庐于墓侧,松槚皆手植。终丧茹酒肉。岁时享祀,斋戒、日时、币祝皆有法式,焄蒿凄怆,若将见之。于是州里始识丧祭之礼,人多慕效之。"㉕丁刚选采用儒家丧祭礼仪还受到了乡里效仿,起到了改俗迁风的作用。平阳地区丧葬礼仪也崇奉佛家,许景衡友人平阳章延仲祖母死后,章氏摒弃佛礼不用,采用了儒家礼仪,并集结同志诵读《孝敬》,奉劝乡人效法:"父死,奉祖母杨氏尤谨。杨常曰:'吾儿虽不幸,有孙如此,亦何忧!'卒年寿九十,延仲持丧如礼。里俗倾资奉老佛,俾诵其书祈福死者。延仲以为谨身节用,养生葬死,吾圣人所以教人者,独不率而行之乎?乃集同志读《孝经》曰:'愿以是为乡闾劝也。'"㉖章延仲的提倡孝道不仅感动了天地,也让乡人大受感染:"比举葬,江上半渡,风涛暴甚,延仲伏柩而哭,曰:'罪逆应死,顾吾亲独何辜?天地神明,忍至是乎?'俄顷风息而济,议者以为延仲之孝感云。"㉗

除了丧礼,许景衡在墓志中有意突出士人在家学方面以儒学对抗佛学的风气。许景衡友人陈经德在向许氏为其祖父陈宗伟请铭时,称赞其祖父不以乡邑崇佛为是,禁止族人趋佛,以儒学传家的训诫:"邑之俗喜佛,豪民多弟侄则畀于浮屠,以并其所有。大父深疾之,每以为宗戚戒,故于今凡陈氏子弟皆儒学,无一人异趋者,吾大父之教也。"㉘许景衡的舅公瑞安沈藻,非常崇奉佛学:"喜浮屠法,读其书所谓《大藏》者凡再过,又摭其可为劝戒者,手抄以示人。"㉙但沈藻的两个儿子沈尚行与沈义行"皆业儒"㉚。许景衡通过书写这种家族代际学术崇尚的转变,映射出了地区文化风气的转变。丁昌期父子在生活与礼仪方面,均十分推崇儒学,摈斥佛学,还受到了乡人的讥讽。因此,石介在丁昌期墓志中称赞其"不惑于佛,不牵于俗"㉛。而丁昌期妻子蒋氏毫不在乎乡人的态度,并执意教导其子毋溺于浮屠,坚守儒学:"自周后,丧祭礼废,学士大夫概仍俗,漫弗省非是,先生父子独革去,纯用古法式,闻者多窃笑,而夫人率行之无难色。温人惑浮屠说,诸子常从容道其必不然者,夫人领可之,诚诸妇毋违夫子令。"㉜

为了破除五代以来"天子宁有种邪,兵强马壮者为之"㉝的崇武风气,宋代皇帝大力倡导"右文"政策。朝廷各级官员多用文人担任,如蔡襄言:"今世用人,大率以文词进。大臣,文士也;近侍之臣,文士也;钱谷之司,文士也;边防大帅,文士也;天下转运使,文士也;知州郡,文士也。虽有武臣,盖仅有也。"㉞对文人的需求量陡增导致科举取士人数不断攀升,这对各地区崇儒风气的形成具有直接引导作用。从元丰九先生书写的墓志中可以看出,在宋代以前,温州地区崇尚浮屠之风盛行。宋初,在政策的诱导下,崇儒之风逐渐兴起,日渐取代当地的崇佛风气。九先生书写的这些墓志材料正好能为我们认识这种社会衍变提供了一个独特视角,这也正是九先生在元丰太学制度改革激励下,毅然前往政治中心的内在文化基础。

二、从政治中心到文化中心：洛学文化权威的形成

在王安石太学法改革的"制度红利"驱使下，元丰九先生从国家边缘地区前往政治中心开封。关于太学法改革与温州文化变迁的关系，此处不再赘笔。值得进一步思考的是，前往开封后，九先生并未一直在太学中学习，转而前往洛阳问学于二程。可见，在洛阳必然有一种足以将士人从政治中心吸引过去的力量，这正是下文要探讨的问题。

洛阳素有"天下之中"美称，以其重要的政治、经济地位，深厚的文化积淀和突出的地理优势，曾有九朝帝王都（东周、东汉、曹魏、西晋、北魏、隋、唐、后梁、后唐）的辉煌，也有西周、北周、唐、后晋、后汉、后周、北宋等较长时间的陪都历史。934年，后唐灭亡，洛阳作为首都的历史结束了。但受政治形势、经济文化及历史传统等因素影响，赵宋政权仍以洛阳为西京，作为宋帝国的陪都、别京，与东京汴梁并称"两京"。尽管以后陆续增加了南京应天府和北京大名府作为陪京，形成了北宋四京制度，但西京河南府以其神圣的帝都惯力以及赵宋皇陵所在地的因素，陪都地位没有改变，依然"王事浩穰，百倍他邑"[35]，"百职具存……万夫之政斯在"[36]。更重要的是，北宋时期的洛阳已经成为国家的文化中心，与作为政治中心的开封分庭抗礼。葛兆光因此指出："古代中国很少出现这样政治重心与文化重心严重分离的现象。"[37]

北宋洛阳的发展最早与太祖对洛阳的特殊情感关系密切，太祖于"后唐天成二年，生于洛阳夹马营"[38]。在宋太祖当政期间，实行了一系列强化洛阳地位的措施。首先，在西京洛阳划出的一片区域成了赵宋王朝皇家陵区，"内守宫钥，外奉园寝"[39]。其次，开宝九年（976）宋太祖将本该在京师开封举行的合祭天地的南郊大礼改在西京洛阳举行。祭祀完后，太祖"乐其土风，尝有迁都之意"[40]。这种迁都之议一直弥散至仁宗朝，士大夫一直对于洛阳"太平则居东京通济之地，以便天下；急难则居西洛险固之宅，以守中原"[41]的重要地位有深刻认知。

洛阳在文化方面所承载的内容更是无可取代。北宋时期，西京河南府的文化教育相当发达，是京师开封之外的又一文化重镇。苏轼曾赞誉"洛阳古多士，风俗犹尔雅"[42]，张方平亦称："河洛发祥，文物炳然，硕儒挺出，故学

校……续兴乎郏鄏。"㊸悠久的都城历史,深厚的文化积淀,使河南府号称"衣冠渊薮",是文人士大夫荟萃的地方,"由汉及唐,名士大夫之居洛者不一,而皆未若宋中兴之盛"㊹。在熙宁变法期间,由于神宗的坚定支持,王安石及其新法派人士居于主导地位,对于反对新法的官僚,则是纷纷贬黜离京。而在这些因反对新法被贬谪离京的官僚中,当时许多朝廷的重要人物如司马光、文彦博等人均被贬至西京洛阳,"士大夫以老自逸于洛者,于时为多"㊺。再加上洛阳当时具有重要学术影响力的程颢、程颐等人,在朝廷分裂的背景下,洛阳成为反对新法的旧党派大本营,在一大批杰出官僚士大夫的合力作用下,洛阳也成为全国性的学术中心,并通过自己巨大的学术影响力某种程度上影响着京师汴梁的政局。㊻在这"贤豪所聚者多"㊼的洛阳,二程显然成为其中的"文化权威"。

北宋中后期,真正的官方学术其实是王安石新学。熙宁八年(1075),复相的王安石在太学颁布《三经新义》,从此"王氏学独行于世者六十年"㊽。其他学术只能作为一种"低音"存在。如胡安国所说:"本朝自嘉祐以来,西都有邵雍、程颢及弟颐,关中有张载。此四人者,皆道学德行,名于当世;会王安石当路,重以蔡京得政,曲加排抑,故有西山、东国之阨。其道不行,深可惜也。"㊾邵雍与张载虽然皆名于当世,但对于当时政治没有显著影响,而且后学影响力也有限,因此"其道不行"。只有二程洛学逐渐发展成为能与政治中心相呼应的文化权威。

二程的仕途均不太顺利,程颢于仁宗嘉祐二年(1057)中进士第,此后长期在地方任职。熙宁二年四月,在吕公著的推荐下,程颢被授太子中允权监察御史里行,负责推行新法。由于同王安石政见不合,逐渐走向变法的对立面,于熙宁三年三月上《谏新法书》,公开批评新法。一个月后,被权发遣京西提点刑狱,程颢奏辞。此后虽然担任过签书镇宁军节度判官、西京洛河竹木务、监汝州酒税、知扶沟县事等地方官,但其主要精力已经转向学术活动。程颐于嘉祐四年参加科举,廷试不中,遂不复试。虽有大臣推荐,但程颐多以"为学不足,不愿仕也"㊿为由推辞。

二程声望首先通过讲学积累。熙宁五年,程颢回到洛阳,居住在履道坊,据刘立之载:"归洛,从容亲庭,日以读书劝学为事。"而且"士大夫从之讲学者,日夕盈门,虚往实归,人得所欲"㉛。程颢的弟子有刘立之、邢恕、谢良佐、游酢、吕大临、吕大忠、吕大钧、苏丽、杨时、李吁、刘绚、朱光庭、侯仲良、邵伯温、周纯明、田述古等人。其次,通过与"名于当世"的学者开展学术研讨,二程也积累的一定的学术名声。熙宁十年(1077),张载罢太常礼院归关中,过洛阳会见程颢、程颐,他们进行了内容广泛而深刻的讨论,此即《河南程氏遗书》卷十的《洛阳议论》,由二程弟子苏季明记录。[52] 元丰二年(1079),程颐在程颢扶沟任所,会见了吕大临,明确了"一物之理即万物之理"[53] 的问题。二程的学术声望也是通过拥有较高政治地位与较大影响力的士大夫的褒赞得以传播与扩大的。退居洛阳的一些朝廷重臣,如司马光、吕公著、文彦博、韩维、王彦霖等人,也与程颢、程颐及其父亲程珦过从甚密。这些及门弟子和朝廷权贵们成为洛学学派的中坚力量和支持者。吕公著曾上书朝廷称程颐"有特立之操,出群之资,洞明经术,通古今治乱之要,有经世济物之才,非同拘儒曲士,徒有偏长,使在朝廷,必为国器"[54]。文彦博在洛阳时,将仰慕他的学生推荐至程颢处。程颢在上疏反对变法后改签书镇宁军判官,司马光"在长安,上疏求退,称颢公直,以为己所不如"[55]。

神宗去世后,哲宗即位,由高太皇太后宣仁摄政。宣仁一向对于新法不太满意,早在变法之初就劝神宗罢王安石,废新法。神宗去世后,在宣仁主导下,朝廷迅速更化,王安石新法被废除,一直以新法对立面自处的二程洛学迎来关键的发展契机。此时,元祐重臣纷纷举荐程颐。如司马光与吕公著于元丰八年(1085)九月上疏举荐程颐:"臣等窃见河南处士程颐力学好古,安贫守节,言必忠信,动遵礼义。年踰五十,不求仕进,真儒者之高蹈,圣世之逸民。伏望圣慈特加召命,擢以不次,足以矜式士类,裨益风化。"[56] 朱光庭与王岩叟等人也在大力推荐程颐。在这些士大夫举荐下,程颐先后被授予西京国子监教授、宣德秘书省校书郎、崇政殿说书之职,负责教导哲宗。由于程颐任讲官时诸多事件导致了哲宗与朝臣的反对,次年八月程颐被罢崇政殿说书,回到洛阳,差管勾西京国子监。虽然任期短,但程颐从布衣迅速被提拔为崇政殿说书,跻身帝师,成为士大夫口中的佳话,更让洛学名声大噪。无论是官僚,还是闾里士大夫,都对洛学充满敬慕之情,纷纷前往洛阳问学、交游:"洛实别都,乃士人之区薮。在仕者皆慕化之,从之质疑解惑;闾里士大夫皆高仰之,乐从之游;学士皆宗师之,讲道劝义;行李之往来过洛者,苟知名有识,必造其门,虚而往,实而归,莫不心醉敛衽而诚服。于是先生身益退,位益卑,而名益高于天下。"[57]洛阳成为真正意义上的与政治中心开封相呼应的文化权威。

元丰九先生正是在上述背景下前往洛阳问学程颐的,对于上述情形的认识,有助于我们破除永嘉士人所构建起来的九先生赴洛"虚像"。叶适在《温州新修学记》中说:"昔周恭叔首闻程、吕氏微言,始放新经,黜旧疏,挈其俦伦,退而自求,视千载之已绝,俨然如醉忽醒,梦方觉也。"[58]在叶适的描述中,不免有溢美与构建的色彩,将"放新经,黜旧疏"视作周行己等人在深刻体察新学与洛学后的主动选择。在《题二刘文集后》中,叶适更明确地传递了这个信息:"今永嘉徒以僻远下州,见闻最晚,而九人者,乃能违志开道,蔚为之前,岂非俊豪先觉之士也哉!"[59]这就更明确了九先生主动摒弃作为官学的新学,趋向洛学的崇高学术追求,正如留元刚所说:"时右新学,违而之他,甘心摈黜。"[60]其实在此选择的背后,不仅有元祐更化政治气候导致的荆公新学暂时黜落的原因,还有洛学文化权威形成等各种外在因素的影响。明乎此,才能对九先生赴洛问学程颐的背景有更全面的认知。

参考文献

[1][18][20][21][22][23][24]《周行己集》,上海社会科学院出版社,2002年,第136、141、146、146、144、150、151页。

[2]《四库全书总目》,中华书局,1965年,第776页。

[3][5][54]黄宗羲著、全祖望补修:《宋元学案》,中华书局,1986年,第1131、1047、648页。

[4]韩淲:《涧泉日记》卷下,大象出版社,2019年,第196页。

[6]光绪《永嘉县志》卷十三,清光绪八年刻本。

[7]常乃惪:《中国思想小史》,上海古籍出版社,2005年,第1页。

[8]葛兆光:《中国思想史》第一卷,复旦大学出版社,1998年,第5页。

[9][芬兰]凯瑞·帕罗内:《昆廷·斯金纳思想研究——历史·政治·修辞》,李宏图、胡传胜译,华中师范大学出版社,2005年,第3页。

[10]参见陈安金、王宇:《永嘉学派与温州区域文化崛起研究》,人民出版社,2008年,第28—40页。

[11]陈高华、陈智超:《中国古代史史料学》,天津古籍出版社,2006年,第223页。

[12]赵冬梅:《试论北宋中后期的碑志书写》,王晴佳、李隆国主编《断裂与转型:帝国之后的欧亚历史与史学》,上海古籍出版社,2017年,第391页。

[13]陆扬:《清流文化与唐帝国》,北京大学出版社,2016年,第324页。

[14]吴畦,原越州山阴人,迁温州安固库村(今属泰顺),唐玄宗大中十三年(859)进

士。今存诗一首,见《全唐诗补编》卷三十六;文一篇,见《全唐文》卷八〇五。又见乾隆《温州府志》卷十九《选举》。

⑮ 钱俨:《建传教院碑铭》,《全宋文》第3册,上海辞书出版社,2006年,第420页。

⑯ 澄彧:《净光大师塔铭》,《全宋文》第7册,第53页。

⑰ 秦观:《淮海集笺注》,上海古籍出版社,2000年,第1179—1184页。

⑲《刘安节集》,上海社会科学院出版社,2006年,第42页。

㉕㉖㉗㉘㉙㉚㉛㉜《许景衡集》,上海社会科学院出版社,2006年,第527、532、532、529、538、538、540、539—540页。

㉝《新五代史·安重荣传》,中华书局,1974年,第583页。

㉞ 蔡襄:《国论要目十二事疏·任材》,《全宋文》第46册,第378页。

㉟㊼《欧阳修全集》,中华书局,2001年,第924、410页。

㊱ 王禹偁:《小畜集·让西京留守第三表》,四部丛刊本,第5册,第12页。

㊲ 葛兆光:《洛阳与汴梁:文化重心与政治重心的分离——关于11世纪80年代理学历史与思想的考察》,《历史研究》2000年第5期。

㊳《宋史》,中华书局,1985年,第2页。

㊴ 刘攽:《彭城集》卷二三《资政殿学士知郑州张璪可知河南府制》,景印文渊阁四库全书,台湾商务印书馆,1986年,第1096册,第237页。

㊵《续资治通鉴长编》开宝九年四月癸卯条,中华书局,2004年,第369页。按太祖希望迁都洛阳涉及较为复杂的政治考量,具体可参见宁欣:《唐初至宋中期城市修建扩建述略》,《扬州大学学报》2006年第2期。

㊶《续资治通鉴长编》景祐三年五月戊寅条,第2783页。

㊷《苏轼诗集》卷十五,中华书局,1982年,第733页。

㊸《张方平集》卷一一《刍荛论·学校》,中州古籍出版社,2000年,第139页。

㊹ 吴澄:《吴文正集》卷四一《十贤祠堂记》,景印文渊阁四库全书,第1197册,第436页。

㊺ 马峦、顾栋高:《司马光年谱》卷六,中华书局,1990年,第186页。

㊻ 关于北宋时期士大夫对于洛阳的热爱,可参考王水照在20世纪90年代发表的与这一文学群体直接相关的论文三篇:《北宋洛阳文人集团的构成》《北宋洛阳文人集团与宋诗新貌的孕育》《北宋洛阳文人集团与地域环境的关系》。这三篇论文随后也被收录入他的《王水照自选集》中。

㊽ 陈振孙:《直斋书录解题》卷二,上海古籍出版社,1987年,第29页。

㊾ 程颢、程颐:《二程集·遗书》附录《奏状》,中华书局,2004年,第349页。

㊿ 程颢、程颐:《二程集·遗书》附录《伊川先生年谱》,第338页。

(51)(57) 程颢、程颐:《二程集·遗书》附录《门人朋友叙述并序》,第329、332页。

(52) 程颢、程颐:《二程集·遗书》卷十《二先生语十·洛阳议论》,第110—116页。

(53) 程颢、程颐:《二程集·遗书》卷二上《二先生语二上·元丰己未吕与叔东见二先生语》,第13页。

(55)《宋史·程颢传》,第12715页。

(56)《司马光集》卷四九《与吕公著同举程颐札子》,四川大学出版社,2010年,第

1031页。
⑤⑧《叶适集》卷十,中华书局,2010年,第178页。
⑤⑨《叶适集》卷二十九,第598页。
⑥⓪《刘安节集》附录二《刘左史集序》,第149页。

永嘉学派法治思想的当代价值

潘广俊*

永嘉学派,起源于北宋时期的浙南永嘉地区,是中国儒家学说中一支独特而重要的流派。它在传统儒学基础上,创新地提出一系列与经世济邦、实干兴邦紧密相连的观点,创立以"实学、实体、实用"为特征的事功学说。功利主义的法律观面对内忧外患的进逼,注重功利或事功,深刻认识到必须进行变法改革,才能彻底改变国家"积贫积弱"的现实困境。以史为镜,做好永嘉学派优秀法治思想创造性转化、创新性发展,有利于推进法治浙江建设,完善共建共治共享的社会治理制度。

一、永嘉学派所处时代的法治理念

两宋法制在唐朝的基础上有所精进,形成自身特色,成就了中国法律史上新的辉煌。面临削弱割据势力、巩固国家统一、恢复社会安定和推动经济发展等问题,赵普向宋太祖提出"稍夺其权,制其钱谷,收其精兵"的对策,将兵权、财权、司法权全部集中到中央,进而"强干弱枝"。王安石提出,要立善法于天下,鼓励社会生产,使天下富足,解救"积贫积弱"的统治危机。

(一)宋朝法制特色

其一,重视法律作用。宋王朝的最高统治者,十分重视法制的作用。宋太祖曾言:"王者禁人为非,莫先法令。"《宋史·艺文三》所著录的约170部典籍都是宋代的法典,其法律之多、之细,甚至达到在政治、经济及社会生活各

---

* 潘广俊,浙江大学紫领导师,浙江省司法厅原副巡视员。

个领域都用法律来规范和调整之程度。同时,宋朝重视培养官吏的法律素养,宋神宗时"进士及第,自第一人以下注官,并先试律令、大义、断案"。从神宗直到南宋,官吏的筛选"概令试法,通者随得注官"。铨试仍以律义与断案为重要内容之一,既树立了法律的权威、发挥了法律的调整功能,也形成了读书读律的社会风气,从而使宋朝成为中国历史上少有的官吏知法的朝代。此外,宋朝还注重总结司法经验,如郑克有《折狱鉴》、宋慈有《洗冤集录》问世。

其二,加强中央集权。在军事方面,中央回收兵权,加强皇帝对军权的控制。在行政体制方面,调整中央管理机构的设置,分割地方行政职权。在官员任免方面,宋朝皇帝加强对人事权控制,实行官职分离的差遣制度,分割各级长官的权力。

其三,民商法内容更加丰富。两宋时期,所有权、典权、永佃权、相邻权、共有权以及著作权等,均有明显发展,如关于民商关系的法律内容比唐朝大为增加,《宋刑统》卷十二的"户绝资产""死伤钱物"以及卷十三的"典卖指当论竞物业""婚田入务"等条文是《唐律疏议》中没有的。宋朝还专门制定保护财产继承权及促进海外贸易的单行法规。保护财产继承方面的立法有仁宗天圣年间制定的《遗嘱财产条法》《户绝条贯》《户绝田敕》等。

(二)北宋社会转型的法律观

北宋时期,传统的儒家思想分裂为功利主义与理学主义两大阵营:

北宋功利主义法律观产生于内忧外患的社会背景下,一些士大夫倡导变法图强,如范仲淹的庆历新政、王安石的熙宁变法,都获得了很多大臣或士大夫的支持,为传统儒家法律观念注入新的活力。革新与变法是功利主义法律观的核心主张,范仲淹是这一思想最早的拓荒者。功利主义的主张与儒家"贵义而贱利"的传统观点不同,认为物质利益是人类生活的根本,反对脱离实际利益而空谈仁义道德。他们还主张礼法兼用,倡导义利双行,将礼与法紧密地联系在一起。

理学主义法律观面对晚唐五代以来王朝更替频繁、伦理纲常败坏、等级制度松弛、宗法谱牒废弃等社会危机,力图重新激活儒家礼教思想,重整伦理纲常,重建礼治秩序。司马光虽不是理学主义的典型代表,但在遵循旧章、反对变法问题上,却是理学主义的先驱。程颢、程颐在王安石变法过程中走向反对变法的阵营,提出"遵守旧章"的主张,认为变法很不"合义"。面对功利与实用的新思潮,理学主义以"存天理,去人欲"的观念进行反击。司马光在礼治方面的理论阐释,与理学是一致的,是理学的思想先导。他在《资治通鉴》起始就说:"天子之职莫大于礼,礼莫大于分,分莫大于名。何谓礼?纪纲是也。何谓分?君、臣是也。何谓名?公、侯、卿、大夫是也。"他提出"礼为纪纲"的主张,将礼作为整个国家的最高准则。

(三)南宋时期的法律思想

陈亮、叶适生活在商品经济比较发达的浙江,代表商业化地主阶层,主张抵御外辱与改变传统的重农抑商政策,维护工商利益和发展商品经济。以陈亮、叶适为代表的功利学派与理学相对立。针对南宋的政治腐败和法制松弛,陈亮主张以法治国,健全法制,"举天下皆蹖于规矩准绳之中"。叶适主张"以利与人",统治者要实行宽民的经济政策,让百姓在经济中获得实际利益,要减轻赋税役,变传统的重农抑商政策为"通商惠工"、本末并举。

南宋民风好讼,与南宋商品经济发达、各种社会矛盾尖锐、民众维权意识提高有密切联系。关于南宋民风好讼的记载,无论是经济发达的江南地区,还是落后的川峡地区,在南宋的十七路中,几乎每路都有民间喜争好讼的记录。在中国古代社会,和睦共处、和谐无争的儒家生活准则主宰着人们的思维与意志,他们处理与别人的关系以是否合乎情理为准则,他们不要求什么权利,要的只是和睦相处与和谐。具有务实精神的宋代士大夫不仅把传统的"无讼"理想转化为"息讼"理念,还不遗余力地劝诫民众"息讼",宣扬"兴讼有害"。官府的"息讼"之术是宣扬争讼之害、劝诫勿轻涉讼,还有民讼到官,调解为先。南宋官员在司法审判中对情、理法的结合并用,使情与理有了行为准则。

南宋是法制体系详备的时期,也是法制理论创新发展的时期。从"无讼"向"息讼"的理念转化,天理、国法、人情一体化理的形成,教化、调解与判决的结合运用,证据理论的发展,特别是法医技术在司法检验中的应用,判例编撰的法律价值等,都是南宋法制发展变化的重要内容。南宋政府关注民生、注重民生保障,使农民获得了更多的人身自由,商人的社会地位也得到了提高,市民阶层登上了历史舞台。

二、永嘉学派法治思想代表人物和主要观点

叶适指出"圣人"治国平天下的关键是在于能处理好各种具体的政治经济事务,而非理学家所宣扬的义理。

北宋、南宋内部矛盾丛生、反抗不断,又先后遭西夏、辽、金、蒙古的侵逼,处在内外交困之中,为此需要改革。叶适在评论宋代法度时曾说:"今内外上下,一事之小,一带之微,皆先有法以待之。"也就是说,在司法上不囿于旧制,崇尚实务,创立了一系列新制度。永嘉学派思想家与当时占据统治地位的理学家展开过多个层面的激烈论争,从北宋中期的永嘉七子,至南宋的永嘉学派与永康学派的繁荣,形成较为完整的世界观、伦理观与政治论。

（一）王开祖的折中王霸论

王开祖关于善恶混的人性论点,使其政治论证具有折中性的特点。在王霸问题方面,王开祖列举儒家经典中舜帝率领军队讨伐三苗的故事,指出:"或曰:干羽之舞,果格苗之道乎？曰:格苗不在干羽之舞,子之言信也。然苗之所以服我者,班师而已。"

王开祖强调王道为主,又强调可以权变地使用霸道,承认霸道所代表的现实事功。他提出治理主张:第一,主张以法治国。"物莫不宁于泰,然泰不久也,而否承之。故处泰之时,而上之人不能制法立度,未有能久者也。夫制法立度,非以新一时之耳目也,所以久泰也。"这表达两个意思:一是所有的政治秩序都是动态发展的,没有永恒不变的稳定;二是要通过"正名",摆正不同人的地位,有力地实施利益分配。第二,因功利而立法。第三,强调民利。民利是君主政治合法性的来源。他从古代儒家的民本思想中寻求自身理论的合理性,指出一个称职的君主,一是要轻徭薄赋,如果不能轻徭薄赋,那么政治统治必然岌岌可危;二是要重视农业生产,不违农时;三是要恢复古代井田制度,倡导变通的经世致用,反对抱残守缺的教条主义。

（二）周行己"义利双行"的法治思想

周行己贯彻法治的原则是"义利双行",即除了通过利益和法律设置规范人们的行为,还要教化人民,使人民具有道德的善良动机,最终使政治达到无为而化的境地。针对北宋时期的诸多弊病,周行己上疏宋徽宗,请求增

修法度、振兴国家的法治:"然而太平既久,民安无事,内外恬熙,官吏偷惰。臣窃过计恐其法度渐弛,奸弊渐生。盖人情无事则安,安则无深远之思;人情无事则忽,忽则无忧虞之念。故无事者,有事之所起也。虽尧舜三代盛时,未尝不兢兢业业以相戒慎。"周行己的法治主张,内含着利益的考量,既然是利益的考虑,那么振兴法律的关键,就是关乎人们利益的赏罚。

(三)刘安上重视下情与民利为先的思想

重视信息传达有效性的思想最早起源于法家,韩非子认为,臣下封闭君主的信息来源就是一种堵塞信息的弊政。刘安上等永嘉学派法治思想的一个特点是将重视下情与民利结合起来,认为走投无路的人民,是天下最为无依无靠之人,其境遇是君主最难知晓的。如果人民困苦的消息不能很快上达朝廷,那么君主就无法施行仁政。以德治天下不能仅仅停留于此,而是要从根本上重视人民的利益。刘安上认为,人民的利益与个体性的需要是基本的,君主不能为了自身利益过分地强调公共性要求,否则就会侵害人民的利益。

(四)郑伯熊德法并用的治国理念

性理之学将天理的道德视为治国的不二法门,郑伯熊的理念与之不同,认为德治与法治是相辅相成、不可偏废的。郑伯熊提出法治应该遵循两点:其一,法治的主要动机必须是以公共性的利益作为最高追求,所谓"圣人之心,涵养发生,真与天地同德,而物或自逆于理,以干天诛,则夫轻重取舍之间,亦自有决然不易之理。其宥过非私恩,其刑亦非私怒"。其二,法治是随着实际情况的变化而不断改进、发展的,所谓"天下之生久矣,一治一乱,故刑罚之轻重,亦随时之污隆"。郑伯熊的法治思想撼动了性理之学的天理教条,招来了朱熹的犀利批评。朱熹曾经连续寄给郑伯熊四封书信,认为立法者动机必须是绝对的"公",决不能有一毫"私"意在其中。郑伯熊显然不认可这样的观点,认为在照顾公共利益的前提下,是可以有一定的裁量之权的。

(五)陈傅良的民本法治思想

陈傅良的民本思想是从统治与被统治关系角度来阐发的,民为邦本,民始终是统治的对象,这是传统民本思想的阶级性所决定的。他认为,"古者有畏民之君,是以无可畏之民;后之人君狃于民之不足畏,而民之大可畏者"。民本既是陈傅良法治思想的基础,也是他追求法治的过程和目标。他认为,无论是立法用法,还是变法定制,都不能扰民、害民。他强调的是要遵循法制的规律,不能脱离社会现实的需要,尤其是百姓的利益,否则,必然造成扰民、害民的后果。

（六）叶适重视民利的治理思想

叶适民利思想的要点在于,封建统治者应当建立自身与百姓之间的利益共同体:"古者民与君为一,后世民与君为二。古者君既养民,又教民,然后治民,而其力常有余。后世不养不教,专治民而其犹不足。古者民以不足病其官,后世官以不足病其民。"在古代,君主与人民的利益是统一的,后来君主与人民的利益发生了分离。古代的圣王既生养人民,又教化人民,然后治理人民,而其精力还经常有富余。这实际上是规劝君主要重视民利,从而自身的利益会得到更好的实现。叶适主张"以利与人",即统治者要实行宽民的经济政策,让百姓在经济中获得实际利益。

叶适具有朴素的唯物主义倾向,多次表达"道在器中"的唯物主义观点。所谓"道",就是指世界的普遍规律;所谓"器"就是指现实世界的具体物质形态,包括具体的事物。在"道不离器"的思想基础上,他提出在事物中"通变"的思想。所谓"通变",就是不能按照经书的教条来僵化地治国,而是应当要根据具体的情况通权达变。

三、永嘉学派法治思想对当代法治建设的启迪

习近平总书记强调,浙江要在建设中华民族现代文明上积极探索,要更好担负起新时代新的文化使命,要赓续历史文脉,加强文化遗产保护,推动优秀传统文化创造性转化、创新性发展。永嘉学派的法治思想、人文精神、价值理念、哲学思维,蕴藏着解决当代社会发展面临的难题的重要方法,提炼总结永嘉学派法治思想,有助于我们推进法治浙江建设,推进国家治理体系和治理能力现代化。

（一）坚持以人民为中心的根本立场

习近平法治思想本质上是人民的理论,人民性是其最鲜明的特征。坚持法治建设,就是要努力让人民群众在每一项法律制度、每一个执法决定、

每一宗司法案件中都感受到公平正义。将利益思想与民利结合,是永嘉学派思想家们的重要论证逻辑。叶适在撰写陈傅良墓志铭中说:"公既实究治体,故常本原祖宗德意,欲减重征,捐末利还之于民,省兵薄刑,期于富厚。"从统治与被统治关系角度来阐发,这是舟、水的关系,只有做到民为邦本,惜民力、富民财、得民心,社会才能和谐进步。

(二)健全自治、法治、德治相结合的基层治理体系

党的十九大报告提出,要健全自治、法治、德治相结合的乡村治理体系。"三治融合"是在浙江桐乡等地首创的基层社会治理模式,具有浓厚的浙江元素。基层社会的治理之路,只有充分凝聚农民意志以及对法律共识,才能在基层社会治理中发挥法治精神的效力。"王道"与"霸道"之争,是中国古代政治哲学发展的重要线索,永嘉学派思想家大多赞同德治与法治并举。为了坚持和完善共建共治共享的社会治理制度,要树立科学的社会治理理念:一是发挥自治基础作用。要划清政府管理权与群众自治权的边界,把不必要的行政事务剥离出来,进一步增强基层群众自治活力。二是发挥法治保障作用,着力提升乡村法治水平,善于用法治思维推进社会治理,用法治方式破解社会管理难题。三是发挥德治引领作用,大力加强农村德治建设,积极培育和践行社会主义核心价值观,大力培育文明乡风,加强乡村道德风尚引领。

(三)积极引导人民群众依法维权和化解矛盾纠纷

要坚持和发展新时代"枫桥经验",传承和践行"浦江经验",化解社会矛盾。枫桥经验是20世纪60年代初浙江省诸暨县(现诸暨市)枫桥镇干部群众创造的,现形成"党政动手,依靠群众,预防纠纷,化解矛盾,维护稳定,促进发展"的新时代枫桥经验。"浦江经验"以民情民访代办制推动人民信访"最多访一次"。2003年9月18日,时任浙江省委书记的习近平把金华浦江作为下访的第一站,面对面接待群众,协调解决信访问题,拉开了全省领导干部下访接访的序幕。

要破解当前基层社会治理中遇到的难题,首先要健全社会矛盾纠纷预防化解机制,推动调解、仲裁、行政裁决、行政复议、诉讼等有机衔接,充分发挥非诉纠纷解决机制作用,来解决改革发展中出现的矛盾纠纷。当前要牢牢把握新时代"枫桥经验"的科学内涵和实践要求,做好信访处理工作,依靠

基层组织和广大群众，做到预防在前、调解优先、运用法治、就地解决，实现"小事不出村、大事不出镇、矛盾不上交"。一方面，要明确调解工作不是和稀泥，仍然应当建立在事实清楚的基础上，依据法律，分清是非，从而达致解决纠纷的目的；另一方面，开展行业性、专业性人民调解工作，广泛发挥各行各业的专家的作用，借助专业力量化解矛盾纠纷。

（四）推进国家治理体系和治理能力现代化

国家治理现代化是我国政府治理方式的重大创新，党的十九届三中全会部署了"坚持和完善中国特色社会主义制度推进国家治理体系和治理能力现代化"治国方略。我们要完善党委领导、政府负责、民主协商、社会协同、公众参与、法治保障、科技支撑的社会治理体系，建设人人有责、人人尽责、人人享有的社会治理共同体。政府在基层治理中要"更少的强制，更多的同意""寓管理于服务之中"，使相互冲突的或不同的利益得以调和，提升社会治理效能。

永嘉学派所处的北宋、南宋，不仅是一个法制体系详备的历史时期，亦是一个法制理论创新发展的时期。永嘉学派思想家秉持王霸并用的治国理念，重视"民利"，阐述"权变"学说，司法审判中对情、理法的结合并用的实践，都具有进步性和合理性，对当今法治建设仍有很深刻的启示意义。推进永嘉学派法治文化研究，要跳出宋代看历史、跳出温州看永嘉学派思想，坚持系统观念，去伪存真、由表及里，把握"根"和"魂"，让千年宋韵在新时代"流动"起来、传承下去，为推进社会治理现代化贡献温州经验。

参考文献

戴建国、郭旭东：《南宋法制史》，人民出版社，2011年。
叶适：《水心先生文集》，上海书店出版社，1989年。
《周行己集》，浙江古籍出版社，2015年。
郑伯熊、郑伯谦：《二郑集》，上海社会科学院出版社，2006年。
《叶适集》，中华书局，1961年。
郁震宏：《陈傅良诗集校注》，浙江古籍出版社，2010年。
王开祖：《儒志编》，台湾商务印书馆，1969年。
张晋藩：《中国法制史》，中国政法大学出版社，2007年。
程颢、程颐：《河南程氏遗书 河南程氏外书》，山东人民出版社，2020年。

图书在版编目(CIP)数据

永嘉学派与温州历史文化研究. 第一辑 / 陈安金主编. -- 上海 : 上海社会科学院出版社, 2025. -- ISBN 978-7-5520-4692-2

Ⅰ. B244.92；K295.53

中国国家版本馆 CIP 数据核字第 20250UR390 号

永嘉学派与温州历史文化研究(第一辑)

主　　编：陈安金
责任编辑：陈如江　包纯睿
封面设计：孙豫苏
出版发行：上海社会科学院出版社
　　　　　上海顺昌路 622 号　邮编 200025
　　　　　电话总机 021－63315947　销售热线 021－53063735
　　　　　https://cbs.sass.org.cn　E-mail：sassp@sassp.cn
照　　排：南京理工出版信息技术有限公司
印　　刷：上海万卷印刷股份有限公司
开　　本：710 毫米×1010 毫米　1/16
印　　张：23
插　　页：1
字　　数：363 千
版　　次：2025 年 3 月第 1 版　2025 年 3 月第 1 次印刷

ISBN 978－7－5520－4692－2/B・547　　　　　　　　　定价：98.00 元

版权所有　翻印必究